D0813430

El fin del poder

El fin del poder

Empresas que se hunden, militares derrotados, papas que renuncian y gobiernos impotentes: cómo el poder ya no es lo que era

MOISÉS NAÍM

Traducción de
María Luisa Rodríguez Tapia

El papel utilizado para la impresión de este libro ha sido fabricado a partir de madera procedente de bosques y plantaciones gestionados con los más altos estándares ambientales, garantizando una explotación de los recursos sostenible con el medio ambiente y beneficiosa para las personas.

Por este motivo, Greenpeace acredita que este libro cumple los requisitos ambientales y sociales necesarios para ser considerado un libro «amigo de los bosques». El proyecto Libros Amigos de los Bosques promueve la conservación y el uso sostenible de los bosques, en especial de los bosques primarios, los últimos bosques vírgenes del planeta.

Título original: *The End of Power*

Primera edición: octubre de 2013

Printed in the United States of America
Impreso en los Estados Unidos De America

ISBN: 978-84-9992-300-0
Depósito legal: B-19.362-2013

C 9 2 3 0 0 0

10 9 8 7 6 5 4 3 2 1

Para Susana, Adriana, Claudia,
Andrés, Jonathan, Andrew y Emma

Índice

Prefacio

Cómo nació este libro: una nota personal

El poder puede parecer abstracto, pero para quienes están más en sintonía con él —es decir, los poderosos—, sus oscilaciones se viven de manera muy concreta. Al fin y al cabo, las personas con poder son quienes mejor detectan tanto sus posibilidades como los límites de lo que pueden hacer con él. Con frecuencia, esto los lleva a sentirse frustrados por la distancia que existe entre el poder que los demás suponen que tienen y el que en realidad poseen. Yo viví esa experiencia intensamente. En febrero de 1989 me acababan de nombrar, a los treinta y seis años, ministro de Fomento de mi país, Venezuela. Poco después de obtener una victoria electoral abrumadora, estalló en Caracas una fuerte oleada de saqueos y disturbios callejeros —desencadenados por la inquietud que despertaban los planes de recortar subsidios y subir los precios del combustible— que paralizaron la ciudad en medio de la violencia, el miedo y el caos. De pronto, a pesar de nuestra victoria y el claro mandato de cambio que los votantes parecían habernos otorgado, el programa de reformas económicas que habíamos defendido adquirió un significado muy diferente. En vez de simbolizar la esperanza de un futuro más próspero, justo y estable, el programa se percibía como la causa de la violencia callejera y del aumento de la pobreza y las desigualdades.

Tardé años en comprender del todo la lección más profunda que me dejó esa experiencia. Se trataba, como ya dije, de la enorme brecha entre la percepción y la realidad de mi poder. En principio, al ser uno de los principales ministros del área económica, yo gozaba de enorme poder. Sin embargo, en la práctica, no tenía más que una limitadísima capacidad de emplear recursos, de movilizar personas y organizaciones y, en términos generales, de hacer que las cosas sucedieran. Mis colegas tenían el mismo sentimiento, y creo que incluso el presidente, aunque no hablábamos de ello y nos resistíamos a reconocer que nuestro gobierno era un gigante lento, torpe y débil. ¿Cómo explicarlo? En esos momentos se lo atribuí a la legendaria precariedad institucional de Venezuela. Mi explicación era que nuestra impotencia se debía a la ineficiencia, la debilidad y el mal funcionamiento, conocidos y profundos, de nuestros organismos públicos. La imposibilidad de ejercer el poder desde el gobierno seguramente no era tan pronunciada en otros países con el mismo nivel de desarrollo, suponía yo.

Me equivocaba. Más tarde descubriría que mis experiencias en el gobierno de Venezuela eran muy comunes y que, de hecho, eran la norma en muchos otros países. Fernando Henrique Cardoso —el respetado ex presidente de Brasil, padre del reciente éxito económico de su país— me lo resumió. «Siempre me sorprendía ver el poder que me atribuía la gente —me dijo cuando le entrevisté para este libro—. Incluso personas bien informadas y con preparación política venían a mi despacho a pedirme cosas que demostraban que me atribuían mucho más poder que el que en realidad tenía. Siempre pensaba: "Si supieran lo limitado que es el poder de cualquier presidente en nuestros tiempos". Cuando me reúno con otros jefes de Estado, solemos tener anécdotas muy similares en este sentido. La brecha entre nuestro verdadero poder y lo que la gente espera de nosotros es lo que genera las presiones más difíciles que debe soportar cualquier jefe de Estado».

Algo parecido me dijo Joschka Fischer, uno de los políticos más populares de Alemania y antiguo vicecanciller y ministro de Exteriores. «El poder me fascinó y me atrajo desde joven —me dijo Fischer—. Una de mis mayores sorpresas fue descubrir que los grandes palacios oficiales y todos los demás símbolos del poder del gobierno eran, en realidad, una escenografía bastante hueca. La arquitectura imperial de los palacios oficiales oculta lo limitado que es en la práctica el poder de quienes trabajan en ellos.»

Con el tiempo, empecé a oír comentarios semejantes no solo de jefes de Estado y ministros, sino también de líderes empresariales y dirigentes de organizaciones en los más variados ámbitos. Pronto me di cuenta de que ahí pasaba algo, de que no se trataba solo de que los poderosos se quejaran de la brecha entre su poder supuesto y su poder real. Era el poder mismo lo que estaba sufriendo mutaciones muy profundas. Todos los años, desde 1990, asisto a la reunión anual del Foro Económico Mundial en Davos, a la que acuden muchas de las personas más poderosas del mundo (empresarios, jefes de gobierno, líderes de la política, medios de comunicación, organizaciones no gubernamentales, ciencia, religión, cultura, etcétera). Es más, he tenido la fortuna de estar presente e intervenir en casi todas las reuniones de poder más selectas del mundo, como la Conferencia Bilderberg, la reunión anual de magnates de los medios y el espectáculo en Sun Valley y las asambleas anuales del Fondo Monetario Internacional. Mis conversaciones con otros participantes han confirmado mi sospecha: los poderosos tienen cada vez más limitaciones para ejercer el poder que sin duda poseen. Las respuestas a mis preguntas siempre han ido en la misma dirección: el poder es cada vez más débil, más transitorio, más limitado. De ninguna manera quiero decir que en el mundo no haya muchísima gente e instituciones con un inmenso poder. Eso es así y es obvio. Pero lo que también es cierto —aunque menos obvio— es que el poder se está volviendo cada vez más débil y, por tanto, más efímero.

Mi propósito en este libro es delinear las repercusiones de la degradación del poder. En las páginas que siguen examino ese proceso de degradación —sus causas, manifestaciones y consecuencias— desde el punto de vista de los efectos que tiene no solo para la pequeña minoría que más tiene y más manda. Mi principal interés es explicar lo que significan estas tendencias para todos nosotros y escudriñar de qué manera se está reconfigurando el mundo en el que vivimos.

Moisés Naím
Octubre de 2013

1

La degradación del poder

Este es un libro sobre el poder.

En concreto, sobre el hecho de que el poder —la capacidad de lograr que otros hagan o dejen de hacer algo— está experimentando una transformación histórica y trascendental.

El poder se está dispersando cada vez más y los grandes actores tradicionales (gobiernos, ejércitos, empresas, sindicatos, etcétera) se ven enfrentados a nuevos y sorprendentes rivales, algunos mucho más pequeños en tamaño y recursos. Además, quienes controlan el poder ven más restringido lo que pueden hacer con él.

Solemos malinterpretar o incluso ignorar del todo la magnitud, la naturaleza y las consecuencias de la profunda transformación que está sufriendo el poder en estos tiempos. Resulta tentador centrarse exclusivamente en el efecto de internet y las nuevas tecnologías de la comunicación en general, en los movimientos del poder en una u otra dirección o en si el poder «blando» de la cultura está desplazando al poder «duro» de los ejércitos. Pero estas perspectivas son incompletas. De hecho, pueden enturbiar nuestra comprensión de las grandes fuerzas que están cambiando la forma de adquirir, usar, conservar y perder el poder.

Sabemos que el poder está fluyendo de quienes tienen más fuerza bruta a quienes tienen más conocimientos, de los países del norte a los del sur y de Occidente a Oriente, de los viejos gigantes empresariales a empresas más jóvenes y ágiles, de los dictadores aferrados al poder a la gente que protesta en plazas y calles y, en algunos países, hasta comenzamos a ver cómo va pasando de hombres a mujeres y de los más viejos a los jóvenes. Pero decir que el poder está pasando de un continente o de un país a otro o que está dispersándose entre muchos actores nuevos no basta. El poder está sufriendo una transformación fundamental que no se ha reconocido ni comprendido lo suficiente. Mientras los estados, las empresas, los partidos políticos, los movimientos sociales, las instituciones y los líderes individuales rivalizan por el poder como han hecho siempre, el poder en sí —eso por lo que luchan tan desesperadamente, lo que tanto desean obtener y conservar— está perdiendo eficacia.

El poder se está degradando.

En pocas palabras, el poder ya no es lo que era. En el siglo XXI, el poder es más fácil de adquirir, más difícil de utilizar y más fácil de perder. Desde las salas de juntas y las zonas de combate hasta el ciberespacio, las luchas de poder son tan intensas como lo han sido siempre, pero cada vez dan menos resultados. La ferocidad de estas batallas oculta el carácter cada vez más evanescente del poder. Por eso, ser capaces de comprender cómo está perdiendo el poder su valor —y de afrontar los difíciles retos que ello supone— es la clave para asimilar una de las tendencias más importantes que están transformando el mundo en el siglo XXI.

Esto no quiere decir, repito, que el poder haya desaparecido ni que no existan todavía personas que lo poseen, y en abundancia. Los presidentes de Estados Unidos y China, los consejeros delegados de J. P. Morgan, Shell Oil o Microsoft, la directora de *The New York Times*, la directora del Fondo Monetario Internacional y el Papa siguen ejerciendo un poder inmenso. Pero menos que el que tenían sus predecesores. Las personas que ocuparon esos cargos con anterioridad no solo tenían que hacer frente a menos rivales, sino que también estaban sometidos a menos limitaciones —las que imponen el activismo ciudadano, los mercados financieros mundiales, el escrutinio de los medios de comunicación o la proliferación de rivales— a la hora de utilizar ese poder. Como consecuencia, los poderosos de hoy suelen pagar por sus errores un precio más elevado y más inmediato que sus predecesores. A su vez, su reacción ante esa nueva realidad está alterando el comportamiento de las personas sobre las que ejercen el poder que tienen y poniendo en marcha una reacción en cadena que afecta a todos los aspectos de la interacción humana.

La degradación del poder está transformando el mundo.

El propósito de este libro es demostrar esta afirmación.

¿Han oído hablar de James Black, Jr.?

Las fuerzas que están impulsando la degradación del poder son múltiples, están entrelazadas y no tienen precedentes. Para comprender por qué, no piensen en Clausewitz, las listas de las quinientas empresas más grandes del mundo o el 1 por ciento más rico de la población de Estados Unidos que concentra una parte desproporcionada de la riqueza, sino en James Black, Jr., un jugador de ajedrez de una familia de clase trabajadora que vive en el barrio de Bedford-Stuyvesant en Brooklyn, Nueva York.

A los doce años, Black ya era un Maestro de Ajedrez, una categoría alcanzada por menos del 2 por ciento de los setenta y siete mil miembros de la Federación de Ajedrez de Estados Unidos; y solo trece de esos maestros eran menores de catorce años.[1] Ocurrió en 2011, y Black tiene muchas posibilidades de llegar a conquistar el título de Gran Maestro, una distinción que concede la Federación Mundial de Ajedrez de acuerdo con el desempeño del jugador en los torneos contra los mejores ajedrecistas de ese momento. El grado de Gran Maestro es lo máximo a lo que puede aspirar un jugador. Una vez logrado, es un título vitalicio.[2]

Con su título de Maestro, Black seguía los pasos del Gran Maestro más joven jamás habido en Estados Unidos: Ray Robson, de Florida, que alcanzó esa categoría en octubre de 2009, dos semanas antes de cumplir quince años.[3]

Black aprendió a jugar por su cuenta, con unas piezas de plástico y un tablero de cartón, y enseguida pasó a los manuales de ajedrez y los programas de ordenador. Su ídolo es Mijail Tal, un campeón mundial ruso de los años cincuenta. Lo que inspira a Black, además de su amor por el juego, es la sensación de poder que le ofrece. Como dijo a un periodista: «Me gusta dictar lo que tiene que hacer el otro jugador»; imposible encontrar una expresión más clara del deseo innato de poder.[4]

Pero los logros de James Black y Ray Robson han dejado de ser excepcionales. Forman parte de una tendencia global, un nuevo fenómeno que está transformando el mundo tradicionalmente cerrado del ajedrez de competición. Los jugadores están aprendiendo y alcanzando la categoría de maestros a menor edad de lo que era la norma. Hoy existen más Grandes Maestros que nunca: más de mil doscientos, frente a ochenta y ocho en 1972. Cada vez es más frecuente que los recién llegados derroten a los campeones establecidos, por lo que la duración media de los reinados de los grandes jugadores está disminuyendo. Además, los Grandes Maestros actuales tienen orígenes mucho más variados que sus predecesores. Como observó el escritor D. T. Max: «En 1991, el año en que se desintegró la Unión Soviética, los nueve primeros jugadores del mundo eran soviéticos. De hecho, los jugadores formados en la URSS llevaban siendo campeones mundiales los 43 años anteriores, a excepción de tres».[5]

Ya no. Ahora hay más competidores capaces de escalar a lo alto de las clasificaciones de ajedrez y además proceden de una enorme variedad de países y entornos. Pero, una vez que llegan allí, les cuesta quedarse. En palabras de Mig Greengard, un bloguero especializado en el tema: «Hay doscientos tipos en el planeta que, con un poco de viento de cola, juegan lo bastante bien como para derrotar al campeón mundial».[6] En otras palabras, para los Grandes Maestros actuales, el poder ya no es lo que era.

¿Cuál es la explicación de estos cambios en la jerarquía mundial del ajedrez? En parte (pero solo en parte), la revolución digital.

Desde hace algún tiempo, los jugadores de ajedrez tienen acceso a programas informáticos que les permiten simular millones de partidas con los mejores ajedrecistas del mundo. También pueden utilizar el software para calcular las repercusiones de cualquier posible jugada; por ejemplo, los competidores pueden repetir cualquier partida, examinar jugadas en diferentes situaciones y estudiar las tendencias de jugadores concretos. Es decir, internet ha ensanchado el horizonte de los jugadores de ajedrez en todo el mundo y, como demuestra el caso de James Black, ha abierto nuevas posibilidades para jugadores de cualquier edad y origen socioeconómico. Incontables páginas web dedicadas al ajedrez ofrecen datos y posibilidades de competir a cualquiera que pueda conectarse a la red.[7]

Sin embargo, los cambios no se deben solo a la tecnología. Pensemos, por ejemplo, en el caso del joven campeón noruego Magnus Carlsen, otro fenómeno del ajedrez que en 2010, cuando tenía diecinueve años, se convirtió en el jugador número 1 del mundo. Según D. T. Max, el éxito de Carlsen se debía, más que a ejercitarse en internet, a lo heterodoxo y sorprendente de sus estrategias (en gran medida, gracias a su prodigiosa memoria): «Como Carlsen ha pasado menos tiempo que la mayoría de sus colegas en el ordenador, tiene menos tendencia a jugar como ellos. Se fía más de su propio juicio. Eso hace que sea un rival difícil para jugadores que recurren a programas informáticos y bases de datos».[8]

La demolición de la estructura tradicional del poder en el ajedrez mundial también está relacionada con los cambios experimentados en la economía global, la política, la demografía y los patrones migratorios. La apertura de fronteras y el abaratamiento de los viajes han dado a más jugadores la oportunidad de participar en torneos en cualquier parte del mundo. La mejora de los niveles educativos y de salud infantil, así como la expansión de la alfabetización y los estudios de matemáticas, han ampliado las reservas de posibles Grandes Maestros. Y en la actualidad, por primera vez en la historia, vive más gente en las ciudades que en el campo, un fenómeno que, unido al prolongado período de crecimiento económico del que han disfrutado muchos países pobres desde los años noventa, ofrece nuevas posibilidades a millones de familias para las cuales el ajedrez antes era un lujo inasequible o incluso desconocido. Porque no es fácil convertirse en un ajedrecista de primera categoría para alguien que vive en una remota granja de un país pobre sin electricidad, o que no tiene ordenador, o que debe dedicar muchas horas al día a obtener alimentos o a llevar agua a casa. Para que internet pueda ejercer su magia y multiplicar las posibilidades, deben darse muchas otras condiciones.

Del tablero de ajedrez... a todo lo que nos rodea

El ajedrez es una metáfora clásica del poder, por supuesto. Pero lo que le ha sucedido al poder es la erosión, y en algunos casos la desaparición, de las barreras que antes hacían que el mundo de los campeones fuera un recinto pequeño, cerrado y estable. Los obstáculos para comprender las tácticas, adquirir dominio del juego y abrirse camino a la cima ya no logran impedir que nuevos rivales se enfrenten a quienes reinan en esa cima.

Lo que ha pasado en el ajedrez está pasando también en el mundo en general.

El colapso de las barreras está transformando la política local y la geopolítica, la competencia entre empresas para atraer consumidores o entre las grandes religiones para atraer creyentes, así como las rivalidades entre organizaciones no gubernamentales, instituciones intelectuales, ideologías y escuelas de ciencia y pensamiento filosófico. En todos los lugares en los que el poder importa, se está degradando y pierde potencia.

Algunos síntomas de esta transformación son meridianamente claros, mientras que otros están saliendo a la luz gracias a análisis de expertos e investigaciones académicas.

Empecemos por la geopolítica. Los estados soberanos se han cuadruplicado desde los años cuarenta; además, hoy compiten, luchan o negocian no solo entre sí, sino también con numerosas organizaciones transnacionales y no estatales. Un ejemplo es el nacimiento en 2011 de Sudán del Sur, la nación más joven del mundo, que fue posible gracias a la intervención de docenas de organizaciones no gubernamentales. Grupos cristianos evangélicos como la «Bolsa del Samaritano», un grupo de activistas religiosos dirigido por Franklin Graham, uno de los hijos del predicador estadounidense Billy Graham, desempeñaron un papel determinante en la creación de este nuevo país.

De hecho, en la actualidad, cuando las naciones-estado van a la guerra, el poder militar abrumador cuenta menos que antes. Las guerras son cada vez más asimétricas, con el enfrentamiento de grandes fuerzas militares contra otras más pequeñas y heterodoxas: rebeldes, movimientos separatistas, grupos insurgentes, milicias. Además, cada vez es más frecuente que las gane el bando con menos poder militar. Según un extraordinario estudio hecho en Harvard, en las guerras asimétricas que estallaron entre 1800 y 1849, el bando más débil (en número de soldados y armamento) alcanzó sus objetivos estratégicos en el 12 por ciento de los casos. Sin embargo, en las guerras que estallaron entre 1950 y 1998, el bando más débil prevaleció con más frecuencia: el 55 por ciento de las veces. Por diversas razones, el resultado de los conflictos asimétricos actuales tiene más probabilidades de decidirse en función de las estrategias políticas y militares de los dos bandos que de la pura fuerza militar. Es decir, un ejército moderno y de gran tamaño ya no basta para garantizar que un país pueda alcanzar sus objetivos estratégicos. Un factor importante que explica esta diferencia es que el bando más débil tiene cada vez más capacidad de infligir daños al adversario con un coste inferior. El uso de artefactos explosivos caseros (conocidos por sus siglas en inglés, IED) en Afganistán e Irak es un buen ejemplo. Un general de los Marines en Afganistán calculó que los IED habían causado el 80 por ciento de las víctimas en su unidad, y en Irak hubo unos años en los que estos explosivos fueron responsables de casi dos tercios de las bajas sufridas por las fuerzas de la coalición internacional. Esta intensidad letal se mantiene a pesar del dinero invertido por el Pentágono en medidas para combatirla, como los 17.000 millones de dólares gastados en la compra de cincuenta mil inhibidores de frecuencias de radio con el fin de neutralizar los rudimentarios dispositivos de control remoto (teléfonos móviles, mandos de garaje) que se utilizan para detonar las bombas.[9]

Los dictadores y los jefes de los partidos también han visto cómo disminuye su poder y se reduce su número. En 1977, nada menos que ochenta y nueve países estaban gobernados por autócratas; en 2011, la cifra había bajado a veintidós.[10] Hoy, más de la mitad de la población mundial vive en democracias. Los temblores de la Primavera Árabe se sintieron en todos los rincones del mundo en los que no se celebran elecciones libres periódicas o la camarilla gobernante intenta aferrarse al poder indefinidamente. Incluso en los países no democráticos que permiten partidos políticos, los grupos minoritarios tienen hoy tres veces más representación en el parlamento que en los años ochenta. Y en todas partes los dirigentes de los partidos están desconcertados, porque se enfrentan a candidatos y líderes surgidos de ámbitos que nada tienen que ver con los tradicionales mecanismos más personalistas y opacos de selección de dirigentes. En las democracias establecidas, alrededor de la mitad de los grandes partidos emplean sistemas de primarias u otros métodos representativos para dar más voz y voto a sus bases a la hora de elegir a sus representantes. Desde Chicago hasta Milán y desde Nueva Delhi hasta Brasilia, los *capos* de las maquinarias políticas no tienen reparo en decir que han perdido la capacidad de tomar las decisiones unilaterales que sus predecesores daban por descontada.

El mundo económico también se está viendo afectado por esta tendencia. Es indudable que los ingresos y la riqueza están cada vez más concentrados, que los ricos acumulan capitales increíbles y que en todas partes hay algunos que no tienen reparo en tratar de convertir su dinero en poder político. Pero esa tendencia, alarmante e inaceptable, no es la única fuerza que moldea lo que les está sucediendo a los jefes de grandes empresas o a los más acaudalados dueños del capital.

Incluso el tan mencionado 1 por ciento de los más ricos en Estados Unidos ha dejado de ser inmune a los cambios repentinos de riqueza, poder y estatus. Pese al aumento de la desigualdad económica, la Gran Recesión también sirvió de correctivo, porque tuvo consecuencias desproporcionadas en los ingresos de los ricos. Según Emmanuel Saez, un catedrático de Economía en Berkeley, la crisis de 2008 provocó una caída del 36,3 por ciento en las rentas de ese 1 por ciento frente a una caída del 11,6 por ciento para el 99 por ciento restante.[11] Steven Kaplan, de la Universidad de Chicago, ha calculado que la proporción de rentas correspondiente al 1 por ciento más rico pasó de su máximo del 23,5 por ciento de las rentas totales en 2007 al 17,6 por ciento en 2009, y siguió cayendo en los años posteriores, según demuestran los datos de Saez. Y tal como Robert Frank escribió en *The Wall Street Journal*, «los que ganan más dinero también son los que sufren las caídas más fuertes. El número de estadounidenses que ganaron 1 millón de dólares o más se redujo un 40 por ciento entre 2007 y 2009 para quedarse en 236.883, y el conjunto de sus ingresos cayó casi un 50 por ciento, mucho más que la reducción de las rentas totales de quienes ganan cincuenta mil dólares o menos, inferior al 2 por ciento, según las cifras de Hacienda».[12] Todo esto no quiere decir, por supuesto, que la concentración de rentas y riqueza en muchas democracias avanzadas, y en especial en Estados Unidos, no haya aumentado de forma espectacular. El crecimiento de las desigualdades ha sido brutal. Pero ese hecho no debe impedirnos ver que la crisis económica también ha alcanzado a algunas personas y familias ricas que, como consecuencia, han experimentado un declive considerable de su fortuna y su poder económico.

Además, las rentas y las riquezas personales no son las únicas fuentes de poder. Es frecuente que los que llevan el timón de las grandes empresas tengan más poder que los que son «simplemente» ricos. Los empresarios ganan mucho más dinero que antes, pero su posición en la cima se ha vuelto tan inestable como la de los campeones de ajedrez. En 1992, el consejero delegado de una empresa de las quinientas más grandes según la revista *Fortune* tenía un 36 por ciento de probabilidades de conservar su puesto durante cinco años; en 1998, esa probabilidad había bajado el 25 por ciento. En 2005, la permanencia media de un consejero delegado estadounidense había descendido de diez a seis años. Y es una tendencia mundial. En 2012, el 15 por ciento de los consejeros delegados de las dos mil quinientas mayores empresas con cotización en bolsa de todo el mundo dejaron sus puestos. Hasta en Japón, famoso por su relativa estabilidad corporativa, la sucesión forzosa de los directivos de las grandes empresas se cuadruplicó en 2008.[13]

Lo mismo sucede con las empresas. En 1980, una compañía estadounidense que estuviera entre el 5 por ciento de las mejores de su sector no tenía más que un 10 por ciento de riesgo de perder esa posición en un plazo de cinco años. Veinte años después, la probabilidad había ascendido al 25 por ciento. Hoy, un simple recuento de las quinientas mayores empresas estadounidenses y mundiales que no existían hace diez años muestra que muchas firmas relativamente recién llegadas están desplazando a los gigantes empresariales tradicionales. En el mundo de las finanzas, los bancos están perdiendo poder e influencia en favor de fondos de inversiones de alto riesgo —los famosos *hedge funds*—, más ágiles y modernos; durante la segunda mitad de 2010, en medio de una terrible crisis económica, los diez mayores *hedge funds* —en su mayoría, desconocidos para el gran público— ganaron más que los seis mayores bancos del mundo, todos juntos. A esos fondos, incluso los más grandes, que administran cantidades inimaginables de dinero y obtienen beneficios gigantescos, les bastan unos centenares de empleados para funcionar.

Por otro lado, todas las empresas se han vuelto mucho más vulnerables a los «desastres de marca», que perjudican su reputación, sus ingresos y sus valoraciones en bolsa. Un estudio ha descubierto que para las empresas dueñas de las marcas con más prestigio en el mundo, el riesgo a cinco años de que sufran ese tipo de desastre ha pasado en las dos últimas décadas del 20 por ciento a nada menos que el 82 por ciento. Tiger Woods y la compañía de Rupert Murdoch, News Corporation, vieron reducir sus respectivas fortunas casi de la noche a la mañana como consecuencia de hechos que dañaron su reputación.

Otra manifestación de la difusión del poder en el mundo económico son los miembros de una nueva especie, la de las «multinacionales de países pobres» (es decir, nacidas en países menos desarrollados), que han desplazado o incluso adquirido algunas de las mayores compañías del mundo. Las inversiones procedentes de los países en vías de desarrollo pasaron de 12.000 millones de dólares en 1991 a 210.000 millones de dólares en 2010. La mayor productora de acero del mundo, ArcelorMittal, tiene su origen en Mittal Steel, una empresa india creada no hace mucho, en 1989.[14] Cuando los estadounidenses beben su emblemática Budweiser, en realidad están bebiendo una cerveza de una empresa creada por la fusión de una cervecera brasileña y otra belga en 2004, que en 2008 se hizo con el control de Anheuser-Busch y, con ello, formó el mayor fabricante de cerveza del mundo. Su consejero delegado, Carlos Brito, es brasileño.

Estas tendencias se observan no solo en los ámbitos tradicionales de lucha por el poder —la guerra, la política y la economía—, sino en otros como la filantropía, la religión y la cultura, además del poder personal e individual. En 2010 se alcanzó un número sin precedentes de nuevos multimillonarios, y todos los años hay varios nombres que desaparecen de la lista para que otros, desconocidos y procedentes de todos los rincones del planeta, ocupen su lugar.

La filantropía, por su parte, también ha dejado de ser el dominio exclusivo de unas cuantas grandes fundaciones y organizaciones públicas e internacionales; ha estallado en una constelación de fundaciones pequeñas y nuevas formas de generosidad que, en muchos casos, ponen en contacto directo a los donantes con los beneficiarios y dejan de lado el modelo clásico de organización benéfica. Las donaciones internacionales de personas e instituciones estadounidenses, por ejemplo, se multiplicaron por cuatro en los años noventa, y de nuevo por dos entre 1998 y 2007, hasta alcanzar 39.600 millones de dólares, una suma que supera en un 50 por ciento a los compromisos anuales del Banco Mundial. En Estados Unidos, el número de fundaciones pasó de cuarenta mil en 1975 a más de setenta y seis mil en 2012. Actores, deportistas y otros famosos, como Oprah Winfrey, Bill Clinton, Angelina Jolie y Bono, han puesto de moda la generosidad. Y, por supuesto, las nuevas megafundaciones dotadas por Bill y Melinda Gates, Warren Buffett y George Soros han dado un vuelco total a los métodos tradicionales empleados por las grandes organizaciones como la Fundación Ford. Miles de magnates de las empresas de tecnología y de las finanzas, con sus enormes fortunas recién adquiridas, están incorporándose al mundo de las «donaciones» mucho antes y con aportaciones de dinero mucho mayores. La «filantropía como inversión» ha generado un nuevo sector económico, dedicado a asesorar, respaldar y encauzar ese dinero. La Agencia de Desarrollo Internacional de Estados Unidos (USAID), el Banco Mundial y la Fundación Ford tienen hoy más competidores que dominan internet y otras tecnologías, pero además se enfrentan a más escrutinio público y deben aceptar más condiciones de los activistas, de sus beneficiarios y de los gobiernos que las patrocinan. Hasta hace poco China no figuraba como donante importante. Hoy tiene un papel protagónico en África, América Latina y los países más pobres de Asia. Sus agencias y fundaciones compiten agresivamente, y en ciertos casos han desplazado a donantes como el Banco Mundial.

Del mismo modo, el arraigado e histórico poder de las grandes religiones organizadas está deteriorándose a gran velocidad. Por ejemplo, las iglesias pentecostales están extendiéndose en países que antes eran bastiones del Vaticano y las confesiones protestantes tradicionales. En Brasil, en 1960, los pentecostales y los carismáticos no representaban más que el 5 por ciento de la población, mientras que en 2006 sumaban el 49 por ciento. (Constituyen el 11 por ciento en Corea del Sur, el 23 por ciento en Estados Unidos, el 26 por ciento en Nigeria, el 30 por ciento en Chile, el 34 por ciento en Sudáfrica, el 44 por ciento en Filipinas, el 56 por ciento en Kenia y el 60 por ciento en Guatemala.) Las iglesias pentecostales suelen ser pequeñas y se adaptan a los fieles locales, pero algunas se han extendido y han cruzado fronteras; dos ejemplos, la brasileña Iglesia Universal del Reino de Dios (Igreja Universal do Reino de Deus, IURD), que cuenta con cuatro millones de fieles, y la nigeriana Iglesia Cristiana Redimida de Dios (Redeemed Christian Church of God, RCCG). Un pastor nigeriano dirige una iglesia con cuarenta mil seguidores en Kiev, Ucrania. Al mismo tiempo, lo que los expertos llaman las «iglesias orgánicas» —es decir, comunidades de base, cercanas y no jerárquicas— desafían desde dentro a la Iglesia católica y a la Iglesia anglicana. Y el islam, que nunca ha estado centralizado, vive cada vez más escisiones a medida que estudiosos e imanes ofrecen interpretaciones opuestas desde sus nuevas y poderosas plataformas televisadas y desde internet.

Si a todo esto se añaden las tendencias del mismo tipo que se observan en el trabajo, la educación, el arte, la ciencia e incluso el deporte profesional, el panorama está claro. Es la imagen de un poder repartido entre un número cada vez mayor de actores nuevos y más pequeños, de orígenes distintos e inesperados, igual que vemos en el mundo del ajedrez. Y esos nuevos elementos se rigen por unas normas muy diferentes a las que solían servir de guía a los poderosos tradicionales.

Sé que afirmar que el poder se está volviendo más frágil y vulnerable contradice la percepción más extendida de que vivimos en una época en la que el poder está cada vez más concentrado y de que quienes lo poseen son más fuertes y están más afianzados que nunca. En realidad, muchas personas creen que el poder es como el dinero: si se tiene, aumentan las posibilidades de tener todavía más. Desde este punto de vista, se puede considerar que el ciclo retroalimentado de concentración de poder y riqueza es un motor fundamental de la historia humana. Y, desde luego, el mundo está lleno de personas e instituciones que poseen un poder inmenso y no están a punto de perderlo. Pero las páginas que siguen demuestran que, cuando se contempla el mundo a través de este prisma, quedan ocultos aspectos muy importantes del cambio que estamos viviendo.

Como veremos, no se trata solo de un simple traspaso de poder de una camarilla de personajes influyentes a otra, de un país o de una región a otra, o de una empresa a otra. La transformación del poder es más amplia y más complicada. El poder es hoy más fácil de obtener y, de hecho, en el mundo actual hay más personas que lo tienen. Pero sus horizontes se han contraído y, una vez obtenido, es más difícil de utilizar. Y eso tiene una explicación.

¿Qué es lo que ha cambiado?

El poder se afianza gracias a las barreras que protegen de rivales y aspirantes a quienes ya lo tienen. Esas barreras no solo hacen más difícil que los nuevos competidores se conviertan en amenazas significativas, sino que además ayudan a consolidar el dominio de los poderosos ya establecidos. Tales barreras son muchas, variadas y cambian de acuerdo con el sector, desde las reglas que rigen las elecciones hasta los arsenales de los ejércitos y las fuerzas de policía, pasando por un gran capital, el acceso exclusivo a ciertos recursos naturales, poder gastar más que otros en publicidad y saber hacerlo mejor, la tecnología, las marcas más codiciadas por los consumidores, una fórmula secreta, e incluso la autoridad moral de los líderes religiosos o el carisma personal de algunos políticos.

Sin embargo, durante los tres últimos decenios las barreras que protegen el poder se han debilitado a gran velocidad. Ahora es mucho más fácil aplastarlas, rodearlas o socavarlas. Como mostraremos al hablar de política nacional e internacional, economía, guerra, religión y otros ámbitos, las causas de este fenómeno están relacionadas no solo con las transformaciones demográficas y económicas y la difusión de las tecnologías de la información, sino también con los cambios políticos y la profunda alteración de las expectativas, los valores y las normas sociales. Las tecnologías de la información (que incluyen internet, pero no solo) desempeñan un papel importante en la manera de acceder y utilizar el poder. Pero la explicación *fundamental* del debilitamiento de las barreras tiene que ver con transformaciones tan variadas como el rápido crecimiento económico en muchos países pobres, los patrones migratorios, la medicina y la sanidad, la educación e incluso las costumbres y actitudes culturales; es decir, con los cambios experimentados por el alcance, el estado y las posibilidades de la condición humana en estos tiempos.

Al fin y al cabo, lo que más diferencia nuestro modelo de vida actual del de nuestros ancestros no son solo las herramientas que usamos ni las normas que rigen nuestras sociedades. Es también el hecho de que somos mucho más numerosos, y de que vivimos más tiempo, tenemos mejor salud, sabemos más y estamos más preparados. Hoy en día hay más gente en el planeta que no pasa hambre, y millones de personas disponen de más tiempo y dinero para dedicarse a otras cosas. Y, cuando estamos insatisfechos con nuestra situación, es más fácil y barato que nunca marcharnos para probar suerte en cualquier otro lugar. A medida que han aumentado nuestra proximidad y nuestra densidad poblacional, junto con la duración y la riqueza de nuestra vida, también se ha incrementado nuestro contacto con los demás, que ha servido para ampliar nuestras aspiraciones y nuestras oportunidades. Es indudable que la salud, la educación y la prosperidad no son universales, ni mucho menos. La pobreza, la desigualdad, la guerra, la enfermedad y el sufrimiento social y económico siguen existiendo. Pero las estadísticas globales sobre la expectativa de vida, la alfabetización, la mortalidad infantil, la nutrición, los niveles de renta, los logros educativos y el desarrollo humano muestran un mundo que ha experimentado —junto con las percepciones y las actitudes— cambios profundos que influyen de forma directa en la manera de obtener, conservar y perder el poder.

Los tres próximos capítulos desarrollarán esta idea en detalle. El capítulo 2 ofrece una manera práctica de pensar sobre el poder que, además, puede aplicarse a todos los ámbitos, de la guerra a los negocios o a la política. Aborda las distintas formas en que puede ejercerse el poder, aclara las diferencias entre distintos aspectos del poder, como la influencia, la persuasión, la coacción y la autoridad, y demuestra cómo el poder se refugia detrás de barreras que le permiten expandirse y concentrarse, hasta que esas barreras pierden fuerza y dejan de cumplir su función protectora. El capítulo 3 explica cómo creció el poder en diferentes ámbitos. ¿Por qué, pregunto, en la práctica el poder se equipara con la dimensión de las grandes organizaciones que lo respaldan? ¿Por qué las organizaciones grandes, jerárquicas y centralizadas se convirtieron —y siguen siendo en su mayoría— en los principales vehículos de ejercicio del poder? Esta vinculación del poder con el tamaño de la organización que lo posee alcanzó su apogeo durante el siglo XX. Y es una situación que en la actualidad sigue dominando los debates y las conversaciones, pese a que la realidad ha cambiado.

El capítulo 4 muestra cómo los grandes cambios sucedidos en múltiples ámbitos (la demografía, la tecnología, la economía, etcétera) hacen que sea más difícil crear y defender las barreras que mantienen a raya a los rivales. Todos estos cambios los agrupo en tres categorías de transformaciones revolucionarias que, a mi juicio, definen nuestro tiempo: la revolución del *más*, que se caracteriza por el aumento, la abundancia de todo (el número de países, la población, el nivel de vida, las tasas de alfabetización, el incremento en la salud y la cantidad de productos, partidos políticos y religiones); la revolución de la *movilidad*, que capta el hecho de que no solo hay más de todo sino que ese «más» (gente, productos, tecnología, dinero) se mueve más que nunca y a menor coste, y llega a todas partes, incluso a lugares que hasta hace poco eran inaccesibles, y la revolución de la *mentalidad*, que refleja los grandes cambios de modos de pensar, expectativas y aspiraciones que han acompañado a esas transformaciones.

Ciertos aspectos de estas tres revoluciones son muy conocidos; lo que no es tan conocido, ni se ha analizado detalladamente, es cómo cada una de ellas hace que sea más fácil obtener el poder pero más difícil emplearlo y conservarlo. El capítulo 4 muestra de qué forma estas revoluciones profundas y simultáneas están debilitando las barreras y dificultando el ejercicio del poder. Una de las consecuencias, por ejemplo, es el agudo entorpecimiento de las grandes organizaciones centralizadas modernas, cuyos enormes recursos han dejado de ser garantía de dominio e incluso, en algunos casos, se han convertido en desventajas. Las circunstancias en las que se expresan diferentes formas de poder —incluidas la coacción, la obligación, la persuasión y la utilización de incentivos— se han alterado de tal forma que reducen, y en ciertos casos extremos hasta anulan por completo, las ventajas del tamaño.

La degradación del poder. ¿Es algo nuevo? ¿Es cierto? ¿Y qué?

Los cambios que aquí discutimos han beneficiado a los innovadores y a nuevos protagonistas en muchos campos; entre ellos, por desgracia a delincuentes, terroristas, insurgentes, piratas informáticos, traficantes, falsificadores y ciberdelincuentes.[15] Han creado oportunidades para los activistas en pro de la democracia, pero también para partidos políticos radicales con programas muy concretos o extremistas, y han abierto formas alternativas de adquirir influencia política que sortean o derriban la rígida estructura interna y formal del sistema político, tanto en los países democráticos como en los autoritarios. Pocos podían prever que, cuando un pequeño grupo de activistas malasios decidió «ocupar» en el verano de 2011 la plaza de Dataran, en Kuala Lumpur, a imagen y semejanza de los Indignados de la madrileña Puerta del Sol, iba a acabar surgiendo un movimiento similar que ocuparía Wall Street y desencadenaría iniciativas del mismo tipo en otras dos mil seiscientas ciudades del todo el mundo.

Aunque los cambios políticos concretos engendrados por los movimientos okupas han sido escasos hasta ahora, conviene destacar su repercusión. Como observó el famoso cronista de los años sesenta Todd Gitlin, «para que se produjeran unos cambios trascendentales en el debate público, similares a los que tardaron tres años en desarrollarse durante la lejana década de los sesenta —sobre la brutalidad de la guerra, la insatisfacción con la distribución de la riqueza, la degradación de la política y la asfixia de la promesa democrática—, en 2011 no hicieron falta más que tres semanas».[16] Además, con su velocidad, su impacto y sus nuevas formas de organización horizontal, los movimientos okupas pusieron de relieve la erosión del monopolio que habían tenido los partidos políticos tradicionales sobre los cauces de los que disponía la sociedad para transmitir sus quejas, esperanzas y exigencias. En Oriente Próximo, la Primavera Árabe iniciada en 2010 no da muestras de calmarse; por el contrario, continúa extendiéndose y su onda expansiva llega a los regímenes autoritarios de todo el mundo.

Como ya dijimos antes, en el mundo empresarial está sucediendo algo muy similar. Pequeñas compañías desconocidas de países con mercados apenas abiertos han logrado dar el gran salto y, en ocasiones, hacerse con grandes multinacionales y marcas de prestigio, construidas a lo largo de muchos años por los más importantes empresarios.

En geopolítica, hay pequeños actores —países «menores» o entes no estatales— que han adquirido nuevas oportunidades de vetar, interferir, redirigir y obstaculizar los esfuerzos coordinados de las «grandes potencias» y organizaciones multilaterales como el Fondo Monetario Internacional (FMI). Por mencionar solo unos ejemplos: el veto de Polonia a la política de bajas emisiones de carbono de la

UE, los intentos de Turquía y Brasil de desbaratar las negociaciones de las grandes potencias con Irán a propósito de su programa nuclear, la revelación de secretos diplomáticos de Estados Unidos por parte de WikiLeaks o Edward Snowden, las acciones de la Fundación Gates cuando disputa a la Organización Mundial de la Salud su liderazgo en la lucha contra la malaria, y la multitud de nuevos participantes de diversos tamaños, orígenes y pelajes en las negociaciones mundiales sobre comercio, cambio climático y muchas otras cuestiones.

Estos «pequeños actores», nuevos y cada vez más importantes, son muy distintos unos de otros, igual que lo son los ámbitos en los que compiten. Pero tienen en común el hecho de que ya no dependen del tamaño, la geografía, la historia ni la tradición para tener influencia. Pequeñas e incipientes organizaciones logran operar rápidamente en el ámbito internacional y tener repercusiones globales. Representan el ascenso de un nuevo tipo de poder —lo llamo *micropoder*— que antes tenía escasas posibilidades de éxito. Hoy en día, lo que está transformando el mundo está relacionado, más que con la rivalidad entre los megaactores, con el ascenso de los *micropoderes* y su capacidad de desafiarlos con éxito.

La degradación del poder no significa la extinción de los megaactores. Las grandes burocracias de los estados, los grandes ejércitos, las grandes empresas y las grandes universidades tendrán más límites y restricciones que nunca, pero desde luego seguirán siendo importantes, y sus acciones y decisiones seguirán teniendo un peso enorme. Pero menos que antes. A los actores tradicionales les costará cada vez más tener el poder al que aspiran o incluso el que siempre han tenido. Y, aunque pueda parecer inequívocamente positivo que los poderosos sean menos poderosos que antes (al fin y al cabo, el poder corrompe, ¿verdad?), su degradación puede también crear inestabilidad, desorden y parálisis ante problemas complejos.

Los próximos capítulos también mostrarán cómo se ha acelerado la degradación del poder, pese a la existencia de tendencias aparentemente tan contrarias como la consolidación de enormes empresas, los rescates con dinero público de instituciones «demasiado grandes para quebrar», el constante aumento de los presupuestos militares de Estados Unidos y China o las crecientes disparidades de rentas y riqueza en todo el mundo. De hecho, la degradación del poder es una cuestión mucho más importante y profunda que las tendencias y los acontecimientos superficiales que hoy dominan los debates entre políticos y analistas.

En concreto, este libro cuestiona dos de los temas más habituales en las conversaciones sobre el poder en estos tiempos. Uno de ellos es la obsesión por internet como explicación de los cambios en el poder, sobre todo en la política y la economía. El otro es la obsesión por el cambio de guardia en la geopolítica, que afirma que el declive de algunas naciones (en especial Estados Unidos) y el ascenso de otras (sobre todo China) son la tendencia que más está transformando al mundo actual.

La degradación del poder no se debe a internet ni a las tecnologías de la información en general. Es innegable que internet, las redes sociales y otras herramientas están transformando la política, el activismo, la economía y, por supuesto, el poder. Pero ese papel, importante, se exagera y malinterpreta con demasiada frecuencia. Las nuevas tecnologías de la información son eso, herramientas, que para causar efecto necesitan unos usuarios que, a su vez, tienen objetivos, dirección y motivación. Facebook, Twitter y los SMS contribuyeron de manera crucial a fortalecer a los manifestantes en la Primavera Árabe. Pero los manifestantes y las circunstancias que les impulsaron a salir a la calle nacieron de situaciones dentro y fuera de sus países que no tenían nada que ver con Twitter o Facebook. Millones de personas participaron en las marchas que acabaron derrocando a Hosni Mubarak en Egipto, pero la página de Facebook a la que se atribuye haber ayudado a fomentar las protestas, en su momento de apogeo, no tenía más que trescientos cincuenta mil miembros. Es más, un estudio reciente del tráfico en Twitter durante las rebeliones en Egipto y Libia ha descubierto que más del 75 por ciento de las personas que en Twitter hicieron clic en enlaces relacionados con las luchas eran usuarios de fuera del mundo árabe.[17] Otro estudio, del United States Institute of Peace, que también examina las pautas de utilización de Twitter durante la Primavera Árabe, llega a la conclusión de que los nuevos medios «no parecieron desempeñar un papel significativo ni en la actuación colectiva en el interior de los países ni en la difusión regional» de la revuelta.[18]

El primer y más importante motor de la protesta fue la realidad demográfica de los jóvenes en países como Túnez, Egipto y Siria, personas más sanas y mejor preparadas que nunca, pero sin trabajo y profundamente frustradas. Además, las mismas tecnologías de la información que dan poder a los ciudadanos han servido también para crear nuevas vías de vigilancia, represión y control gubernamental, como en el caso de Irán, donde se permitió que el Estado identificara y encarcelara a los participantes en su abortada «Revolución Verde». Sería un error tanto negar la función crucial que tienen las tecnologías de la información, en particular las redes sociales, en los cambios que estamos presenciando, como considerar que esos cambios son consecuencia exclusivamente de la adopción generalizada de estas tecnologías.

Tampoco hay que confundir la degradación del poder con esos cambios en la hegemonía mundial que se han puesto tan de moda y que los analistas diseccionan con ahínco desde que el declive de Estados Unidos y el ascenso de China se convirtieron en un axioma, en la transformación geopolítica clave de nuestra era, celebrada o deplorada según cada comentarista. Estudiar el declive de Europa y el ascenso simultáneo de los BRICS (Brasil, Rusia, India, China y Sudáfrica) es en estos momentos el gran tema de la geopolítica actual. Pero, si bien las rivalidades entre países son cambiantes (siempre lo han sido), la obsesión sobre quién está en declive y quién en ascenso es una distracción arriesgada. Es una distracción porque cada nueva hornada de vencedores hace un hallazgo desagradable: que quienes tengan poder en el futuro encontrarán opciones muy limitadas que hacen que su capacidad de actuar se reduzca en aspectos que seguramente no habían previsto y que sus predecesores no sufrieron.

Además, el efecto acumulado de estos cambios ha agudizado la corrosión de la autoridad y la moral, así como la legitimidad de los poderosos en general. Todas las encuestas de opinión revelan que una importante tendencia mundial es la pérdida de confianza en los líderes políticos, en los «expertos», las instituciones públicas, los empresarios y los medios de comunicación. La gente considera que los líderes de la sociedad son menos creíbles y dignos de confianza. Y los ciudadanos están mejor informados, tienen otros valores y son más conscientes de las muchas otras opciones que tienen. Las actitudes hacia el poder y los poderosos están cambiando a gran velocidad.

Ignorar que hay que mirar más allá de las batallas inmediatas para percibir los efectos de la degradación del poder entraña riesgos. Contribuye a la confusión e impide progresar en los problemas más importantes y complejos que exigen de forma urgente respuestas eficaces. Desde las crisis financieras que viajan de un lugar a otro, el desempleo crónico, la desigualdad y la pobreza profunda, hasta las matanzas indiscriminadas de inocentes en países en conflicto y el calentamiento global, los problemas persisten y muchos tienden a agravarse. Vivimos en una época en la que, por paradójico que parezca, conocemos y comprendemos estos problemas mejor que nunca, pero parecemos incapaces de afrontarlos de manera decisiva y eficaz. Desde la perspectiva de estas páginas, la razón de esta realidad frustrante y peligrosa es con frecuencia muy clara: nadie tiene el poder suficiente para hacer lo que se sabe que hay que hacer.

Pero ¿qué es el poder?

Un libro sobre el poder necesita una definición de *poder.*

Desde el comienzo de la historia, la búsqueda y la retención del poder han moldeado la interacción entre individuos, grupos y sociedades enteras. Para Aristóteles, el poder, la riqueza y las amistades eran los tres elementos que constituían la felicidad de una persona. La premisa de que los seres humanos buscan por naturaleza el poder y los gobernantes tratan de consolidar y expandir su dominio es algo sobre lo que existe consenso en filosofía. En el siglo XVI, Nicolás

Maquiavelo escribió en *El Príncipe*, su manual para el hombre de Estado, que la adquisición de territorio y control político «es en verdad muy natural y común, y los hombres así lo hacen siempre que pueden».[19] En el siglo XVII, el filósofo inglés Thomas Hobbes llevó la idea un poco más allá en *Leviatán*, su tratado clásico sobre la naturaleza humana y la sociedad. «Veo como una inclinación general de toda la humanidad un deseo perpetuo e incansable de adquirir poder tras poder, que solo termina con la muerte», escribió.[20] Dos siglos y medio más tarde, en 1885, Friedrich Nietzsche diría, a través de la voz del heroico protagonista de *Así habló Zaratustra*: «Donde encontré un ser vivo, allí hallé la voluntad de poder; e incluso en la voluntad del siervo hallé la voluntad de ser amo».[21]

Esto no quiere decir que la vida humana se reduzca exclusivamente a tener poder. No cabe duda de que el amor, el sexo, la fe y otros impulsos y emociones también son motivaciones humanas fundamentales. Pero igual de indudable es que el poder siempre ha motivado a la gente. Y, tal como siempre ha sucedido, el poder estructura la sociedad, contribuye a regir las relaciones y a organizar las interacciones entre las personas dentro de cada comunidad y entre las comunidades y naciones. El poder es un factor en todos los ámbitos en los que luchamos, rivalizamos o nos organizamos: la política internacional y la guerra, la política nacional, la economía, la investigación científica, la religión, la filantropía, el activismo social, y en general en las relaciones sociales y culturales de todo tipo. El poder también está presente en nuestras relaciones más íntimas de amor y parentesco, en nuestro lenguaje e incluso en nuestros sueños. Estas últimas dimensiones van más allá del ámbito de este libro, pero ello no impide que en ellas también se observen los cambios y tendencias que aquí intento explicar.

Mi enfoque es práctico. El propósito es entender qué hace falta para adquirir poder, conservarlo y perderlo. Para eso es necesario partir de una definición, de modo que aquí va una: El poder es la capacidad de dirigir o impedir las acciones actuales o futuras de otros grupos e individuos. O, dicho de otra forma, el poder es aquello con lo que logramos que otros tengan conductas que, de otro modo, no habrían adoptado.

Este punto de vista práctico sobre el poder no es nuevo ni polémico. Aunque el poder es de por sí un tema complejo, muchas de las definiciones prácticas empleadas por los sociólogos son similares a la que se utiliza aquí. Por ejemplo, mi enfoque evoca un ensayo muy citado, escrito en 1957 por el politólogo Robert Dahl, «The Concept of Power». En palabras de Dahl: «A tiene poder sobre B en la medida en que puede conseguir que B haga algo que de otra manera no haría». Desde esta perspectiva surgen diferentes maneras de imponer la voluntad del poderoso —la influencia, la persuasión, la coacción— que discutiremos en el próximo capítulo. Pero todas persiguen lo mismo: que otros hagan o dejen de hacer algo.[22]

Si bien no hay duda de que el poder es una motivación humana muy básica, tampoco la hay acerca de que es una fuerza «relacional», en el sentido de que implica inevitablemente una relación entre dos o más protagonistas. Por lo tanto, no basta con medir el poder mediante indicadores indirectos, como quién tiene el ejército más grande, las mayores fortunas, la mayor población o el mayor número de votantes o fieles. Nadie se pasea con una cantidad fija y cuantificable de poder, porque, en realidad, el poder de cualquier persona o institución varía entre una situación y otra. Para que el poder se ejerza es necesaria una interacción o un intercambio entre dos partes o más: amo y siervo, gobernante y ciudadano, jefe y empleado, padre e hijo, profesor y alumno, o una compleja combinación de individuos, partidos, ejércitos, empresas, instituciones, incluso naciones. En la medida en que las partes implicadas pasan de una situación a otra, sus respectivas capacidades de dirigir o impedir las acciones de los demás —en otras palabras, su poder— también varían. Cuanto menos cambian los actores y sus atributos, más estable se vuelve ese reparto concreto de poder. Y cuando el número, la identidad, las motivaciones, las capacidades y los atributos de los actores cambian, también lo hace el reparto de poder.

No se trata de una cuestión meramente abstracta. Lo que quiero decir es que el poder desempeña una función social. Su papel no es solo garantizar la dominación o establecer una relación de vencedores y vencidos, sino que además organiza comunidades, sociedades, mercados y el mundo. Hobbes lo explicó muy bien. Como el ansia de poder es primitiva, afirmaba, se deduce que los seres humanos son intrínsecamente conflictivos y competitivos. Si se les dejase que expresaran su naturaleza sin la presencia de un poder que les inhiba y les dirija, lucharían entre sí hasta que no quedara nada por lo que luchar. Pero si obedecieran a un «poder común», podrían orientar sus esfuerzos a construir la sociedad en vez de destruirla. «Durante el período en el que los hombres viven sin un "poder común" que intimide y organice, se encuentran en la condición que denominamos *guerra* —escribió Hobbes—, y se trata de una guerra de todos contra todos.»[23]

La degradación del poder: ¿qué es lo que está en juego?

El debilitamiento de las barreras que defienden a los poderosos está abriendo las puertas a nuevos protagonistas como los que han transformado el ajedrez y como los que, según veremos en los próximos capítulos, están transformando hoy otros grandes terrenos de la actividad humana.

Esos actores nuevos representan los micropoderes que mencioné antes. El poder que tienen es de un tipo nuevo: no es el poder masivo, abrumador y a menudo coercitivo de grandes organizaciones con muchos recursos y una larga historia, sino más bien el poder de vetar, contrarrestar, combatir y limitar el margen de maniobra de los grandes actores. Es negar a «los grandes de siempre» espacios de acción e influencia que se daban por descontado.

Es un poder que nace de la innovación y la iniciativa, sin duda, pero también del hecho de que cada vez existe más espacio para que los micropoderes empleen técnicas como el veto, la interferencia, la distracción, la posposición de las decisiones o la sorpresa. Las tácticas clásicas de los insurgentes en tiempo de guerra son ahora utilizables y eficaces en muchos otros ámbitos. Y eso significa que pueden abrir nuevos horizontes no solo a innovadores y fuerzas progresistas, sino también a extremistas, fanáticos, separatistas y personas o grupos cuyo objetivo no es el bien común sino el suyo propio. Esta acelerada proliferación de nuevos actores —una tendencia que hoy ya es fácilmente observable— debería suscitar serias preocupaciones sobre lo que puede ocurrir si la degradación del poder sigue avanzando de manera ignorada y descontrolada.

Todos sabemos que un exceso de concentración de poder causa daños sociales. Los dictadores, los monopolios y las demás circunstancias en las que el poder se concentra son obviamente indeseables, pero el otro extremo —las situaciones en las que el poder está demasiado fragmentado— también lo es. ¿Y qué sucede cuando el poder está completamente disperso, diseminado y descompuesto? Los filósofos ya conocen la respuesta: caos y anarquía. La guerra de todos contra todos que preveía Hobbes es la antítesis del bienestar y el progreso social. Y la degradación del poder implica el riesgo de generar una situación así. Un mundo en el cual todos tienen el poder suficiente para impedir las iniciativas de los demás, pero en el que nadie tiene poder para imponer una línea de actuación, es un mundo donde las decisiones no se toman, se toman demasiado tarde o se diluyen hasta resultar ineficaces. Sin la previsibilidad y la estabilidad que derivan de normas y autoridades legítimas y ampliamente aceptadas por la sociedad, reinaría un caos que sería fuente de inmenso sufrimiento humano. Siglos de conocimiento y experiencia acumulada por gobiernos, partidos políticos, empresas, iglesias, ejércitos e instituciones culturales pueden perderse a medida que estas instituciones se vuelvan inviables y caigan. En algunos casos son organismos nefastos y su desaparición no es de lamentar. Pero también los hay muy valiosos e indispensables para el sostén del indiscutible progreso que la humanidad ha alcanzado. Además, cuanto más resbaladizo es el poder, más se rigen nuestras vidas por incentivos y miedos inmediatos, y menos posibilidades tenemos de marcar el curso de nuestras acciones y trazar un plan para el futuro.

La mezcla de estos riesgos puede producir desafección. Las instituciones poderosas llevan tanto tiempo con nosotros, y las barreras en torno al poder han sido tradicionalmente tan altas, que hemos construido el significado de nuestras vidas —nuestras opciones sobre qué hacer, qué aceptar, qué rechazar— con base en sus parámetros.

Si nos distanciamos demasiado, la descomposición del poder puede tener efectos muy negativos.

Es urgente que comprendamos y abordemos el carácter y las consecuencias de esa descomposición. Aunque los peligros mencionados no llegan a ser anarquía, es evidente que ya están interfiriendo en nuestra capacidad para abordar algunos de los grandes problemas de nuestro tiempo. El mundo se enfrenta al cambio climático, la proliferación nuclear, las crisis económicas, el agotamiento de los recursos, las pandemias, la miseria persistente de «los mil millones más pobres», el terrorismo, el tráfico ilícito y los delitos cibernéticos, entre otros retos cada vez más complejos que exigen la participación de grupos y agentes cada vez más variados. La degradación del poder es una tendencia estimulante en la medida en que ha abierto maravillosos espacios para nuevas aventuras, nuevas empresas y, en todo el mundo, nuevas voces y más oportunidades. Pero las consecuencias que puede tener para la estabilidad representan muchos peligros. ¿Cómo podemos mantener los prometedores avances de la pluralidad de voces y opiniones, iniciativas e innovaciones, sin vernos arrastrados al mismo tiempo a una parálisis total que anule con gran rapidez todo ese progreso? Comprender la degradación del poder es el primer paso para encontrar la manera de avanzar en un mundo que está renaciendo.

2

Comprender el poder

Cómo funciona y cómo se conserva

Su despertador suena a las 6.45 de la mañana, media hora antes de lo habitual, porque su jefe se ha empeñado en que asista a una reunión que a usted le parece inútil. Pensó en resistirse, pero no quiere poner en peligro su posible ascenso. En la radio suena un anuncio de un nuevo coche: «Consume menos que cualquier otro». Es tentador, porque el coste de llenar el tanque de combustible de su automóvil le tiene preocupado. Sus vecinos tienen uno de esos coches, ¿por qué no también usted? Claro que no tiene dinero para pagar la cuota inicial. Durante el desayuno se da cuenta de que su hija, a la que usted permitió la semana pasada que tuviera puestos los auriculares si, a cambio, en lugar de bizcochos de crema comía cereales sanos, está sentada escuchando música y desayunando... bizcochos rellenos de crema. Su mujer y usted discuten sobre quién va a salir antes del trabajo para ir a recogerla al colegio. Gana usted. Pero se siente culpable y se ofrece a pasear al perro como un gesto conciliador. Sale con el perro. Está lloviendo. El perro se niega a moverse. Y, por más que lo intenta, no consigue que el animal dé un paso.

Cuando tomamos las numerosas decisiones, grandes y pequeñas, que surgen en la vida diaria, como ciudadanos, empleados, clientes, inversores o miembros de un hogar, de una familia o hasta de un grupo de amigos que se reúne regularmente, siempre calibramos —consciente o inconscientemente— el alcance y, sobre todo, los límites de nuestro poder. Da igual que se trate de obtener un aumento de sueldo o un ascenso, hacer nuestro trabajo de determinada forma, convencer a un cliente de que compre al precio que nos conviene, planear unas vacaciones con el cónyuge o conseguir que un hijo coma bien; siempre estamos, consciente o inconscientemente, midiendo nuestro poder: hasta dónde podemos lograr que otros hagan lo que queremos o evitar que nos impongan cierta conducta. Nos molesta el poder de otros y sus consecuencias irritantes e incómodas, el hecho de que nuestro jefe, el gobierno, la policía, el banco o nuestro proveedor de servicios telefónicos nos obligue a comportarnos de determinada manera, a hacer ciertas cosas o dejar de hacer otras. Sin embargo, solemos buscar ese poder, a veces de manera consciente y deliberada, y otras de forma más sutil e indirecta.

En ocasiones, el poder se ejerce de manera tan brutal y definitiva que sus efectos persisten aun cuando ello no se justifique. Aunque Sadam Huseín y Muamar Gadafi estén muertos, muchas de sus víctimas siguen estremeciéndose al oír mencionar sus nombres; esta es una experiencia que suelen compartir los supervivientes de crímenes brutales mucho tiempo después de que los criminales hayan sido capturados o ya no sean una amenaza.

El punto central es que el poder *se siente*; tenemos múltiples sensores que nos permiten detectarlo y calcular sus efectos sobre nosotros, ya sea en el presente, en el futuro o como resabio de sus consecuencias en el pasado. Incluso cuando se ejerce de manera sutil, o apenas se manifiesta, sabemos que está allí, que estamos en presencia del poder.

Sin embargo, independientemente de la importancia que tenga el poder en nuestra vida cotidiana o en nuestra mente, siempre nos resulta difícil calibrarlo con precisión. Salvo en casos extremos en los que se nos impone cierta conducta de forma brutal, mediante amenaza, multas, cárcel, degradaciones, vergüenza, palizas u otros castigos, solemos experimentar el poder más como una coacción moral —o económica— que como una fuerza física. Precisamente porque el poder es primordial, fundamental, en nuestra vida diaria, no es frecuente que nos detengamos a examinarlo, analizarlo, a determinar con precisión dónde reside, cómo funciona, hasta dónde puede llegar y qué impide que vaya más allá.

Esto tiene una buena explicación: el poder es difícil de medir; de hecho, es imposible hacerlo. Solo es posible identificar sus agentes, sus fuentes y sus manifestaciones. ¿Quién tiene más dinero en el banco? ¿Qué empresa es capaz de comprar otra o cuál tiene más activos en su balance? ¿Qué ejército posee más soldados, tanques o aviones? ¿Qué partido político obtuvo más votos en las últimas elecciones u ocupa más escaños en el Parlamento? Todas estas son cosas que se pueden calcular y documentar. Pero no miden el poder. No son más que sus representaciones indirectas. Como variables para calibrar el poder son poco fiables, y no pueden expresar, ni siquiera sumadas en conjunto, cuán poderoso es un individuo, un grupo o una institución.

No obstante, el poder está presente en todo, desde el sistema de naciones hasta los mercados y la política; de hecho, está presente en cualquier situación en la que exista una rivalidad o una interacción entre personas u organizaciones. Cuando se compite, se produce una distribución de poder, que siempre es relevante para la experiencia humana. Porque la búsqueda de poder, aunque no es la única motivación de esa experiencia, es, sin duda, una de las más importantes.

En definitiva, ¿cómo podemos hablar del poder de manera que sea útil? Para comprender cómo se obtiene, utiliza o pierde el poder, necesitamos una forma de abordarlo que no sea vaga, grandilocuente ni confusa. Por desgracia, la mayoría de nuestras conversaciones sobre el poder suelen caer en esas trampas y muchas veces no pasan de ellas.

Cómo hablar sobre el poder

Existe una manera productiva de hablar del poder. No cabe duda de que el poder tiene un componente material y otro psicológico, una parte tangible y otra que existe en nuestra mente. Como fuerza, el poder es difícil de clasificar y cuantificar. Sin embargo, como *dinámica* que configura una situación concreta, puede evaluarse, igual que sus límites y su alcance.

Pensemos, por ejemplo, en la ya ritual foto de familia que se hacen los jefes de Estado y de Gobierno cuando se reúnen en la cumbre del grupo de los ocho países más industrializados del mundo, el famoso G-8. Están el presidente de Estados Unidos, la canciller de Alemania, el presidente de Francia, el primer ministro de Japón, el primer ministro de Canadá y otros de categoría similar. Cada uno de ellos está «en el poder». En ese sentido, son iguales. Y, desde luego, cada uno de ellos tiene mucho poder. ¿Ese poder surge del prestigio de su cargo, su historia y los rituales que lo acompañan? ¿O más bien de haber ganado las últimas elecciones? ¿De su autoridad sobre una vasta administración pública y de ser el comandante en jefe de las fuerzas armadas? ¿De su capacidad para ordenar, de un plumazo, el gasto de miles de millones de dólares recaudados mediante los impuestos a los ciudadanos y empresas de su país? ¿De dónde deriva el poder de los líderes de estos ocho importantes países? Por supuesto, de la combinación de todos esos factores y de otros más. Ese es el poder como fuerza: palpable, pero difícil de desagregar y cuantificar.

Ahora, con la misma fotografía en mente, imaginemos la libertad que tienen o las limitaciones que afrontan esos mismos líderes para usar su poder en diferentes situaciones. ¿Qué ocurrió durante esa cumbre presidencial? ¿Qué asuntos se discutieron, qué acuerdos se negociaron y, en cada caso, quién logró sus objetivos? ¿Ganó siempre el presidente de Estados Unidos, a quien con frecuencia se denomina «el hombre más poderoso del mundo»? ¿Qué coaliciones se formaron y quién hizo qué concesiones? Luego imaginemos a cada líder volviendo a su país y abordando los problemas nacionales del momento: recortes presupuestarios, iniciativas de la oposición para debilitarlo políticamente, conflictos laborales, delincuencia, inmigración, escándalos de corrupción, conflictos armados, la caída de los mercados financieros o cualquier otro problema que requiere la intervención del jefe del Estado. Algunos de esos dirigentes encabezan sólidas mayorías parlamentarias; otros dependen de frágiles coaliciones. Algunos, desde su cargo, tienen un amplio margen para gobernar mediante órdenes ejecutivas o decretos; otros no lo tienen. Algunos gozan de enorme prestigio personal o elevados índices de aprobación; otros viven rodeados de escándalos o son políticamente vulnerables. Su poder real —la capacidad de traducir las prerrogativas de su cargo en acciones prácticas— depende de todas estas circunstancias y del poder relativo de sus rivales y contrincantes.

Aunque no podamos cuantificar el poder, sí podemos saber cómo funciona. El poder nunca existe de manera aislada; siempre involucra a otros actores y se ejerce en relación con ellos. El poder de una persona, una empresa o un país es siempre relativo al que tiene otra persona, otra empresa u otro país. Cuanta más precisión tengamos a la hora de definir quiénes son los actores y qué es lo que está en juego, más claro veremos el poder; dejará de ser una fuerza poco definida para convertirse en todo un menú de acciones y posibilidades para moldear una determinada situación. Y si entendemos cómo funciona el poder, entonces podremos entender lo que hace que funcione bien, se sostenga por sí solo y aumente, y también lo que hace que fracase, se disperse, se deteriore o incluso se evapore. En una situación dada, ¿hasta qué punto está el poder limitado o restringido? ¿Qué capacidad tiene cada actor de cambiar la situación? Al examinar las rivalidades y los conflictos desde esta perspectiva, es posible delinear con más claridad qué le ocurre al poder en estos tiempos.

Como veremos en estas páginas, lo que le está pasando es que las maneras de obtenerlo, usarlo y perderlo ya no son las que eran.

Cómo funciona el poder

En el capítulo 1 presenté una definición práctica: el poder es la capacidad de imponer o impedir las acciones actuales o futuras de otras personas o grupos. Esta definición tiene la ventaja de ser clara y, mejor aún, elude indicadores engañosos como el tamaño, los recursos, las armas o el número de partidarios. Sin embargo, es necesario elaborarla un poco más, ya que obviamente las acciones de otros se pueden dirigir o impedir de muchas maneras. En la práctica, el poder se expresa de cuatro formas principales. Podemos llamarlas «los canales a través de los cuales se ejerce el poder».

- *La fuerza*: este es el canal más obvio y conocido. La fuerza, o la amenaza de emplear la fuerza, es el instrumento contundente a través del cual se ejerce el poder en situaciones extremas. La fuerza puede ser un ejército conquistador, un policía con sus armas y su capacidad de arrestar y encarcelar, un bravucón en el patio del colegio, una navaja en el cuello, un arsenal nuclear para disuadir al adversario, la capacidad de algún grupo económico para llevar a la quiebra a sus competidores, la de un jefe para despedir a un empleado o la de una autoridad eclesiástica para excomulgar a un pecador. También puede consistir en el control exclusivo de un recurso esencial y la capacidad de ofrecerlo o negarlo (dinero, petróleo, agua, votantes). La existencia de este tipo de poder no siempre es mala. A todos nos gusta contar con una policía que capture a los delincuentes, aunque eso, a veces, exija utilizar la fuerza. El uso legítimo de la violencia es un derecho que los ciudadanos conceden al Estado a cambio de que les dé protección, orden público y estabilidad. Pero, en todo caso, el uso de la fuerza para obligar a otros a hacer o dejar de hacer algo depende de la capacidad de coacción que tiene bien sea un tirano o un benevolente gobierno democrático. A la hora de la verdad, tanto cuando está al servicio de tiranos como de líderes progresistas, la fuerza se basa en la coacción. Les obedecemos porque sabemos que, de no hacerlo, pagaremos las consecuencias.

- *El código*: ¿Por qué los católicos van a misa, los judíos observan el Sabbath y los musulmanes rezan cinco veces al día? ¿Por qué tantas sociedades piden a los ancianos que medien en los conflictos y consideran justas y sabias sus decisiones? ¿Qué hace que la gente se abstenga de causar daño a otros incluso cuando no hay ningún castigo ni ley que se lo impida? Las respuestas se encuentran en la moral, la tradición, las costumbres culturales, las expectativas sociales, las creencias religiosas y los valores transmitidos a través de generaciones o impartidos a los niños en las escuelas. Vivimos en un universo de códigos que a veces seguimos y a veces no. Y dejamos que otros dirijan nuestro comportamiento mediante la invocación de esos códigos. Este cauce del poder no emplea la coacción, sino que activa nuestro sentimiento de obligación moral. Tal vez el mejor ejemplo sean los diez mandamientos: mediante ellos, un poder superior e indiscutido nos dice de manera inequívoca cómo comportarnos.

- *El mensaje*: conocemos el poder de la publicidad. Se le atribuye el mérito de que la gente se pase de McDonald's a Burger King o de que las ventas de Apple superen las de IBM o Dell. Se gastan miles de millones de dólares en anuncios en programas de radio y televisión, en carteles y páginas web, en revistas, videojuegos y cualquier otro posible vehículo con el propósito expreso de lograr que la gente haga algo que no haría sin todo eso: comprar el producto. El mensaje no necesita ni de la fuerza ni de un código moral. Lo que hace es conseguir que cambiemos de idea, de percepción; nos convence de que un producto o servicio es digno de que lo escojamos en lugar de otras alternativas. El poder canalizado a través del mensaje es la capacidad de persuadir a otros y hacerles ver la situación de tal forma que se sientan impulsados a promover los objetivos o intereses del persuasor. Los agentes inmobiliarios que convencen a los posibles compradores de valorar las ventajas que tiene vivir en un determinado barrio (la calidad de las escuelas, la cercanía al transporte público, la seguridad) no emplean la fuerza ni utilizan argumentos morales o cambian la estructura de la situación (por ejemplo, con una bajada del precio), lo que hacen es transformar el comportamiento de los clientes al alterar su *percepción* de la situación. Logran que la gente se comporte de cierta manera porque les han hecho ver de forma distinta una situación que en la práctica no ha cambiado (el precio de la casa es el mismo, pero su valor en la mente del posible comprador ha aumentado).
- *La recompensa*: ¿Cuántas veces hemos oído decir a alguien: «No lo haría ni aunque me paguen»? No obstante, lo normal es más bien lo contrario: la gente acepta una recompensa a cambio de hacer cosas que en otro caso no haría. Cualquier persona con la capacidad de ofrecer recompensas materiales dispone de una importante ventaja a la hora de lograr que otros se comporten de manera coincidente con sus intereses. Puede cambiar la estructura de la situación. Ya sea un bono multimillonario para

fichar a un jugador de fútbol, bajar el precio de una casa como incentivo para que un cliente la compre, la donación de cientos de millones de dólares en armas a otro país para contar con su apoyo o una puja para contratar a un gran banquero, cantante, profesor o cirujano, el uso de beneficios materiales para inducir un comportamiento es tal vez el más común de los canales a través de los cuales se ejerce el poder.

Estos cuatro canales —fuerza, código, mensaje y recompensa— son lo que los sociólogos denominan *tipos ideales*: son muestras analíticamente claras y extremas de la categoría que pretenden representar. Pero en la práctica —o, para ser más exactos, en el ejercicio del poder en situaciones concretas— tienden a mezclarse, a combinarse, y no suelen estar tan definidos ni aparecen tan separados entre sí; por el contrario, lo usual es que se combinen de maneras muy complejas. Pensemos en el poder de la religión, que utiliza varios canales. El dogma o código moral, bien sea porque está consagrado en antiguas escrituras o bien porque lo propone un predicador o gurú de reciente cuño, contribuye de forma muy significativa a que una iglesia logre atraer fieles y los mueva a dedicarle tiempo, el compromiso de fe, su presencia en los servicios religiosos, sus diezmos y su trabajo. Ahora bien, cuando las iglesias, los templos y las mezquitas compiten por captar fieles, suelen emplear mensajes persuasivos, como la publicidad. De hecho, en Estados Unidos, por ejemplo, muchas instituciones religiosas organizan complejas campañas diseñadas por agencias de publicidad muy especializadas. Y también ofrecen recompensas: no solo la recompensa inmaterial de la salvación prometida, sino también beneficios tangibles e inmediatos como el acceso a la bolsa de trabajo de la congregación, guardería, veladas sociales o el contacto con una red de miembros que sirven de sistema de apoyo mutuo. En algunas sociedades se utiliza la fuerza para imponer la participación religiosa; un ejemplo son las leyes de algunos países que exigen ciertos tipos de conducta y castigan otros, que obligan a un determinado largo de las *abayas* de las mujeres o de las barbas de los hombres, o que excomulgan a los médicos que practican abortos.

Aun así, cada uno de los cuatro canales —fuerza, código, mensaje y recompensa— funciona de modo diferente. Y comprender esas diferencias nos permite discernir la estructura atómica del poder.

Al hablar de estos cuatro canales me atengo al útil esquema presentado por el profesor Ian MacMillan, de la Universidad de Pensilvania (véase la figura 2.1). En *Strategy Formulation: Political Concepts*, publicado en 1978, MacMillan propuso un modelo conceptual para dilucidar las complejidades del poder y la negociación. Observó que en cualquier interacción en torno al poder, una de las partes manipula la situación de tal manera que repercute en las acciones de la otra parte.[1] Pero esta manipulación puede adoptar diferentes formas dependiendo de las respuestas a dos preguntas:

- Primera: ¿La manipulación cambia la *estructura* de la situación actual o cambia la *valoración* que hace la otra parte de la situación?
- Segunda: ¿La manipulación ofrece a la otra parte una *mejora* o la empuja a aceptar un resultado que no es una mejora?

El respectivo papel relativo de la *fuerza* (coacción), el *código* (obligación), el *mensaje* (persuasión) y la *recompensa* (incentivo) determina las respuestas a esas preguntas en cualquier situación real.

FIGURA 2.1. La taxonomía del poder de MacMillan.

	Resultado visto como mejora	*Resultado visto como no mejora*
Incentivos al cambio	Inducción mediante recompensa: aumentar el salario, bajar el precio para cerrar el trato	Coacción mediante la fuerza: aplicación de la ley, represión, uso de la violencia
Preferencias de cambio	Persuasión mediante el mensaje: publicidad, campañas, lemas	Obligación empleando un código: deber religioso o tradicional, persuasión moral

Fuente: adaptado de MacMillan, *Strategy Formulation: Political Concepts*, 1978.

El enfoque del profesor MacMillan tiene tres grandes ventajas. En primer lugar, va directamente al aspecto práctico del poder, su efecto en situaciones, decisiones y comportamientos reales. En su valoración del poder, MacMillan no se deja engañar por la imagen de los dirigentes que posan para la fotografía en la alfombra roja y proyectan la pompa y el boato de su cargo. Por el contrario, pregunta: a) de qué herramientas dispone cada líder —y sus oponentes y aliados— para influir sobre una situación y b) qué alcance y qué límites existen para transformar la situación.

Segundo, puesto que su enfoque es estratégico y se centra en el poder como dinámica, se puede aplicar a cualquier ámbito, más allá de la geopolítica, el análisis militar y la rivalidad empresarial. MacMillan, estudioso del mundo de los negocios, diseñó su esquema en ese contexto —el de la empresa y la gestión— y por tanto examina la dinámica del poder dentro de, y entre, compañías. Pero no hay impedimentos conceptuales para aplicar su método a otros campos, y eso es lo que hago en este libro.

La tercera gran ventaja de esta visión es que nos permite distinguir entre conceptos como *poder*, *poderío*, *fuerza*, *autoridad* e *influencia*. Por ejemplo, la gente suele confundir *poder* e *influencia*. En este aspecto, el marco conceptual de MacMillan resulta muy útil. Tanto el poder como la influencia pueden cambiar el comportamiento de otros o, concretamente, hacer que otros hagan o dejen de hacer algo. Pero la influencia pretende cambiar la percepción de la situación, no la situación en sí.[2] Por eso el esquema de MacMillan ayuda a mostrar que la influencia es una subcategoría del poder, en el sentido de que el poder incluye no solo acciones que cambian la situación sino también acciones que cambian la forma de percibir la situación. La influencia es una forma de poder, pero es evidente que el poder puede ejercerse por otros medios además de la influencia.

Sirve aquí repetir el ejemplo: ensalzar las virtudes de un barrio para cambiar la percepción del valor que tiene un comprador de una casa con el fin de conseguir venderla es distinto de bajar el precio de la casa para lograrlo. Mientras que el agente inmobiliario que cambia la percepción de un comprador sobre el barrio ejerce influencia para hacerlo, el dueño que baja el precio de la casa tiene el poder de cambiar la estructura del acuerdo.

Por qué cambia el poder... o por qué permanece igual

Pensemos en el poder como la capacidad de distintos actores de influir en el resultado de una negociación. Cualquier competencia o conflicto —una guerra, una batalla por la cuota de mercado, unas negociaciones entre gobiernos, la captación de fieles por parte de iglesias rivales, incluso una discusión sobre quién lava los platos después de la cena— depende de cómo se distribuye el poder. Esa distribución refleja la capacidad de las partes de apoyarse en una combinación de fuerza, código, mensaje y recompensa para lograr que otros actúen de la manera que más le conviene a quien más poder tiene. A veces, esa distribución de poder permanece estable durante largo tiempo. El clásico «equilibrio de poder» del siglo XIX en Europa es un ejemplo: el continente evitó la guerra abierta, y las fronteras entre las naciones y los imperios de esa época cambiaron poco o solo mediante consenso. Lo mismo ocurrió en el apogeo de la Guerra Fría: Estados Unidos y la Unión Soviética, con gran despliegue de músculo y numerosas recompensas, construyeron y mantuvieron sus respectivas «esferas de influencia», grupos de países aliados a cada una de las superpotencias. A pesar de los conflictos locales aquí y allá, estas esferas mantuvieron una sorprendente consistencia a través del tiempo.

La estructura de los mercados de bebidas de cola (Coca-Cola y Pepsi), los sistemas operativos (PC y Mac) y los aviones de larga distancia para el transporte comercial de pasajeros (Boeing y Airbus), en los que hay un par de actores dominantes y unos cuantos secundarios, es otro ejemplo de reparto de poder bastante estable o, por lo menos, poco volátil. Sin embargo, en cuanto un tercero logra adquirir la capacidad de proyectar con más eficacia su fuerza, invoca la tradición o el código moral de manera más atractiva, presenta un mensaje más convincente u ofrece una recompensa mayor, el poder cambia, se pierde el equilibrio entre todas las partes y se produce una recomposición de la situación que en ciertos casos puede llegar a ser muy radical. El ascenso económico y militar de China y la debilidad de Europa en esos mismos ámbitos son un buen ejemplo de estas radicales recomposiciones del poder.

Ahora bien, ¿qué hace que cambie el reparto de poder? Puede ocurrir cuando aparece alguien nuevo, rebelde y con talento, como Alejandro Magno o Steve Jobs, o cuando se produce una innovación trascendental como el estribo, la imprenta, el circuito integrado o YouTube. Puede deberse a una guerra, sin duda. Y otra causa pueden ser las catástrofes naturales. Tampoco hay que desdeñar el papel de la suerte o el azar: alguien que ocupa un cargo y que hasta ese momento parecía inamovible puede cometer un error estratégico o una torpeza personal que precipite su caída. A veces, la edad y la enfermedad se cobran su precio y alteran el reparto de poder en las altas instancias de una empresa, un gobierno, un ejército o una universidad.

Por otro lado, no todas las innovaciones inteligentes se imponen. No todas las nuevas empresas bien dirigidas, con un producto deseable y una planificación minuciosa, obtienen el capital o las ventas que necesitan para abrirse paso. Algunas grandes compañías o instituciones se muestran vulnerables ante la agilidad de sus rivales; otras parecen despacharlos como moscas. Nunca será posible predecir todos los cambios de poder. La caída de la Unión Soviética, el estallido de la Primavera Árabe, el declive de antiguos gigantes de la prensa como *The Washington Post* y la repentina aparición de Twitter como fuente de información dan fe de que es imposible saber qué cambios de poder nos aguardan a la vuelta de la esquina.

La importancia de las barreras que protegen a los poderosos

Aunque predecir cambios particulares en la distribución del poder es una tarea imposible, comprender las tendencias que alteran el reparto de poder o incluso su propia naturaleza no lo es. La clave es entender las barreras del poder en un campo específico. ¿Qué tecnología, ley, arma, fortuna o activo particular hace más difícil que otros adquieran el poder del que disfrutan quienes ahora lo tienen? Cuando estas barreras que protegen a los poderosos de las incursiones y retos de sus rivales se erigen y fortalecen, los dueños del poder también afianzan y consolidan su dominio. Cuando las barreras caen o se debilitan, y son más fáciles de penetrar o derrumbar por nuevos aspirantes, los poderosos, como es natural, se vuelven más vulnerables, y su poder mengua o hasta pueden perderlo del todo. Cuanto más drástica sea la erosión de cualquiera de las barreras que defienden a los poderosos de sus rivales, más peculiares o inesperados serán los nuevos actores y más rápido será su ascenso. Quien identifique las barreras que protegen a los poderosos y averigüe si están elevándose o debilitándose, tendrá valiosas pistas para anticipar hacia dónde se moverá el poder.

Monopolios, sistemas políticos monopartidistas, dictaduras militares, sociedades que dan preferencia oficial a una raza o una confesión determinada, mercados inundados por la publicidad de un producto dominante, cárteles como la OPEP, sistemas políticos como el de Estados Unidos, en el que dos partidos controlan el sistema electoral y los partidos pequeños no logran meter baza: todas estas son situaciones en las que las barreras del poder son altas, al menos por ahora. Pero hay algunas ciudadelas que sí se pueden invadir, porque sus defensas no son tan sólidas como parecen, porque no están preparadas para los nuevos tipos de atacantes o incluso porque los tesoros que protegen han perdido valor. En estos casos, las rutas comerciales actuales las dejan de lado, y ya no son objeto de interés para los ejércitos saqueadores.

Por ejemplo, los fundadores de Google no empezaron con el propósito de debilitar el dominio de *The New York Times* y otras poderosas empresas de los medios de comunicación en el terreno de la publicidad impresa, pero eso es lo que consiguieron. Los rebeldes que utilizan explosivos caseros en Afganistán y las bandas de piratas somalíes que emplean barcos desvencijados y AK-47 para secuestrar grandes buques en el golfo de Adén están sorteando las barreras que garantizaban el dominio naval de las marinas de guerra con los buques tecnológicamente más avanzados.

Entender las barreras del poder nos ayuda a diferenciar situaciones que a simple vista parecen similares. Un pequeño grupo de empresas puede controlar la mayor parte del mercado en un sector concreto. Pero las razones por las cuales son dominantes en su sector pueden ser muy diferentes. Tan diferentes como el tipo de barreras que las protegen de las incursiones en su mercado de rivales actuales o potenciales. Algunas empresas son dominantes porque son las únicas que poseen los recursos necesarios, un producto atractivo o una tecnología especial. Pero también puede ser que hayan tenido éxito con su lobby sobre el gobierno y hayan obtenido privilegios y ventajas especiales, o que hayan sobornado a políticos y funcionarios para que el Estado adopte normas y regulaciones que dificulten o incluso impidan que sus rivales entren en ese mercado específico. Disponer de una tecnología única protegida por patentes, contar con el acceso a recursos que otros no tienen, operar en un marco jurídico y regulatorio que hace la vida más difícil a posibles competidores o disfrutar de una relación privilegiada y corrupta con políticos y gobernantes son cuatro tipos de ventajas muy diferentes entre sí, y cada una de ellas da lugar a un tipo diferente de poder. Es evidente que cada una de estas barreras puede ser fácilmente penetrada o derribada; cuando se encuentran sustitutos que hacen que los obstáculos para otros sean menores o cuando una nueva tecnología facilita la entrada de numerosos competidores nuevos en el mercado, el cambio en la distribución del poder es inevitable.

Si bien las revolucionarias transformaciones que alteran la distribución de poder son fenómenos muy estudiados por los especialistas en economía y empresas, este enfoque se ha aplicado de manera menos sistemática en ámbitos como la política y en las rivalidades entre naciones-estado, iglesias, ejércitos o filántropos. Pensemos, por ejemplo, en un sistema parlamentario en el que varios partidos pequeños tienen escaños y pueden participar en la formación de un gobierno de coalición. ¿Existe, como en Alemania, un umbral del 5 por ciento de los votos nacionales en su conjunto que un partido tiene que superar para poder tener representación parlamentaria? ¿O existe una norma por la que un partido debe lograr una proporción mínima del voto en varias regiones diferentes? O pensemos en la competencia entre las mejores universidades. ¿Cuáles son las barreras que mantienen a raya a sus rivales? ¿Costosos laboratorios y unas instalaciones físicas difíciles de reproducir? ¿Una historia de varios siglos? ¿El número de profesores con premios Nobel? ¿El apoyo del gobierno? ¿Las donaciones de sus antiguos alumnos? ¿Y qué pasa si una nueva tecnología —como los cursos abiertos a través de internet— cambia radicalmente el modelo tradicional de las universidades y las empuja hacia la senda de pérdida de poder que ya están transitando, en el ámbito de la comunicación, los diarios impresos?

Las barreras en torno al poder pueden adoptar la forma de normas y regulaciones que pueden ser fáciles o difíciles de reescribir o sortear. Pueden ser costes —de activos fundamentales, recursos, mano de obra, comercialización— que suben o bajan. Pueden consistir en el acceso a oportunidades de crecimiento: nuevos clientes, trabajadores, recursos de capital, número de devotos o activistas. Los detalles varían según los ámbitos. Pero, en general, cuanto más numerosas y estrictas sean las reglas para entrar, más elevados serán los costes de reproducir las ventajas de quienes ocupan el poder, y cuanto más escasos sean los activos fundamentales que dan ventajas únicas a los poderosos, más insalvables serán las barreras que limitan el acceso de nuevos actores y mucho mayor su posibilidad de lograr una posición privilegiada y estable.

Qué es el poder de mercado

El concepto de unas barreras que protegen a quienes ejercen el poder procede de la economía. En concreto, he adaptado la idea de las barreras a la entrada —un marco conceptual que utilizan los economistas para comprender la distribución, el comportamiento y las posibilidades de las empresas en un sector industrial— y lo he aplicado a lo que le está sucediendo al poder en los más diversos sectores. Tiene sentido ampliar de esta manera el concepto; al fin y al cabo, la idea de barreras para entrar se utiliza en economía para explicar un tipo particular de poder, el poder de mercado.

Como sabemos, el estado ideal en economía es la competencia perfecta. En esa situación, innumerables compañías distintas fabrican productos parecidos y por tanto perfectamente intercambiables, y los clientes están interesados en comprarles todos los productos que fabrican. No hay costes de transacción, solo los costes de producción, y todas las empresas tienen acceso a la misma información. La competencia perfecta define un entorno en el que ninguna empresa puede influir por sí sola en el precio de los productos que vende en el mercado «perfecto». Si fija su precio por encima del de sus competidores, nadie le compra y va a la bancarrota; si vende por debajo del precio del mercado, no logra cubrir sus costes y también va a la bancarrota. Para sobrevivir debe ser capaz de tener los mismos costes que las demás empresas en ese mercado y vender al precio «de equilibrio».

Pero la realidad es muy distinta, por supuesto. Dos compañías, Airbus y Boeing, dominan el mercado de aviones de gran tamaño para vuelos de larga distancia, y unos cuantos fabricantes más pequeños hacen aviones de menos pasajeros y que cubren rutas regionales más cortas. En cambio, son innumerables las empresas que fabrican camisas o calcetines. A un fabricante de aviones nuevo le es muy difícil entrar en el mercado. Sin embargo, basta con reunir a unas cuantas costureras en un taller y se puede empezar a hacer camisas. Un pequeño camisero nuevo y con talento puede llegar a competir con las grandes marcas o por lo menos encontrar un nicho en el que prosperar. Un nuevo fabricante de aviones tiene unas perspectivas mucho menos atractivas.

En las industrias con estructuras estables y cerradas, en las que las compañías dominantes mantienen su control y los nuevos competidores tienen dificultades, el poder de mercado desempeña un papel muy importante. Es decir, la capacidad de ignorar a la competencia y aun así obtener beneficios. En un mercado perfectamente competitivo, ninguna empresa tiene poder de mercado, es decir, el poder de fijar unilateralmente los precios. Pero en los mercados más «normales» en los que la competencia no es «perfecta», el poder de mercado existe, y cuanto más protegidas de la competencia están las empresas, más poder tienen para fijar sus precios unilateralmente y no como pasivos receptores de lo que diga el mercado ni de las decisiones de todos sus rivales. De hecho, en mercados muy imperfectos, la tendencia de las empresas es a coordinar sus decisiones de precios, productos, promociones e inversiones, de manera tácita o explícita. Cuanto más intenso sea el poder de mercado de las empresas que actúan en un determinado mercado o sector, más estable y permanente será el orden jerárquico entre ellas, es decir, la manera de distribuirse el poder. Un ejemplo que ilustra muy bien lo anterior son las diferencias fáciles de observar en dos sectores como el de los cuidados personales y la higiene y el de las tecnologías de la información. En el primero, con compañías como Procter and Gamble, Colgate-Palmolive y el otro puñado de grandes empresas que dominan el sector, el ránking de los primeros puestos es prácticamente el mismo desde hace decenios. En cambio, en el sector de las tecnologías de la información, la importancia relativa de las empresas líderes cambia sin cesar. El líder solía ser IBM, luego Microsoft y más tarde Apple o Google. Las diferencias entre estos dos sectores se pueden entender mejor analizando cuáles son las respectivas barreras a la entrada en cada uno de ellos (en el primero, mercadotecnia y publicidad, principalmente; en el segundo, la innovación tecnológica), la intensidad y el tipo de competencia que estimulan estas barreras en ambos, y el poder de mercado del que gozan las empresas dominantes en cada sector.

El poder de mercado, a la hora de la verdad, es excluyente y, por tanto, anticompetitivo; es decir, inhibe la competencia. Pero ni siquiera las empresas que ya ocupan un puesto dentro de la ciudadela, protegidas por barreras que limitan la entrada de nuevos rivales, tienen garantizada una vida fácil, ni siquiera la supervivencia. Los actuales rivales pueden adquirir poder de mercado y volverse en contra de ellas, utilizar su dominio de mercado para adquirirlas o empujarlas a la bancarrota. La colusión y la exclusión son habituales entre empresas que operan en sectores o países en los que se reprime la libre competencia e impera el poder de mercado. A los empresarios les gusta alabar la competencia, pero a un directivo de una empresa dominante siempre le preocupará más conservar su poder de mercado que estimular la competencia.

Estas reflexiones suelen ser muy útiles al hablar de la dinámica de poder entre competidores en otras áreas; es decir, entre actores que no son empresas en busca de maximizar sus ganancias. Más adelante aplicaremos estas ideas para ilustrar lo que está sucediendo con los equivalentes del «poder de mercado» en los conflictos militares, la política de partidos o la filantropía global.

Las barreras a la entrada: una clave del poder de mercado

¿Cuáles son los orígenes del poder de mercado? En el mundo de los negocios, ¿qué hace que ciertas empresas adquieran un dominio indiscutido y lo conserven durante mucho tiempo? ¿Por qué unos sectores engendran monopolios, duopolios o un pequeño grupo de empresas capaces de coordinar sus políticas de precios o sus estrategias, mientras que otros acogen sin problemas a miles de pequeñas compañías que mantienen entre sí una feroz competencia? ¿Por qué la situación empresarial en algunas industrias se mantiene relativamente congelada durante años, mientras que en otras cambia constantemente?

Para los especialistas en organización industrial, que aspiran a entender de qué forma ciertas empresas adquieren ventaja sobre sus rivales, los factores que dificultan la entrada de un nuevo actor en un sector determinado y le impiden competir con éxito son cruciales. Y, a efectos de este libro, pueden explicar cómo se obtiene, retiene, utiliza y pierde el poder, tanto en el mundo de las empresas como en otros ámbitos.

Algunos obstáculos para entrar nacen de las condiciones básicas del sector. Están relacionados con las características técnicas de una industria: para fabricar aluminio, por ejemplo, son necesarios altos hornos inmensos, muy caros de construir y que consumen mucha energía. Las condiciones también pueden ser un reflejo de hasta qué punto un sector está vinculado a una situación geográfica concreta. Por ejemplo, ¿hacen falta recursos naturales que solo se encuentran en unos cuantos lugares? ¿O es necesario que el producto se procese o se empaquete cerca de donde se va a vender, como en el caso del cemento, o se puede congelar, como las gambas de China, el cordero de Nueva Zelanda y el salmón de Chile, para enviarlo a todo el mundo? ¿Se requieren conocimientos humanos muy especializados, como un doctorado en informática, o el dominio de un lenguaje de programación específico? Todas estas preguntas se refieren a requisitos que explican por qué es más fácil abrir un restaurante, un negocio de cuidado de jardines o una empresa de limpieza de oficinas que entrar en el negocio del acero, en el que no solo hace falta disponer de capital, maquinaria costosísima, una gran instalación industrial y recursos caros y específicos, sino que también se afrontan numerosos gastos de transporte.

Otros obstáculos para entrar derivan de las leyes, los permisos y las marcas registradas; por ejemplo, la necesidad de los abogados y médicos de estar colegiados, o la licencia urbanística, el permiso sanitario, la inspección de las instalaciones, el permiso para despachar alcohol y otros impedimentos que hay que superar cuando uno trata de abrir un restaurante. Esos obstáculos —tanto si proceden del tamaño como del acceso a los recursos cruciales, a la tecnología especializada o a normas jurídicas— son barreras estructurales con las que se encuentra cualquier empresa que desee competir en un determinado mercado. Incluso a las empresas que ya están operando en ese mercado concreto les resulta difícil cambiar esos obstáculos, aunque las compañías más grandes y poderosas consiguen muchas veces influir en su entorno de manera significativa.

Junto a estas barreras estructurales existen obstáculos estratégicos para entrar. Quienes ocupan las posiciones de dominio crean esas barreras para impedir que surjan nuevos rivales y que crezcan los ya existentes. Buenos ejemplos son los acuerdos comerciales excluyentes (como el que firmaron AT&T y Apple cuando se lanzaron los primeros iPhones), los contratos a largo plazo que unen a proveedores con vendedores (por ejemplo, productores y refinerías de petróleo), los cárteles y los acuerdos de fijación de precios (como el tristemente famoso acuerdo de Archer Daniels Midland y otras empresas, en los años noventa, para fijar el precio de los aditivos para el pienso) y el trabajo de lobby con políticos para obtener ventajas especiales de los gobiernos (como la licencia para abrir un casino que sea un monopolio en un territorio determinado, o la posibilidad de recibir un trato fiscal especial). También hay que incluir la publicidad directa o indirecta, las promociones especiales, los descuentos para compradores frecuentes y otras herramientas comerciales parecidas, que complican la entrada de posibles competidores. Es verdaderamente difícil introducirse, incluso con un producto muy prometedor, cuando se necesita contar con un gigantesco presupuesto de publicidad para hacer saber a los posibles clientes que existe ese producto y otro aún mayor para convencerles de que lo prueben.[3]

De barreras a la entrada a barreras al poder

No es de extrañar que se dedique un considerable ardor competitivo, no solo en el mundo empresarial sino también en otros terrenos, a construir o derribar las barreras en torno al poder; es decir, a cambiar las normas y los requisitos con el fin de alterar la situación. Es una realidad que se observa sobre todo en la política; en Estados Unidos, por ejemplo, es frecuente que partidos y candidatos gasten ingentes cantidades de energía en la disputa por el trazado de los distritos electorales (esta práctica se conoce como *gerrymandering*) o en el empeño de que sea obligatoria la paridad entre sexos en el Parlamento y en las listas electorales, como en Argentina y Bangladesh, donde hay una cuota concreta de escaños reservada a las mujeres. En India, donde los dalits (los que antes constituían la casta de los «intocables») tienen un número de escaños reservados en el Parlamento y en las asambleas regionales, se han librado intensas batallas políticas y jurídicas por la conveniencia o no de ampliar esos beneficios a las llamadas «otras clases atrasadas» (*Other Backward Classes*, OBC, en inglés). En muchos países, los líderes con tendencias dictatoriales han intentado excluir a sus rivales políticos sin dejar de conservar una pátina de democracia mediante la aprobación de enmiendas a las leyes electorales que, casualmente, descalifican a esos rivales por detalles técnicos. Las disputas por las donaciones que hacen las empresas a los políticos, la propaganda, la transparencia y el acceso a los medios de comunicación suelen ser mucho más violentas que los debates por cuestiones de contenido. Puede ocurrir que partidos que discrepan con vehemencia en los grandes temas políticos coincidan a la hora de defender unas normas que les permiten repartirse la mayoría de los escaños y excluir a otros aspirantes. Al fin y al cabo, unas elecciones perdidas siempre pueden volver a ganarse, pero un cambio de reglas significa una situación completamente nueva.[4]

Las barreras en torno al poder, en definitiva, son los obstáculos que impiden que nuevos actores desplieguen suficiente fuerza, código, mensaje y recompensa, por separado o combinados, para tener posibilidades de competir; y que, a la inversa, permiten que partidos, empresas, ejércitos, iglesias, fundaciones, universidades, periódicos y sindicatos (o cualquier otro tipo de organización) que ocupan una posición dominante conserven ese dominio.

Durante muchos decenios, incluso siglos, las barreras del poder dieron cobijo a ejércitos, empresas, gobiernos, partidos e instituciones sociales y culturales de gran tamaño. Ahora esas barreras están desmoronándose, erosionándose, agrietándose o volviéndose irrelevantes. Para comprender la profundidad de esta transformación y hasta qué punto altera el curso de la historia, debemos empezar por examinar cómo y por qué creció el poder. El próximo capítulo explica cómo, al llegar el siglo XX, el mundo se había convertido en un lugar en el que —según las ideas tradicionales— el poder necesitaba tamaño, y no existía ninguna forma mejor, más eficaz ni sostenible de ejercerlo que a través de grandes organizaciones centralizadas y jerárquicas.

3

Cómo el poder se hizo grande

El indiscutido ascenso de una hipótesis

Puede escoger el comienzo que quiera para esta historia. ¿Fue en 1648, cuando el Tratado de Westfalia abrió paso al moderno estado-nación en lugar del orden posmedieval de ciudades-estado y principados superpuestos? ¿Fue en 1745, cuando se dice que un aristócrata y administrador comercial francés llamado Vincent de Gournay acuñó el término *burocracia*? ¿O tal vez fue en 1882? Ese año una constelación de pequeñas compañías petroleras estadounidenses se unieron para crear la gigantesca Standard Oil, como preludio a la gran oleada de fusiones que se produciría una década después y que pondría fin a la edad de oro del capitalismo pequeño, local, de empresas familiares, para instaurar un nuevo orden basado en grandes corporaciones.

En cualquier caso, en los primeros años del siglo XX, estas y otras grandes transformaciones contribuyeron a la aparición de unas ideas compartidas por muchos acerca de cómo se obtiene, acumula, conserva y ejerce el poder. Y al llegar a mediados de siglo, más o menos, lo grande había triunfado; individuos, artesanos, empresas familiares, ciudades-estado o grupos desorganizados de gente con intereses similares habían perdido la capacidad de resistir ante las ventajas abrumadoras de las grandes organizaciones. El poder necesitaba tamaño, dimensión y una organización fuerte, centralizada y jerárquica.

Independientemente de que dicha organización fuera General Motors, la Iglesia católica o el Ejército Rojo, la respuesta a la pregunta de cómo adquirir y retener el máximo poder posible era evidente: haciéndose grande.

Para comprender cómo se afianzó esta idea, debemos empezar con un rápido repaso histórico. En especial, debemos dedicar cierto tiempo a conocer al decano de la historia empresarial de Estados Unidos, al padre alemán de la sociología moderna y al economista británico que obtuvo el Premio Nobel por explicar por qué, en los negocios, ser más grande significaba muchas veces ser mejor. Sus respectivas obras, leídas en conjunto, muestran no solo que la creación de la burocracia moderna hizo posible el ejercicio eficaz del poder, sino también que las empresas de más éxito del mundo —así como las organizaciones benéficas, las iglesias, los ejércitos, los partidos políticos y las universidades— han utilizado el ejercicio burocrático del poder para contener a los rivales y promover sus propios intereses.

Los historiadores han identificado el germen de la burocracia moderna en sistemas de gobierno que se remontan a la Antigüedad, en concreto a China, Egipto y Roma. Tanto en sus tradiciones militares como en su labor administrativa, los romanos invirtieron mucho dinero en tener una organización inmensa, compleja y centralizada. Muchos años después, Napoleón Bonaparte y otros en Europa absorberían las lecciones de la Ilustración y se entregarían a la creación de una administración centralizada y profesionalizada como forma progresista y racional de ejercer el gobierno. A partir de ese modelo, y adaptando ejemplos de Estados Unidos y Europa, el Japón de la era Meiji creó una burocracia profesional —sobre todo en su Ministerio de Industria, creado en 1870— para remodelar su sociedad y salvar la distancia que lo separaba de Occidente. En la época de la Primera Guerra Mundial, el estado-nación, con un gobierno centralizado, unitario, y una administración civil formada por funcionarios públicos de carrera, se convirtió en el modelo seguido en todo el mundo, incluidas las colonias. En India, por ejemplo, los colonizadores británicos establecieron la Administración Pública India, que continuaría después de la independencia con el nombre de Servicio Administrativo Indio, una vía de empleo prestigiosa y muy buscada por las élites más preparadas. En el siglo XX, los países de todo el mundo, tanto los que tenían economías de libre mercado como los socialistas, tanto los gobernados por un partido único como las democracias más sólidas, compartieron su fe y su compromiso con una gran administración central; es decir, una burocracia.

Lo mismo sucedió en la vida económica. Impulsadas por nuevas tecnologías capaces de producir grandes volúmenes de unidades (telas, botellas, coches, cigarrillos, acero, etcétera) a gran velocidad, las industrias que podían contar con esas tecnologías alcanzaron rápidamente tamaños nunca antes vistos. Así, las empresas más pequeñas dieron paso a enormes compañías, divididas en numerosas unidades, gestionadas de forma jerárquica y coordinadas a través de múltiples mecanismos administrativos (informes, manuales, normas, comités, etcétera), un modelo organizativo que no había existido antes de 1840. Durante lo que los especialistas llaman el «primer gran movimiento de fusiones» en Estados Unidos —un período de diez años, de 1895 a 1904— desaparecieron al menos mil ochocientas empresas pequeñas, en una oleada de consolidaciones. Los nombres de muchas marcas conocidas proceden de aquel período. General Electric se fundó como consecuencia de una fusión en 1892; Coca-Cola se creó ese mismo año y Pepsi, en 1902. La American Telephone and Telegraph Company (antepasada de AT&T) se fundó en 1885; Westinghouse, en 1886; General Motors, en 1908, y así sucesivamente. En 1904, setenta y ocho compañías controlaban más de la mitad de la producción en sus respectivos sectores y veintiocho de ellas controlaban más de las cuatro quintas partes.[1] En un comentario sobre las turbulencias que habían causado estas nuevas organizaciones, Henry Adams, furioso, dijo que «los oligopolios y cárteles representaban la mayor parte del nuevo poder que se había creado desde 1840 y resultaban odiosos por su inmensa e inescrupulosa energía».[2]

Esta «revolución de la gestión», como la denominó el gran historiador de la empresa Alfred Chandler, fue extendiéndose desde lo que él llamaba su «semillero» estadounidense hacia el resto del mundo capitalista. La industria alemana empezó a estar cada vez más dominada por grandes empresas como AEG, Bayer, BASF, Siemens y Krupp —muchas de ellas nacidas a mediados del siglo XIX—, que a su vez iban combinándose en grandes oligopolios, formales o informales. En Japón, con la ayuda del gobierno, las incipientes *zaibatsu* extendían sus tentáculos hacia nuevos sectores como el textil, el acero, los astilleros y el ferrocarril. Chandler alegaba de forma convincente que el desarrollo del uso de la máquina de vapor en la fabricación durante el siglo XIX y la popularización de la electricidad y las innovaciones en la gestión, desembocaron en una segunda revolución industrial que engendró empresas mucho mayores que las que habían surgido durante la revolución industrial del siglo anterior. Las nuevas instalaciones industriales utilizaban mucho más capital, trabajadores y directivos. Como consecuencia, el aumento de tamaño se convirtió en un requisito indispensable para tener éxito en los negocios y lo grande se convirtió en sinónimo de poder corporativo. En su obra fundamental (que lleva el apropiado título de *La mano visible*), Chandler afirmaba que la mano visible de directivos con enorme poder sustituyó a la mano invisible de las fuerzas del mercado como principal motor de la empresa moderna.[3] El poder y las decisiones de esos gestores profesionales que dirigían grandes empresas, o grandes divisiones dentro de las empresas, influyeron en las actividades y los resultados económicos tanto o más que los precios determinados por las relaciones de mercado.

El ascenso y predominio de estas grandes compañías industriales llevó a Chandler a identificar tres modelos específicos de capitalismo, cada uno de ellos vinculado a uno de los tres principales bastiones capitalistas en la época de esa segunda revolución industrial: a) el «capitalismo personal» existente en Gran Bretaña, b) el competitivo (o de gestión) común en Estados Unidos y c) el «capitalismo cooperativo» de Alemania.[4] En opinión de Chandler, en Gran Bretaña hasta las grandes firmas industriales más exitosas resultaban perjudicadas por el carácter familiar de las grandes dinastías empresariales que las poseían y las dirigían; carecían del impulso, la agilidad y la ambición de sus equivalentes estadounidenses. En cambio, la separación entre propiedad y gestión, lo que Chandler llamaba el «capitalismo de gestión», posibilitaba que las empresas norteamericanas adoptaran nuevas formas organizativas —en especial la estructura de múltiples divisiones, o «M» (forma M)— que eran mucho más eficaces a la hora de recaudar y asignar dinero, atraer profesionales, innovar e invertir en producción y comercialización. La forma M, que entrañaba una confederación de grupos geográficos o de producto semiindependientes coordinados por una sede central, permitía un manejo más eficiente de las actividades a gran escala y generaba empresas que crecían más rápido. Por su parte, la propensión de las empresas alemanas a colaborar con los sindicatos creó un sistema que Chandler llamó «capitalismo cooperativo» y que acabó por denominarse «codeterminación». Las firmas alemanas intentaban incluir en la estructura de gobierno corporativo a otras partes interesadas, además de los accionistas y los altos directivos.

Aunque estos tres sistemas se diferenciaban en muchos aspectos, tenían una similitud fundamental: en todos los casos, el poder lo tenían las empresas de gran tamaño. El tamaño facilitaba el poder, y viceversa.

Este triunfo de las organizaciones empresariales vastas y centralizadas corroboró y reforzó la idea cada vez más extendida de que lo grande era mejor y de que obtener el poder en cualquier ámbito importante requería contar con una organización moderna y racional, que alcanzaba su máxima eficacia cuando era grande y centralizada. Si esta idea llegó a ser una creencia popular fue, entre otras cosas, porque contó con un sólido respaldo intelectual en la economía, la sociología y la ciencia política. Un respaldo procedente sobre todo de la obra trascendental de un extraordinario sociólogo: Max Weber.

Max Weber y el tamaño como requisito del poder

Max Weber fue un sociólogo alemán. Pero no solo eso: fue uno de los más extraordinarios intelectuales de su época, un increíble estudioso de la economía, la historia, la religión y la cultura, entre otras cosas. Escribió sobre la historia económica y jurídica de Occidente; publicó estudios sobre la religión en India y China, también sobre el judaísmo, la administración pública y la vida de la ciudad, y, por último, un voluminoso tomo, *Economía y sociedad*, publicado en 1922, dos años después de su muerte. Fue también, como lo describió el politólogo y sociólogo Alan Wolfe, «el más destacado estudioso del poder y la autoridad en el siglo XX»,[5] y como tal lo evocamos aquí. Weber y sus teorías sobre la burocracia son cruciales para comprender cómo puede utilizarse el poder.

Nacido en 1864, Weber se crió cuando Alemania estaba unificándose a partir de un conjunto de principados regionales, gracias al impulso del canciller prusiano Otto von Bismarck, y a la vez se transformaba en una moderna nación industrializada. A pesar de ser un intelectual, Weber desempeñó múltiples papeles en esa modernización, no solo como teórico sino también como asesor de la Bolsa de Berlín, consejero de grupos políticos reformistas y oficial en la reserva del ejército del káiser.[6] Empezó a ser conocido por su controvertido estudio sobre la situación de los jornaleros alemanes, que estaban viéndose desplazados por inmigrantes polacos; en dicho estudio proponía que las grandes propiedades alemanas fueran divididas en pequeños terrenos que pudieran darse a los campesinos para animarlos a que se quedaran en la zona. Posteriormente, después de aceptar un puesto en la Universidad de Friburgo, volvió a suscitar polémica con sus propuestas de que Alemania siguiera una vía de «imperialismo liberal» que permitiera construir las estructuras políticas e institucionales necesarias para un Estado moderno.[7]

En 1898, tras una encarnizada discusión familiar que precipitó la muerte de su padre, Weber sufrió una crisis y una forma de agotamiento nervioso que con frecuencia le impedía dar clase. Durante la recuperación de uno de sus ataques, en 1903, recibió una invitación de Hugo Münsterberg, un catedrático de psicología aplicada de Harvard, para reunirse con otros especialistas internacionales en San Luis, Missouri. Weber aceptó, atraído por Estados Unidos, por sus formas económicas y políticas, que consideraba relativamente subdesarrolladas, por la oportunidad de investigar más a fondo el puritanismo (poco después aparecería publicada su obra más influyente, *La ética protestante y el espíritu del capitalismo*) y por unos cuantiosos honorarios. Según el historiador alemán Wolfgang Mommsen, este viaje tuvo «una importancia trascendental para su pensamiento social y político».[8]

Durante su viaje en 1904 a Estados Unidos, Weber convirtió su invitación a dar conferencias en una amplia gira de observación y recopilación de datos por gran parte del país; pasó más de ciento ochenta horas en trenes durante un período de casi tres meses, y visitó Nueva York, San Luis, Chicago, Muskogee, en Oklahoma (para ver los territorios indios), Mt. Airy, en Carolina del Norte (donde tenía a unos familiares), y otros muchos lugares (por ejemplo, se entrevistó con William James en Cambridge, Massachusetts). Weber llegaba de un país moderno y se encontró con otro que lo era aún más. Para Weber, Estados Unidos representaba «la última ocasión en la larga historia de la humanidad en que existirán condiciones tan favorables para un desarrollo libre y grandioso».[9] La estadounidense era la sociedad más puramente capitalista que había visto jamás, y fue consciente de que aquello presagiaba el futuro. Los rascacielos de Nueva York y Chicago le parecieron «fortalezas del capital», y se sintió lleno de admiración por el puente de Brooklyn, y por los trenes, tranvías y ascensores que vio en las dos ciudades.

Con todo, Weber también encontró muchas cosas que lamentar en Estados Unidos. Le escandalizaron las condiciones laborales, la falta de seguridad en el trabajo, la corrupción endémica de las autoridades municipales y los líderes sindicales, así como la escasa capacidad de los funcionarios públicos para regular aquel caos y estar a la altura del dinamismo de la economía. En Chicago, que calificó como «una de las ciudades más increíbles», se paseó por mataderos, casas de vecinos y calles, contempló a sus residentes en el trabajo y en la diversión, catalogó la jerarquía étnica (los alemanes eran camareros, los italianos cavaban zanjas y los irlandeses se dedicaban a la política) y observó las costumbres locales. La ciudad era, dijo, «como un ser humano con la piel levantada y los intestinos al aire y en pleno funcionamiento».[10] El desarrollo capitalista avanzaba a toda velocidad, advirtió; todo «lo opuesto a la cultura del capitalismo será demolido por una fuerza irresistible».[11]

Lo que vio Weber en Estados Unidos confirmó y reforzó sus ideas sobre organización, poder y autoridad, y le movió a escribir una obra que, en su conjunto, le granjearía la reputación de ser «el padre de las ciencias sociales modernas». La teoría del poder de Weber, presentada en *Economía y sociedad*, empezaba por la autoridad, la base que servía para justificar y ejercer la «dominación». Utilizando su saber enciclopédico sobre la historia mundial, Weber alegaba que, en el pasado, gran parte de la autoridad había sido «tradicional», es decir, heredada por sus poseedores y aceptada por los súbditos de estos. Una segunda fuente de autoridad había sido «carismática», con un líder concreto al que sus seguidores atribuían un don especial. Pero la tercera forma de autoridad —y la más apropiada a los tiempos modernos—, decía, era la «burocrática» y «racional», apoyada en leyes y ejercida por una estructura administrativa capaz de hacer respetar unas normas claras y consistentes. Este tipo de autoridad se sostenía, escribía Weber, sobre «la fe en la validez de las reglas aplicables a todos por igual y la competencia basada en unas normas racionales».

Por eso, opinaba Weber, la clave para ejercer el poder en la sociedad moderna era la organización burocrática. Para Weber, *burocracia* no tenía, ni mucho menos, el sentido negativo que posee hoy. Era una palabra que describía la forma más avanzada de organización lograda por los humanos y la más adecuada para el progreso en una sociedad capitalista. Weber enumeró las características fundamentales de las organizaciones burocráticas: puestos de trabajo específicos, con derechos, obligaciones, responsabilidades y límites a su autoridad, detallados y bien conocidos, así como un sistema claro de supervisión, subordinación y unidad de mando. Estas organizaciones, además, dependían mucho de las comunicaciones y los documentos escritos, así como de la formación del personal con arreglo a los requisitos y las aptitudes necesarias para desempeñar adecuadamente cada cargo. Algo muy importante era que los mecanismos internos de las organizaciones burocráticas se apoyaban en la aplicación de normas coherentes y exhaustivas a todos los empleados, independientemente de su condición socioeconómica y sus vínculos familiares, religiosos o políticos. Como resultado, las contrataciones, las responsabilidades y los ascensos dependían de la competencia, el mérito individual y la experiencia, y no, como hasta entonces, de las relaciones familiares o personales.[12]

Alemania había encabezado los intentos europeos de crear un funcionariado moderno, empezando en Prusia en los siglos XVII y XVIII. En la época de Weber, ese proceso se intensificó, al tiempo que otros países emprendían caminos paralelos y, por consiguiente, el clientelismo tribal como criterio dominante en las organizaciones empezaba a perder terreno. La Comisión del Servicio Administrativo establecida en el Reino Unido en 1855 es un ejemplo; otro es la comisión homóloga creada en Estados Unidos en 1883 para controlar la entrada en la administración federal. Y en 1874 se dio el primer paso hacia un cuerpo administrativo internacional con la formación de la Unión Postal Universal.

En su viaje por Estados Unidos, Weber fue también testigo de una revolución similar en los métodos y la organización burocrática entre los nuevos pioneros del mundo de las empresas. En los mataderos de Chicago, cuyas plantas envasadoras estaban a la vanguardia de la mecanización, el trabajo en cadena y la especialización de tareas que permitían que los capataces sustituyeran a los obreros no cualificados por otros más especializados, Weber quedó fascinado por «la tremenda intensidad del trabajo».[13] Incluso en medio de la «enorme carnicería y los mares de sangre», su mente de observador no descansaba:

> Desde el instante en que el animal entra en la zona de sacrificio, recibe un mazazo y cae, y de inmediato lo sujetan con una pinza de hierro y lo levantan para que comience su viaje, no deja de moverse, pasa por distintos operarios que lo evisceran y lo despellejan, etcétera, pero siempre atados (en el ritmo del trabajo) a la máquina que arrastra el animal por delante de ellos ... Allí es posible seguir al cerdo desde la pocilga hasta la salchicha y la conserva.[14]

Para los directivos, la producción industrial a gran escala en un mercado cada vez más internacional necesitaba aprovechar las ventajas de la especialización y la jerarquía burocrática que, en palabras de Weber, eran «precisión, velocidad, inexistencia de ambigüedades, conocimiento, continuidad, discreción, subordinación estricta, reducción de las fricciones y de los costes materiales y personales».[15] Lo que servía para una administración de gobierno moderna servía también para el comercio más avanzado. «Normalmente —escribió Weber—, las grandes empresas capitalistas modernas son modelos sin igual de estricta organización burocrática.»[16]

Con una serie de ejemplos, Weber acabaría demostrando que las estructuras racionales, profesionalizadas, jerárquicas y centralizadas estaban extendiéndose en todos los ámbitos, desde los partidos políticos hasta los sindicatos, las «estructuras eclesiásticas» y las grandes universidades. «A la hora de establecer el carácter de la burocracia no importa que su autoridad sea "privada" o "pública" —escribió—. Cuando se lleva a cabo la burocratización total de una administración —concluía—, se establece una forma de relación de poder que es prácticamente inquebrantable.»[17]

Cómo el mundo se volvió weberiano

Uno de los catalizadores de la difusión de la burocratización fue el estallido de la Primera Guerra Mundial, un conflicto que Weber apoyó al principio, pero que luego acabó lamentando amargamente. La masiva movilización de millones de hombres y millones de toneladas de material requería innovaciones en la forma de gestionar esos movimientos tanto en el campo de batalla como en la retaguardia. Por ejemplo, dado que la guerra de trincheras era una guerra estacionaria, el suministro de municiones era sin duda el principal problema para las operaciones. Como ejemplo del reto organizativo que representaba, pensemos en la fabricación de proyectiles de artillería de 75 mm en Francia. Antes de la guerra, los planificadores habían fijado un objetivo de producción de doce mil proyectiles por día. Poco después del estallido de las hostilidades, se dieron cuenta de que necesitaban más municiones y aumentaron la producción a cien mil por día. Aun así, ese volumen fue solo la mitad de lo que se verían obligados a producir para satisfacer la demanda. En 1918, había más de 1,7 millones de hombres, mujeres y niños (incluidos prisioneros de guerra, veteranos mutilados y extranjeros llamados a filas) trabajando solo en las fábricas de municiones francesas. Como observó el historiador William McNeill, «innumerables estructuras burocráticas que antes habían funcionado de manera más o menos independiente, en un contexto de relaciones de mercado, se fusionaron en el equivalente a una gran empresa nacional para librar la guerra», un proceso que tuvo lugar en todos los países combatientes.[18]

Weber murió de una infección pulmonar dos años después de que terminara la guerra. Pero todo lo que sucedió durante las décadas posteriores a su fallecimiento sirvió para confirmar su análisis acerca de la superioridad fundamental de las organizaciones burocráticas de gran tamaño. Weber había querido mostrar la eficacia de esos sistemas en organizaciones más allá del ejército y la empresa, y se vio que era verdad. Por ejemplo, el modelo de gestión pronto se asentó en la filantropía, a medida que los grandes empresarios que habían introducido la modernidad fueron creando las fundaciones que iban a dominar las actividades benéficas durante un siglo. En 1916, había más de cuarenta mil millonarios en Estados Unidos, frente a nada más que cien en la década de 1870. Magnates como John D. Rockefeller y Andrew Carnegie se aliaron con reformadores sociales para hacer donaciones a universidades y crear institutos autónomos como el Instituto Rockefeller de Investigaciones Médicas, que se convirtió en modelo para instituciones similares. En 1915, Estados Unidos poseía veintisiete fundaciones benéficas dedicadas a fines no específicos —una innovación exclusiva del país norteamericano—, que incluían puestos de trabajo para expertos encargados de realizar investigaciones independientes sobre diversos problemas sociales y poner en marcha programas para remediarlos. En 1930, eran ya más de doscientas. El ascenso de las fundaciones independientes estuvo acompañado de la aparición de la filantropía de masas, sobre todo en ámbitos como la sanidad pública, donde los reformadores aprovecharon la generosidad comunitaria para dedicarla a objetivos sociales más amplios. En 1905, por ejemplo, un mínimo de cinco mil estadounidenses donaban su tiempo y su dinero a la lucha contra la tuberculosis, una plaga que causaba hasta el 11 por ciento de todas las muertes en el país. En 1915, dirigidos por organizaciones como la Asociación Nacional para el Estudio y la Prevención de la Tuberculosis (creada en 1904), llegó a haber quinientos mil donantes.[19]

¿Qué tiene que ver esto con el poder? Todo. No basta con controlar grandes recursos como el dinero, las armas o los seguidores. Estos son requisitos necesarios para tener poder, pero sin una forma eficiente de gestionarlos, el poder que crean es menos eficaz, más pasajero, o ambos. El mensaje central de Weber era que, sin una organización fiable y competente, o —por usar sus términos— sin una burocracia, era imposible ejercer verdaderamente el poder.

Si Weber nos ayudó a entender los fundamentos y los mecanismos de la burocracia en el ejercicio del poder, el economista británico Ronald Coase nos permitió comprender los beneficios económicos que aportaban a las empresas. En 1937, Coase introdujo una innovación conceptual que explicaba por qué las organizaciones de gran tamaño no eran solo impulsadas a crecer para así maximizar sus ingresos y ganancias, sino que los márgenes de beneficio aumentaban en parte gracias a que el tamaño las volvía más eficientes. No fue casualidad que, cuando aún estudiaba en la universidad, en Estados Unidos, Coase llevara a cabo, entre 1931 y 1932, la investigación que apoyó su trabajo fundamental, *La naturaleza de la empresa.* Antes de eso había coqueteado con el socialismo, y se sintió intrigado por las similitudes organizativas entre las empresas estadounidenses y las soviéticas y, en particular, por saber por qué habían surgido organizaciones industriales tan similares a pesar de las grandes diferencias ideológicas entre los dos sistemas.[20]

La explicación de Coase —que contribuiría a su reconocimiento con el Premio Nobel de Economía decenios más tarde— era a la vez sencilla y revolucionaria. Advertía que las empresas modernas llevaban a cabo muchas y muy diversas tareas, y que hacerlas ellas mismas, en algunos casos, era más barato que contratarlas a otras empresas independientes. Uno de los costes que identificó Coase era el de redactar y hacer valer los complejos contratos que regulaban la relación entre una empresa que compra servicios y otra que se los provee. Los contratos entre una empresa que manufactura productos y otra que los distribuye y vende a otros clientes son un ejemplo. Inicialmente Coase los llamó «costes de comercialización», y después los identificó como «costes de transacción». Cuando los costes de transacción llegan a ser sustanciales, a la empresa le conviene hacerse cargo de esas tareas ella misma, «internalizándolas». Al incorporar estas nuevas tareas dentro de su organización —una flota de vehículos para la distribución de los productos, por ejemplo— naturalmente la empresa se vuelve más grande. Así, los costes de transacción ayudan a explicar por qué algunas firmas crecen integrándose de manera vertical —es decir, comprando (o reemplazando) a sus proveedores de insumos o servicios, o llevando a cabo por sí solas las tareas que hacen otras empresas que distribuyen sus productos—, mientras que otras no. Los grandes productores de petróleo, por ejemplo, prefieren ser dueños de las refinerías en las que se procesa el crudo, algo que suele resultarles menos arriesgado y más rentable que depender de una relación comercial con refinerías independientes cuyas decisiones no pueden controlar. Por el contrario, un gran fabricante de ropa como Zara y empresas informáticas como Apple y Dell tienen menos motivos para ser dueños de las plantas que fabrican sus productos. Subcontratan («externalizan») la producción a otra empresa y centran sus esfuerzos en la tecnología, el diseño, la distribución, la publicidad, la mercadotecnia y las ventas. La propensión de una empresa a integrarse verticalmente depende de cuántas empresas existan en el mercado al que le vende o del cual compra y de cuán intensa sea la competencia entre ellas. Comprar insumos (o vender productos) a unos pocos proveedores (o distribuidores) que no compiten mucho entre sí es un mal negocio y crea muchos incentivos para que, apenas puedan, las empresas traten de realizar esas tareas ellas mismas. Naturalmente, los volúmenes de inversión necesarios para sustituir por actividades propias a los proveedores o distribuidores independientes o la tecnología exclusiva que estos puedan tener, también determinan la capacidad de una empresa para integrarse verticalmente. Es decir, los costes de transacción determinan las fronteras de una empresa, sus pautas de crecimiento y, en definitiva, su tamaño y su carácter.[21] Aunque el análisis de Coase se convirtió en un importante puntal de la economía en general, su primera repercusión se vio en el terreno de la organización industrial, una rama de la economía que estudia los factores que estimulan u obstaculizan la competencia entre compañías.

La idea de que los costes de transacción definen el tamaño e incluso la naturaleza de una organización se puede aplicar a muchos otros campos además de la industria y explica por qué no solo las empresas, sino también los organismos gubernamentales, los ejércitos e incluso las iglesias, se han vuelto tan grandes y centralizados. En todos esos casos, era la opción más racional y eficiente. Los costes de transacción elevados son un fuerte incentivo para buscar más autonomía y control, lo cual lleva al aumento del tamaño de la organización. Y al mismo tiempo, cuanto más altos son los costes de transacción y, por tanto, mayor el tamaño de las empresas que buscan disminuirlos, más altas e intimidantes se vuelven las barreras que debe sobrepasar cualquier nuevo rival que quiera entrar a competir con las empresas verticalmente integradas. Para un recién llegado es más difícil desafiar a una empresa existente que, por ejemplo, controla la principal fuente de materia prima o que ha absorbido los principales canales o tiendas de distribución. Lo mismo sucede en situaciones en las que un ejército tiene el control exclusivo del abastecimiento de armas y tecnología y el ejército rival se ve obligado a depender de la industria armamentística de otro país.

En otras palabras, los costes de transacción que algunas organizaciones pueden reducir al mínimo gracias a «internalizar» o controlar a los proveedores o distribuidores, constituyen una barrera más ante posibles nuevos rivales y un obstáculo en general para adquirir el poder; así, el gran tamaño alcanzado gracias a la integración vertical genera una enorme barrera protectora en torno a las organizaciones establecidas, dado que los actores nuevos y más pequeños tienen menos posibilidades de competir y triunfar.

Vale la pena advertir que hasta bien entrada la década de 1980 muchos gobiernos tenían la tentación de «integrarse» verticalmente y poseer y gestionar líneas aéreas, altos hornos, fábricas de cemento o bancos. La búsqueda de eficacia y autonomía de muchos gobiernos enmascaraba otros motivos como la creación de empleos en el sector público y las oportunidades para el clientelismo, la corrupción, el desarrollo regional, etcétera.

Aunque no suelen verse de esa forma, los costes de transacción son factores determinantes importantes del poder que tiene una organización. Veremos que, como la naturaleza de los costes de transacción está cambiando y su influencia es cada vez menor, las barreras que antes protegían a los poderosos de sus rivales están viniéndose abajo. Y no solo en el terreno de las empresas privadas.

¿El mito de la élite del poder?

La Segunda Guerra Mundial reforzó la equiparación del tamaño con el poder. El «arsenal de la democracia» de Estados Unidos, las industrias que alimentaron la victoria aliada, duplicó el tamaño de la economía estadounidense durante la guerra y le dieron un impulso enorme a grandes empresas especializadas en la producción a gran escala. Y no hay que olvidar que los vencedores supremos del conflicto fueron Estados Unidos y la Unión Soviética, países que abarcaban continentes enteros, no naciones isleñas como Japón e incluso el Reino Unido, empobrecidas por los costes de la lucha y muy disminuidas en su capacidad de proyectar su poder imperial alrededor del mundo. Al acabar la guerra, la demanda reprimida de los consumidores norteamericanos, sostenida por los ahorros en tiempo de guerra y los nuevos y generosos programas del gobierno, permitió que las grandes empresas crecieran aún más.

En poco tiempo, el simbolismo del tamaño y la escala —la idea de que las empresas con más probabilidades de triunfar y perdurar eran, en cierto modo, las más grandes— se plasmó en la imaginería popular en todas partes. Con su condición de edificio de oficinas más grande del mundo (en superficie), el Pentágono, construido durante la Segunda Guerra Mundial, entre 1941 y 1943, se convirtió en un perfecto símbolo de este principio durante las décadas de 1950 y 1960. Como también lo fue la famosa cultura conservadora de IBM, cuyos atributos de jerarquía e ideas convencionales se pusieron a disposición de la ingeniería de vanguardia. En 1955, General Motors, una de las primeras empresas que adoptó la forma M de gestión (la empresa organizada en divisiones semiautónomas controladas por un eficaz ente central) y ejemplo paradigmático de ella, se convirtió en la primera compañía estadounidense en ganar más de mil millones netos en un año y pasó a ser la mayor empresa del país por ingresos, en proporción al PIB (aproximadamente el 3 por ciento); daba trabajo a más de quinientos mil empleados solo en Estados Unidos, ofrecía a los consumidores ochenta y cinco modelos diferentes, y vendía alrededor de cinco millones de coches y camiones.[22] Además, los principios de la producción en masa se extendieron a sectores como el de la construcción de viviendas gracias a empresarios como Bill Levitt, un antiguo trabajador de la construcción en la marina que fue pionero en la creación de zonas residenciales en las afueras de las ciudades al edificar miles y miles de viviendas de clase media a precios asequibles (las famosas Levittowns).

Pero el triunfo de las organizaciones gigantescas durante la Guerra Fría debido a esta cornucopia de bienes y servicios también suscitaba preocupaciones. Críticos de la arquitectura como Lewis Mumford se quejaban de que las nuevas Levittowns eran monótonas y las casas estaban demasiado dispersas para crear una auténtica comunidad. Irving Howe, el crítico literario y social, condenó los años de posguerra y los llamó la «era de la conformidad», y en 1950 el sociólogo David Riesman lamentó la pérdida del individualismo por las presiones institucionales en su influyente libro *La muchedumbre solitaria*.[23]

Sin embargo, estas no fueron las únicas preocupaciones planteadas. A medida que las organizaciones de gran tamaño se iban asentando en todas las áreas y parecían asegurar su control de diversas facetas de la vida humana, a los críticos sociales les preocupaba que las jerarquías que esos cambios establecían acabaran por ser permanentes, que separasen a una élite que controlaba la política y los negocios de todos los demás y concentraran el poder en manos de una élite o clase dirigente. Para algunos, la expansión de los programas del gobierno —de lo militar al gasto social y el crecimiento de las burocracias encargadas de administrarlos— también era una tendencia preocupante. Otros veían que la concentración de poder era, sobre todo, un resultado inevitable de la economía capitalista.

De una u otra forma, estos temores evocaban las opiniones de Karl Marx y Friedrich Engels, que en *El manifiesto comunista* (1848) afirmaban que los gobiernos en la sociedad capitalista eran prolongaciones de los intereses de los dueños del capital, los empresarios. «El ejecutivo del Estado», escribían, no era «más que un comité encargado de administrar los asuntos de la burguesía».[24] Durante las siguientes décadas, una gran cantidad de autores y políticos propusieron diversas ideas basadas en esta visión. Los marxistas afirmaban que la expansión del capitalismo había contribuido a reforzar las divisiones de clases y, mediante el imperialismo y la difusión del capital financiero en todo el mundo, a reproducir esas divisiones dentro de cada país y entre unos países y otros.

Pero el auge de las grandes organizaciones jerárquicas originó un análisis muy particular que estaba en deuda tanto con Weber, por su foco de atención, como con Marx, por su tesis central. En 1951, C. Wright Mills, sociólogo de la Universidad de Columbia, publicó un estudio titulado *White Collar: Las clases medias en Norteamérica.*[25]

Como Ronald Coase, Mills se sentía fascinado por la proliferación de las grandes corporaciones de gestión. Afirmaba que esas empresas, en su búsqueda de tamaño, eficiencia y ganancias, habían creado una inmensa clase de trabajadores dedicados a tareas repetitivas y mecánicas que asfixiaban su imaginación y su capacidad de participar plenamente en la sociedad. En otras palabras, según Mills, el típico trabajador de una empresa estaba alienado.

En 1956, Mills desarrolló aún más este argumento en su obra más famosa, *La élite del poder.* En ella describía como en Estados Unidos el poder estaba en manos de una «casta» dominante que controlaba los asuntos económicos, industriales y políticos. Sin duda, decía Mills, la vida política norteamericana era democrática y pluralista; pero, aun así, la concentración de poder político y económico daba a la clase dirigente más fuerza que nunca para conservar su supremacía.[26] Estas ideas hacían que Mills fuera un crítico social, pero no eran, en absoluto, opiniones radicales para la época. El presidente Dwight Eisenhower diría algo muy similar solo cinco años después, en su discurso de despedida a la nación, en el que advirtió contra el poder descontrolado y la «excesiva influencia» del «complejo militar-industrial».[27]

Durante los años sesenta, la sospecha de que las organizaciones económicas modernas generaban de forma intrínseca desigualdades y una élite permanente se extendió rápidamente entre sociólogos y psicólogos. En 1967, un investigador de la Universidad de California en Santa Cruz, G. William Domhoff, publicó un libro titulado *Who Rules America?* En él, Domhoff empleba lo que llamaba la teoría de las «Cuatro Redes» para demostrar que la vida estadounidense estaba controlada por los propietarios y altos directivos de las grandes empresas. Domhoff ha seguido poniendo el libro al día en ediciones sucesivas, a las que ha incorporado todo tipo de cosas, desde la guerra de Vietnam hasta la elección de Barack Obama, para reforzar sus argumentos.[28]

La idea de una élite o de una clase dirigente cómoda y arraigada se ha convertido en un grito de lucha para quienes aspiran a acabar con esa situación o, más hipócritamente, utilizan esa consigna para ganar adeptos y así tomar ellos el poder y ser la nueva élite. Tanto los políticos que despotrican contra las élites en el poder como las empresas nuevas que tratan de destronar a un rival más grande y poderoso enarbolan la bandera del pequeño y noble que se enfrenta al grande, malo y flojo (o corrupto). Un buen ejemplo se remonta a 1984, cuando Apple hizo historia en el mundo de la publicidad con un famoso anuncio en el que introducía en el mercado su nuevo ordenador personal Macintosh: en un cuadro inspirado por la novela distópica de George Orwell, una mujer perseguida por una falange de brutales policías lanza un mazo contra una enorme pantalla que al romperse despierta a filas y filas de autómatas adormecidos y, de esa forma, les da la libertad.

El anuncio se dirigía sin demasiada sutileza a IBM, el competidor de Apple que en aquel entonces dominaba el mercado de los ordenadores personales. Como es sabido, hoy IBM ha abandonado ese sector y su valor de capitalización no es nada al lado del de Apple, que a su vez recibe numerosas críticas por mantener también un control orwelliano sobre su sistema operativo, sus aparatos, sus tiendas y la experiencia de sus consumidores. Google, creada en 1998 con el espíritu informal de los piratas informáticos y el lema empresarial de «No hacer el mal», es hoy una de las mayores compañías del mundo (en capitalización de mercado), con productos dominantes en los mercados en los que compite. Quizá sus críticos consideran, inevitablemente, que Google es una especie de Anticristo que está destruyendo periódicos, aplastando a rivales y violando la privacidad de los consumidores.

El aumento de la riqueza y la desigualdad de rentas en Estados Unidos durante los últimos veinte años y la tendencia mundial a proporcionar enormes paquetes salariales a dirigentes de empresa y exuberantes bonos a banqueros, han reforzado la impresión de que quienes llegan a la cima se quedan allí, remotos y por encima de los problemas que afligen a los simples mortales. El teórico Christopher Lasch llamó la «revuelta de las élites» a las políticas y conductas de Occidente que hacían posibles estas tendencias (la desregulación y opciones sociales como la enseñanza privada, la seguridad privada, etcétera). Dijo que este fenómeno era una especie de abandono del sistema social por parte de los que tenían suficiente riqueza para permitírselo. «¿Han anulado su lealtad a Estados Unidos?», se preguntaba.[29]

La idea de una «revuelta de las élites» ha tenido eco. A pesar de la vaguedad sobre lo que define exactamente a la élite (¿riqueza?, ¿otros criterios para medir el estatus?, ¿ciertas profesiones concretas, como banqueros, empresarios, artistas, líderes políticos o deportistas?), la noción de una élite revivida que intensifica aún más su poder sobre el gobierno tiene plena vigencia. En 2008, días después de que se anunciara el rescate bancario masivo en Estados Unidos y pocas semanas después de la caída de Lehman Brothers y el rescate de la gigantesca aseguradora American International Group (AIG), la crítica Naomi Klein calificó la época como «una revuelta de las élites... y con un éxito increíble». Klein decía que tanto el largo abandono de la regulación financiera como el repentino y masivo rescate eran reflejo del control de las clases dominantes sobre la política. Y sugería que había una tendencia común en la concentración de poder que unía a grandes países con sistemas políticos y económicos aparentemente opuestos. «Veo una deriva hacia el capitalismo autoritario que comparten [Estados Unidos], Rusia y China —explicó Klein en un acto público en Nueva York—. Eso no quiere decir que estemos todos en la misma fase, pero sí veo una tendencia hacia una mezcla muy inquietante de gran poder empresarial y gran poder del Estado que colaboran en defensa de los intereses de las élites.»[30] Al mismo tiempo, existe en ciertos círculos la opinión de que la globalización no ha servido más que para aumentar la concentración de poder en cada sector industrial y económico y para que los líderes de mercado afiancen su posición en la cima.

Los acontecimientos de los últimos años han reavivado la preocupación por que, en muchos o en la mayoría de los países, el poder esté en manos de una oligarquía, un pequeño número de actores privilegiados que detentan un control desproporcionado de la riqueza y los recursos y cuyos intereses están íntimamente unidos, de manera muy obvia o más sutil, a la política del gobierno. Simon Johnson, profesor del MIT y antiguo economista jefe del Fondo Monetario Internacional, aseguró desde su experiencia que, en todos los países donde se pedía al Fondo que interviniera, se encontraban con oligarquías que trataban de protegerse y transferir las cargas y costos de los ajustes y reformas económicas a otros grupos sociales. Las oligarquías son un elemento habitual en los mercados emergentes, afirma Johnson, pero no solo allí. De hecho, según él, Estados Unidos también lleva la delantera en este aspecto: «Igual que tenemos la economía, las fuerzas armadas y la tecnología más avanzadas del mundo, también tenemos la oligarquía más avanzada». La influencia de los *lobbies*, la desregulación financiera y el constante ir y venir de profesionales entre importantes cargos en Wall Street y en Washington son algunos de los ejemplos que usa Johnson para ilustrar su argumento y apoyar su propuesta de «romper a la vieja élite».[31]

Estos análisis inspiran una opinión más general tan extendida que casi se ha convertido ya en un instinto colectivo: «El poder y la riqueza tienden a concentrarse. Los ricos se vuelven más ricos y los pobres siguen siendo pobres». Esta forma de expresar la idea es una caricatura, pero esa es la hipótesis que sirve de base a las conversaciones en parlamentos, en millones de hogares a la hora de cenar, en pasillos universitarios y reuniones de amigos al salir del trabajo, en libros eruditos y series televisivas de masas. Incluso entre los devotos del libre mercado, es frecuente ver ecos de la idea marxista de que el poder y la riqueza tienden a concentrarse. En los últimos diez o veinte años, las informaciones sobre la extravagante riqueza de oligarcas rusos, jeques del petróleo, multimillonarios chinos, gestores financieros que operan desde *hedge funds* y empresarios de internet en Estados Unidos se han vuelto habituales. Y cada vez que uno de esos magnates interviene en política —Silvio Berlusconi en Italia,

Thaksin Shinawatra en Tailandia o Rupert Murdoch a escala mundial—, o cuando Bill Gates, George Soros y otros tratan de influir en las políticas públicas en Estados Unidos y el mundo entero, contribuyen a recordar una vez más a la gente que el dinero y el poder se refuerzan mutuamente y crean una barrera prácticamente impenetrable para sus rivales.

La idea tradicional de que es inevitable que las desigualdades económicas persistan e incluso empeoren hace que todos seamos, en cierto modo, marxistas. Ahora bien, ¿y si el modelo de organización que a Weber y sus herederos en economía y sociología les parecía el más apropiado para la competencia y la gestión en la vida moderna se hubiera vuelto obsoleto? ¿Y si el poder estuviera dispersándose, depositándose, de nuevas maneras y mediante nuevos mecanismos, en una variedad de actores pequeños, antes marginales, mientras disminuye la ventaja de la que disfrutaban los poderosos tradicionales, grandes, establecidos y más burocráticos? El ascenso de los micropoderes obliga a hacerse estas preguntas por primera vez. Plantea la perspectiva de que es posible que el poder se haya desvinculado del tamaño y la escala.

No cabe duda de que el poder altamente concentrado existe, de que la riqueza se ha venido concentrando, de que muchos de quienes tienen dinero se alían, o compran a políticos y gobernantes. No cuestiono ninguna de estas afirmaciones. Pero, como demuestro más adelante, quienes hoy en día tienen poder pueden hacer menos con él. Entre otras razones porque hay muchos otros con el mismo poder que limitan su ámbito de acción o porque, cada vez más, a los poderosos —en los negocios, la política, el gobierno, los medios de comunicación o la guerra— les aparecen nuevos e inusitados rivales que les reducen, o hasta les arrebatan, el poder.

4

¿Por qué el poder está perdiendo fuerza?

LAS REVOLUCIONES DEL «MÁS», DE LA «MOVILIDAD» Y DE LA «MENTALIDAD»

Javier Solana, el ministro español de Exteriores que a mediados de los noventa se convirtió en secretario general de la OTAN y después fue responsable de la política exterior de la Unión Europea, me dijo una vez: «Durante el último cuarto de siglo —un período que incluyó la crisis de los Balcanes, la de Irak y las negociaciones con Irán, la cuestión de Israel y Palestina y muchas otras crisis— he visto cómo múltiples fuerzas y factores nuevos limitaban incluso a las potencias más ricas y tecnológicamente más avanzadas. Ya no pueden —y en ello nos incluyo a nosotros— hacer casi nunca lo que quieren».[1]

Solana tiene razón. Insurgentes, nuevos partidos políticos con propuestas alternativas, jóvenes empresas pequeñas e innovadoras, piratas informáticos, activistas sociales, nuevos medios de comunicación, masas de gente sin líderes u organización aparente que de repente toman plazas y avenidas para protestar contra el gobierno o personajes carismáticos que parecen haber «surgido de la nada» y logran entusiasmar a millones de seguidores, son solo algunos ejemplos de entre los numerosos nuevos actores que están haciendo temblar el viejo orden. No todos son respetables o dignos de encomio, pero todos contribuyen a la degradación del poder de quienes hasta ahora lo habían ejercido de manera más o menos asegurada: los grandes ejércitos, partidos políticos, sindicatos, conglomerados empresariales, iglesias o canales de televisión.

Son los micropoderes: actores pequeños, desconocidos o antes insignificantes, que han encontrado formas de socavar, acorralar o desmontar a las megapotencias, esas grandes organizaciones burocráticas que antes dominaban sus ámbitos de actuación. De acuerdo con los principios del pasado, los micropoderes deberían ser tan solo irritantes, transitorios y no tener mayores consecuencias. Al carecer de escala, coordinación, recursos o prestigio previo, no deberían ni siquiera participar o, como mucho, solo deberían hacerlo poco tiempo, antes de acabar aplastados o absorbidos por uno de sus rivales dominantes. Pero no es así. De hecho, en muchos casos está ocurriendo todo lo contrario. Los micropoderes están bloqueando a los actores establecidos muchas oportunidades que antes daban por descontadas. En ocasiones, los micropoderes incluso llegan a imponerse a los actores largamente establecidos.

¿Lo consiguen avasallando a la competencia y expulsando a los grandes poderes de siempre? Raras veces. Los micropoderes no suelen tener los recursos —o la necesidad— de enfrentarse frontalmente a las grandes organizaciones dominantes. Su ventaja reside precisamente en que no están lastrados por el tamaño, la escala, la cartera histórica de activos y recursos, la centralización o las rígidas jerarquías que los megaactores tienen y han dedicado tanto tiempo a cultivar y gestionar. Cuantos más rasgos de este tipo asumen los micropoderes, más se convierten en el tipo de organización a la que atacarán otros micropoderes con la misma eficacia. Por el contrario, los micropoderes, para triunfar, recurren a nuevas ventajas y técnicas. Desgastan, obstaculizan, socavan, sabotean y son más ágiles y rápidos que los grandes actores, de tal manera que estos últimos, a pesar de sus vastos recursos, con frecuencia se encuentran mal equipados y mal preparados para resistir. La eficacia de estas técnicas para desestabilizar y desplazar a los gigantes afianzados indica que el poder se está volviendo más fácil de perturbar y más difícil de consolidar.

Las connotaciones son sobrecogedoras. Representan el agotamiento de la burocracia de Weber, el sistema de organización que acarreó los beneficios y también las tragedias del siglo XX.

La desvinculación del poder y el tamaño, y por tanto la desvinculación de la capacidad de usar el poder con eficacia y el control de una gran burocracia weberiana, está transformando al mundo. Y esa separación suscita una idea preocupante: si el futuro del poder está en la perturbación y la interferencia y no en la gestión ni la consolidación, ¿podemos confiar en que alguna vez vuelva a haber estabilidad?

¿Qué es lo que ha cambiado?

Es difícil identificar el momento en que comenzaron la dispersión y degradación del poder y el declive del ideal burocrático weberiano. Pero quizá el 9 de noviembre de 1989 —el día en que cayó el Muro de Berlín— no es un mal punto de partida. Al liberar a medio continente del yugo de la tiranía, abrir fronteras y nuevos mercados, el final de la Guerra Fría, y su lucha ideológica y existencial, disminuyó la necesidad de tener un vasto aparato militar y de seguridad nacional que consumía enormes recursos económicos. Poblaciones enteras que habían vivido obligadas a guardar silencio y aceptar las arbitrariedades de la autoridad, de repente se vieron libres para perseguir sus propios deseos y así darle un vuelco al orden existente. Estos instintos encontraron su expresión visceral en sucesos como la ejecución en la Navidad de 1989 del matrimonio Ceausescu, que gobernó Rumanía con mano de hierro durante décadas, y el asalto en enero de 1990 del cuartel general de la Stasi, el servicio secreto de la Alemania comunista y una de las representaciones más siniestras del triunfo de la burocracia en la posguerra.

Las economías atrapadas en un sistema casi cerrado se abrieron a las inversiones extranjeras y el comercio, atrayendo el interés de nuevos inversionistas y empresarios de todo el mundo. Como observó el general William Odom, director de la Agencia de Seguridad Nacional durante el gobierno de Ronald Reagan: «Con la creación de un paraguas de seguridad sobre Europa y Asia, los estadounidenses redujeron los costes de transacción en todas estas regiones, y Norteamérica, Europa occidental y el nordeste asiático se enriquecieron gracias a ello».[2] Ahora, esos costes de transacción inferiores podían extenderse y, con ellos, también la promesa de una mayor libertad económica.

Poco más de un año después de que miles de alemanes derribaran el Muro de Berlín con martillos, en diciembre de 1990, Tim Berners-Lee, un británico experto en informática del CERN, desde su oficina en la frontera francosuiza, logró la primera comunicación entre un Protocolo de Transferencia de Hipertexto y un servidor a través de internet, y creó la World Wide Web, la red. Como sabemos, esto cambió el mundo. El fin de la Guerra Fría y el nacimiento de internet fueron, sin duda, factores que contribuyeron a la aparición y el ascenso de los micropoderes, pero no fueron, en absoluto, ni los únicos cambios ni los más importantes. Suele ser difícil resistirse a la tentación de atribuir un período de grandes cambios a una sola causa. Pensemos, por ejemplo, en el papel de los mensajes de texto y las redes sociales como Facebook y Twitter en las revueltas que estallan por el mundo. Se ha producido un debate encarnizado pero, a la hora de la verdad, estéril entre quienes afirman que las redes sociales han puesto en marcha nuevos movimientos y quienes aseguran que se ha exagerado su influencia. Como elementos en la lucha por el poder, las redes sociales han ayudado a coordinar manifestaciones y a informar al mundo exterior sobre las violaciones de los derechos humanos. Sin embargo, algunos regímenes represivos astutos como los de Irán y China también han utilizado esas herramientas para vigilar y reprimir. Y en caso de duda, un gobierno siempre puede cortar el acceso nacional a internet (por lo menos en gran medida, como hicieron Egipto y Siria cuando sus dictadores se sintieron amenazados) o establecer un complicado sistema de filtros y controles que disminuye el tráfico de mensajes no aprobados en la red (como ha hecho China con su «gran cortafuegos» cibernético). Existen numerosos argumentos a favor de una teoría y de la contraria, los de optimistas sobre internet y tecnofuturistas como Clay Shirky, y los de escépticos como Evgeny Morozov y Malcolm Gladwell. Por tanto, para comprender por qué las barreras en torno al poder se han vuelto más débiles y porosas, debemos examinar transformaciones más profundas, cambios que empezaron a acumularse y acelerarse ya antes del final de la Guerra Fría y la aparición de la red. Los mayores desafíos al poder de nuestra época proceden de los cambios esenciales experimentados por la gran mayoría de los habitantes del planeta: cómo y dónde vivimos, durante cuánto tiempo y con qué calidad. Esto implica prestar atención a los cambios demográficos, a los estándares de vida, a los niveles de nutrición, salud y educación, a los patrones migratorios y a las estructuras de las familias, las comunidades y la política. Pero, además, para entender las fuerzas que están transformando el poder es necesario incluir en el análisis los profundos cambios en la *manera de pensar* de miles de millones de personas alrededor del mundo. Me refiero a cambios evidentes que vemos reflejados en conductas, patrones de consumo, decisiones sobre estilos de vida y actitudes políticas, sociales y religiosas. Los cambios en valores, aspiraciones y expectativas pueden tener mayor o menor intensidad en diferentes países, pero de lo que no hay duda es de que están presentes en todas partes.

El poder está degradándose debido a la gran cantidad de cambios que están ocurriendo en todos estos ámbitos. Para analizar esos cambios detalladamente y comprender lo que están suponiendo para el poder, los he sintetizado en tres grandes categorías que llamo «revoluciones»: la revolución del *más*, la revolución de la *movilidad* y la revolución de la *mentalidad*.

La primera incluye los cambios que se están produciendo con respecto al aumento de todo: del número de habitantes al número de países que hay en el planeta, o el crecimiento acelerado de todos los indicadores que tienen que ver con la condición humana: esperanza de vida, nutrición, educación, ingresos, entre muchos otros. Hay más de todo. Además, ese «todo» se expande cada vez más, y de ahí la revolución de la *movilidad*. La tercera revolución refleja los cambios en la *mentalidad*. Cada una de estas revoluciones hace que las barreras que permiten a los poderosos resguardarse de nuevos rivales y retener el poder ya no los protejan tanto como antes. Las barreras son cada vez más fáciles de atacar, rodear y socavar.

La revolución del «más»: aplastando las barreras del poder

Vivimos en una época de abundancia. Hay más de todo. Hay más gente, países, ciudades, partidos políticos, ejércitos; más bienes y servicios y más empresas que los venden; más armas y más medicinas; más estudiantes y más ordenadores; más predicadores y más delincuentes. La producción económica mundial se ha multiplicado por cinco desde 1950. La renta per cápita es tres veces y media superior a la de entonces. Y, sobre todo, hay más gente: dos mil millones más que hace tan solo dos decenios. En 2050, la población mundial será cuatro veces mayor de lo que era en 1950. Este aumento poblacional, así como su estructura de edad, su distribución geográfica, su longevidad, su salud y sus mayores niveles de información, de educación y de consumo, tienen amplias repercusiones sobre la obtención y el uso del poder.

La revolución del *más* no se limita a un cuadrante del planeta ni a un segmento de la humanidad. Se ha desarrollado a pesar de todos los acontecimientos negativos que ocupan cada día los titulares: recesión económica, terrorismo, terremotos, represión, guerras civiles, catástrofes naturales, amenazas medioambientales. Sin restar importancia al coste humano y planetario de estas crisis, podemos asegurar que la primera década del siglo XXI fue, sin duda, la más exitosa de la humanidad; como dice el analista Charles Kenny, entre los años 2000 y 2010 la humanidad tuvo la «mejor década de todas».[3]

Los datos corroboran la afirmación. Según el Banco Mundial, entre 2005 y 2008, desde el África subsahariana hasta América Latina y desde Asia hasta Europa del Este, la proporción de personas que vivían en extrema pobreza (con rentas inferiores a 1,25 dólares al día) cayó por primera vez desde que existen estadísticas sobre la pobreza mundial. Dado que la década incluyó la crisis económica que comenzó en 2008, la más profunda desde la Gran Depresión de 1929, este avance es aún más sorprendente. En plena crisis, Robert Zoellick, entonces presidente del Banco Mundial, expresó serias preocupaciones por los efectos de la crisis financiera en la pobreza: los expertos, dijo, le habían explicado que el número de pobres en el mundo iba a aumentar de manera sustancial. Por suerte se equivocaron. De hecho, se prevé que el mundo alcance los Objetivos de Desarrollo del Milenio fijados en el año 2000 por Naciones Unidas mucho antes de lo esperado; uno de ellos era reducir la pobreza extrema a la mitad antes de 2015, una meta que se logró con cinco años de adelanto.

La explicación es que, a pesar de la crisis, las economías de los países más pobres siguieron creciendo y creando empleo. Y esa es una tendencia que comenzó hace treinta años: desde 1981, por ejemplo, han salido de la pobreza 660 millones de chinos. En Asia, el porcentaje de los que viven en extrema pobreza cayó del 77 por ciento de la población en la década de 1980 al 14 por ciento en 1998. Un fenómeno que se ve no solo en China, India, Brasil y otros mercados emergentes, sino también en los países más pobres de África. Los economistas Maxim Pinkovskiy y Xavier Sala i Martín han demostrado que entre 1970 y 2006 la pobreza en África se redujo mucho más deprisa de lo que suele pensarse. Su conclusión, basada en un riguroso análisis estadístico, es que, en África, «la reducción de la pobreza es extraordinariamente generalizada: no se puede explicar diciendo que ocurría solo en los países grandes, ni tampoco en un grupo de países que posean alguna característica geográfica o histórica que les beneficia. Países de todo tipo, incluidos los que tienen inconvenientes históricos y desventajas geográficas, experimentaron reducciones de la pobreza. La pobreza disminuyó tanto en países interiores como en países costeros; en países ricos en minerales y en los que no lo son; en países con una agricultura favorable y en otros con malas condiciones agrícolas; independientemente de su origen colonial, y en países con un número de exportaciones de esclavos per cápita tanto por encima como por debajo de la media durante la época del tráfico de esclavos africanos. En 1998, por primera vez desde que se dispone de datos, hay más africanos que viven por encima del umbral de pobreza que por debajo».[4] Y lo mismo ocurre en otras regiones. En América Latina, en 2013 el número de personas que pertenecen a la clase media sobrepasó, por primera vez, a la población pobre.

Es evidente que todavía hay miles de millones de personas que viven en unas condiciones intolerables y que tener unos ingresos de tres o cinco dólares diarios en lugar de los 1,25 que el Banco Mundial marca como umbral de pobreza extrema sigue significando una vida de lucha y privaciones. Pero también es cierto que la calidad de vida ha aumentado incluso para los más pobres y vulnerables. Desde el año 2000, la mortalidad infantil ha descendido más de un 17 por ciento, y las muertes infantiles debidas al sarampión cayeron un 60 por ciento entre 1999 y 2005. En los países en vías de desarrollo, el número de personas en la categoría de «infraalimentadas» se redujo del 34 por ciento en 1970 al 17 por ciento en 2008.

El rápido crecimiento económico de muchos países pobres y el consiguiente descenso de la pobreza han alimentado la expansión de una «clase media mundial». El Banco Mundial calcula que, desde 2006, veintiocho antiguos «países de rentas bajas» se han incorporado a las filas de los que llama «de rentas medias». Estas nuevas clases medias pueden no ser tan prósperas como sus homólogas en los países desarrollados, pero sus miembros disfrutan hoy de un nivel de vida sin precedentes. Y es la categoría demográfica que más rápido está creciendo en el mundo. Como me dijo Homi Kharas, de la Brookings Institution, uno de los más respetados especialistas en la nueva clase media mundial: «El tamaño de la clase media mundial se ha duplicado de alrededor de mil millones en 1980 a dos mil millones en 2012. Este segmento de la sociedad sigue creciendo muy deprisa y podría alcanzar los tres mil millones de aquí a 2020. Calculo que, para 2017, la clase media de Asia será más numerosa que las de Norteamérica y Europa juntas. Para 2021, si continúan las tendencias actuales, podría haber más de dos mil millones de asiáticos viviendo en hogares de clase media. Solo en China, podría haber más de seiscientos setenta millones de consumidores de clase media».[5]

Kharas se apresura a destacar que este no es un fenómeno exclusivo de Asia: «En todo el mundo, las naciones pobres cuyas economías crecen a buen ritmo incrementan sin cesar sus clases medias. No veo nada que indique que no vaya a seguir siendo así en los próximos años, a pesar de algún bache ocasional que puede retrasar el crecimiento de la clase media en ciertos países durante un tiempo. Pero, a escala mundial, la tendencia es esta y está clara».

El panorama socioeconómico mundial se ha transformado drásticamente en las tres últimas décadas. La lista de cambios —de logros— es tan larga como sorprendente: el 84 por ciento de la población mundial está alfabetizada, frente al 75 por ciento en 1990. La educación universitaria se ha extendido, y hasta las puntuaciones medias en los tests de inteligencia son más elevadas en todo el mundo. Por otra parte, las muertes en combate han disminuido más de un 40 por ciento desde 2000. La esperanza de vida en los países más golpeados por la pandemia de VIH/sida está empezando a aumentar de nuevo. Y somos más capaces que nunca de cubrir nuestras necesidades de alimentación: desde el año 2000, la producción de cereales en el mundo en vías de desarrollo ha aumentado dos veces más deprisa que la población. Incluso las «tierras raras» —los diecisiete elementos escasos que se utilizan en la fabricación de teléfonos móviles y el refino de petróleo— han dejado de ser tan raras desde que empezaron a incorporarse al mercado nuevas fuentes y nuevos productores.

Tal vez un motivo de todo este progreso es la rápida expansión de la comunidad científica: en los países comprendidos en un sondeo de la Organización para la Cooperación y el Desarrollo Económico (OCDE), el número de científicos en activo pasó de 4,3 millones en 1999 a 6,3 millones en 2009.[6] Y esa cifra no incluye otros varios países en los que existen comunidades científicas amplias y en pleno crecimiento, como India.

Los seres humanos gozan ahora de una vida más larga y más saludable que sus antepasados, incluso que los más recientes de ellos. De acuerdo con el índice de desarrollo humano de Naciones Unidas, que combina indicadores de sanidad, educación y rentas para establecer una medida global de bienestar, los niveles de vida han mejorado en todo el mundo desde 1970. Los países que tenían un nivel de vida más bajo en 2010 que en 1970 se pueden contar con los dedos de una mano. Y entre 2000 y 2010, solo hubo un país —Zimbabue— en el que descendió el índice de desarrollo humano. Las cifras fundamentales, desde la pobreza y la mortalidad infantil hasta los logros educativos y la ingesta de calorías, eran mejores a finales de 2012 que en 2000. Es decir, miles de millones de personas que hasta hace poco vivían con casi nada tienen hoy más alimentos, más oportunidades y una vida más próspera, sana y larga que nunca.

Todo lo anterior no es el resultado de un optimismo ingenuo. De hecho, cada una de las tendencias positivas mencionadas también acarrea notorios problemas y excepciones que a menudo tienen consecuencias trágicas. El progreso de los países pobres contrasta claramente con la situación reciente en Europa y Estados Unidos, donde una clase media que tuvo decenios de crecimiento y prosperidad está perdiendo sus cimientos económicos y contrayéndose como consecuencia de la crisis financiera. El desempleo crónico que está arraigándose en muchos países europeos y en Estados Unidos es un problema grave. Sin embargo, la imagen general de que la humanidad actualmente goza de mejor calidad de vida, de que satisface sus necesidades básicas mucho mejor que nunca, es crucial para comprender los flujos y las redistribuciones actuales de poder, así como para poner en perspectiva las explicaciones más populares de todo lo que está sucediendo. Es innegable que en las turbulencias en el mundo árabe y otros movimientos sociales recientes se ha hecho un uso espectacular de las tecnologías modernas. Pero le deben aún más al rápido aumento de la esperanza de vida en Oriente Próximo y el norte de África desde 1980. La «población joven», conformada por millones de personas menores de treinta años, que disfrutan de buena salud y formación, con una larga vida por delante, pero que no tienen trabajo ni buenas perspectivas, es una fuente importante de inestabilidad política. Y, desde luego, también lo es el crecimiento de una clase media que es, por naturaleza, más inquieta políticamente.

No es casualidad que la Primavera Árabe comenzara en Túnez, el país norteafricano con el mejor desempeño económico y el que mejor ha sabido incorporar a los pobres a la clase media. De hecho, una clase media impaciente y mejor informada, que desea ver avances antes de lo que el gobierno es capaz de conseguirlos, y cuya intolerancia respecto a la corrupción la ha convertido en una potente oposición, es el motor que está impulsando muchas de las transformaciones políticas de estos tiempos.

Por sí solo, el crecimiento de la población y de las rentas no basta para transformar el ejercicio del poder, que quizá continúe concentrado en unas pocas manos. Pero la revolución del *más* no consiste solo en cantidad, sino también en las mejoras cualitativas que experimentan las vidas de la gente. Cuando una persona está mejor alimentada y es más sana, más educada, está mejor informada y más relacionada con otros, muchos de los factores que mantenían el poder en su sitio dejan de ser eficaces.

La clave es esta: cuando las personas son más numerosas y viven vidas más plenas, se vuelven más difíciles de regular, dominar y controlar.

El ejercicio del poder en cualquier ámbito implica, sobre todo, la capacidad de imponer y mantener el control sobre un país, un mercado, una población, un grupo de seguidores, una red de rutas comerciales, y así sucesivamente. Cuando los que forman parte de ese territorio —ya sean posibles soldados, votantes, clientes, trabajadores, competidores o creyentes— son más numerosos y más dueños de sus medios y están cada vez más capacitados, se vuelven más difíciles de coordinar y controlar. El antiguo consejero de seguridad nacional estadounidense Zbigniew Brzezinski, al reflexionar sobre los cambios radicales que había sufrido el orden mundial desde que él se incorporó a la vida pública, lo planteó con bastante crudeza: «Hoy es infinitamente más fácil matar a un millón de personas que controlarlas».[7]

Para quienes están en el poder, la revolución del *más* plantea dilemas complicados: ¿cómo coaccionar con eficacia cuando el uso de la fuerza es más costoso y arriesgado políticamente?; ¿cómo reafirmar la autoridad cuando las vidas de las personas son más completas y se sienten menos dependientes y vulnerables?; ¿cómo influir en la gente y premiar su lealtad en un universo en el que tienen más opciones? La tarea de gobernar, organizar, movilizar, influir, persuadir, disciplinar o reprimir a un gran número de personas con un mejor nivel de vida necesita métodos diferentes de los que servían en el caso de una comunidad más pequeña, estancada y con menos recursos individuales y colectivos a su disposición.

La revolución de la «movilidad»: el fin del público cautivo

Hoy no solo hay más gente, y más personas con vidas más plenas y más sanas, sino que además se mueven mucho más. Eso hace que sean más difíciles de controlar. Y también altera la distribución de poder tanto en cada comunidad como entre distintos grupos sociales. El aumento de las diásporas y sus agrupaciones étnicas, religiosas y profesionales las ha transformado en correas de transmisión internacional entre su país de adopción y su país de origen. Los africanos que viven en Europa o los latinoamericanos que están en Estados Unidos no solo envían dinero a sus familiares que aún viven en el país del cual emigraron, también transfieren, a veces sin darse cuenta, ideas, aspiraciones, técnicas o hasta movimientos políticos y religiosos que socavan el poder y el orden establecido en su país de origen.

Naciones Unidas calcula que existen 214 millones de migrantes en todo el mundo, un aumento del 37 por ciento en las dos últimas décadas. En ese mismo período, el número de migrantes creció un 41 por ciento en Europa y un 80 por ciento en Norteamérica. Si los emigrantes conformasen un país, sería el quinto más populoso del mundo.

Estamos viviendo una revolución de la movilidad, el mayor desplazamiento de gente de la historia.

Pensemos, por ejemplo, en la repercusión que ha tenido esta aceleración de la movilidad mundial en el movimiento obrero en Estados Unidos. En 2005, media docena de sindicatos se escindieron de la AFL-CIO, la mayor federación sindical, para formar una federación rival denominada Change to Win (Cambio para Vencer). Entre los sindicatos disidentes estaban la Service Employees International Union, SEIU (Sindicato Internacional de Empleados de Servicios), y el sindicato de la industria textil UniteHere; ambos incluyen en sus filas a una gran proporción de trabajadores inmigrantes con bajos salarios y cuyos intereses y prioridades son distintos de los de los viejos sindicatos industriales como los Teamsters. Las consecuencias de la escisión se hicieron sentir en la política nacional. Como escribió Jason DeParle, un reportero de *The New York Times*: «Los sindicatos de Change to Win desempeñaron un papel importante (algunos dicen que decisivo) en las etapas iniciales de la primera campaña presidencial de Obama».[8] Y en su candidatura a la reelección en 2012, los votantes hispanos fueron determinantes. Es decir, inesperadamente, la movilidad internacional moldeó la realidad política de Estados Unidos, cosa que también está ocurriendo en muchas otras partes.

De acuerdo con los términos de la Ley de Referéndum de Sudán aprobada por su Parlamento en 2009, los votantes de la diáspora sudanesa, incluidos los aproximadamente ciento cincuenta mil en Estados Unidos, pudieron votar en el referéndum de 2011 sobre la decisión de Sudán del Sur de convertirse en una nación independiente. Varios miembros del Senado de Colombia son elegidos por los colombianos que viven en el extranjero. Los candidatos a gobernadores o presidentes de países con un gran número de emigrantes —por ejemplo, los puestos de gobernadores de estados en México o la presidencia de Senegal— suelen viajar a Chicago, Nueva York o Londres, o adonde hayan echado raíces sus compatriotas, para obtener votos y recaudar dinero.

De esa misma forma, los inmigrantes están transformando las empresas, religiones y culturas de los países en los que se establecen. En Estados Unidos, la población hispana pasó de veintidós millones en 1990 a cincuenta y un millones en 2011, hasta el punto de que hoy uno de cada seis estadounidenses es hispano y constituyeron más de la mitad del crecimiento de la población del país en la pasada década. Y en Dearborn, Michigan, sede central de Ford, la empresa de automóviles, el 40 por ciento de la población es de origen árabe; allí está la mezquita más grande de Norteamérica.

Es inevitable que enclaves de este tipo transformen las coaliciones e influyan en los resultados de elecciones locales o hasta nacionales. Los partidos políticos tradicionales, las empresas establecidas y otras instituciones se enfrentan cada vez más a nuevos competidores que poseen mayores raíces y un conocimiento más profundo de estos nuevos grupos de votantes, consumidores o fieles cuya conducta y preferencias son distintas de las de la población en general. Lo mismo sucede en Europa, donde los gobiernos se han mostrado incapaces de cortar la marea de inmigrantes de África, Asia e incluso otros países europeos más pobres. Un ejemplo interesante: en 2007, un hombre nacido en Nigeria fue elegido alcalde de Portlaoise, Irlanda, con lo que se convirtió en el primer alcalde negro de ese país. Hay ejemplos similares en todos los rincones del mundo, donde cada vez más los inmigrantes ocupan espacios económicos, sociales y políticos que antes estaban reservados para personas con largo arraigo en esas comunidades.

Es interesante observar que los intentos de restringir el ascenso político y social de los inmigrantes pueden tener consecuencias inesperadas y de gran impacto. Jorge G. Castañeda, antiguo ministro de Asuntos Exteriores de México, y Douglas S. Massey, sociólogo de Princeton, explican que, en respuesta al endurecimiento del trato y la mala acogida que experimentan los inmigrantes en algunas partes de Estados Unidos, «muchos mexicanos que son residentes permanentes tomaron una decisión sorprendente: en lugar de irse de Estados Unidos porque no se sentían bien acogidos, se hicieron ciudadanos, una práctica conocida como "nacionalización defensiva". En los diez años anteriores a 1996, se nacionalizaban una media de 29.000 mexicanos cada año; desde ese año, el promedio ha sido de 125.000 al año, de modo que hay dos millones de nuevos ciudadanos que pueden traer a sus familiares cercanos. En la actualidad, casi dos tercios de los residentes permanentes legales de origen mexicano llegan por ser familiares de ciudadanos estadounidenses».[9] Estos ciudadanos nuevos también son, por supuesto, votantes, un dato que está alterando el panorama electoral.

Los inmigrantes envían miles de millones de dólares en remesas a sus países de origen, lo cual, naturalmente, tiene un inmenso efecto positivo en la economía de sus familiares y sobre la del país en general. En 2012 transfirieron, enviaron por correo o llevaron personalmente a sus países más de 400.000 millones de dólares en todo el mundo. (En 1980, las remesas ascendieron a solo 37.000 millones.)[10] Hoy en día, las remesas representan más del quíntuple de la ayuda exterior en todo el mundo y suman más que el flujo total anual de inversiones extranjeras destinadas a los países pobres. Es decir, los trabajadores que viven fuera de su país natal —y que a menudo son muy pobres— envían más dinero a ese país que los inversores extranjeros, y más del que destinan los países ricos a ayuda económica.[11] De hecho, para muchos países, las remesas se han convertido en la mayor fuente de dinero e incluso en el mayor sector de la economía, de tal forma que han transformado las estructuras económicas y sociales tradicionales, así como el panorama empresarial.

Es posible, sin embargo, que el aspecto de la revolución de la *movilidad* que más está transformando el poder sea la urbanización. El proceso de urbanización, que ya era el más rápido de la historia, se está acelerando todavía más, sobre todo en Asia. Se han trasladado y siguen trasladándose más personas que nunca del campo a la ciudad. Desde 2007, por primera vez en la historia hay en el mundo más gente viviendo en ciudades que en zonas rurales. Richard Dobbs describe así la inmensidad de esta transformación: «La megaciudad será el hogar de las clases medias en expansión de China e India y creará mercados de consumo mayores que los de todo Japón o toda España, respectivamente».[12]

El Consejo Nacional de Inteligencia de Estados Unidos calcula que «todos los años, sesenta y cinco millones de personas se suman a la población urbana mundial, el equivalente anual a siete ciudades de las dimensiones de Chicago o cinco del tamaño de Londres».[13] Las migraciones internas, y especialmente la urbanización, alteran la distribución del poder dentro del país tanto o más de lo que lo hacen las migraciones entre países.

Hay otra nueva forma de movilidad que, aunque no involucra a una población tan numerosa como la migración de trabajadores de menor nivel educativo y no es tan revolucionaria como un acelerado proceso de urbanización, también está remodelando el panorama del poder: la circulación de cerebros. Los países pobres suelen perder a muchos de sus ciudadanos cualificados y más preparados, que van a trabajar a los países ricos con la expectativa de tener una vida mejor. Esta conocida «fuga de cerebros» priva a esos países de médicos, ingenieros, científicos, empresarios y otros profesionales a los que ha costado mucho dinero formar y, como es natural, disminuye su capital humano. Sin embargo, en años recientes, cada vez son más los profesionales que regresan a sus países de origen y trastocan la situación en la industria, la universidad, los medios de comunicación y la política.

AnnaLee Saxenian, decana de la Facultad de Información en la Universidad de California, en Berkeley, ha descubierto que muchos inmigrantes taiwaneses, indios, israelíes y chinos que trabajaban en Silicon Valley se convertían muchas veces en «ángeles inversores» y «capitalistas de riesgo» en sus propios países, poniendo en marcha nuevas empresas y, al final, volviendo a vivir allí o viajando con frecuencia entre el viejo y el nuevo país (por eso Saxenian lo denomina *circulación de cerebros*).

Al actuar así, transfieren la cultura, las estrategias y las técnicas aprendidas en Estados Unidos. Es inevitable, en el caso de los empresarios, que la cultura dinámica, competitiva y transformadora que predomina en los grandes centros de innovación empresarial del mundo choque con los métodos de trabajo monopolísticos y tradicionales que se encuentran a menudo en los países en vías de desarrollo, donde prevalecen empresas propiedad del Estado o conglomerados empresariales largamente dominantes y de propiedad familiar. Esta es otra de las sorprendentes formas en que la revolución de la *movilidad* está alterando la adquisición y el ejercicio del poder en sociedades tradicionales pero cambiantes.[14]

Este movimiento de gente se produce en un contexto de crecimiento explosivo de la circulación de bienes, servicios, dinero, información e ideas. Los viajes de corta duración se han cuadruplicado: en 1980, el número de llegadas de turistas internacionales no representaba más que el 3,5 por ciento de la población mundial, frente a casi el 14 por ciento en 2010.[15] Se calcula que, cada año, alrededor de trescientos veinte millones de personas vuelan para asistir a reuniones profesionales, convenciones y encuentros internacionales, y las cifras están creciendo sin parar.[16]

En 1990, las exportaciones e importaciones totales mundiales ascendían al 39 por ciento de la economía mundial; en 2010, eran ya el 56 por ciento. Y entre 2000 y 2009, el valor total de las mercancías comercializadas a través de fronteras casi se duplicó, de 6,5 billones de dólares a 12,5 billones de dólares (en dólares actuales), según Naciones Unidas; las exportaciones totales de bienes y servicios en ese período pasaron de 7,9 billones de dólares a 18,7 billones de dólares, según el FMI. Y este crecimiento ocurrió a pesar de la grave crisis que sacudió a Europa y Estados Unidos en 2008 y que aún sigue limitando la actividad económica mundial.

El dinero también ha adquirido una movilidad sin precedentes. Las inversiones extranjeras directas medidas como porcentaje de la economía mundial pasaron del 6,5 por ciento en 1980 a nada menos que el 30 por ciento en 2010, mientras que el volumen de divisas que circulan a otros países cada día se multiplicó por siete entre 1995 y 2010. En este último año, cambiaron de manos traspasando fronteras internacionales más de cuatro billones de dólares al día.[17]

La capacidad de enviar información de un sitio a otro también ha aumentado. ¿Cuántas personas conoce que no tengan un teléfono móvil? Muy pocas. Y la respuesta vale incluso para los países más pobres y desorganizados. «Las empresas somalíes de teléfonos móviles prosperan pese al caos», decía en 2009 el titular de una información de Reuters enviada desde el devastado país.[18] Somalia es el epítome del concepto de «estados fallidos», sociedades en las que los ciudadanos no tienen acceso a servicios básicos que la mayoría de nosotros damos por descontados. Sin embargo, también allí está muy extendida la tecnología de la telefonía móvil del siglo XXI. La expansión de los móviles es tan asombrosa por su velocidad como por su novedad. En 1990, el número de cuentas de teléfonos celulares en todo el mundo era de 0,2 por cada 100 personas. En 2010 había superado los 78 abonados por cada 100 personas.[19] La Unión Internacional de Telecomunicaciones informa de que en 2010 las cuentas de telefonía móvil superaron el umbral de los seis mil millones, es decir, nada menos que el 87 por ciento de la población mundial.[20]

Y luego está, por supuesto, internet. Su expansión y las sorprendentes nuevas formas de uso (y mal uso) no necesitan mucha explicación. En 1990, el número de usuarios de internet era insignificante, nada más que el 0,1 por ciento de la población mundial. Esa cifra ascendió al 30 por ciento en 2010 (y más del 73 por ciento en los países desarrollados).[21] En 2012, al cumplir su octavo aniversario, Facebook iba camino de tener más de mil millones de usuarios (más de la mitad de los cuales accedían desde sus teléfonos móviles y tabletas), Twitter (lanzado en 2006) tenía ciento cuarenta millones de usuarios activos y Skype —el servicio de voz por internet creado en 2003— contaba con casi setecientos millones de usuarios habituales.[22]

Se habla mucho de las revoluciones de Twitter y Facebook en Oriente Próximo y del impacto de las redes sociales en la política, y ya examinamos su papel en la degradación del poder. Pero para esta discusión inicial de la revolución de la *movilidad*, debemos tener en cuenta también la influencia de otra herramienta a la que no se le reconoce suficientemente el mérito de todo lo que ha contribuido a cambiar el mundo: la tarjeta telefónica de prepago. Los internautas necesitan electricidad, un ordenador y un proveedor de internet, cosas que nosotros damos por descontadas pero que son demasiado caras para la mayor parte de la población mundial. Los usuarios de tarjetas telefónicas no necesitan más que muy poco dinero y un teléfono público de pago para conectarse con el resto del mundo, independientemente de lo aislado o remoto que sea el sitio donde se encuentren. El impacto del uso de las tarjetas telefónicas y su expansión mundial está a la par de internet, aunque mucho menos reconocido y celebrado.

Las tarjetas telefónicas de prepago se inventaron en Italia en 1976 como respuesta a la escasez de monedas y para combatir los robos y destrozos en las cabinas telefónicas. El nuevo producto tuvo éxito y en 1977 se lanzó también en Austria, Francia, Suecia y el Reino Unido, y cinco años después en Japón (también fomentado por la escasez de monedas). Pero el verdadero estallido se produjo cuando las tarjetas de prepago se popularizaron entre los pobres del mundo. Impulsados por los beneficios en los países más pobres, los ingresos del sector se dispararon de veinticinco millones de dólares en 1993 a más de tres mil millones de dólares en 2000.[23] Hoy, las tarjetas telefónicas de prepago están cediendo terreno ante las tarjetas de prepago de móviles. Es más, los móviles de prepago han superado a los que atan al usuario a una compañía mediante un complicado contrato de larga duración.[24] Los pobres que deciden irse de su país en busca de un trabajo mejor, o simplemente de un trabajo, ya no necesitan afrontar la difícil elección entre permanecer en contacto con sus familias y comunidades o mejorar su suerte.

Dos características comunes a todas estas tecnologías que facilitan la movilidad son la velocidad y el grado de rebaja de los costes de trasladar bienes, dinero, personas e información. Los billetes aéreos, que antes eran prohibitivos para la mayoría, ahora son mucho más asequibles y su precio es muy inferior al de hace veinte o treinta años. El coste por kilómetro de transportar una tonelada de carga es hoy diez veces menor que en los años cincuenta. Enviar dinero de California a México a finales de los años noventa costaba alrededor del 15 por ciento de la suma a transferir; hoy es menos del 6 por ciento. Las plataformas de telefonía móvil que permiten transferir dinero de un móvil a otro harán que las remesas sean casi gratuitas.

¿Y qué significan exactamente para el poder estos revolucionarios cambios en la movilidad y la comunicación? La revolución de la *movilidad* tiene profundas consecuencias que son tan fáciles de intuir como las de la revolución del *más*. Ejercer el poder significa no solo mantener el control y la coordinación de un territorio real o figurado, sino también vigilar sus fronteras. Ocurre así en una nación-estado, pero también en una empresa que domina un mercado concreto, un partido político que depende de una determinada circunscripción geográfica o un padre que quiere tener cerca a sus hijos. El poder necesita un público cautivo. En situaciones en las que los ciudadanos, votantes, inversores, trabajadores, feligreses o clientes tienen pocas o ninguna salida, no les queda más remedio que aceptar las condiciones de las instituciones que tienen delante (o encima...). No obstante, cuando las fronteras se vuelven porosas y la población gobernada —o controlada— es más móvil, a las organizaciones establecidas se les complica mantener su dominio. Como es inevitable, la mayor sencillez de los viajes y el transporte y las formas más rápidas y baratas de enviar información, dinero u objetos valiosos facilitan la vida a los aspirantes y se la dificultan a quienes ya tienen el poder.

La revolución de la «mentalidad»: nada por descontado

A finales de los años sesenta, el politólogo de Harvard Samuel Huntington hizo su famosa afirmación de que una causa fundamental de inestabilidad social y política en los países en vías de desarrollo —que él prefería llamar «sociedades en rápida transformación»— era que las expectativas de la población crecían a más velocidad que la capacidad de cualquier gobierno para satisfacerlas.[25]

Las revoluciones del *más* y de la *movilidad* han creado una nueva clase media, vasta y en rápido crecimiento, cuyos miembros son muy conscientes de que otros disfrutan de mucha más prosperidad, libertad o satisfacción personal que ellos. Y esa información nutre su esperanza de que no es imposible alcanzarlos algún día. Esta «revolución de las expectativas crecientes», y la inestabilidad política que genera la brecha entre lo que la gente espera y lo que su gobierno puede darles en términos de más oportunidades o mejores servicios, se han vuelto globales. Afectan a países ricos y pobres por igual; de hecho, la inmensa mayoría de la población mundial vive en lo que hoy podríamos llamar «sociedades en rápida transformación».

La diferencia, por supuesto, es que, mientras en los países en vías de desarrollo la clase media está creciendo, en la mayoría de los países ricos está contrayéndose. Y tanto la expansión como la contracción de las clases medias generan agitación política. Las clases medias acosadas salen a las calles y luchan para proteger su nivel de vida; a su vez, las clases medias en expansión protestan para obtener más y mejores bienes y servicios. En Chile, por ejemplo, los estudiantes se manifiestan de forma casi habitual desde 2009, en demanda de una educación universitaria mejor y más barata. No importa que en ese país hace escasas décadas el acceso a la enseñanza superior fuera un privilegio reservado a una pequeña élite y, en cambio, las universidades estén hoy ocupadas por los hijos e hijas de la nueva clase media. Para los estudiantes y sus padres, el acceso a la enseñanza superior ya no basta. Quieren una educación mejor y más barata. Y la quieren ya. Lo mismo ocurre en China, donde las protestas por la mala calidad de los nuevos edificios de apartamentos, hospitales y escuelas son frecuentes.

También en este caso, el argumento de que hace pocos años ni siquiera existían esos apartamentos, hospitales y escuelas no sirve para aplacar la ira de quienes desean mejoras en la calidad de los servicios médicos y educativos que se les ofrecen. Y lo mismo hemos visto en países que han tenido gran éxito económico como Brasil o Turquía, donde la gente, en vez de salir a celebrar su nueva prosperidad, sale a protestar y plantear reclamaciones muy justificadas a su gobierno. Es una nueva forma de ver las cosas —un cambio de mentalidad— que tiene tremendas consecuencias para el poder.

Se ha producido un profundo cambio de expectativas y criterios, no solo en las sociedades liberales, sino incluso en las más rígidas. La mayoría de la gente contempla el mundo, a sus vecinos, sus jefes, el clero, los políticos y los gobiernos, con ojos distintos a los de sus padres. Hasta cierto punto, siempre ha sido así. Pero el efecto de las revoluciones del *más* y de la *movilidad* ha sido una inmensa expansión del impacto cognitivo e incluso emocional del hecho de tener más acceso a los recursos y la capacidad de moverse, aprender, conectarse y comunicarse en un ámbito mayor y de forma más barata que nunca. Es inevitable que ese hecho agudice las diferencias generacionales de mentalidad y visión del mundo.

¿Cómo funciona el cambio de mentalidad?

Pensemos en el divorcio, un anatema en muchas sociedades tradicionales pero más corriente hoy en todas partes. Un estudio llevado a cabo en 2010 concluyó que la tasa de divorcios ha subido incluso en los conservadores estados del golfo Pérsico, con el 20 por ciento en Arabia Saudí, el 26 por ciento en los Emiratos Árabes Unidos y el 37 por ciento en Kuwait. Además, ese incremento en la tasa de divorcios estaba relacionado con la educación. En concreto, el hecho de que hubiera más mujeres formadas estaba creando tensión en los matrimonios conservadores, con los consiguientes conflictos conyugales y divorcios acelerados, a instancias de los maridos que se sentían amenazados. En Kuwait, la tasa de divorcios ascendía al 47 por ciento entre las parejas cuyos dos miembros tenían títulos universitarios. «Antes, las mujeres aceptaban los sacrificios sociales —dijo la socióloga saudí Mona al-Munajjed, autora del informe, al comparar la sociedad del Golfo de hace treinta años con la actual—. Ahora ya no los aceptan.»[26]

El mundo musulmán no es más que una entre varias ricas fuentes de ejemplos sobre cómo la revolución de la *mentalidad* está transformando tradiciones históricas, desde la expansión de un sector de la moda dirigido a las mujeres con hiyab, cubiertas o con velo, hasta la difusión de las operaciones bancarias sin intereses en los países occidentales con gran presencia de comunidades musulmanas. Mientras tanto, en India la transformación de las actitudes está transmitiéndose de la generación más joven a sus mayores: un país en el que el divorcio estaba considerado como algo vergonzoso —y a las mujeres, en especial, se las disuadía de volver a casarse—, hoy tiene una robusta industria de anuncios matrimoniales dedicada a los ciudadanos divorciados de cierta edad, algunos hasta de ochenta o noventa años, que buscan el amor a su avanzada edad y sin reparos. Las personas maduras están abandonando los matrimonios arreglados por sus padres a los que les habían empujado en la juventud o la adolescencia. Ahora, en la tercera edad, por fin pueden rebelarse contra los poderes codificados de la familia, la comunidad, la sociedad y la religión. Han cambiado de mentalidad.

También están produciéndose cambios de mentalidad y de las actitudes frente al poder y la autoridad entre los jóvenes, un segmento de la población que hoy es más numeroso que nunca. Según el Consejo de Inteligencia de Estados Unidos, «hoy, más de ochenta países poseen poblaciones con una edad media de veinticinco años o menos. Como colectivo, estos países tienen una influencia desmesurada en los asuntos mundiales; desde los años setenta, aproximadamente el 80 por ciento de todos los conflictos armados civiles y étnicos ... se han originado en estados con poblaciones jóvenes. El "arco demográfico de inestabilidad" delineado por estas poblaciones jóvenes parte de las comunidades en Centroamérica y los Andes, abarca toda el África subsahariana y se extiende por Oriente Próximo hasta Asia central y meridional».[27]

La inclinación de los jóvenes a poner en duda la autoridad y desafiar al poder se ve reforzada hoy por las revoluciones del más y de la *movilidad*. No solo hay más personas menores de treinta años, sino que tienen más: tarjetas de llamadas prepago, radios, televisores, teléfonos móviles, ordenadores y acceso a internet, además de posibilidades de viajar y comunicarse con otros como ellos en su país y en todo el mundo. Y son más móviles que nunca. Es posible que los miembros de la generación del *baby boom*, ya entrados en años, sean una característica de varias sociedades industriales, pero en los demás países son los jóvenes —irreverentes, deseosos de cambio, desafiantes, mejor informados, móviles y conectados— quienes constituyen la mayoría de la población. Y, como hemos visto en el norte de África y Oriente Próximo, los jóvenes tumban gobiernos.

Esta imagen se complica en algunas sociedades avanzadas por las tendencias demográficas alteradas por la inmigración. El censo de 2010 de Estados Unidos reveló que la población estadounidense de menos de dieciocho años habría disminuido durante una década si no hubiera sido por la llegada de millones de jóvenes inmigrantes hispanos y asiáticos. Estos inmigrantes jóvenes son un factor importante que explica una transición sin precedentes: en 2012, los recién nacidos blancos fueron minoritarios entre todos los nacimientos en Estados Unidos.[28] Según William Frey, demógrafo de la Brookings Institution, en la medida en que la proporción de inmigrantes en la población estadounidense alcanzó el nivel más bajo del siglo XX entre 1946 y 1964,

> la generación del *baby boom* tuvo muy poca, mínima relación con gente de otros países. Hoy, los inmigrantes constituyen el 13 por ciento de la población, y son más diversos. Eso creó un aislamiento que aún hoy persiste. Entre los estadounidenses mayores de cincuenta años, el 76 por ciento son blancos, y la población negra, un 10 por ciento, es la minoría más numerosa. Entre los menores de treinta años, el 55 por ciento son blancos, mientras que los hispanos, asiáticos y otras minorías llegan al 31 por ciento. Así, los jóvenes estadounidenses de hoy son predominantemente hijos o nietos de antepasados no europeos, además de hablar inglés, muchos de ellos saben otros idiomas.[29]

Es decir, según este análisis, los estadounidenses de una cierta edad no solo no han tenido experiencia interactuando con gente de otras nacionalidades, sino que les resulta difícil comprender a sus compatriotas más jóvenes cuyos ancestros y raíces están en otros continentes. Sin embargo, para quienes hoy pretendan adquirir, ejercer o retener el poder en Estados Unidos y Europa, será fundamental comprender la mentalidad y las expectativas de estos nuevos electorados cuyos orígenes no son los tradicionales.

Diversos sondeos de opinión pública de ámbito mundial están ofreciendo una imagen más clara del profundo alcance y la enorme velocidad de estos cambios de actitud. Desde 1990, el World Values Survey (WVS) sigue la pista de los cambios en las actitudes de la gente en más de ochenta países donde reside el 85 por ciento de la población mundial. En concreto, Ronald Inglehart, director del WVS, junto con varios de sus coautores —en especial Pippa Norris y Christian Welzel—, ha documentado cambios profundos de actitud respecto a las diferencias de género, la religión, el gobierno y la globalización. Una de sus conclusiones sobre estos cambios de mentalidad es que existe cada vez más consenso mundial sobre la importancia de la autonomía individual y la igualdad de género, así como la correspondiente intolerancia popular hacia el autoritarismo.[30]

Por otro lado, las encuestas ofrecen amplias evidencias que indican una tendencia igualmente profunda pero más preocupante: en las democracias maduras (Europa, Estados Unidos, Japón), la confianza de la población en los dirigentes y las instituciones de gobernanza democrática, como los parlamentos, los partidos políticos y el aparato judicial, no solo es escasa sino que muestra un declive prolongado.[31]

Al reflexionar sobre esta tendencia, Jessica Matthews, presidenta del Carnegie Endowment for International Peace, advierte de lo siguiente:

> Desde 1958, y cada dos años, el grupo de Estudios Electorales Nacionales Americanos repite la misma pregunta a los estadounidenses: «¿Confía en que el gobierno hace lo correcto todo o la mayor parte del tiempo?». Hasta mediados de los años sesenta, el 75 por ciento de los ciudadanos respondían que sí. Luego esa cifra empezó a bajar y siguió cayendo durante quince años, hasta que, en 1980, solo el 25 por ciento dijo que sí. En ese período, por supuesto, tuvieron lugar la guerra de Vietnam, dos magnicidios, el escándalo Watergate, que llevó al enjuiciamiento del presidente, y el embargo árabe de petróleo. Es decir, que había numerosas razones para que la gente se sintiera distanciada del gobierno e incluso contraria a él. En las tres últimas décadas, el nivel de aprobación ha permanecido en unos niveles de entre el 20 y el 35 por ciento. El porcentaje de confianza cayó a menos de la mitad alrededor de 1972. Eso significa que cualquier estadounidense menor de cuarenta años ha vivido toda su vida en un país donde la mayoría de los ciudadanos no confían en que su gobierno haga lo que ellos consideran correcto. A lo largo de cuatro largas décadas, ninguno de los enormes cambios por los que han votado los estadounidenses en el liderazgo y la ideología ha alterado esta situación. Pensemos en lo que quiere decir para el sano funcionamiento de una democracia que entre dos tercios y tres cuartas partes de sus ciudadanos no crean que su gobierno hace lo correcto la mayor parte del tiempo.[32]

Este drástico cambio de actitudes también lo corrobora Gallup, que se dedica a seguir la opinión pública desde 1936. Por ejemplo, uno de sus descubrimientos es que, en Estados Unidos, la aprobación pública de los sindicatos y la confianza en el Congreso, los partidos políticos, las grandes empresas, los bancos, los periódicos, los informativos de televisión y muchas otras instituciones fundamentales han caído en picado (el ejército es una de las pocas instituciones que conserva la confianza y el apoyo de los estadounidenses).[33] Incluso el Tribunal Supremo, una institución que los ciudadanos siempre valoraron mucho, ha perdido gran parte del apoyo público: de casi el 70 por ciento de aprobación entre los encuestados en 1986 al 40 por ciento en 2012.[34]

No debe extrañar que, como confirman los datos recogidos por el Pew Global Attitudes Project, este declive de la confianza en el gobierno y otras instituciones no sea un fenómeno exclusivo de Estados Unidos.[35] En *Critical Citizens*, la investigadora de Harvard Pippa Norris y una red internacional de expertos llegaron a la conclusión de que el descontento con el sistema político y las instituciones fundamentales de gobierno es un fenómeno mundial y creciente.[36] Además, la crisis económica que estalló en 2008 ha alimentado fuertes sentimientos contra los actores poderosos a los que la gente culpa de la crisis: el gobierno, los políticos, los bancos, etcétera.[37]

La revolución de la *mentalidad* engloba profundos cambios de valores, criterios y normas. Refleja la creciente importancia que se atribuye a la transparencia y los derechos de propiedad, así como a la justicia en el trato que la sociedad da a las mujeres, las minorías étnicas y de otro tipo (homosexuales, por ejemplo) e incluso los accionistas minoritarios en las empresas. Muchas de estas normas y criterios tienen profundas raíces filosóficas. Pero su difusión y generalización actual —aunque aún sea irregular e imperfecta— es espectacular. Estos cambios de mentalidad se han visto impulsados por los cambios demográficos y las reformas políticas, por la expansión de la democracia y la prosperidad, por el drástico aumento de la alfabetización y el acceso a la educación, y por la explosión de las comunicaciones y los medios.

Globalización, urbanización, cambios en la estructura familiar, la aparición de nuevos sectores y oportunidades, la extensión del inglés como *lingua franca* mundial: todos estos factores han tenido consecuencias en todas las esferas, pero ha sido en las actitudes donde han causado el mayor efecto. De hecho, el mensaje que transmiten estos cambios es la importancia cada vez mayor de la ambición como motor de nuestras acciones y conductas. Desear una vida mejor es un rasgo inherente al ser humano, pero la ambición que lleva hacia ejemplos y relatos concretos de cómo puede ser mejor la vida —y no hacia una idea abstracta de mejora— es lo que empuja a la gente a actuar.

Los economistas han demostrado que es, por ejemplo, lo que ocurre en la emigración: las personas emigran no porque sufran una privación absoluta, sino una privación relativa; no porque sean pobres, sino porque son conscientes de que pueden vivir mejor. Cuanto más contacto tenemos unos con otros, más aspiraciones genera ese contacto.

Las repercusiones de la revolución de la *mentalidad* en el poder han sido muchas y complejas. La combinación de los nuevos valores globales y el incremento de las conductas impulsadas por la ambición es el mayor desafío de todos para la base moral del poder. Ayuda a difundir la idea de que las cosas no tienen por qué ser como han sido siempre, que siempre hay, en algún lugar y de alguna manera, algo mejor. Engendra escepticismo y desconfianza respecto a cualquier autoridad, y una resistencia a dar por descontado cualquier reparto de poder.

Uno de los mejores ejemplos de desarrollo simultáneo de las tres revoluciones es el sector del *outsourcing* en India. Indios jóvenes y educados, pertenecientes a la floreciente clase media del país, acuden en masa a trabajar en los *call-centers* de las ciudades y en otras empresas de externalización de procesos empresariales (*Business Process Outsourcing*, BPO), que en 2011 generaron 59.000 millones de dólares en ingresos y dieron empleo directo e indirecto a casi cien millones de indios.[38] Como observó Shehzad Nadeem en *Dead Ringers*, su estudio sobre los efectos de los *call-centers* indios sobre sus empleados, «las identidades y aspiraciones de los trabajadores de TIC (tecnologías de la información y las comunicaciones) se definen cada vez más con referencia a Occidente ... Radicales en su rechazo de los viejos valores, consumidores ostentosos, los trabajadores construyen una imagen de Occidente que sirve de modelo para medir el progreso de India hacia la modernidad».[39] Aunque los empleos están relativamente bien remunerados, sumen a los jóvenes indios en un maremágnum de contradicciones y aspiraciones encontradas; es decir, la ambición de triunfar en un contexto social y económico indio al tiempo que subliman sus identidades culturales con falsos nombres y acentos, y lidian con los abusos y la explotación a manos de sus acomodados y a veces abusivos clientes en otro continente.

En el caso de las jóvenes indias, especialmente, estos puestos de trabajo les han dado oportunidades y ventajas económicas que quizá no habrían tenido de otro modo, con el resultado de unos cambios duraderos de conducta que están trastocando las normas culturales. No hay que hacer caso al morboso artículo de prensa que describía los *call-centers* como «una parte de India donde la libertad no tiene límites, el amor es el pasatiempo favorito y el sexo es entretenimiento». La verdad se parece más a un reciente sondeo de la Asociación india de Cámaras de Comercio que mostraba que las jóvenes casadas que trabajan en las ciudades deciden cada vez más posponer la maternidad para desarrollar primero sus carreras.[40]

Consecuencias revolucionarias: socavar las barreras del poder

Numerosos hechos parecen indicar que las cosas no han cambiado tanto, que los micropoderes son una anomalía y, en definitiva, que el gran poder puede y seguirá pudiendo mandar. Si bien han desaparecido tiranos en lugares concretos como Egipto y Túnez, el aparato de poder que los sostenía todavía ejerce influencia. Al fin y al cabo, ¿acaso las respuestas represivas de los gobiernos chino, iraní o ruso, la concentración de activos en manos de unos pocos bancos y el aumento de la injerencia económica del sector publico a raíz del crac de 2008 y su toma de control de grandes empresas al borde del colapso no demuestran que, en el fondo, el poder sigue rigiéndose por las mismas normas de siempre? La Casa Blanca, el Kremlin y el Vaticano, así como Goldman Sachs, Google, el Partido Comunista chino o el Pentágono, no han desaparecido. Siguen imponiendo su voluntad de miles de maneras.

Y aunque algunos gigantes han caído, los que se han alzado en su lugar parecen seguir los mismos principios de organización y sentir el mismo impulso de expandirse, consolidarse y controlar cada vez más su entorno. ¿Qué más da que la mayor empresa de acero del mundo ya no sea U. S. Steel sino una empresa propiedad del vástago de un marginal actor indio si en la práctica este nuevo dueño se ha quedado con gran parte de los activos, el personal y los clientes de las acerías de siempre? ¿Es justo decir que la aparición de nuevos gigantes que trabajan de forma muy similar a los gigantes de antes, sobre todo en el mundo de los negocios, no es más que una manifestación de los mecanismos normales del capitalismo?

La respuesta a ambas preguntas es que sí y no. Las tendencias que observamos hoy se pueden interpretar —o desechar— como manifestaciones de lo que el economista Joseph Schumpeter (y antes de él Karl Marx) llamó «destrucción creativa». En palabras del mismo Schumpeter: «La apertura de nuevos mercados, nacionales o internacionales, y la evolución del taller artesanal y luego la fábrica a firmas gigantes como U. S. Steel son un ejemplo del mismo proceso de mutación industrial ... que revoluciona sin cesar la estructura económica desde dentro, con la destrucción constante de la estructura anterior y la creación de una nueva. Este proceso de destrucción creativa es la realidad fundamental del capitalismo. En esto es en lo que consiste el capitalismo y en lo que tiene que vivir cualquier empresa capitalista».[41]

Los cambios de poder que estamos viendo a nuestro alrededor —que incluyen y trascienden la ascensión y desaparición de empresas— se corresponden, sin duda, con las previsiones de Schumpeter. También coinciden con los análisis de Clayton Christensen, un catedrático de la Escuela de Negocios de Harvard que acuñó el término *innovación disruptiva*, es decir, un brusco cambio —de tecnología, servicio o producto— que crea un nuevo mercado basado en un enfoque totalmente nuevo. Las consecuencias de una innovación disruptiva acaban sintiéndose en otros mercados relacionados o similares y los debilitan. El iPad es un buen ejemplo. Otro es la utilización del teléfono móvil para pagar la compra o enviar dinero a una hija que está viajando por otro continente.

Sin embargo, mientras que Schumpeter se centró en las fuerzas de cambio dentro del sistema capitalista en general y Christensen diseccionó mercados específicos, el argumento de este libro es que esto mismo está sucediendo en otros ámbitos de la actividad humana que no están relacionados con las empresas o la economía y en los cuales hay fuerzas similares que también están provocando cambios disruptivos. Como intenta dejar claro este capítulo, las revoluciones del *más*, de la *movilidad* y de la *mentalidad* no solo afectan al mundo de los negocios, sino que representan cambios en todas las esferas y son de una escala que está cambiando radicalmente el uso y la distribución del poder en el mundo.

Cada una de estas revoluciones presenta un reto concreto al modelo tradicional de poder. En ese modelo, las organizaciones modernas, de gran tamaño, centralizadas y coordinadas, que hacían uso de recursos abrumadores, activos especiales o una fuerza aplastante, eran la vía más indiscutible para obtener y conservar el poder. Durante siglos, ese modelo demostró ser el más apropiado no solo para coaccionar a la gente, sino también para ejercer el poder en sus dimensiones más sutiles.

Como vimos en el capítulo 2, el poder funciona a través de cuatro canales diferentes: la fuerza, o la pura coacción, que obliga a la gente a hacer cosas que de otra manera no haría; el código, que es el poder que se origina en la obligación moral; el mensaje, el poder de la persuasión, y la recompensa, el poder del incentivo. Dos de ellos —la fuerza y la recompensa— alteran los incentivos y modifican una situación para empujar a la gente a actuar de determinada manera, mientras que los otros dos —el mensaje y el código— alteran la percepción que tiene la gente de una situación pero sin cambiarla. Para que la fuerza, el código, el mensaje y la recompensa sean eficaces, deben existir barreras detrás de las cuales se escudan quienes tienen poder. Y lo que hacen las revoluciones del *más*, de la *movilidad* y de la *mentalidad* es precisamente reducir la eficacia de esas barreras. La figura 4.1 lo resume.

FIGURA 4.1. El poder y las tres revoluciones.

	Revolución del más	*Revolución de la movilidad*	*Revolución de la mentalidad*
	Aplasta las barreras: «Más difícil de controlar y coordinar»	Rodea las barreras: «Se acabó el público cautivo»	Socava las barreras: ya no hay nada por descontado
Fuerza (uso posible o real de la coacción)	¿Pueden mantener el control las leyes o los ejércitos cuando la gente es más numerosa, más sana y está mejor informada?	Las jurisdicciones y los límites de mercado son porosos y escurridizos; las fronteras son más difíciles de vigilar	El respeto automático a la autoridad deja de existir
Código (obligación moral y tradicional)	¿Pueden estar las afirmaciones morales a la altura de las realidades materiales cambiantes y del aumento de información?	La ambición asalta todas las certidumbres	Los valores universales son más importantes que el dogma
Mensaje (persuasión, apelación a las preferencias)	¿Un gran mercado es una ventaja cuando existen tantos nichos prometedores?	Existe la conciencia de que las alternativas son casi infinitas, y una capacidad creciente de alcanzarlas	El escepticismo y las mentalidades están más abiertos al cambio, y existe cada vez más propensión a cambiar de preferencias
Recompensa (incentivo a cambio de obediencia)	¿Cómo adaptar los incentivos a un mundo con tantas posibilidades de elección?	¿Cómo adaptar los incentivos cuando las personas, el dinero y las ideas no dejan de cambiar?	El coste de la lealtad es cada vez mayor, y existen menos incentivos para aceptar el *statu quo*

Como vemos en el cuadro anterior, las tres revoluciones atacan los cuatro canales que dan poder: fuerza, código, mensaje y recompensa. La coacción, por supuesto, es el ejercicio más directo del poder, ya sea a través de las leyes, los ejércitos, los gobiernos o los monopolios. Pero a medida que progresan las tres revoluciones, el poder basado en la coacción implica costos cada vez mayores para quien lo usa.

La incapacidad de Estados Unidos y de la Unión Europea de cortar la inmigración ilegal o el tráfico ilícito es un buen ejemplo de cómo el uso del poder vía la coacción y la fuerza no da tan buenos resultados. Los muros, vallas, controles fronterizos, documentos de identificación biométrica, centros de internamiento, redadas policiales, peticiones de asilo, deportaciones, no son sino elementos de un aparato de prevención y represión que hasta ahora ha demostrado ser extremadamente caro, si no inútil. No hay más que ver cómo Estados Unidos no ha logrado detener la entrada de drogas procedente de América Latina, a pesar de su larga y costosísima «guerra contra las drogas».

Además, la combinación de un mayor bienestar y valores cada vez más globales está dando a la gente el margen, el deseo y las herramientas para desafiar a las autoridades represivas. Las libertades, los derechos humanos y la transparencia económica son valores cada vez más apreciados, y ahora existen muchos más activistas, expertos, seguidores y plataformas capaces de promoverlos. Lo que quiero decir no es que la coacción ya no sea posible —basta recordar las masacres en Siria—, sino que se ha vuelto más cara y más difícil de sostener a largo plazo.

El poder ejercido mediante un código y una obligación moral también enfrenta nuevos retos causados por las tres revoluciones. Durante mucho tiempo se ha recurrido a la tradición y la religión para proporcionar un orden moral y explicar el mundo. Es más, para la gente cuya vida es breve y está marcada por la enfermedad y la pobreza, las tradiciones enraizadas en la familia o las comunidades la ayudan a tolerar mejor su situación, a apoyarse unos en otros y aceptar la dura realidad. Pero a medida que aumentan sus comodidades materiales y tienen acceso a más alternativas, se vuelven menos dependientes de sus sistemas de creencias heredados y más abiertos a experimentar con otros nuevos. La prosperidad ofrece un colchón que amortigua el daño de posibles caídas, lo cual aumenta la disposición a correr riesgos. En épocas de intensos cambios materiales y de conducta, las llamadas a la tradición y la obligación moral tienen menos probabilidades de éxito, a no ser que reflejen esas condiciones cambiantes. Pensemos en la crisis de la Iglesia católica, cuyas dificultades para reclutar sacerdotes dispuestos a aceptar el voto de castidad —o para competir con las pequeñas iglesias evangélicas capaces de adaptar sus mensajes a la cultura y las necesidades concretas de comunidades específicas— son un buen ejemplo de cómo tradiciones milenarias ya no confieren tanto poder como antes. Ese caso ofrece una interesante moraleja.

Asimismo, el poder actúa mediante la persuasión —por ejemplo, el mensaje de una campaña publicitaria o un agente inmobiliario— y el incentivo, al recompensar a los electores o a los empleados con beneficios que garanticen su participación y su consentimiento. Las tres revoluciones también están transformando estos dos canales que usa el poder: el mensaje y la recompensa.

Imaginemos un candidato o un partido político que trate de obtener votos para unas próximas elecciones mediante una combinación de mensajes, publicidad y promesas de recompensas en forma de servicios y empleo para los votantes. La revolución del *más* está creando grupos de electores más formados y mejor informados que tienen menos probabilidades de aceptar de forma pasiva las decisiones del gobierno, más propensos a examinar detalladamente el comportamiento de las autoridades y más activos a la hora de buscar el cambio y reafirmar sus derechos. La revolución de la *movilidad* está haciendo que la composición demográfica del electorado sea más variada, fragmentada y volátil. En algunos casos, incluso puede estar creando actores más activos y capaces de influir en el debate y de reclutar y motivar a votantes en lugares alejados, incluso de distintos países. La revolución de la *mentalidad* genera un escepticismo creciente ante el sistema político en general.

Un dilema similar es el que afrontan los empresarios, anunciantes y cualquiera que intente recabar apoyo o vender sus productos en comunidades en las que los intereses y las preferencias están cambiando, fragmentándose y diversificándose. Cuanto más disminuye la ventaja del tamaño y la escala, más se benefician esfuerzos como una campaña comercial especializada o una campaña política centrada en una sola cuestión. Como consecuencia, las grandes empresas se ven obligadas, por las fuerzas del mercado y las acciones de otros rivales más pequeños, a ser empresas de nicho, un comportamiento que no se da de forma natural en organizaciones acostumbradas desde hace mucho tiempo a aprovechar el poder abrumador que les da su tamaño.

Abajo las barreras: la oportunidad para los micropoderes

En las páginas que siguen aplicaremos estos conceptos al mundo real. Un motivo por el que puede ser difícil hablar del poder, salvo en términos filosóficos y generales, es que estamos acostumbrados a reflexionar sobre la dinámica del poder de formas muy diferentes según nos centremos en los conflictos militares, la competencia empresarial, la diplomacia internacional, la relación entre cónyuges, padres e hijos, o cualquier otro ámbito. Sin embargo, los cambios puestos de relieve por las tres revoluciones afectan a todos estos terrenos y van más allá de una tendencia transitoria. Incluso hoy están más imbricados en las pautas y las expectativas de la sociedad humana que hace unos años o unas décadas, y ponen en tela de juicio las ideas tradicionales sobre lo que es necesario para adquirir, utilizar y conservar el poder. La cuestión de cómo está evolucionando ese reto y cómo están reaccionando ante él los actores dominantes heredados del siglo XX, será el tema que ocupe el resto de este libro.

El gran poder no está muerto, en absoluto; los grandes poderosos tradicionales se defienden y, en muchos casos, siguen ganando. Los dictadores, plutócratas, gigantes empresariales y líderes de las grandes religiones seguirán siendo un elemento importante del panorama mundial y el factor decisivo en la vida de miles de millones de personas. Pero, como ya hemos dicho, estos megaactores tienen más limitaciones que antes a la hora de actuar, y su control del poder está cada vez menos asegurado. Los siguientes capítulos mostrarán que los micropoderes están limitando las opciones disponibles para los megaactores y, en algunos casos, obligándolos a retroceder o, como ocurrió durante la Primavera Árabe, a perder por completo el poder.

Las revoluciones del *más*, de la *movilidad* y de la *mentalidad* están atacando el modelo de organización que de manera tan convincente habían propugnado Max Weber y sus seguidores en sociología, economía y otros campos, y lo están atacando precisamente en los puntos de los que derivaba su fuerza. Las grandes organizaciones eran más eficientes porque funcionaban con costes menores, gracias a las economías de escala; hoy, sin embargo, recursos como las materias primas, la información, el talento humano y los clientes son más fáciles de obtener, y la distancia y la geografía ya no son factores de tanto peso como antes.

Las grandes organizaciones se beneficiaban de una pátina de autoridad, modernidad y sofisticación; hoy, los titulares los ocupan los pequeños recién llegados que se enfrentan a los grandes poderosos. A medida que disminuyen las ventajas del modelo de organización a gran escala, racional, coordinado y centralizado, aumentan las oportunidades para los micropoderes de abrirse camino empleando un modelo de éxito muy distinto.

Pero ¿hasta qué punto se está deteriorando el poder? ¿Y con qué consecuencias? A partir del próximo capítulo vamos a examinar los detalles de este proceso que está desarrollándose en la política nacional, la guerra, la geopolítica, la empresa y otros terrenos.

¿Qué barreras exactamente están viniéndose abajo? ¿Qué actores nuevos han aparecido y cómo se han defendido los poderes fácticos? La reorganización del poder tras la caída de las barreras no ha hecho más que comenzar y aún estamos lejos de sentir todos sus impactos o de percibir plenamente todas sus consecuencias. No obstante, su llegada ya está produciendo cambios fundamentales.

5

¿Por qué las victorias electorales aplastantes, las mayorías políticas y los mandatos claros son cada vez menos frecuentes? La degradación del poder en la política nacional

La esencia de la política es el poder; la esencia del poder es la política. Y desde la Antigüedad, el camino tradicional hacia el poder ha sido la dedicación a la política. En realidad, el poder es a los políticos lo que la luz del sol es a las plantas: tienden naturalmente a buscarlo.

Lo que hacen los políticos con el poder varía; pero la aspiración a poseerlo es el rasgo fundamental que tienen en común. Como dijo Max Weber hace casi un siglo: «El que se dedica a la política lucha por el poder, bien como medio para lograr otros fines, ideales o egoístas, o bien para alcanzar "el poder por el poder", es decir, para disfrutar del sentimiento de prestigio que el poder confiere».[1]

Pero ese «sentimiento de prestigio» es una emoción frágil. Y en estos tiempos, es cada vez más efímera. Un buen ejemplo de esta nueva transitoriedad del poder político lo encontramos en lo que ha sucedido durante la última década en Estados Unidos, un período que los analistas han llamado «la era de la volatilidad». Los electores dieron al Partido Republicano el control del Congreso y la Casa Blanca en 2002 y 2004 y luego se lo arrebataron en 2006 y 2008, pero volvieron a darles la Cámara de Representantes en 2010 y 2012. En las cinco elecciones celebradas entre 1996 y 2004, el máximo número de escaños adicionales que obtuvo cualquiera de los dos partidos en la Cámara fue nueve; en 2006, los republicanos perdieron treinta escaños, en 2008 los demócratas ganaron veintiuno, y en

2010 perdieron sesenta y tres. El número de estadounidenses registrados como independientes es ya siempre superior al de los que se alinean con los republicanos o los demócratas.[2] Además, en 2012 resultó evidente la importancia de los hispanos, una nueva masa de electores sui generis cuya conducta electoral es aún incomprensible para los políticos tradicionales.

Esta transitoriedad del poder político no es un fenómeno exclusivo de Estados Unidos. En todas partes, las bases del poder político se están debilitando y en algunos países (como Italia o Venezuela) han sido incapaces de sostener a los partidos tradicionales.

Igualmente, cada vez es más frecuente que una mayoría de votos no garantice la capacidad para impulsar un programa de gobierno o tomar decisiones fundamentales. Ahora una multitud de «micropoderes» pueden vetarlas, retrasarlas o diluir su impacto.

El poder se les está yendo de las manos a los autócratas y los regímenes políticos de partido único. Y también a quienes gobiernan en las democracias más maduras e institucionalizadas. Está escapando de los partidos políticos grandes y tradicionales y fluyendo hacia otros más pequeños con nichos más focalizados y agendas muy específicas (los ecologistas, los independentistas, los anticorrupción, los antiinmigración, etcétera). Incluso dentro de los partidos, los jefes que toman las decisiones, escogen a los candidatos y elaboran los programas a puerta cerrada están dando paso a rebeldes y recién llegados, nuevos políticos que no han subido por el escalafón del aparato partidista ni se han molestado en formar parte del círculo de protegidos de los líderes de siempre.

Estas personas, que están en la periferia o incluso totalmente fuera de la estructura del partido —individuos carismáticos, algunos con ricos patrocinadores ajenos a la clase política, otros que se limitan a aprovechar una marea de apoyo gracias a unas nuevas formas de transmitir mensajes y herramientas de movilización que no necesitan a los partidos—, están trazando una nueva ruta hacia el poder político.

Sigan el camino que sigan para llegar a gobernar su país, su Estado o su ciudad, los políticos que ganan elecciones descubren rápidamente las enormes limitaciones que tienen para convertir los votos en poder para tomar decisiones.

La política siempre ha sido el arte del compromiso, pero ahora parece haberse convertido en el arte de impedir que se logren acuerdos. El obstruccionismo y la parálisis son rasgos cada vez más habituales en el sistema político, en todos los niveles de toma de decisiones, en todas las áreas del gobierno y en la mayoría de los países. Las coaliciones fracasan, las elecciones se celebran con más frecuencia y los «mandatos» que otorgan los votantes a quienes las ganan son más escurridizos.

La descentralización y el traspaso de competencias de los gobiernos centrales a regiones, alcaldías y otros organismos locales están creando en muchos países una nueva realidad política que refleja que las decisiones se toman más en el ámbito local que por el gobierno nacional. Y de estos ayuntamientos, asambleas y gobiernos regionales más fuertes surgen nuevos políticos y funcionarios electos o designados que se destacan y erosionan el poder de los máximos responsables políticos asentados en las capitales nacionales. Incluso el poder judicial se suma a esta tendencia: a escala mundial se observa un nuevo activismo judicial que lleva a cortes, jueces y magistrados a intervenir en conflictos políticos que en el pasado eran de la sola incumbencia del poder legislativo o del ejecutivo. De Estados Unidos a Pakistán y de Italia a Tailandia, vemos jueces dispuestos a investigar a gobernantes y líderes políticos, bloquear o revocar sus acciones e incluso arrastrarlos a procesos legales que les impiden aprobar leyes y hacer política.

Puede que ganar unas elecciones siga siendo una de las grandes emociones de la vida, pero el brillo de esa victoria se extingue ahora muy rápido para dar paso a la frustración.

Ni siquiera presidir un gobierno autoritario es ahora algo tan seguro y poderoso como lo era antes. Según el profesor Minxin Pei, uno de los expertos en China más respetados del mundo: «Los miembros del Politburó hablan ya sin tapujos de los viejos tiempos en los que sus predecesores en la cúpula del Partido Comunista chino no tenían que preocuparse por los blogueros, piratas informáticos, delincuentes internacionales, líderes provinciales rebeldes ni activistas que organizan más de ciento ochenta mil manifestaciones públicas de protesta cada año. Cuando aparecía algún rival, los viejos dirigentes tenían más poder para ocuparse de él. Los líderes actuales siguen siendo muy poderosos, pero no tanto como los de hace unas décadas, y sus poderes están en declive constante».[3] Son afirmaciones contundentes.

Para entender mejor lo que está sucediendo con el poder político es necesario reconocer la enorme y compleja variedad de sistemas políticos que hay en el mundo. Hay sistemas altamente descentralizados y otros muy concentrados en un solo gobierno; por supuesto, también hay numerosas variantes entre ambos extremos. Algunos países forman parte de sistemas políticos supranacionales como la Unión Europea. Las dictaduras pueden ser de partido único, multipartidistas en teoría pero no en la práctica, o sin partidos; son regímenes militares o hereditarios, apoyados por grupos étnicos o religiosos mayoritarios o minoritarios, y así sucesivamente.

Las democracias son aún más diversas. Los sistemas presidenciales y parlamentarios se fragmentan en numerosas subdivisiones que celebran elecciones con arreglo a distintos calendarios, permiten la representación parlamentaria de un número mayor o menor de partidos y tienen complejas normas que rigen la participación, la representación, la financiación electoral, los controles y contrapesos entre distintos poderes y todo lo demás. Las costumbres y tradiciones de la vida política varían entre una región y otra; incluso el respeto que se muestra a los líderes elegidos y el atractivo de una carrera política dependen de numerosos y muy cambiantes factores. Así pues, ¿cómo podemos generalizar y afirmar que la política se está fragmentando y que, en todas partes, el poder político se enfrenta a más limitaciones y es cada vez más efímero?

Pensemos, en primer lugar, en la respuesta de los propios políticos. Cada dirigente o jefe de Estado con el que he hablado recita una larga letanía de las fuerzas que interfieren y limitan su capacidad de gobernar: no solo facciones dentro de sus partidos y coaliciones de gobierno, o parlamentarios obstruccionistas y jueces cada vez más intervencionistas, sino también las empresas financieras y otros agentes de los mercados mundiales de capital, reguladores internacionales, instituciones multilaterales, periodistas de investigación y gente que utiliza las redes sociales para hacer campañas, y un círculo mayor de grupos activistas en constante crecimiento. Como me dijo Lena Hjelm-Wallén, antigua viceprimera ministra de Suecia, ministra de Exteriores y ministra de Educación, y durante muchos años una de las políticas más destacadas de su país: «Nunca deja de asombrarme lo mucho y lo rápido que ha cambiado el poder político. Ahora vuelvo la vista atrás y me maravillo de todo lo que podíamos hacer en los años setenta y ochenta y que ahora es casi impensable, con los muchos factores nuevos que reducen y lastran la capacidad de actuar de los gobiernos y los políticos».[4]

La imagen de Gulliver atado al suelo por miles de minúsculos liliputienses capta bien la situación de los gobiernos en estos tiempos: gigantes paralizados por una multitud de micropoderes.

Los políticos establecidos también se están topando con un nuevo grupo de personajes en los pasillos del poder legislativo. En las elecciones parlamentarias de 2010 en Brasil, por ejemplo, el candidato que más votos obtuvo (y el segundo congresista más votado en la historia del país) fue un payaso; un payaso de verdad, apodado Tiririca, que hizo la campaña vestido de clown. Su programa iba dirigido contra los políticos. «No sé qué hace un representante en el Congreso —decía a los votantes en unos vídeos de YouTube que tuvieron millones de espectadores—, pero, si me envían allí, me enteraré y se lo cuento.» También explicó su objetivo: «Ayudar a los necesitados de este país, pero en especial a mi familia».[5]

En la seria concepción de Max Weber, la política era una «vocación», un oficio al que aspiraban los políticos y que exigía disciplina, una serie de rasgos de carácter y un considerable esfuerzo. Pero a medida que la «clase política» convencional pierde credibilidad popular en un país tras otro, intrusos como Tiririca tienden al éxito. En Italia, el cómico Beppe Grillo, que arremete contra políticos de todas las ideologías, escribe el blog más seguido en el país y llena los estadios con sus apariciones. «Llámenle cómico, payaso o *showman*, pero Beppe Grillo es la noticia política italiana más jugosa desde hace tiempo», escribió Beppe Severgnini en *The Financial Times* en 2012. En las elecciones locales de ese año, el movimiento de Grillo llegó a tener una aprobación del 20 por ciento en las encuestas y ganó varias alcaldías. Y en las elecciones generales de 2013, su recién creado movimiento Cinco Estrellas obtuvo más votos que ningún otro partido.[6] En Canadá, Rob Ford —cuyas transgresiones en el pasado habían dado a sus rivales munición para fabricar pancartas que decían «Borracho, racista y maltratador para alcalde»— salió elegido alcalde de Toronto en 2010. En 2013, fue acusado de estar fumando crack en una escena captada en vídeo, algo que Ford niega. En Estados Unidos, el ascenso del movimiento del Tea Party —nada desorganizado, pero al mismo tiempo muy alejado de cualquier organización política tradicional— impulsó a candidatos como Christine O'Donnell, quien coqueteaba con la brujería y que hizo de la oposición a la masturbación un elemento clave de su programa. Incluso cuando O'Donnell y su colega del Tea Party, la republicana de Nevada Sharron Angle (que llegó a insinuar que la forma de arreglar el Congreso era que los estadounidenses recurrieran a «remedios previstos en la Segunda Enmnienda», es decir, la insurrección armada),[7] perdieron sus respectivas elecciones, sus victorias en las primarias de 2010 del Partido Republicano pusieron de manifiesto que los líderes tradicionales del partido tienen una capacidad cada vez menor de controlar el proceso de nominación. La dirección del Partido Republicano no solo carecía del poder necesario para contener la feroz rivalidad entre los aspirantes a candidatos presidenciales en nombre del partido, sino que tampoco pudo proteger a varios senadores (entre ellos, el histórico senador por Indiana, Richard Lugar) y candidatos preparados específicamente para la Cámara Alta (como el vicegobernador de Texas, David Dewhurst) frente a las victorias de los advenedizos del Tea Party en las primarias.

Cada vez más, y en todas partes, nuevos e improbables líderes irrumpen súbitamente en la política ignorando las reglas, procedimientos y hasta las costumbres en las que tradicionalmente se han basado los partidos para seleccionar a sus candidatos o definir sus estrategias.

En los regímenes más autoritarios, estos nuevos líderes no buscan necesariamente el poder político para alcanzar un cargo, sino para impulsar su causa y llamar la atención sobre su movimiento. Son gente como Alexei Navalny, el abogado y bloguero ruso que se convirtió en un modelo para la oposición contra Putin; Tawakkol Karman, la madre de tres hijos que obtuvo el Premio Nobel de la Paz por sus esfuerzos en promover la libertad y la democracia en Yemen, o Wael Ghonim, un directivo medio en las oficinas locales de Google que se convirtió en uno de los líderes fundamentales de la revolución egipcia (y una de las figuras icónicas de la Primavera Árabe, como Karman).

Por supuesto, con todo lo interesantes que son estas historias, no son más que eso, historias individuales. Para calibrar los cambios y mutaciones, y más concretamente la degradación del poder político a escala mundial, es necesario examinar datos y estadísticas que representen una muestra más amplia.

Este capítulo pretende proporcionar las evidencias de que hoy, en muchos países, los centros de poder político concentrado y claramente delineado que fueron la norma en otros tiempos están transformándose radicalmente y muchos ya han dejado de existir. Han sido sustituidos por una «nube» de actores, cada uno con cierto grado de poder para influir en resultados políticos o de gobierno, pero ninguno con el poder suficiente para determinarlos de manera dominante y unilateral. Quizá parezca que estamos hablando de una democracia sana y deseable, con un sistema de controles y contrapesos que impide los abusos de poder y regula la conducta de quienes lo ejercen. En cierta medida eso es así.

Sin embargo, la fragmentación del sistema político está creando una situación en la que la obstrucción sistemática, la paralización o la demora en la toma de decisiones y la tendencia a adoptar políticas públicas que reflejan el mínimo común denominador que hace posible el apoyo de todos los interesados, pero que diluye o anula el impacto de esa política, son realidades cada vez más comunes en todo el mundo. Esto está erosionando gravemente la calidad de las políticas públicas y la capacidad de los gobiernos para satisfacer las expectativas de los votantes o resolver problemas urgentes.

De los imperios a los estados: la revolución del «más» y la proliferación de países

¿Puede una fecha, un momento, cambiar la historia? Jawaharlal Nehru, el primer jefe de gobierno de India, llamaba a estos momentos «cita con el destino». Y no cabe duda de que las campanadas de medianoche que anunciaron la llegada del 15 de agosto de 1947 no solo marcaron el inicio de la libertad política para India y Pakistán. Pusieron en marcha la oleada de descolonización que transformó el orden mundial, de estar dominado por los imperios al que hoy componen casi doscientas naciones independientes y soberanas. Y con ello creó el nuevo contexto en el que iba a operar a partir de entonces el poder político, un contexto desconocido desde la era de los principados y las ciudades-estado medievales y, desde luego, inexistente hasta ese momento a escala global. Si la política mundial actual está fragmentándose es, ante todo, porque existen muchos más países que antes, cada uno con una cierta cuota de poder. La dispersión de los imperios en naciones separadas cuya existencia hoy damos por descontada representa el primer escalón en la tendencia hacia la fragmentación política.

Hasta ese instante de 1947, el mundo tenía sesenta y siete estados soberanos.[8] Dos años antes se había fundado Naciones Unidas con un elenco inicial de cincuenta y un miembros (véase la figura 5.1). Después de India, la descolonización se extendió por Asia hasta llegar a Birmania, Indonesia y Malasia. Y luego alcanzó de lleno a África. En un plazo de cinco años, después de la independencia de Ghana en 1957, otras dos docenas de países africanos obtuvieron su libertad, y los imperios británico y francés se deshacían. Hasta inicios de la década de 1980, casi todos los años hubo un nuevo país independiente en África, el Caribe o el Pacífico.

Los imperios coloniales habían desaparecido, pero el imperio soviético —tanto la estructura formal de la Unión Soviética como el imperio de facto del bloque oriental— persistía.

Pero pronto esto también cambiaría gracias a otra «cita con el destino». El 9 de noviembre de 1989 cayó el Muro de Berlín y se puso en marcha la ruptura de la Unión Soviética, Checoslovaquia y Yugoslavia. En solo cuatro años, entre 1990 y 1994, Naciones Unidas sumó veinticinco nuevos miembros. Desde entonces, la creación de nuevos países se ha frenado, pero no se ha detenido del todo. Timor Oriental se incorporó a la ONU en 2002; y Montenegro en 2006. El 9 de julio de 2011, Sudán del Sur se convirtió en el Estado soberano más joven del mundo.

FIGURA 5.1. El número de naciones soberanas se ha multiplicado por cuatro desde 1945.

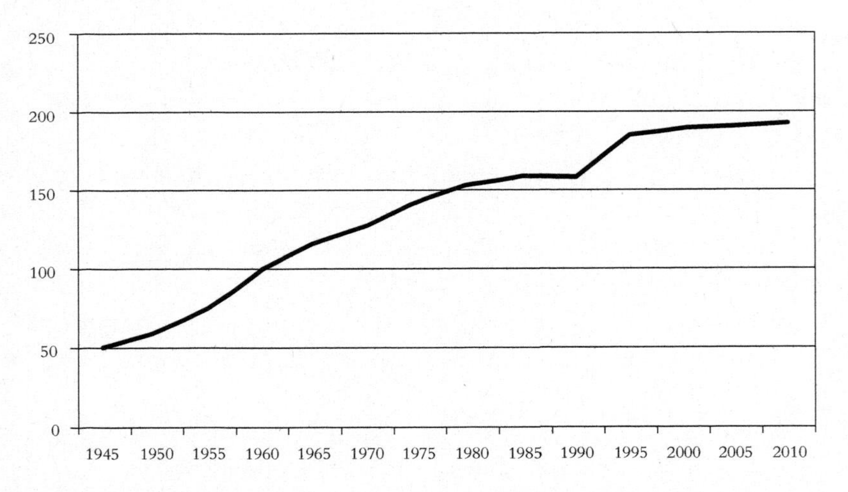

FUENTE: «Growth in United Nations Membership, 1945 - Present», http://www.un.org/en/members/growth.shtml.

Desde la perspectiva del siglo XXI, esta cadena de acontecimientos puede resultar conocida. Pero la dimensión y la velocidad del cambio que ha vivido la humanidad en tan solo dos o tres generaciones no tienen precedentes. La revolución del *más* que examinamos en el capítulo anterior se ve con claridad en la proliferación de nuevos estados, con sus capitales, gobiernos, monedas, ejércitos, parlamentos y otras instituciones. Dicha proliferación, a su vez, ha reducido la distancia geográfica entre el pueblo y el palacio desde donde se le gobierna. Los indios preguntan sobre las decisiones que les afectan a Nueva Delhi, no a Londres. El centro de poder de Polonia es Varsovia, no Moscú.

La transformación es simple pero profunda. Las capitales están más cerca, y la revolución de la *movilidad*, con sus viajes más baratos y sencillos, y la rápida transmisión de la información, facilita los contactos entre los gobernados y los gobernantes. Al mismo tiempo, también hay muchas más funciones políticas que desempeñar, por lo que hacen falta muchos más organismos públicos, cargos de elección y puestos de funcionarios.

El ejercicio de la política es una posibilidad mucho menos distante; el círculo de líderes es un club mucho menos exclusivo. Al cuadruplicarse los estados soberanos en poco más de medio siglo, muchas barreras de acceso al verdadero poder se han vuelto menos intimidantes. No debemos restar importancia a los cambios causados por esta primera oleada de fragmentación del poder solo porque nos resultan tan conocidos.

La siguiente oleada —una mayor fragmentación y la dilución de la política *dentro* de todos estos países soberanos— contiene otras sorpresas.

De déspotas a demócratas

Durante lo que después se conocería como la Revolución de los claveles, los soldados que salieron en masa a las calles de Lisboa colocaban flores en los cañones de sus armas para asegurar a la población que tenían intenciones pacíficas. No dispararían contra su gente para defender la dictadura. Y los oficiales que derrocaron al presidente Marcelo Caetano el 25 de abril de 1974 cumplieron su palabra.

Después de poner fin a casi medio siglo de dictadura salazarista, celebraron el siguiente año unas elecciones que llevaron a Portugal la democracia de la que hoy sigue disfrutando.

Pero las repercusiones fueron mucho más amplias. Después de la Revolución de los claveles, la democracia floreció en grandes países mediterráneos a los que las dictaduras habían mantenido apartados de gran parte del progreso social y económico del resto de Europa occidental desde la posguerra. Tres meses después de la revuelta de Lisboa, la junta militar que gobernaba Grecia cayó derrocada. En noviembre de 1975 murió Francisco Franco y España también se convirtió en una democracia. Entre 1981 y 1986, estos tres países se incorporaron a la Unión Europea.

La oleada se extendió a Argentina en 1983, Brasil en 1985 y Chile en 1989; los tres salían de largas dictaduras militares. Cuando cayó la Unión Soviética, Corea del Sur, Filipinas, Taiwán y Sudáfrica estaban ya en medio de sus propias transiciones democráticas. En toda África, a partir de 1990, los regímenes de partido único cedieron el paso a elecciones pluralistas.

La Revolución de los claveles fue el comienzo de lo que el profesor Samuel Huntington bautizó como «la tercera ola de la democratización». La primera ola se había producido en el siglo XIX, con la ampliación del sufragio y la aparición de las democracias modernas en Estados Unidos y Europa occidental, pero sufrió una serie de reveses en vísperas de la Segunda Guerra Mundial, con el ascenso de las ideologías totalitarias. La segunda ola, que llegó después de la guerra con el restablecimiento de la democracia en Europa, tuvo una corta vida. El comunismo y los regímenes monopartidistas se implantaron en toda Europa oriental y en muchos estados que acababan de obtener su independencia. La tercera ola ha sido duradera y ha tenido mayor alcance geográfico.

El número actual de democracias en el mundo no tiene precedentes. Y lo extraordinario es que, incluso en los países autocráticos que aún existen, aparecen tendencias que los impulsan a ser menos autoritarios que antes, con sistemas electorales cada vez más fuertes y la gente más segura de sí misma gracias a nuevas formas de oposición que los represores están mal preparados para controlar. Por supuesto que Corea del Norte o Turkmenistán siguen siendo férreas tiranías y que regularmente ocurren crisis y retrocesos en un país o en otro. Pero la tendencia global es clara: aun en los regímenes más autoritarios, el poder se aleja de los gobernantes y se está volviendo más fragmentado, disperso, fugaz y difícil de usar (véase figura 5.2).

FIGURA 5.2. La proliferación de democracias y el declive de las autocracias: 1950-2011.

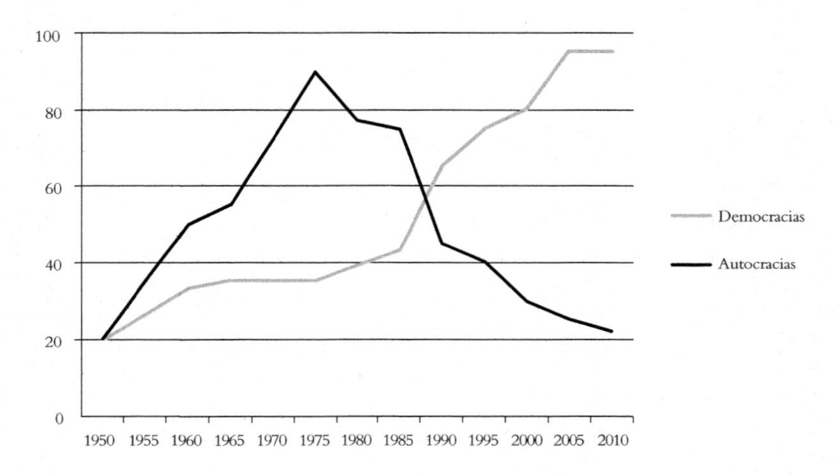

FUENTE: Monty G. Marshall, Keith Jaggers y Ted Robert Gurr, «Political Regime Characteristics and Transitions, 1800-2010», Polity IV Project, http://www.systemicpeace.org/polity4.htm.

Los datos que confirman esta transformación son abundantes y persuasivos: el año 1977 marcó el apogeo del poder autoritario, con noventa países gobernados por autócratas. Según el Polity Project, en 2008 el mundo tenía 95 democracias, 23 autocracias y 45 casos intermedios.[9] Otra respetada fuente, Freedom House, evalúa si los países son democracias electorales basándose en si celebran elecciones periódicas, ajustadas a un calendario, libres y justas, aunque en algunos casos puedan faltar o ser más limitadas otras libertades civiles y políticas (véanse en la figura 5.3 las tendencias regionales). En 2011, Freedom House consideró que, de los 193 países examinados, 117 eran democracias electorales. En cambio, en 1989, solo 69 de los

167 países observados habían pasado el examen. En otras palabras, el número de democracias en el mundo creció un 70 por ciento en solo veintidós años.

FIGURA 5.3. Tendencias regionales (Freedom House 2010).

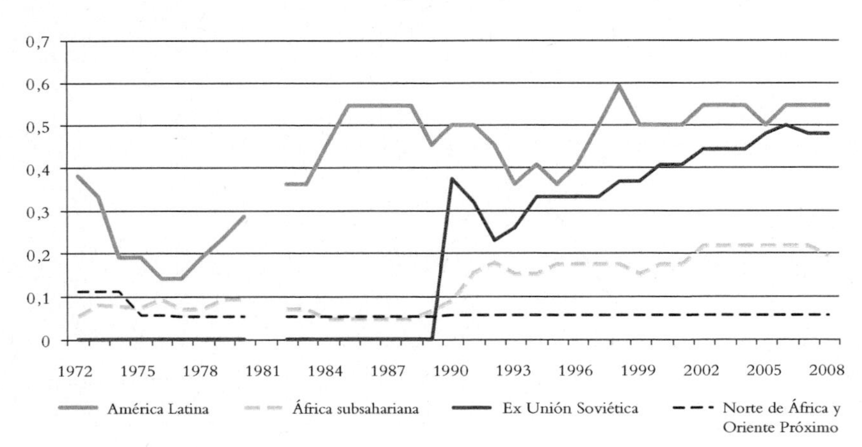

FUENTE: Freedom House, *Freedom in the World: Political Rights and Civil Liberties 1970-2008*, Freedom House, Nueva York, 2010.

¿Qué causó esta transformación global? Sin duda hubo factores locales, pero Samuel Huntington señalaba también algunas corrientes importantes. La mala gestión económica de muchos gobiernos autoritarios menguó su apoyo popular. Una clase media en ascenso exigió mejores servicios públicos, más participación e, inevitablemente, más libertades políticas. Los gobiernos y activistas occidentales fomentaron la disidencia y ofrecieron incentivos y apoyos a los gobiernos reformistas. La incorporación a la OTAN o a la Unión Europea o el acceso a los fondos de las instituciones financieras internacionales eran parte de los premios que esperaban a los países que iniciaran transiciones a la democracia. Una Iglesia católica de renovado activismo bajo el papado de Juan Pablo II fortaleció a la oposición en Polonia, El Salvador y Filipinas. Y, sobre todo, los éxitos engendraron más éxitos, en un proceso acelerado por el nuevo alcance y la nueva velocidad de los medios de masas. A medida que las noticias de los triunfos democráticos se extendían de un país a otro, el creciente acceso a los medios por parte de poblaciones cada vez más educadas despertaba la emulación. En la cultura digital de hoy, este es un factor cuya fuerza ha explotado. La alfabetización y la educación, partes importantes de la revolución del *más*, han hecho que el «contagio político —la comunicación y el apoyo mutuo entre activistas de diferentes países— sea mucho más fácil. A su vez, la revolución de la *mentalidad* nutre las inquietudes políticas y la intolerancia hacia el autoritarismo o a aceptar que las decisiones del poder no se desafían, resisten o cuestionan. Ha habido excepciones, por supuesto; no solo países a los que la democracia no ha llegado todavía, sino otros en los que ha experimentado retrocesos. Larry Diamond, uno de los principales especialistas en este tema, ha acuñado un nombre para el estancamiento sufrido en años recientes en países como Rusia, Venezuela y Bangladesh: «recesión democrática».

Por otra parte, existen pruebas cada vez más numerosas de que las actitudes de la población han cambiado. En América Latina, por ejemplo, a pesar de la pobreza y las desigualdades aún existentes y los constantes escándalos de corrupción, los sondeos muestran más confianza en los gobiernos civiles que en los militares.[10]

Hasta las autocracias son ahora menos autocráticas. Según un estudio sobre los sistemas electorales democráticos en el mundo, Brunei es quizá el único país en el que «la política electoral no ha echado auténticas raíces».[11] Dado que hay muchos menos regímenes opresivos en el mundo, se podría pensar que los que aún resisten reprimen con más dureza las libertades y el pluralismo político. No obstante, sucede todo lo contrario. ¿Cómo es posible? Las elecciones son esenciales para la democracia, pero no son el único indicador de apertura política. La libertad de prensa, las libertades civiles, los controles y contrapesos que limitan el poder de cualquier institución (incluida la jefatura del Estado, la independencia del poder judicial y otras condiciones) definen el grado de control y centralización que tiene el gobierno sobre la sociedad. Y los datos muestran que no solo se ha reducido el número de regímenes autoritarios que hay en el mundo, sino que los indicadores que miden las libertades políticas y el grado de democracia en los procesos gubernamentales en aquellos regímenes que aún son autoritarios han mejorado. Las dictaduras de hoy se han visto forzadas a ser más políticamente abiertas de lo que solían serlo.

La mejora más pronunciada de estos indicadores se produjo a principios de los años noventa, lo cual indica que las mismas fuerzas que empujaron a tantos países hacia la democracia en esos años también tuvieron profundos efectos liberalizadores en los países que permanecieron políticamente cerrados.

Seguramente este es un magro consuelo para un activista o disidente encarcelado en las mazmorras de alguno de estos regímenes autoritarios. Además, con cada paso adelante, en la democratización del mundo también hay retrocesos y frustraciones. Desde El Cairo hasta Moscú y desde Caracas hasta Teherán no faltan los ejemplos que nos recuerdan que el proceso de apertura política y profundización de la democracia ni es lineal ni es universal. Siempre habrá excepciones y contraejemplos.

La reacción de poderosos gobiernos autoritarios contra las nuevas herramientas y técnicas que promueven la democracia es un tema que aparece con frecuencia en las noticias; no puede sorprender a nadie que los megapoderes se resistan a las tendencias que están robándoles el poder. No obstante, lo que se puede decir con certeza es que la democracia se ha extendido y, por tanto, las tendencias dentro de ella sirven para hacernos ver con anticipación el tipo de cambios en la política y el manejo del Estado que, más temprano que tarde, aparecerán en países que aún no son completamente democráticos. Además, las cifras y los hechos indican que en las democracias —en la complicada mecánica de sus pautas de voto, negociaciones parlamentarias, coaliciones de gobierno, descentralizaciones y asambleas regionales— los factores que le restan fuerzas al poder han encontrado un terreno muy fértil.

De mayorías a minorías

Votamos más a menudo. Mucho más a menudo. Esta es una gran tendencia de la vida cívica en el último medio siglo, al menos para las personas que viven en las democracias occidentales establecidas. En una lista de dieciocho países que son democráticos desde 1960, en la que se incluyen Estados Unidos, Canadá, Japón, Australia, Nueva Zelanda y la mayor parte de Europa occidental, la frecuencia con la que se ha convocado a los ciudadanos a las urnas entre 1960 y 2000 ha aumentado en la gran mayoría de los casos.

Es decir, los ciudadanos de esos países han tenido más oportunidades de seleccionar y rechazar a quienes les representan y de expresar mediante referendos sus preferencias en asuntos de política pública o prioridades nacionales. La frecuencia de las elecciones no significa que los votantes tengan más probabilidades de participar; en muchos países occidentales, la abstención ha crecido en los últimos años. Pero los que deciden votar han tenido más oportunidades de hacer valer su opinión, y eso significa que los políticos han tenido que ganarse la aprobación de los electores muchas más veces. Este escrutinio permanente y el peso de las constantes campañas no solo acortan los plazos que tienen los cargos de elección para tomar sus decisiones o escoger las iniciativas en las que van a empeñar su tiempo y su capital político, sino que también limitan enormemente su autonomía.

¿Cuánto más votamos? Un estudio elaborado por Russell Dalton y Mark Gray aborda esta cuestión. En el período de cinco años que va de 1960 a 1964, los países examinados por ellos celebraron sesenta y dos elecciones nacionales (véase la figura 5.4). En los cinco años entre 1995 y 1999, el número de elecciones aumentó un tercio. ¿A qué se debe este incremento? La causa puede estar relacionada con los cambios de normas electorales, la utilización cada vez más frecuente de los referendos o la convocatoria de elecciones para las nuevas asambleas regionales creadas en algunos países. Los miembros de la Unión Europea celebran regularmente elecciones al Parlamento Europeo. Los investigadores señalan que los datos cuantifican los días en los que se celebran elecciones, no la cantidad de elecciones diferentes que se celebran cada uno de esos días. De hecho, es posible que la tendencia sea incluso más elevada de lo que sugieren sus cifras, porque varios países han consolidado la celebración de múltiples elecciones (por ejemplo, presidenciales y legislativas, o legislativas y municipales) en un mismo día. Estados Unidos, con su sólida tradición de convocatorias fijas de elecciones nacionales en noviembre y cada dos años, es una excepción a esta tendencia, pero no porque sus ciudadanos voten con menor frecuencia. Es más, el ciclo bianual para la renovación de la Cámara de Representantes es el más breve de todas las democracias establecidas, lo cual quiere decir que los estadounidenses están entre los votantes que más a menudo son llamados a las urnas en todo el mundo.[12]

FIGURA 5.4. Número total de elecciones por año en la muestra de países de todo el mundo: 1960-2001.

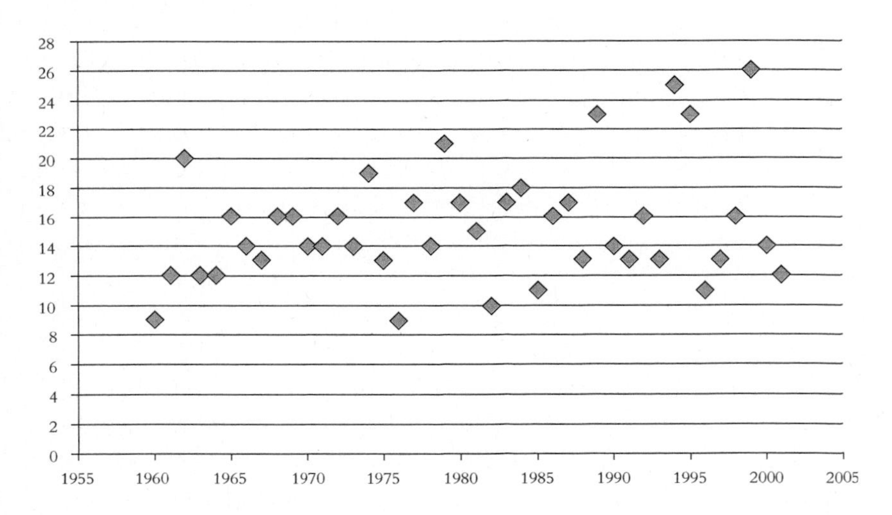

FUENTE: Russell Dalton y Mark Gray, «Expanding the Electoral Marketplace», en Bruce E. Cain *et al.*, eds., *Democracy Transformed? Expanding Political Opportunities in Advanced Industrial Democracies*, Oxford University Press, Nueva York, 2003.

Esta tendencia a celebrar elecciones con más frecuencia en todos los niveles de gobierno se ha generalizado. Matt Golder, profesor de la Universidad Estatal de Pensilvania, ha seguido las elecciones legislativas y presidenciales democráticas en 199 países entre 1946 (o el primer año de su independencia) y el año 2000.[13] Descubrió que, durante ese período, esos 199 países celebraron 867 elecciones legislativas y 294 elecciones presidenciales. En otras palabras, durante esos cincuenta y cuatro años (que incluyen una década en la que la democracia no estaba todavía tan extendida como lo estuvo más tarde) hubo en alguna parte del mundo, por término medio, dos elecciones importantes *al mes*.

Como me dijo Bill Sweeney, presidente de la International Foundation for Electoral Systems (IFES), una organización sin ánimo de lucro que es la principal entidad mundial a la hora de proporcionar asistencia técnica a las autoridades electorales: «Nuestros servicios están más demandados que nunca. Las elecciones son cada vez más frecuentes en casi todas partes, y podemos notar el deseo de contar con sistemas y técnicas que garanticen que las elecciones sean más transparentes y libres de fraude».[14]

El hecho de que las elecciones sean más frecuentes no es más que una de las manifestaciones de la proliferación de los límites que restringen el margen de actuación de los líderes políticos. Otra es el asombroso declive de la mayoría electoral. Hoy en día, las minorías mandan. En 2012, de los treinta y cuatro miembros del «club de los países ricos», la Organización para la Cooperación y el Desarrollo Económico, solo cuatro tenían un gobierno que disfrutara también de la mayoría absoluta en el Parlamento.[15] En India, en las elecciones de 2009, los escaños se repartieron entre treinta y cinco partidos; ninguno ha obtenido la mayoría absoluta desde 1984. De hecho, las mayorías absolutas están declinando en todo el mundo. Desde mediados de la década de 1940 hasta hoy, en las democracias electorales los partidos minoritarios han obtenido en promedio más del 50 por ciento de los escaños en el Parlamento; en 2008, los partidos minoritarios controlaban una media del 55 por ciento de los escaños. Pero incluso en países no considerados democracias, los partidos pequeños tienen cada vez más influencia. Hace tres décadas, los grupos minoritarios de esos países ocupaban menos del 10 por ciento de los escaños; hoy, su presencia ha aumentado en promedio cerca del 30 por ciento.[16]

Por eso, cuando hoy los políticos aseguran tener un «mandato», lo más probable es que estén haciéndose ilusiones. Una victoria electoral contundente como la que podría justificar esa terminología es demasiado infrecuente. Los politólogos destacan que incluso en Estados Unidos, donde podría parecer que el sistema bipartidista genera vencedores y perdedores claros, solo hay una elección presidencial reciente —la de Ronald Reagan en 1984, con la derrota de Walter Mondale— que se pueda calificar de victoria aplastante. Reagan no solo se llevó los votos electorales de todos los estados menos uno, sino que además obtuvo una proporción enorme del voto popular, el 59 por ciento, un margen que ningún otro candidato estadounidense ha igualado o superado desde entonces.[17] Este tipo de victoria es aún más improbable en sistemas con tres, cuatro, cinco o más grandes partidos y muchos pequeños, en los que los apoyos se reparten.

En consecuencia, el noble arte de gobernar hoy depende de una habilidad mucho más manipulativa y pragmática: la de formar y mantener una coalición. Las componendas que requieren las coaliciones dan a los partidos pequeños más poder para exigir a cambio de su apoyo concesiones políticas, puestos ministeriales u otras ventajas. En un entorno electoral disperso y fragmentado no es malo ser un partido pequeño: se tienen más posibilidades de actuar como el fiel de la balanza entre los grandes partidos, lo cual permite tener más poder de lo que justificaría su número de votos. De hecho, los partidos más marginales —los que tienen opiniones extremas, se centran en un solo tema o se dirigen a una base regional— pueden ejercer más poder sin necesidad de comprometer su postura tratando de atraer a los votantes de centro. La Liga Norte en Italia, con su programa libertario y chovinista, los pequeños partidos religiosos de Israel, los separatistas del Partido Popular Flamenco en Bélgica y los diversos partidos comunistas en el Parlamento Nacional y las asambleas regionales de India gozan de una influencia desproporcionada en coaliciones con otros socios que, aunque aborrezcan su mensaje, no tienen más remedio que pactar con ellos para poder gobernar. En diciembre de 2011, por ejemplo, en India, la feroz oposición de dos partidos de la coalición encabezada por el Partido del Congreso obligó al primer ministro Manmohan Singh a posponer sus planes para permitir que los supermercados extranjeros compraran el 51 por ciento de las empresas indias, una retirada humillante.

Las peleas de las coaliciones revelan los compromisos que tiene que aceptar el «ganador» de unos comicios desde el primer momento. En mayo de 2010, las elecciones en el Reino Unido dieron lugar a un Parlamento sin mayoría, que desembocó en la formación de un gobierno de coalición entre el Partido Conservador de David Cameron y el Partido Demócrata Liberal de Nicholas Clegg, dos grupos políticos con marcadas diferencias en temas como la inmigración y la integración europea, entre otros. Como consecuencia, ambos se vieron obligados a hacer concesiones importantes.

Las coaliciones no son siempre posibles. Holanda pasó cuatro meses sin gobierno en 2010. El caso de Bélgica fue aún peor. En 1988, sus políticos establecieron un récord nacional cuando tardaron ciento cincuenta días en pactar una coalición capaz de formar un gobierno. Pero, por si fuera poco, en 2007-2008, asediado por las tensiones crecientes entre los flamencos, de habla neerlandesa, y las regiones valonas, de habla francesa, el país estuvo nueve meses y medio sin gobierno, mientras las facciones extremistas agitaban una campaña a favor de la secesión de Flandes. El gobierno formado dimitió en abril de 2010, lo que empujó al país a otro prolongado callejón sin salida. En febrero de 2011, Bélgica superó a Camboya y logró la marca mundial de tiempo en que un país había estado sin gobierno; por fin, el 6 de diciembre de 2011, después de 541 días de parálisis, juró su cargo el nuevo primer ministro. Resulta revelador del poder menguante de los políticos el hecho de que, a pesar de esta absurda y teóricamente devastadora crisis de gobierno, la economía y la sociedad siguieran adelante y tuvieran un comportamiento equiparable al de sus vecinos europeos; es más, la rebaja de la calificación crediticia de Bélgica por parte de Standard & Poor's fue lo único que presionó a los partidos rivales a encontrar una solución.[18]

Las investigaciones recientes sobre otros aspectos de la formación, la duración y la disolución de un gobierno aportan aún más pruebas relacionadas con la degradación del poder. Un material fascinante sobre este tema lo ofrecen investigadores escandinavos que han compilado información detallada sobre los gobiernos de diecisiete democracias europeas, remontándose al final de la Segunda Guerra Mundial o, en algunos casos, al momento en que los países estudiados (por ejemplo, Grecia, España y Portugal) pasaron a ser democracias. Los datos proceden de Alemania, Francia, Estados Unidos y las demás grandes democracias europeas. Aunque sus conclusiones no se pueden extrapolar, por ejemplo, a India, Brasil o Sudáfrica, aun así nos dan una interesante visión de cómo se está fracturando hoy la política en las democracias. Veamos algunos ejemplos.

La ventaja que confiere estar en el poder está disminuyendo

Los políticos, los partidos y las coaliciones que ya están en el poder gozan de ventajas como el clientelismo, mayor visibilidad de sus líderes y promesas en los medios de comunicación y, en algunos casos, el acceso a recursos públicos (el avión presidencial para viajar en las campañas o el uso de funcionarios del Estado). Sin embargo, quienes están en el poder también afrontan vientos electorales en contra: votantes desilusionados por promesas incumplidas, la fatiga de tener a las mismas caras en el poder y el desgaste natural de gobernar. Además, sus adversarios tienen un historial de decisiones y resultados concretos que pueden criticar. En los últimos años, la intensidad de este fenómeno ha aumentado: un análisis de diecisiete democracias establecidas en Europa muestra que en cada década, desde los años cuarenta, la pérdida media de votos de los gobernantes que se presentan a la reelección ha sido mayor. En los años cincuenta, los titulares perdieron un promedio del 1,08 por ciento de los votos que habían obtenido en las elecciones anteriores; en los ochenta, la pérdida media fue del 3,44 por ciento, y en los noventa volvió a multiplicarse casi por dos, alcanzando el 6,28 por ciento.

En los años cincuenta, en estos países, treinta y cinco gobiernos lograron ser reelegidos, mientras que treinta y siete perdieron las elecciones; en cambio, en los años noventa solo once lograron la reelección, mientras que cuarenta y seis no la obtuvieron. Hanne Marthe Narud y Henry Valen, los politólogos autores de este análisis, señalaban que la tendencia era igualmente fuerte en democracias establecidas como el Reino Unido y Holanda y en democracias nuevas como Grecia y Portugal; en otras palabras, no importaba cuán largas fueran la experiencia y la tradición democrática de los países.[19]

Los gobiernos caen con mayor rapidez

Desde la Segunda Guerra Mundial, las coaliciones de gobierno y los gabinetes han tendido cada vez más a terminar su mandato antes de tiempo debido a las luchas políticas internas. Los politólogos distinguen entre dos tipos de finalización prematura de un gobierno. Uno es técnico; es decir, producido por razones legales que obligan a convocar elecciones (por ejemplo, el fallecimiento del presidente). El otro tipo es discrecional, y ocurre cuando la turbulencia política provoca la dimisión del gobierno o cuando en un sistema parlamentario el ejecutivo pierde una moción de confianza.

Los datos de diecisiete democracias parlamentarias europeas compilados desde 1945 muestran que en las décadas de 1970 y 1980 aumentó significativamente la frecuencia con la que los gobiernos terminaban prematuramente su mandato debido a la volatilidad política en comparación con décadas anteriores.[20]

Y no es de extrañar que en la primera década del siglo XXI se haya agudizado la tendencia a los colapsos de los gobiernos como resultado de las turbulencias políticas. Desde que estalló la crisis financiera en 2008, proliferaron los gobiernos caídos, los gabinetes deshechos, las coaliciones desgarradas, los ministros despedidos y los líderes políticos que antes eran intocables y que repentinamente se vieron obligados a dimitir. A medida que los problemas económicos asolaban Europa, la incapacidad de los poderosos para controlar la crisis se volvió absolutamente patente.

Incluso fuera de los sistemas parlamentarios abundan las evidencias que prueban que una victoria electoral ha dejado de conferir una autonomía significativa al gobierno que la obtiene. En Estados Unidos, por ejemplo, uno de los motivos de frustración creciente en cada nueva administración es el tiempo que tarda el Senado en confirmar a los candidatos a cargos públicos de alto nivel. Según Paul Light, un experto en el tema: «Un proceso de nominación y confirmación con una duración de más de seis meses era algo prácticamente desconocido entre 1964 y 1984». En ese período, solo el 5 por ciento de los nominados tenían que esperar más de seis meses entre el día en que les notificaban su candidatura y el momento de la confirmación. En cambio, entre 1984 y 1999, el 30 por ciento de los nominados tuvieron que esperar más de seis meses para obtener la confirmación. Por otro lado, entre 1964 y 1984 hubo confirmaciones rápidas —con un plazo inferior a los dos meses— en el 50 por ciento de los casos, pero solo en un 15 por ciento entre 1984 y 1999. En la década siguiente, a medida que la polarización política se agudizaba, la tendencia no hizo más que empeorar.

Este no es sino un ejemplo concreto que ilustra cómo la dinámica parlamentaria puede lograr que un partido político victorioso en las urnas resulte mucho menos exitoso a la hora de gobernar, debido a la creciente capacidad de los micropoderes para constreñir sus actuaciones.

De partidos a facciones

Jefes de un partido, reunidos a puerta cerrada en habitaciones llenas de humo de cigarro, intercambiando favores y apoyos mientras acuerdan programas y candidatos; esta es una imagen asentada en la mitología política, pero cada vez más alejada de la realidad.

Las nuevas circunstancias del poder político ya no son las de antes: los jefes de siempre, los hábiles negociadores que controlan el aparato, las finanzas y la base del partido, ya no mandan tanto como solían hacerlo. A ellos también se les está yendo el poder de las manos.

El caso de los líderes tradicionales del Partido Republicano de Estados Unidos es muy aleccionador. Estos poderosos barones de la política conservadora controlaban con mano de hierro y de manera muy centralizada las posiciones de su grupo con respecto a los grandes debates nacionales y tenían una influencia determinante en decidir quiénes ascendían, quiénes eran candidatos y quiénes llegaban a ocupar altos cargos en el Congreso o hasta en las candidaturas presidenciales.

De repente apareció el Tea Party. Desde su creación en 2009, al Tea Party no le hicieron falta más que unos meses para transformar la política republicana y la estadounidense en general. Esta novísima agrupación política logra imponer candidatos que no gozan del apoyo o la simpatía de los jefes del partido, quienes ven, sin poder hacer nada, como sus propios candidatos son desplazados y derrotados por los advenedizos que surgen de las filas del Tea Party. En las elecciones de 2008 el Tea Party no existía; cuatro años después se volvió prácticamente imposible llegar a ser candidato presidencial del Partido Republicano sin su visto bueno.

El Tea Party es un fenómeno muy específico, tal vez reflejo de la pasión estadounidense por la democracia directa o un vehículo para inyectar dinero en la política y conseguir influencia, o como el receptor del fervor de la antipolítica y del antigobierno nutridos por la crisis económica. Pero es interesante observar que, si bien el Tea Party es un fenómeno muy estadounidense, en otros países también han aparecido movimientos políticos que han sorprendido a las élites políticas tradicionales.

En Europa, el movimiento del Partido Pirata, inspirado en el espíritu de los piratas informáticos de la libertad de información y la defensa de mayores libertades civiles, se ha extendido desde Suecia, donde nació en 2006, a Austria, Dinamarca, Finlandia, Alemania, Irlanda, Holanda, Polonia y España. Su programa, la llamada Declaración de Uppsala, promulgada en 2009, se centra en conseguir la liberalización de las leyes de patentes y propiedad intelectual, promover la transparencia y la libertad de expresión, y movilizar el voto juvenil. Además de obtener el 7,1 por ciento de los votos y dos escaños en las elecciones suecas al Parlamento Europeo, en septiembre de 2011 consiguió representación en un parlamento regional al obtener el 9 por ciento del voto en Berlín. Entre los partidos a los que superó estaba un socio muy importante en la coalición de gobierno de Angela Merkel, el histórico Partido Democrático Liberal, que no llegó ni al umbral del 5 por ciento necesario para tener representación estatal.[21] En 2012, el Partido Pirata alcanzó otro hito cuando un miembro de su rama suiza ganó las elecciones a alcalde de la ciudad de Eichberg.[22] La ideología del Partido Pirata y la del Tea Party no podrían ser más diferentes. Pero muchos de los sentimientos que animan a sus activistas, así como las circunstancias que les permitieron obtener poder, son muy similares.

Esto también fue cierto en el caso de la campaña rebelde que llevó a cabo Ségolène Royal en las elecciones presidenciales francesas de 2007. Al presentarse para dirigir al Partido Socialista contra Nicolas Sarkozy, Royal se opuso a todos los «barones» tradicionales del partido, con sus densas redes de apoyo entre los cuadros de la organización y los altos funcionarios. ¿Y cómo logró Royal ser la candidata? Mediante un movimiento similar al Tea Party y, como en Estados Unidos, con elecciones primarias para decidirlo.

Las primarias son un instrumento reciente en las democracias; en Estados Unidos, donde están más arraigadas, solo se generalizaron a finales de los años sesenta, mientras que en otros países son aún más nuevas. Pero son cada vez más habituales.

Para las elecciones de 2007 en Francia, el Partido Socialista convocó unas primarias abiertas a todos los afiliados, y el equipo de Royal puso en marcha una campaña masiva de afiliación para que los nuevos militantes pudieran participar. Gracias a esta idea, acompañada de una página web y un mensaje político que la independizaban del aparato tradicional, Royal obtuvo nada menos que el 61 por ciento de los votos en las primarias, aunque en las generales salió derrotada.

Los socialistas franceses, no contentos con esta innovación, decidieron ir un paso más allá en 2011, durante los preparativos para las elecciones de 2012. En esta ocasión decidieron celebrar primarias abiertas a todos los votantes, no solo a sus afiliados. Para participar, el votante no tenía más que firmar una declaración básica de apoyo a los valores de la izquierda; nada parecido a un contrato vinculante. Y hubo al menos un candidato que ni siquiera era militante del partido. Así, este método de selección del candidato presidencial socialista concedía un papel muy secundario al propio partido y a sus líderes.

El Tea Party, en un lado del espectro político, y los socialistas franceses, en el otro, no son más que dos ejemplos de una tendencia internacional; en todas las democracias avanzadas, los grandes partidos están dándose cuenta de la distancia que muchas veces hay entre los candidatos elegidos a dedo y a puerta cerrada por quienes controlan la maquinaria partidista, y los candidatos que más entusiasman a las bases del partido y las grandes mayorías de votantes. Antes, los jefes de la maquinaria política solían imponer a los candidatos del partido para las elecciones, pero ahora cada vez más y en todas partes estos dirigentes se ven obligados a aceptar candidatos que apelan directamente a las bases y a los votantes en general y logran su apoyo.

Son muchos los países donde los partidos han abierto y democratizado su manera de escoger a sus candidatos a cargos de importancia. Recurriendo a un método u otro, el caso es que se ha reducido el poder de lo que se llamaba el «selectorado», es decir, el reducido grupo de personas que tienen voz y voto en la selección de los líderes y candidatos de un partido.[23]

La expansión de las primarias es un síntoma significativo de ese cambio. En 2009, después de examinar cincuenta grandes partidos de dieciocho democracias parlamentarias, el investigador Ofer Kenig descubrió que en veinticuatro de ellos sus afiliados de base tenían «un papel importante» a la hora de escoger a dirigentes y candidatos. Los demás se repartían entre la selección por parte de los parlamentarios y la decisión de un comité designado para ello.[24]

Las elecciones primarias están extendiéndose también a otras partes del mundo.[25] En América Latina, por ejemplo, se calcula que el 40 por ciento de las elecciones presidenciales celebradas desde las transiciones políticas que acabaron con los gobiernos militares en los años ochenta han contado al menos con un candidato escogido mediante primarias. Un sondeo entre los partidos políticos en América Latina en el año 2000 descubrió que más de la mitad habían empleado algún tipo de elección interna, primaria o similar. Otro estudio llegó a la conclusión de que los menores niveles de confianza en los partidos de América Latina se daban en países como Bolivia y Ecuador, en los que nunca había habido candidatos escogidos en unas primarias.

Si bien las primarias abiertas que alientan una participación masiva para elegir candidatos aún no son la norma mundial, los datos indican que existe una clara tendencia internacional en esa dirección. Y California, estado tradicionalmente pionero de las tendencias nacionales en Estados Unidos, ha inclinado la balanza en favor de las preferencias de los votantes en menoscabo de las de los líderes de los partidos: en 2011 decidió, por referéndum popular, incluir a todos los candidatos a las primarias en una sola papeleta y que los dos más votados pasaran a las elecciones generales independientemente de su partido.

Por si los dirigentes de los partidos en Estados Unidos no tuvieran ya suficientes problemas para conservar el poder y mantener la disciplina, aparecieron de repente los *Super-PAC* («supercomités de acción política»), un nuevo vehículo creado en 2010 por el Tribunal Supremo con su decisión sobre el caso de Citizens United que eliminaba los límites de las donaciones a las campañas y confería más poder a las empresas privadas como actores políticos. Estos comités no están autorizados a coordinarse con los candidatos a los que apoyan, pero en la campaña de 2012 quedó claro que cada uno de los candidatos presidenciales (e incluso cada uno de los aspirantes a la nominación del Partido Republicano) contaba con uno o más Super-PAC que financiaban con enormes sumas de dinero iniciativas para apoyarle o para atacar a sus rivales. Los Super-PAC son una nueva forma de poder político basado en el acceso a grandes cantidades de dinero y, al mismo tiempo, un ejemplo de otra forma nueva de fragmentación de ese poder. Sus defensores los consideran una sana incorporación al arsenal de quienes desean introducir más competencia en la política. Joel M. Gora, un catedrático de derecho que ayudó a diversos grupos activistas a oponerse por la vía legal a las exigencias de revelar los nombres de los donantes, dice que muchas de las reglas que permiten el acceso a los Super-PAC no son más que parte de «una conspiración de los poderosos para protegerse». En su opinión, «estas leyes restringen la llegada de nuevos competidores, tanto progresistas y de izquierdas como conservadores y de derechas».[26] De hecho, el empresario Leo Linbeck III lanzó en 2012 un Super-PAC cuyo único propósito era desplazar a los políticos que ya estaban en el poder y usaban las ventajas del cargo para ser reelectos. Según la información de Paul Kane en *The Washington Post*: «Mientras que la mayoría de los PAC pretenden aumentar las posibilidades de su candidato preferido o derrotar a un adversario ideológico, el Super-PAC tiene un objetivo claramente distinto: derrotar a los candidatos que ya están en el poder. De cualquier partido. ¿Y por qué no? ... [El Super-PAC de Linbeck] ayudó a derrotar en las elecciones a dos republicanos veteranos y dos demócratas históricos acabando de golpe con casi sesenta y cinco años de experiencia combinada en la Cámara».[27] Y aunque los fondos de Linbeck eran limitados y su Super-PAC estaba quedándose sin dinero, su portavoz proclamó en tono triunfal que «hemos demostrado que nuestro concepto funciona».[28]

Los Super-PAC son quizá un fenómeno peculiar de Estados Unidos, pero el dinero está convirtiéndose en todo el mundo, sin duda, en un instrumento tan poderoso como antes lo era la ideología para obtener poder político. No obstante, como muestran los casos de Silvio Berlusconi en Italia, Thaksin Shinawatra en Tailandia, Ben Alí en Túnez y muchos otros, el dinero, por sí solo, no basta en absoluto para tapar los numerosos agujeros por los que se escapa hoy el poder.

De capitales a regiones

Más países. Más democracias. Más presiones para compartir el poder incluso en regímenes autoritarios, al tiempo que las democracias ofrecen más opciones dentro y fuera de los partidos políticos. Elecciones más frecuentes, más referendos, más escrutinio y más contendientes. Todas estas tendencias apuntan en una misma dirección: la redistribución y dispersión del poder desde los actores establecidos a nuevos rivales. A todas estas tendencias hay que añadir una más: el poder está fluyendo de las capitales y del brazo ejecutivo hacia los gobiernos regionales y locales.[29]

Veamos el Reino Unido, por ejemplo. Es conocida la estabilidad de su sistema político, en el cual el Partido Conservador y el Laborista se alternan en el poder, y los demócratas liberales retienen una franja en el centro. Cuando ninguno de los dos grandes partidos obtiene la mayoría y se produce un Parlamento «empatado», como en 2010, una coalición con el tercer partido da a uno de los dos la mayoría. Esa negociación no es sencilla, pero es mucho menos complicada que si hiciera falta un pacto entre cinco o seis partidos para formar una mayoría parlamentaria.

En Gran Bretaña, estos tres partidos controlan la mayor parte de la Cámara de los Comunes, y las normas electorales hacen difícil que algún otro pueda participar. De modo que, ¿cómo explicamos la presencia de todos los nuevos partidos de los que hemos oído hablar en los últimos años? El Partido de la Independencia del Reino Unido, el Partido Nacional Británico, el Partido Nacional Escocés, el Sinn Féin, los Unionistas del Ulster, el Plaid Cymru...; el panorama político británico es mucho más variado de lo que parecería indicar la imagen tradicional. En las últimas dos décadas estos partidos, algunos de los cuales son regionales, otros extremistas y unos terceros monotemáticos, han logrado ganar elecciones locales y parlamentarias, y con ello han obtenido una visibilidad en los medios de comunicación mayor de lo que justificaría el número de votos que tienen. Esto se debe en gran medida a que, en 1998, una ambiciosa reforma política bajo el calificativo de descentralización traspasó ciertos poderes jurídicos del Parlamento británico a las asambleas de Escocia, Gales e Irlanda del Norte. Además, la pertenencia a la Unión Europea acarreó la participación de estos partidos en las elecciones al Parlamento Europeo, donde la representación proporcional hizo posible que obtuvieran escaños. El Partido de la Independencia del Reino Unido, que se opone a que el país se integre en la Unión Europea, debe su ascenso al éxito que tuvo en esas elecciones. Y el Partido Nacional Británico, xenófobo y de extrema derecha, obtuvo dos escaños en el Parlamento Europeo en 2009, una victoria pequeña en términos absolutos, pero inmensa en credibilidad para una formación a la que los grandes partidos consideraban un paria.

El Reino Unido no es un caso único. En España, los dos principales partidos, el Partido Popular (PP) y el Partido Socialista Obrero Español (PSOE), se han alternado en el poder desde el comienzo de la democracia en 1978. Pero, como en el caso de Gran Bretaña, España cuenta con importantes partidos regionales, y los gobiernos autonómicos (de Cataluña y el País Vasco, entre otros) han logrado una enorme autonomía a expensas del poder del gobierno nacional con sede en Madrid. En Italia ocurre lo mismo con la Liga Norte y otros grupos políticos regionales.

El Parlamento Europeo ha abierto vías de participación para los partidos pequeños en los veintisiete estados miembros. No importa tanto que los poderes del Parlamento sean reales o no, sino que ofrece a nuevos partidos una vía para adquirir legitimidad y visibilidad en sus propios países.

La cuestión que cabe destacar es que la descentralización es otra de las tendencias que están alterando el poder político en todas partes. Italia creó consejos regionales electos ya en 1970. Francia siguió sus pasos con las asambleas regionales en 1982. Bélgica se convirtió en un sistema federal con asambleas regionales en 1993. Finlandia, Irlanda, Nueva Zelanda y Noruega introdujeron algún tipo de nuevo órgano electo de ámbito subnacional entre los años setenta y los noventa. En algunos países, el número de municipios con funcionarios electos se ha incrementado: Bolivia duplicó su número en 1994 y además aumentó sus competencias.

También en este caso, las cada vez más arraigadas democracias latinoamericanas están contribuyendo a acelerar la descentralización. El número de países de América Latina donde las autoridades ejecutivas de los gobiernos locales (los alcaldes) son directamente elegidas por la población, y no designadas por las autoridades centrales, pasó de tres en 1980 a diecisiete en 1995.[30] Un estudio del Banco Interamericano de Desarrollo llegó a la conclusión de que los gobiernos subnacionales en la región habían pasado de administrar el 8 por ciento del gasto público al 15 por ciento en un período de quince años a partir de 1990. En los países más descentralizados, la proporción fue mucho mayor: alrededor del 40 por ciento del gasto del Estado en Argentina, Brasil y Colombia ya no es controlado directamente por la presidencia. Asimismo, están en marcha grandes programas de descentralización en países como Filipinas, Indonesia y Estonia.[31]

Por otra parte, varios sistemas federales han dividido algunos estados existentes en dos, con la consiguiente creación de nuevos órganos ejecutivos y legislativos locales. Desde el año 2000, India ha añadido los estados de Chhattisgarh, Uttarakhand y Jharkhand, y ha propuesto otro, Telangan. En Nigeria el número de estados pasó de diecinueve en 1976 a treinta y seis en la actualidad. Incluso Canadá ha dividido los Territorios del Noroeste para crear la provincia de Nunavut.

Estos nuevos centros de poder abren nuevas oportunidades para los políticos que no encuentran cabida en los partidos dominantes. Como hemos visto, en toda Europa han surgido partidos de izquierdas, derechas, ecologistas, regionalistas, monotemáticos y, en ciertos casos, algo excéntricos, como el Partido Pirata Internacional. Todos ellos están aprovechando las nuevas tribunas para obtener respetabilidad y arrebatar votos a los partidos tradicionales. Un voto a su favor ya no es un voto desperdiciado; su reducido tamaño o sus posturas marginales han dejado de ser obstáculos para tener importancia. Estos partidos «alternativos» pueden estropear, desconcentrar, retrasar e incluso vetar las decisiones de los partidos grandes y sus coaliciones. Siempre han existido pequeños partidos «piratas», pero hoy son más numerosos y su capacidad de limitar las alternativas de los megaactores se hace sentir en la mayoría de las democracias del mundo.

El hecho de que las autoridades locales y regionales tengan más poder ha transformado también las perspectivas y la imagen pública de los alcaldes y gobernadores regionales, a veces para impulsar una carrera en la política nacional y a veces para crear alternativas que prescinden por completo de la capital. En la práctica, la política exterior que hoy llevan a cabo algunas ciudades y regiones va mucho más allá de las tradicionales delegaciones que se envían para fomentar el comercio y ceremonias de hermanamiento de ciudades.

Algunos especialistas sostienen que muchas ciudades y regiones se encuentran hoy tan despegadas de los gobiernos centrales que está empezando a surgir una versión moderna del orden medieval de las ciudades-estado.[32]

De gobernadores a abogados

El modelo y los actores resultaban familiares. Durante más de setenta años, una élite civil y militar dirigió Tailandia. Primero fue mediante un gobierno militar y luego, a partir de 1970, mediante un frágil contexto electoral que sufría vuelcos periódicos debido a golpes de Estado y regímenes militares de variada duración. A pesar de toda esa inestabilidad, Tailandia logró tener un rápido crecimiento económico en los años ochenta y noventa. Los bancos de propiedad militar y las empresas tanto militares como civiles prosperaron a través de golpes y constituciones. Thaksin Shinawatra, un ex policía convertido en acaudalado empresario, se convirtió en primer ministro en 2001 gracias a sus promesas populistas, y en 2005 logró ser reelegido.

Pronto empezaron a circular acusaciones de actividades ilícitas y corrupción. Se produjo una crisis política que duró dos años, con unas elecciones frustradas, un golpe de Estado y elecciones en 2007, que desembocaron en la toma de posesión de la hermana de Thaksin como primera ministra.

En medio de estas turbulencias, empezó a asentarse un nuevo factor político: el sistema judicial. A partir de 2006, las sentencias de los tribunales superiores de Tailandia fueron marcando cada vez más la orientación de la política nacional. Los tribunales disolvieron el partido de Thaksin y también otros, prohibieron a varios dirigentes ejercer la política y, en un momento dado, descalificaron a un primer ministro por aceptar pagos a cambio de aparecer en televisión en un programa de cocina. En diciembre de 2008, el Tribunal Constitucional disolvió el partido gobernante por una causa bastante más seria, fraude electoral, un fallo que puso fin a tres meses de revueltas populares y abrió la puerta a la formación de una nueva coalición de gobierno.

Los tribunales tailandeses actuaron con respaldo. La intervención inicial de 2006 corrió a cargo de un tribunal creado por los militares. Y, poco tiempo antes, el rey de Tailandia —una figura con considerable autoridad moral— había pronunciado un discurso en el que instaba a los jueces a actuar con prudencia. Aun así, la irrupción de los tribunales en la vida política alteró las tradiciones históricas y dio a los manifestantes y activistas un nuevo foro para presentar sus argumentos. En India, el Tribunal Supremo ha ocupado el vacío dejado por la ineficaz coalición del primer ministro Manmohan Singh y se ha dedicado a investigar la minería ilegal, revocar nombramientos e incluso decidir la edad de jubilación del jefe del ejército. Un comentarista local describió la situación así: «India se ha convertido en una república bananera en la que la banana la pela el Tribunal Supremo».[33]

Una cosa es un sistema judicial que funcione y otra muy distinta, unos tribunales que resuelven las disputas políticas o intervienen para apartar gobiernos, legitimar otros o decidir cuál de los candidatos ganó las elecciones presidenciales. En el año 2000, por ejemplo, los tribunales supremos de Florida y Estados Unidos decidieron que George W. Bush, y no Al Gore, sería el próximo presidente. En la Italia de los años noventa, la investigación de Mani Pulite («Manos Limpias») ordenada por un grupo de jueces italianos, encabezados por Antonio di Pietro, sacó a la luz un sistema de corrupción tan amplio que se le dio el nombre de *Tangentopoli*, «villa soborno». En el plazo de unos meses, la investigación atrapó en su red a dirigentes de partidos, antiguos ministros y funcionarios regionales, además de a numerosos empresarios.

Al final, las pesquisas implicaron a tantas figuras de los partidos tradicionales italianos, entre ellos los democristianos y los socialistas, que en las elecciones sucesivas dichos partidos acabaron cayendo en la irrelevancia. En 1994, la Democracia Cristiana, que había dado a Italia la mayoría de sus primeros ministros desde la Segunda Guerra

Mundial, se disolvió y se dividió en otros partidos más pequeños. Ese mismo año, el Partido Socialista —cuyo líder, Bettino Craxi, había sido primer ministro en los ochenta pero era uno de los principales objetivos de la investigación— también se disolvió, después de 102 años de existencia. Obviamente, Mani Pulite no eliminó la corrupción en Italia, pero sí transformó por completo el panorama político italiano al hacer volar en pedazos el viejo sistema de partidos y preparar el terreno para nuevos grupos en la derecha (Forza Italia, de Silvio Berlusconi), la izquierda (los Demócratas) y partidos regionales y de otro tipo. Los jueces volvieron a adquirir protagonismo durante el largo reinado de Berlusconi, que se vio envuelto en un escándalo tras otro y fue blanco frecuente de investigaciones judiciales.

Estas investigaciones convirtieron a algunos jueces en estrellas mediáticas y nuevos actores de la vida política. Antonio di Pietro, el juez más visible de Mani Pulite, acabó dimitiendo de su cargo y se lanzó a la política al frente de un pequeño partido. Baltasar Garzón, el juez español responsable de numerosas causas de gran impacto mediático tanto en su país como en el extranjero, ha investigado a políticos y banqueros españoles, la organización terrorista vasca ETA, así como a funcionarios estadounidenses, sospechosos de pertenecer a Al-Qaeda y antiguos miembros de la junta militar argentina. Su caso más famoso fue la demanda de extradición del ex dictador chileno Augusto Pinochet, que provocó un largo arresto domiciliario del general en Gran Bretaña en 1998-1999. (Posteriormente, el mismo Garzón sería procesado y suspendido de sus funciones por haber sobrepasado sus competencias en la investigación de las atrocidades cometidas por el régimen de Francisco Franco.) La creación de la Corte Penal Internacional en La Haya y el establecimiento de tribunales internacionales para crímenes de guerra han convertido en figuras públicas mundiales a magistrados como el sudafricano Richard Goldstone y la canadiense Louise Arbour. Su fama y su poder en la escena mundial superan con mucho los de varios de sus predecesores en los dos tribunales aliados de crímenes de guerra tras la Segunda Guerra Mundial.

En el panorama de la política nacional, el creciente poder de los jueces varía enormemente de un país a otro, pero en general representa nuevas limitaciones para el ejercicio del poder por parte de gobiernos y partidos políticos. Es cierto que muchos sistemas judiciales tienen una independencia dudosa y, por consiguiente, el hecho de que sea más frecuente que el poder judicial tome decisiones de alto contenido político no es ninguna garantía de prudencia. En Pakistán, por ejemplo, muchos sospechan que el ejército ha utilizado el Tribunal Supremo para mantener un fuerte control sobre el gobierno civil. Venezuela, Ecuador y Argentina son ejemplos de países de América Latina donde el poder judicial se ha transformado en un beligerante actor político.

En resumen: en todo el mundo es fácil observar un renovado activismo político del poder judicial. Esto no implica necesariamente un progreso democrático, y el papel de los jueces varía mucho de un país a otro. De lo que no cabe duda es de que en las últimas tres décadas los jueces se han convertido en una fuerza política que, con creciente frecuencia, socava el poder del presidente y a veces el del Parlamento.

De líderes a gente corriente

¿Quiénes son nuestros líderes? Hubo una época en la que los líderes estaban inextricablemente unidos al aparato de los gobiernos y los partidos. Incluso los revolucionarios aspiraban a ocupar un alto cargo en la burocracia pública. En los últimos tiempos, sin embargo, muchos de nuestros héroes han llegado a la fama a través del mundo digital, empleando la tecnología para difundir los mensajes e influir en los resultados, cosas para las que antes hacían falta las infraestructuras de los partidos, las organizaciones no gubernamentales (ONG) o la prensa tradicional. El escritor y activista de Pekín Liu Xiaobo organizó en internet el manifiesto *Charter 08*, que pedía al gobierno de China que incorporase los valores democráticos universales y los derechos humanos a sus medidas de modernización y reforma; fue rápidamente detenido y encarcelado. Al año siguiente, cuando estaba en prisión por sus actividades «subversivas», obtuvo el Premio Nobel de la Paz.

En Egipto, Wael Ghonim pensó que los partidos de oposición al dictador Hosni Mubarak de su país eran débiles y poco de fiar, así que en 2011 organizó a través de Facebook un movimiento para exigir responsabilidades al gobierno. En Colombia, un ingeniero llamado Óscar Morales creó en 2008 un grupo de Facebook llamado «Un millón de voces contra las FARC» para protestar por los ataques generalizados del grupo insurgente contra la población civil, y logró convocar manifestaciones masivas y ejercer una presión que desembocó en la liberación de rehenes. Los activistas de Twitter ayudaron a poner en marcha la transición política en Moldavia. El abogado keniano Ory Okolloh y un bloguero llamado «M» lanzaron en 2006 una página para vigilar y controlar la corrupción política de su país.[34] La norteamericana de origen iraní Kelly Golnoush Niknejad creó TehranBureau.com con el fin de reunir y difundir noticias proporcionadas directamente por sus compatriotas durante la revuelta popular en Irán tras las elecciones presidenciales de 2009 y la expulsión del país de los periodistas extranjeros.[35] Sami Ben Gharbia, bloguero y activista en la sociedad civil, contribuyó a agitar las manifestaciones contra el régimen utilizando el blog de su grupo para dar a conocer las desoladoras historias de corrupción contenidas en los cables diplomáticos estadounidenses hechos públicos por WikiLeaks.

Estos son solo algunos de los ejemplos pioneros de una tendencia que hoy ya es muy conocida y que forma parte inevitable de la dinámica política en un número creciente de países: el uso de las redes sociales para movilizar y coordinar grandes grupos de activistas alrededor de una causa sin necesidad de depender o siquiera involucrar a las agrupaciones políticas de siempre. Estos nuevos actores están enriqueciendo el ámbito del discurso político en todo el mundo y cambiando la manera en que se obtiene, se usa y se pierde ese poder. Actúan fuera de los canales convencionales y escapan al control de los gobiernos y las organizaciones políticas tradicionales. Son ubicuos y, ante la represión, pueden ser muy escurridizos. Pero la tecnología no es más que el instrumento. Lo importante es la difusión del poder que ha colocado a los individuos en una posición sin precedentes, que les permite no solo eludir las instituciones políticas desarrolladas durante decenios sino también influir, persuadir o limitar a los políticos «reales» de forma más directa y eficaz de lo que podía haber imaginado cualquier teórico político clásico.

«Hedge funds» y ciberactivistas

John Paulson y Julian Assange no pueden ser personas más diferentes. El primero dirige Paulson & Co, uno de los mayores fondos de inversión de riesgo del mundo. Como se sabe, Assange es el fundador de WikiLeaks, la organización de internet que se especializa en divulgar informaciones secretas de gobiernos y empresas. Y, sin embargo, los dos tienen algo muy importante en común: ambos simbolizan una nueva casta de actores que, al limitar el poder de los gobiernos, están transformando la política nacional.

Con su capacidad para sacar miles de millones de dólares a la velocidad de la luz de un país de cuyas políticas económicas desconfían, los *hedge funds* no son más que una de las muchas instituciones financieras cuyas decisiones coartan el poder de los gobiernos. El escritor y columnista de *The New York Times* Thomas Friedman llama a esas limitaciones «la camisa de fuerza dorada»:

> Para entrar en ella, un país tiene que adoptar o dar la impresión de que pretende adoptar estas reglas de oro: hacer que el sector privado sea el principal motor de su crecimiento económico, mantener una tasa de inflación baja y la estabilidad de los precios, reducir el tamaño de la administración pública, mantener un presupuesto lo más equilibrado posible, si no con superávit, eliminar y reducir los aranceles sobre los bienes importados, eliminar las restricciones a las inversiones extranjeras, librarse de cuotas y monopolios nacionales, aumentar las exportaciones, privatizar las industrias y los servicios de propiedad estatal, desregular los mercados de capitales, hacer convertible la divisa, abrir las industrias, las bolsas y los mercados de deuda a las inversiones extranjeras, liberalizar la economía para promover la máxima compe-

> tencia posible, eliminar en la medida de lo posible la corrupción, los subsidios y los cobros de comisiones en el gobierno, abrir la banca y los sistemas de telecomunicaciones a la propiedad privada y la competencia, y permitir que los ciudadanos puedan escoger entre un abanico de opciones distintas para las pensiones que incluyan fondos de inversión colectiva y fondos de pensiones extranjeros. Al unir todas estas piezas, se obtiene la camisa de fuerza dorada ... Y cuando un país se coloca la camisa de fuerza dorada, suelen ocurrir dos cosas: la economía crece y la política disminuye. Es decir, en el plano económico, la camisa de fuerza dorada suele fomentar más crecimiento, más empleo y mayores ingresos para la población gracias al aumento del comercio, las inversiones extranjeras, la privatización y un uso más eficiente de los recursos bajo la presión de la competencia internacional. Sin embargo, en el plano político, la camisa de fuerza dorada reduce las opciones políticas y de estrategia económica de quienes están en el poder a unos parámetros relativamente estrechos. Los gobiernos —ya estén dirigidos por demócratas o republicanos, conservadores o laboristas, gaullistas o socialistas, democristianos o socialdemócratas— que se alejan demasiado de las reglas esenciales verán que los inversores huyen en desbandada, los tipos de interés suben y los valores bursátiles caen.[36]

El caos creado por la crisis financiera en Europa es un ejemplo extremo del poder de los mercados financieros mundiales, que pueden imponer condiciones a los gobiernos e incluso, como sucedió en Grecia, contribuir a derrocarlos cuando se resisten a llevar adelante las reformas económicas exigidas por ellos.

Ahora bien, como vimos antes, también se ha convertido en el azote de los gobiernos una nueva clase de activistas políticos independientes de los partidos políticos y otras organizaciones tradicionales. Hoy en día, estos activistas reciben el nombre de *hacktivists*, «ciberactivistas» (un término acuñado en 1996 por Omega, miembro de un grupo de piratas informáticos que se denominaban a sí mismos El Culto a la Vaca Muerta). El ciberactivismo, definido como «el uso de herramientas digitales legales o ilegales para lograr unos fines políticos»,[37] empuja a los gobiernos a un interminable juego del gato y el ratón de alta tecnología, un desafío que incluye y rebasa los esfuerzos para penetrar y poner en peligro redes informáticas.

También comprende el uso de una variedad de tecnologías de la información y la comunicación (TIC) que el catedrático de Stanford Larry Diamond llama «tecnologías de la liberación». Como dice en su libro homónimo:

> Hace años, mientras llevaba a cabo una investigación sobre la lucha mundial por la democracia, me llamó la atención el creciente uso de internet, la blogosfera, las redes sociales y los teléfonos móviles para denunciar y rechazar los abusos de los regímenes autoritarios, proporcionar canales alternativos para diseminar información y el uso de medios de comunicación más inmunes a la censura y los controles impuestos por las dictaduras.
>
> En 2007, estas tecnologías digitales —que hoy parecen de hace una generación, por la velocidad a la que se han desarrollado— ya habían logrado varios éxitos asombrosos. Habían permitido a la sociedad civil filipina llenar las calles para derrocar a un presidente corrupto (Joseph Estrada); habían facilitado las rápidas movilizaciones masivas de la Revolución Naranja en Ucrania y la Revolución del Cedro en Líbano en protesta contra regímenes autoritarios; habían documentado la manipulación de las elecciones de 2007 en Nigeria; habían denunciado (mediante fotografías por satélite) las estremecedoras desigualdades encarnadas en los inmensos complejos palaciales de la familia real de Bahréin, y habían forzado la interrupción de una planta química peligrosa para el medio ambiente en Xiamen, China, gracias a la difusión viral de cientos de miles de apasionados mensajes de texto de móvil. A las TIC que estaban utilizando estos ciudadanos les di el nombre de «tecnologías de la liberación» porque estaban demostrando su capacidad de permitir a los ciudadanos enfrentarse, contener y pedir cuentas a los regímenes autoritarios, e incluso de liberar a sociedades enteras de la autocracia.[38]

La centrifugadora política

Para un político profesional forjado en la mentalidad clásica del oficio, el efecto combinado de sesenta años de fragmentación en la vida política nacional ha sido devastador. El «sentimiento de prestigio» que según Max Weber era el anhelo profundo de un político está desvaneciéndose, por la sencilla razón de que el poder subyacente de los cargos políticos está menguando.

Nuestras opiniones, decisiones y acciones tienen su reflejo y su inspiración en el hecho de que hoy vivimos en un mundo con más gente, más naciones, más gobiernos, más instituciones y organizaciones políticas que nunca. Las migraciones y la urbanización han creado nuevas redes políticas, sociales, culturales y profesionales, concentrándolas en núcleos urbanos dotados de un poder nuevo y cada vez mayor. Las normas globales tienen mayor alcance, y las aspiraciones y expectativas individuales se han intensificado y propagado gracias a las redes sociales, la fibra óptica, las antenas parabólicas y los *smartphones*. Es como si una centrifugadora política hubiera tomado los elementos que constituyen la política tal como la conocemos y los hubiera esparcido por un escenario nuevo y más amplio. He aquí algunas de sus repercusiones fundamentales.

Desintermediando a los partidos políticos

Una de las funciones primordiales de la política es identificar, articular y transformar en acciones de gobierno los intereses de la gente. En teoría, los partidos políticos (o los grupos organizados dentro de un sistema de partido único como en China, o los sindicatos y las asociaciones cívicas) representan a la gente corriente y transmiten sus opiniones y deseos a quienes dentro del gobierno tienen el deber y el poder de satisfacer los deseos del pueblo.

En otras palabras, los partidos políticos sirven (o deberían servir) de intermediarios entre la gente y su gobierno. Su función es conectar los deseos y necesidades de los votantes con las actividades y decisiones del gobierno.

A los partidos les cuesta cada vez más desempeñar con eficacia ese papel crucial. ¿Por qué? Porque los canales que conectan a la gente con el gobierno son ahora mucho más cortos y más directos que antes y aparecen cada vez más actores capaces de intervenir en ese proceso y competir con los partidos en el desempeño de ese papel. Más que nunca, la gente puede expresar sus deseos y defender sus intereses sin necesidad de que los partidos políticos actúen como intermediarios. Lena Hjelm-Wallén, antigua viceprimera ministra y ministra de Exteriores de Suecia, con una mezcla de exasperación y resignación en la voz me dijo: «La gente se moviliza más por cuestiones concretas que la afectan en su vida diaria que por las ideologías abstractas y generales que representan los partidos».[39] Los nuevos grupos, foros y plataformas orientan el apoyo de la población hacia los líderes políticos que ofrecen beneficios y asumen su responsabilidad sin necesidad de contar con un partido político que les sirva de intermediario. En un panorama en que los resultados de las elecciones, y por tanto los parlamentos, están fragmentados, los partidos políticos dominantes han perdido gran parte de su poder y de su capacidad para servir a sus votantes. Por tanto, adherirse a un pequeño partido nuevo, votar por él o incluso crearlo tiene un coste mucho menor que antes. Un factor crucial es que apoyar a uno de estos nuevos partidos también tiene menos costes de oportunidad; en otras palabras, renunciamos a menos cosas si votamos o apoyamos a un partido pequeño en lugar de a uno grande o si participamos en el proceso político a través de otros métodos completamente distintos. Los partidos políticos grandes y establecidos siguen siendo el principal vehículo para obtener el control del gobierno en una democracia. Pero cada vez están más socavados por nuevas formas de organización y participación política.

Gobiernos atados de pies y manos

Lo que este capítulo ha demostrado es que la degradación del poder ha limitado la autonomía de actuación del poder ejecutivo. Incluso en los sistemas presidencialistas, la creciente división de la política en facciones rivales hace que, con frecuencia, sea más difícil aprobar una ley en el Parlamento. Pero las limitaciones que sufre el gobierno proceden también de fuera del sistema político convencional. La lista de actores con la capacidad de realizar denuncias, retirar un apoyo fundamental o presentar un relato perjudicial que impida actuar al gobierno, va desde los acreedores y los activistas internacionales hasta los blogueros y los famosos. Ricardo Lagos, ex presidente de Chile, me dijo:

> Cuanto más poder tienen las ONG para perseguir sus fines unidimensionales, menos poder tiene el gobierno para gobernar. En efecto, muchas ONG son grupos de intereses con un solo objetivo, que tienen más agilidad política, destreza con los medios y flexibilidad internacional que la mayoría de los gobiernos. Su proliferación ata de pies y manos a la maquinaria del gobierno y limita enormemente sus opciones. Yo lo experimenté cuando era presidente y lo veo en mis viajes, cuando hablo con otros jefes de Estado y ministros. En general, las ONG son beneficiosas para la sociedad, pero su visión con orejeras y las presiones que tienen para mostrar resultados a sus bases y sus donantes pueden volverlas muy rígidas.[40]

En el pasado, los gobiernos podían intentar transformar el paisaje político —para satisfacer las demandas populares o, por el contrario, para reprimirlas— modificando las reglas electorales, aprobando enmiendas constitucionales o imponiendo leyes de emergencia. Hoy todavía pueden ensayar medidas así, pero cada vez es más habitual que tengan que enfrentarse a escrutinios y actuaciones procedentes de fuera de la política convencional.

Llegó la hipercompetencia a la política

Con la dispersión del poder político se han difuminado los límites entre las diferentes categorías de actores: partidos políticos (grandes y pequeños, dominantes y marginales, revolucionarios o conservadores), grupos activistas, prensa, votantes, etcétera. Hoy en día esto es natural y se espera que los funcionarios en cargos electos, así como las diferentes agencias del Estado, tengan su propia estrategia comunicacional y cuenten con equipos profesionales para elaborar su propio material informativo para los medios, y que intenten comunicarse directamente con los votantes a través de internet y otros canales. Los grupos de interés que tienen un solo objetivo (los ecologistas, los antiinmigrantes, etcétera) ya no solo tratan de influir sobre las decisiones de quienes han llegado a gobernar por la vía de los votos sino que, con mucha frecuencia, ellos mismos tratan de obtener esos votos y ser elegidos para cargos de influencia.

Como las barreras a la participación son más bajas que nunca, el número de candidatos y grupos que compiten entre sí por votos, donantes, cargos, presupuestos, la atención de los medios de comunicación y el apoyo de los votantes ha aumentado sustancialmente. En política, la competencia siempre ha existido. Pero ahora no solo se ha intensificado, sino que han cambiado los competidores y las normas que rigen dicha competencia.

Más poder para los individuos

El creciente papel de los individuos —no políticos, no profesionales— es tal vez la consecuencia más apasionante y estimulante de la centrifugadora política. Es resultado de la caída de las barreras financieras, jurídicas, organizativas y culturales que separaban a los profesionales de la política del ciudadano común.

El declive de los grandes partidos políticos y la proliferación de métodos directos e inmediatos para entrar en la arena política han debilitado estas barreras. Esta evolución abre más posibilidades para variaciones y adaptaciones de la democracia directa, según el modelo del ágora ateniense o los cantones suizos, trasladados a la era digital. Pero dicha evolución también abre posibilidades menos deseables: candidatos carismáticos o bien financiados (o ambas cosas) tienen ahora más posibilidades de obviar el escrutinio y los procesos de selección de los partidos políticos e irrumpir en la competencia por los votos simplemente con promesas atractivas para la población, una personalidad atractiva y mucho dinero para financiar su campaña electoral (muchas veces sin que importe demasiado el origen de los fondos).

Las preocupaciones del ex presidente brasileño Fernando Henrique Cardoso, el antiguo vicecanciller alemán Joschka Fischer, la ex ministra sueca Lena Hjelm-Wallén y el ex presidente chileno Ricardo Lagos no son gratuitas ni se originan en la nostalgia por un pasado en el que cada uno de ellos tuvo mucho poder. Sus preocupaciones se basan en la obvia observación de que las democracias comienzan a perder eficacia a medida que las decisiones necesarias —y hasta las más urgentes— que debe tomar el gobierno se ven impedidas, diluidas o pospuestas como resultado de la fragmentación del poder y la proliferación de grupos e individuos con capacidad para bloquear procesos y decisiones, pero sin el poder de imponer un programa o una estrategia.

La centrifugadora política también desafía a los regímenes autoritarios, porque hace que sus enemigos sean más escurridizos y facilita la entrada de nuevos rivales y contendientes. Pero, sobre todo, porque no hay nada que amenace más a un régimen autoritario que tener en calles y plazas a cientos de miles de personas que han perdido el miedo y que, sin líderes ni cadenas de mando claras, se han organizado espontáneamente para exigir cambios que el gobierno teme hacer o no sabe ni quiere afrontar.

Sin embargo, sus efectos también son un reto para las democracias. Para muchos de sus defensores, la democracia es una meta, y la degradación del poder de los gobiernos autoritarios ha contribuido a orientar a muchos grandes países hacia la senda de la democracia. Pero los efectos de la degradación no se detienen ahí. Las profundas fuerzas económicas, tecnológicas y culturales que la impulsan dan fuerza a una gran variedad de ideas y sentimientos, no todos ellos democráticos. El separatismo regional, la xenofobia, las campañas contra los inmigrantes y los fundamentalismos religiosos también se benefician de la degradación del poder. El único efecto de la centrifugadora política común a todas partes es que complica el panorama político y borra los viejos modelos y costumbres. La única certeza es que va a seguir haciéndolo.

6

Pentágonos contra piratas: el poder menguante de los grandes ejércitos

Al-Qaeda gastó alrededor de quinientos mil dólares para llevar a cabo los ataques del 11-S, y las pérdidas directas causadas por la destrucción de aquel día, más los costes de la respuesta de Estados Unidos a los atentados, ascendieron a 3,3 billones de dólares. En otras palabras, por cada dólar que Al-Qaeda dedicó a planificar y realizar los atentados, Estados Unidos gastó siete millones.[1] El coste del 11-S equivale a la quinta parte de la deuda nacional estadounidense. En 2006, durante la guerra del Líbano, Hezbolá disparó un misil de crucero de precisión contra un buque israelí. El misil alcanzó el objetivo y estuvo a punto de hundir el *Hanit* («Lanza»), una corbeta de la armada de Israel equipada con sistemas de defensa antimisiles. El coste del buque israelí era de 260 millones de dólares; el precio del misil, tan solo 60.000 dólares.[2] En 2011, los piratas somalíes obligaron al mundo a afrontar unos costes de entre 6.600 y 6.900 millones de dólares. Lanzaron la cifra récord de 237 ataques —frente a 212 en 2010—, a pesar de las patrullas permanentes de una flota multinacional que incluía varios buques de guerra con las tecnologías más avanzadas de la historia.[3]

Los terroristas, insurgentes, piratas, guerrilleros y delincuentes no son nada nuevo. Pero, para adaptar una conocida frase de Churchill, en el terreno del conflicto humano, nunca tan pocos tuvieron la posibilidad de hacer tanto daño a tantos a un precio tan bajo. Es decir, también en el ámbito de los conflictos armados los micropoderes, aunque no suelen ganar, le están haciendo la vida más difícil a las fuerzas armadas más grandes y costosas del mundo.

La capacidad cada vez mayor de pequeños y ágiles grupos de combatientes para defender sus intereses, al tiempo que causan daños importantes a enemigos militares mucho mayores y más establecidos, es una de las maneras en que ha cambiado el ejercicio del poder mediante la fuerza; otra es que los estados con ejércitos tradicionales son menos capaces y están menos dispuestos a hacer pleno uso del inmenso poder destructivo del que disponen. Aunque es evidente que los micropoderes actuales no pueden combatir frontalmente a las potencias militares, cada vez tienen más capacidad de «negar» la victoria de los actores más grandes y tecnológicamente más avanzados en un conflicto asimétrico, un hecho indicativo de una transformación fundamental del poder militar.

John Arquilla es uno de los más respetados pensadores en el terreno de la guerra moderna. Cree que el mundo ha entrado en «una era de guerra irregular perpetua». Escribe:

> Los líderes militares tradicionales no tienen mucho que decir o aportar sobre las guerras de hoy. Tampoco los principios clásicos de la guerra nos son de mucha ayuda, en particular la noción de que para ir a la guerra hay que ir «con todo» y hacer un uso masivo de soldados, armas y equipos. Esta es la doctrina defendida por Colin Powell y que llamó «usar fuerza abrumadora» y otros conceptos como el de «shock and awe» («conmoción y espanto»). Estas ideas ya empezaban a tambalearse en la época de la guerra de Vietnam; hoy está claro que los intentos de actualizarlas para su uso en contra de los insurgentes y las redes terroristas serán igual de problemáticos.[4]

Cuando se trata de desplegar y utilizar el poder, la fuerza militar representa el medio por excelencia. Mientras que la política intenta persuadir, la guerra —o la amenaza de guerra— busca coaccionar. El poderío militar, medido por el tamaño de un ejército, su equipamiento y su capacidad técnica, es la expresión más extrema del poder. La fuerza armada es la cruda realidad que queda cuando se eliminan las sutilezas de la diplomacia, la persuasión de la publicidad y el *poder blando*. Y es bien sabido que cuando hay confrontaciones entre países el equilibrio del poder suele inclinarse hacia la nación con el mayor arsenal. Como preguntó una vez Iósif Stalin cuando le dijeron que debería ayudar a los católicos en Rusia para granjearse el favor del Papa: «¿El Papa? ¿Cuántas divisiones tiene él?». (Al enterarse de la pregunta de Stalin, el papa Pío XII replicó en tono severo: «Puede decirle a mi hijo Iósif que se encontrará con mis divisiones en el cielo».)[5]

Aunque han pasado ya casi siete décadas desde la Segunda Guerra Mundial y dos desde la carrera armamentística de la Guerra Fría, los estrategas militares continúan prefiriendo la doctrina de que gana el que tenga una potencia de fuego superior. Siguen suponiendo que un ejército grande y tecnológicamente avanzado es esencial para la seguridad y el poder.

La primera prueba de que no es así la tenemos en Estados Unidos. En 2012, su presupuesto de defensa superó los setecientos mil millones de dólares,[6] casi la mitad del gasto militar en el mundo. Otros gastos relacionados de diversos organismos elevaron el total a alrededor de un billón de dólares. China y Rusia, los mayores rivales militares de Estados Unidos, no sumaron más que el 8 por ciento y el 5 por ciento del gasto militar mundial, respectivamente, a pesar de que sus presupuestos (en especial el de China) están aumentando a toda velocidad. Solo unos veinticinco países, la mayoría de ellos en Oriente Próximo, dedicaron una mayor proporción de su PIB al gasto militar. Incluso con los recortes en el gasto de defensa que prevé hacer Estados Unidos en los próximos diez años, la inversión será inmensa. En 2017, cuando entren en vigor los recortes previstos, el presupuesto de defensa estadounidense será aún seis veces mayor de lo que gasta hoy China y más que los diez siguientes países todos juntos.[7] Con este presupuesto ligeramente reducido, Estados Unidos seguirá disponiendo de once portaaviones y conservará intactos los tres pilares de su tríada nuclear (bombarderos de largo alcance, misiles balísticos intercontinentales y submarinos equipados con misiles).[8]

En las dos últimas décadas, cada vez que Estados Unidos ha emprendido una guerra convencional, sus fuerzas han triunfado con facilidad. Pero las guerras convencionales han sido escasas: solo la primera guerra del Golfo, en 1991, y seguramente la segunda, aunque el ejército iraquí no ofreció mayor resistencia. En 2008, el secretario de Defensa estadounidense, Robert Gates, observó que, de todos los despliegues de fuerzas norteamericanas a lo largo de más de cuarenta años, solo uno —la primera guerra del Golfo— había sido «un conflicto convencional más o menos tradicional». Los demás, Granada, Líbano, Somalia, Kosovo, Irak y Afganistán, habían consistido en campañas de contrainsurgencia, antiterrorismo o intervenciones políticas o humanitarias, más que el enfrentamiento sostenido de dos ejércitos con una estructura tradicional de mando y control.

Esta tendencia es válida para el mundo en general. Durante los años cincuenta se libraron cada año una media de seis conflictos internacionales, frente a un promedio de menos de uno al año en la primera década de este milenio.[9] Y en los últimos sesenta años no ha habido ni una sola guerra entre las grandes potencias.[10]

Eso no significa que no haya guerras. Si bien el número de conflictos armados con participación de estados cayó un 40 por ciento en todo el mundo entre 1992 y 2003 (este porcentaje incluye no solo las guerras entre estados, sino las guerras entre estados y grupos no estatales), desde ese año se ha incrementado.[11] Y, después de una disminución desde 2003, los conflictos armados sin participación de estados —que el *Human Security Report Project* define como «el uso de la fuerza armada entre dos grupos organizados, ninguno de los cuales es el gobierno de un Estado»— sufrieron un drástico aumento a partir de 2008.

Hoy en día la guerra ha adoptado distintas formas, y los grandes aparatos militares convencionales tienen dificultades para adaptarse a ellas. Recordemos estas instantáneas de los últimos diez años:

- *Juz Ghoray, Afganistán, octubre de 2011*: mientras patrulla, un *marine* estadounidense encuentra un artefacto explosivo casero enterrado cerca de un promontorio llamado Colina Fea. Cuando trata de desactivarlo ve otro y, al moverse, pisa un tercero, que le destroza la pierna derecha y hace que se convierta en uno de los doscientos cuarenta soldados del ejército de Estados Unidos que perdieron una extremidad en 2011.[12] Tuvo suerte: doscientos cincuenta soldados de la coalición perdieron la vida por culpa de artefactos caseros ese año.

- *Bombay, India, 26-29 de noviembre de 2008*: después de secuestrar un barco pesquero indio, diez pistoleros paquistaníes llegan por mar a la ciudad y llevan a cabo varios atentados que matan a 168 personas y hieren a más de trescientas, hasta que ellos mismos acaban muertos o capturados.
- *Monterrey, México, 25 de agosto de 2011*: pistoleros de los Zetas, el cártel de la droga más violento del país, atacan un casino, disparan contra los clientes y le prenden fuego. En la matanza mueren más de cincuenta personas.
- *Nordeste de la isla de Socotra, Yemen, 7 de febrero de 2012*: piratas somalíes asaltan y se apoderan de un buque de carga de propiedad griega y con bandera de Liberia, y lo llevan a la costa de Somalia; es uno de los treinta y siete abordajes cometidos y el undécimo barco secuestrado con su tripulación desde el comienzo del año.[13]
- *Washington, D.C., mayo de 2010*: la Cámara de Comercio de Estados Unidos descubre que unos piratas informáticos chinos han tenido acceso a su red informática durante el año anterior y que han obtenido información sobre los miembros y los historiales de correo electrónico de varios de sus empleados, además de controlar incluso los termostatos del edificio.[14] Es uno más de cientos de ataques de este tipo contra oficinas de la administración, las fuerzas armadas y diversas empresas de Estados Unidos y otros países; ataques lanzados por piratas informáticos de China, Rusia y otras naciones, muchos de ellos vinculados a gobiernos.

Como muestran estos ejemplos, el reto para los poderes militares tradicionales como Estados Unidos no es solo cómo responder a un nuevo grupo de enemigos, sino cómo reaccionar a la transformación de la guerra misma, impulsada en buena parte por la cara oscura de las revoluciones del *más*, de la *movilidad* y de la *mentalidad*.

Los explosivos caseros improvisados (conocidos como IED por sus siglas en inglés), por ejemplo, se han convertido en el arma preferida en Afganistán, Irak, Siria y muchos otros lugares de conflicto. Los IED no necesitan plutonio, explosivos sofisticados ni complejas aleaciones, sino ingredientes caseros o agrícolas y artículos de consumo manipulados y ensamblados para construir bombas. Los diseñan individuos que se han beneficiado de la enorme expansión de las oportunidades educativas en todo el mundo (un estudio sobre el perfil de los terroristas encontró que un porcentaje desproporcionado de ellos eran ingenieros o habían realizado cursos de ingeniería). Tanto la amplia disponibilidad de materiales para la producción de las bombas «hechas en casa» como de «técnicos» capaces de ensamblarlas son fruto de la revolución del *más*. Igual que los piratas, que emplean esquifes de fibra de vidrio, AK-47 baratos y cohetes lanzagranadas para secuestrar gigantescos buques de carga, los terroristas que atentaron en Bombay aprovecharon la disponibilidad de armas y las tecnologías de la comunicación, subproductos de las revoluciones del *más* y de la *movilidad*, entre los que están el GPS que les ayudó a navegar por aguas indias y los teléfonos por satélite, así como los teléfonos móviles que utilizaron para coordinarse, seguir los movimientos de la policía y transmitir los mensajes sobre sus actos criminales al mundo exterior. Gracias a la facilidad de los viajes y las comunicaciones, hasta un terrorista solitario puede organizar un ataque de gran impacto contra un blanco lejano, una acción que en otro tiempo habría necesitado de bombarderos o misiles y mucho dinero; recordemos al «terrorista del zapato» Richard Reid y al «terrorista de los calzoncillos» Umar Abdulmutallab, que estuvieron a punto de tener éxito en su intento de derribar los aviones en los que viajaban.

Por su parte, la revolución de la *mentalidad* ha despertado aspiraciones y expectativas que con frecuencia se ven cruelmente frustradas o distorsionadas, y así ha contribuido a movilizar una masa de fanáticos descontentos, criminales y presuntos revolucionarios, quienes hoy en día gozan, además, de gran movilidad. Y otro hecho tal vez igual de importante es que la lección de que un terrorista solitario o un pequeño grupo de combatientes puede causar graves daños a una gran potencia ha quedado grabada en la mente de millones de personas que no la van a olvidar.

Estas nuevas capacidades no necesitan la jerarquía y la coordinación de las que tanto se enorgullecen los grandes ejércitos del mundo. A medida que han caído las barreras para participar en un conflicto, las ventajas que antes constituían el poderío de esos grandes ejércitos y garantizaban su capacidad de repeler cualquier ataque han perdido parte de su importancia. La movilización masiva de efectivos militares y fuerzas de tierra, mar y aire con la que se inició la invasión de Irak no ha sido el patrón que vemos en los conflictos del siglo XXI. No hay grandes descargas de artillería, ataques con carros de combate y batallas entre aviones supersónicos, ni mucho menos han contado con la fría lógica y las calculadas escaladas de la doctrina nuclear. Mientras tanto, las fuerzas de la OTAN también han aprendido a luchar en un entorno mediático distinto, en el que sus adversarios pueden difundir su mensaje con mayor facilidad gracias a las redes sociales y en el cual periodistas, blogueros y activistas comentan cada baja aliada y cada trágico episodio de daños colaterales para ofrecérselo a un público conectado y justificadamente ansioso.

La transformación del conflicto ha generado una intensa reflexión en los ministerios de defensa y academias militares, al tiempo que ha impulsado los intentos de adaptar la organización y la doctrina a las nuevas realidades. Tanto la edición de 2010 de la *Quadrennial Defense Review*, el principal documento de referencia para la estrategia y el presupuesto militar en Estados Unidos, como la *Defense Strategic Guidance* publicada en enero de 2012, subrayan la creciente importancia de los conflictos pequeños y asimétricos con una ecléctica variedad de enemigos;[15] este segundo documento sitúa «Antiterrorismo y guerra irregular» a la cabeza de la lista de misiones fundamentales de las fuerzas armadas estadounidenses.

Los estrategas militares norteamericanos también están preocupados por el hecho de que las armas de precisión avanzadas, capaces de derribar aviones, hundir barcos o alcanzar a un coche en movimiento por una autopista, estén cada vez más al alcance no solo de rivales como China y adversarios como Corea del Norte, sino también de terroristas, criminales y otros grupos armados que operan al margen de los estados. Thomas Mahnken, un antiguo alto funcionario y profesor en la Academia Naval, ha advertido de que «los adversarios están adquiriendo bombas inteligentes y las estructuras de apoyo indispensables para librar una guerra de precisión con una inversión mínima».[16] La tecnología de los *drones*, los aviones no tripulados que han revolucionado las labores de vigilancia y las operaciones de Estados Unidos contra insurgentes y terroristas, está extendiéndose cada vez más y hace pensar en la posibilidad de que cualquiera pueda provocar un caos a bajo costo, quizá tan solo por unos miles de dólares.

El gran auge de las pequeñas fuerzas

«Un príncipe desea hacer la guerra y, convencido de que Dios está del lado de los grandes batallones, duplica el número de sus tropas», escribió Voltaire en el siglo XVIII. La preferencia por «lo grande» en el mundo militar es legendaria. Pero igualmente legendarios son los ejemplos de pequeños ejércitos que se han enfrentado con éxito a esas grandes maquinarias militares. Desde David en la Biblia hasta el Vietcong en la guerra de Vietnam, la historia está repleta de adversarios más pequeños y peor equipados que resistieron y detuvieron, e incluso derrotaron, a enemigos superiores.

La batalla de las Termópilas, en el 480 a. C., es uno de los primeros ejemplos. Aprovechando la elevación y lo escarpado del terreno, tropas griegas mucho menos numerosas resistieron frente al ejército persa durante tres días e infligieron daños desproporcionados a sus enemigos, antes de ser aniquiladas en un heroico combate final. Los griegos perdieron en las Termópilas, pero debilitaron a las fuerzas persas y acabaron repeliendo la invasión.

Entre los pioneros modernos de este método bélico están el Che Guevara y Ho Chi Minh, además de Mao Zedong, cuya táctica de guerrilla en la guerra civil china contribuyó a imponer el gobierno comunista. Al establecer las diferencias entre la guerra de guerrillas y la guerra convencional, Mao llegó a la conclusión de que las dos tienen exigencias totalmente opuestas en materia de tamaño y coordinación. «En la guerra de guerrillas —escribió—, pequeñas unidades que actúan de manera independiente tienen el papel principal, y es preciso no interferir demasiado en sus actividades.» En la guerra tradicional, por el contrario, «el mando está centralizado ... Todas las unidades y todas las armas de apoyo en todas las zonas deben coordinarse al máximo». En la guerra de guerrillas, ese tipo de mando y control era «no solo indeseable, sino imposible».[17]

En lenguaje militar actual, las guerras de guerrillas son «irregulares» y «asimétricas». Son irregulares porque las inicia un adversario que, pese a estar armado, no es una fuerza militar tradicional. Y son asimétricas porque los distintos bandos no poseen el mismo poder militar, a juzgar por su personal y sus equipos. Hoy en día, las guerras irregulares y asimétricas se han convertido en habituales. En Afganistán, por ejemplo, más de cuatrocientos treinta mil soldados afganos y de la coalición han sido incapaces de someter a una fuerza talibán que es doce veces menos numerosa. En Irak, en el apogeo del refuerzo de tropas, en octubre de 2007, más de ciento ochenta mil soldados de la coalición y casi cien mil iraquíes de las fuerzas de seguridad se enfrentaban a tan solo veinte mil insurgentes.

Rusia vivió una experiencia similar en Chechenia: en 1999-2000, en lo que se conoce como la segunda guerra de Chechenia, más de ochenta mil efectivos rusos bien equipados estuvieron sitiados durante cinco meses por aproximadamente veintidós mil insurgentes que luchaban por su independencia. Al final, el ejército ruso venció y restableció el control federal del territorio, pero no sin antes lanzar una brutal campaña que provocó decenas de miles de víctimas civiles y la muerte de más de cinco mil soldados rusos.[18]

En toda África y en el sudeste asiático se pueden encontrar docenas de movimientos insurgentes nuevos y viejos, desde el Ejército de la Resistencia del Señor en Uganda hasta el Frente Moro de Liberación Islámica en Filipinas. Y están en claro aumento los conflictos militares no vinculados a la defensa de un territorio concreto, sino motivados por fines ideológicos, criminales, religiosos o económicos, capaces de traspasar fronteras. De las guerras que estallaron en los años cincuenta, solo una minoría enfrentaba a estados contra grupos armados sin relación con país alguno. Por el contrario, en los años noventa, los conflictos con grupos armados fueron mayoría. En 2011, el entonces subsecretario de Defensa estadounidense William Lynn explicó que el conflicto «normal» ha pasado de consistir en «períodos intensos pero breves» a «enfrentamientos menos intensos pero mucho más prolongados».[19]

Las fuerzas pequeñas están triunfando cada vez con más frecuencia, al menos en el sentido de conseguir sus fines y sobrevivir militarmente. El profesor de Harvard Iván Arreguín-Toft ha analizado 197 guerras asimétricas que se desarrollaron en todo el mundo en el período 1800-1998. Eran asimétricas porque de partida existía una gran diferencia entre los bandos en cuanto al tamaño de sus ejércitos, sus poblaciones y su armamento. Arreguín-Toft descubrió que el actor supuestamente «débil» había ganado el conflicto en casi el 30 por ciento de los casos. Este dato era en sí llamativo, pero todavía más extraordinaria era la tendencia a lo largo del tiempo. En los dos últimos siglos ha habido un aumento constante de las victorias del adversario supuestamente «débil». El actor débil no ganó más que el 11,8 por ciento de los conflictos entre 1800 y 1849, frente al 55 por ciento entre 1950 y 1998. Esto significa el vuelco total de un axioma fundamental de la guerra. En otro tiempo, la superioridad de la potencia de fuego suponía la victoria. Ahora ya no es así.[20]

Esto se debe en parte a que, en el mundo actual, el recurso a la barbarie por parte del bando más fuerte —por ejemplo, el bombardeo indiscriminado de las poblaciones civiles en la Segunda Guerra Mundial, el uso de la tortura por los franceses en Argelia o los asesinatos selectivos de miembros del Vietcong en Vietnam del Sur— ya no es aceptable desde el punto de vista político. Como dice Arreguín-Toft, algunas formas de barbarie —aquel controvertido programa de asesinatos de líderes guerrilleros enemigos en Vietnam, por ejemplo— pueden tener una eficacia militar inmediata. Pero a falta de una auténtica amenaza existencial contra un Estado más fuerte, en especial una democracia en la que la política militar suele ser objeto de intenso escrutinio, las iniciativas militares que chocan contra los valores y normas culturales de la población son insostenibles. Como me dijo el general retirado Wesley Clark, veterano de Vietnam y antiguo comandante supremo de la OTAN en Europa: «Hoy, un jefe de división puede controlar directamente los helicópteros de ataque a una distancia de entre cincuenta y setenta y cinco kilómetros del frente de batalla, y contar con lo que llamamos "dominio del pleno espectro" [control del aire, la tierra, el mar, el espacio y el ciberespacio]. Pero hay cosas que hacíamos en Vietnam y que no podemos hacer hoy. Tenemos más tecnología pero menos opciones legales». Los «éxitos» de las salvajes tácticas de la Rusia autocrática en Chechenia o de la brutal aniquilación de los Tigres de Tamil en Sri Lanka son ejemplos sanguinarios de hasta dónde hace falta llegar para que un bando con potencia de fuego superior venza hoy a un adversario tenaz, aunque militarmente más débil.

La importancia de los factores políticos a la hora de determinar el resultado de los conflictos asimétricos ayuda a explicar el ascenso actual del pequeño actor por excelencia: el terrorista. Atrás quedan las raíces del terrorismo en el Estado, durante el «Reinado del Terror» del régimen revolucionario francés, entre septiembre de 1793 y julio de 1794. Aunque el Departamento de Estado norteamericano da a alrededor de cincuenta grupos la designación de «organizaciones terroristas extranjeras», el número de estos grupos que están activos es seguramente el doble, algunos con docenas de miembros y otros con miles. Además, la capacidad de un individuo aislado o de un pequeño grupo para cambiar el rumbo de la historia mediante un acto de violencia era conocida ya antes de que el nacionalista serbobosnio Gavrilo Princip asesinara al archiduque Francisco Fernando en Sarajevo y desencadenara la Primera Guerra Mundial.

Lo que distingue al terrorismo moderno —cuyos máximos ejemplos son el 11-S, otros atentados de Al-Qaeda en Londres, Madrid y Bali, los atentados chechenos en Moscú y el atentado de Lashkar-e-Taiba en Bombay— es la elevación del terrorismo de un asunto de seguridad interior (que cada país abordaba a su manera) a una preocupación militar de alcance mundial. Los atentados terroristas de Osama bin Laden y su organización empujaron a los gobiernos de más de cincuenta países a gastar más de un billón de dólares en la protección de sus poblaciones frente a posibles ataques. Un importante documento francés sobre estrategia de defensa elaborado en 1994 contenía veinte referencias al terrorismo; la revisión de 2008 lo mencionaba 107 veces, mucho más que la palabra *guerra*. «Hasta el punto —escribieron los investigadores Marc Hecker y

Thomas Rid— de que esta forma de conflicto parece haber eclipsado la amenaza de la guerra.»[21]

El fin del monopolio supremo: el uso de la violencia

Cuanto más han crecido los actores pequeños y no estatales en importancia y eficacia en la guerra moderna, más han ido erosionando uno de los principios fundamentales que regía la política y el poder durante los últimos siglos. «El Estado —escribió Max Weber— es una asociación que reivindica el monopolio del uso legítimo de la violencia.» En otras palabras, parte de la definición y la razón de existir del Estado moderno era su capacidad de acaparar el poder militar. Organizar y controlar al ejército y la policía era prerrogativa del Estado, e impedir el uso de la violencia por parte de terceros en su territorio era una de sus responsabilidades, un elemento del contrato social que anclaba su legitimidad. Ese nuevo monopolio de la violencia significó el fin de las bandas medievales de saqueadores y de los soldados de fortuna, así como de las interminables jerarquías de señores feudales y vasallos, cada uno con su ejército, patrullando el mismo territorio. El control militar estaba profundamente unido a la soberanía.

Hoy, ese monopolio se ha desintegrado a múltiples niveles. Muchos gobiernos, desde México y Venezuela hasta Pakistán y Filipinas, han perdido el control de grandes áreas de su territorio, que grupos armados utilizan como bases para actividades que apoyan y defienden lucrativas empresas criminales transfronterizas.

Incluso la base de la guerra de guerrillas ha cambiado. Antes, el propósito de los movimientos guerrilleros solía ser tratar de expulsar a un invasor o colonizador y ganar o restablecer la soberanía. Según los teóricos de la guerrilla, el apoyo popular era fundamental para su legitimidad en sus territorios de actuación. «El guerrillero necesita toda la ayuda de la gente de la zona. Esta es una condición indispensable», escribió el Che Guevara. Hoy, la guerra de guerrillas traspasa cada vez más las fronteras: ya no depende del apoyo popular, por la sencilla razón de que ya no está vinculada a un territorio físico. Para combatir a los talibanes en Afganistán quizá sea necesario ganarse y convencer a la población afgana, pero para luchar contra Al-Qaeda y sus imitadores cuando atentan en Nueva York, Londres o Madrid tal vez hace falta el oficio de los agentes de los servicios de inteligencia más que el de los expertos en desarrollo económico.

Mientras tanto, ante las crecientes presiones presupuestarias, los estados han buscado formas de reducir la carga que suponen ejércitos gigantescos y han «externalizado» una parte cada vez mayor de lo que antes era su responsabilidad soberana.

La convergencia entre el Estado moderno y el ejército moderno no fue solo una cuestión de ideología o filosofía política. Fue un asunto profundamente práctico, un reflejo de los costes y la tecnología de la guerra. Durante siglos, los instrumentos de violencia fueron intensificándose, desde el auge de las armas de fuego hasta los sistemas informáticos, pasando por la artillería pesada, los tanques y los aviones de combate, y todo ello aumentó el coste y las necesidades logísticas indispensables para la eficacia militar.

Los teóricos militares hablan de la existencia de cuatro generaciones de guerra desde la fundación del Estado moderno. Cada una corresponde a una fase de la historia mundial, pero también refleja las innovaciones tácticas y los avances tecnológicos contemporáneos. Hasta la implantación de la ametralladora, por ejemplo, los ejércitos concentraban la potencia de fuego agrupando inmensos batallones de soldados en filas y columnas orientadas hacia la lucha por pequeñas parcelas de territorio. Las batallas desembocaban en campos llenos de cadáveres producidos por el combate cuerpo a cuerpo. El sangriento modelo se prolongó desde las guerras napoleónicas hasta la guerra de Secesión norteamericana, y culminó en las trincheras de la Primera Guerra Mundial. Este tipo de combate premiaba a los ejércitos más grandes y mejor organizados, porque ponía de relieve el tamaño (y por tanto una reserva suficiente de hombres) y la coordinación.

La primera mitad del siglo XX abrió paso a la artillería pesada, los tanques y los aviones, y a un modelo de combate en el que estas armas despejaban el camino y la infantería avanzaba después para adueñarse del terreno. Era más eficaz... y más caro. El coste de estos nuevos armamentos obligó aún más a agrandar los ejércitos.

Al examinar el panorama de principios del siglo XX, Max Weber decía que no había ningún motivo intrínseco por el cual las empresas privadas y capitalistas no pudieran llevar a cabo una guerra, pero que era imposible evitar una estructura fuerte y centralizada. Para Weber, las necesidades de tamaño, capacidades y tecnología hacían del ejército el paradigma de la organización moderna, centralizada y jerárquica. Según él, un ejército descentralizado estaba condenado al fracaso.

Ese consenso empezó a resquebrajarse en la Segunda Guerra Mundial, bajo los mazazos del *Blitzkrieg* alemán y su victoria sobre defensas estáticas como la Línea Maginot de Francia, una serie de fortificaciones que resultaron fáciles de rodear y neutralizar.

Los asaltos por los flancos del enemigo, los ataques por sorpresa y el uso de tropas aerotransportadas necesitaban más rapidez y agilidad de actuación, decisiones que los comandantes tendrían que tomar rápidamente sobre el terreno, sin tiempo para esperar las instrucciones del alto mando. El exceso de centralización podía, por tanto, ser un defecto fatal.

En años posteriores del siglo XX, nuevos conflictos introdujeron la tercera generación de la guerra. La agilidad y la flexibilidad se volvieron cada vez más valiosas. Armas sofisticadas como los misiles tierra-aire se volvieron más fáciles de transportar, lo cual permitió que los comandantes pudieran tomar decisiones muy sustanciales en el propio campo de batalla.

Aun así, la polarización de la Guerra Fría, la carrera armamentística que generó y la constante amenaza de un conflicto clásico entre estados hicieron que los grandes ejércitos del mundo siguieran dando más importancia al tamaño que a otras prioridades. Como dice el teórico militar John Arquilla, se generó «la dependencia de unas pocas unidades de gran tamaño en vez de muchas pequeñas».

En el caso del ejército de Estados Unidos, destaca Arquilla, su estructura ha cambiado poco desde la época de Vietnam hasta hoy. El ejército estadounidense, añade, «tiene un "problema de escala" crónico, es decir, una incapacidad de realizar tareas más pequeñas con menos elementos. A esto hay que añadir la mentalidad militar tradicional y jerárquica, que sostiene que más siempre es mejor; lo cual implica que, con menos, las cosas se tendrían que hacer peor».[22]

Muchos combatientes actuales estarían en desacuerdo. Un insurgente talibán que prepara un explosivo casero, un rebelde de las FARC colombianas, un comandante de Hamás, un bloguero yihadista sentado frente a un ordenador, están haciendo «más con menos». No son soldados alistados a la manera tradicional ni graduados de las academias de oficiales, pero no por ello tienen menos influencia en los asuntos militares. Y no son solo «los malos» —terroristas, insurgentes, piratas y delincuentes— los que son cada vez más numerosos y más eficientes. Junto con las fuerzas armadas nacionales de las democracias occidentales existe un abanico creciente de compañías militares privadas que llevan a cabo tareas militares y de seguridad antes reservadas a los ejércitos y la policía.

Esto tampoco es totalmente nuevo. En la Edad Media y el Renacimiento, era frecuente que se encargaran de hacer la guerra y las labores policiales personas contratadas para ello. Pero el mercado actual de los servicios militares privados, que se calcula que asciende a unos cien mil millones de dólares anuales, prácticamente no existía hace una generación. Y se ha extendido más allá del abastecimiento y la logística, funciones importantes en cualquier campaña militar, pero siempre en la retaguardia. Las empresas privadas han asumido algunas de las tareas más delicadas, incluido el interrogatorio de prisioneros. En 2011 murieron en Afganistán al menos cuatrocientos treinta empleados de contratistas estadounidenses, más que el número de bajas militares. Si L-3 Communications, uno de esos contratistas de defensa, fuera un país, habría sido el tercero por número de pérdidas de vidas humanas en Irak y Afganistán, después de Estados Unidos y Gran Bretaña.[23] «En los dos últimos siglos —escribió el investigador Peter Singer, un experto en el tema—, nunca se había recurrido tanto a los soldados privados para realizar tareas que afectan directamente al éxito táctico y estratégico del enfrentamiento.»[24]

Nacidas en muchos casos como pequeñas empresas en parques empresariales anónimos a las afueras de Washington o las zonas de Virginia próximas a la capital, firmas como Blackwater (ahora rebautizada Academi), MPRI, Executive Outcomes, Custer Battles,

Titan y Aegis asumieron papeles clave en distintas operaciones militares. Algunas fueron adquiridas por empresas más grandes, otras dejaron el negocio y unas terceras siguieron siendo independientes. Además de otras oportunidades recientes, las empresas militares privadas han encontrado un mercado para sus servicios en la protección de buques comerciales contra los piratas somalíes. Los mercenarios, con todas las antiguas connotaciones de la palabra, se han transformado en una industria diversa, global y en auge.

Los pensadores militares norteamericanos acuñaron el concepto de «guerra de cuarta generación» (en inglés, *fourth-generation warfare*, 4W) para describir un conflicto caracterizado por el difuminado de los límites entre la guerra y la política, lo militar y lo civil.[25] Es un conflicto en el que *un actor no estatal violento* (en ingles, VNSA) lucha contra un *Estado* y en el que el enfrentamiento es militar no solo en el estricto sentido de las hostilidades armadas, sino también porque se desarrolla entre los medios y la opinión pública y cada bando se esfuerza tanto por socavar las bases y la legitimidad del otro como por derrotarlo en el campo de batalla. El terrorismo, la guerra cibernética y la propaganda son instrumentos habituales de la guerra de cuarta generación.[26] La definición de este tipo de guerra empezó a formarse ya en 1989, cuando estaba llegando a su fin la Guerra Fría. Y en ese sentido, el éxito cada vez mayor de los adversarios de cuarta generación que se enfrentan a Estados Unidos, mucho menos ricos y peor equipados que las fuerzas armadas de la superpotencia, resulta todavía más extraordinario.

Un tsunami de armas

Durante décadas, los instrumentos de guerra fueron volviéndose más complejos, costosos y, como consecuencia, difíciles de obtener. Sin embargo, aunque Estados Unidos y otros países tienen todavía sus maravillas tecnológicas, el avión militar más apropiado para la guerra actual no es un caza que cueste decenas de millones de dólares, sino otro mucho menos caro y más flexible: el vehículo aéreo no tripulado, o *drone*.

Cada vez más países disponen hoy de múltiples tipos de aviones no tripulados que sirven de señuelos, llevan a cabo misiones de reconocimiento y espionaje o lanzan ataques con misiles. Su coste varía entre unos cuantos miles de dólares por un aparato sencillo, no de combate y de corto alcance, y alrededor de quince millones de dólares por el avión Reaper, capaz de perseguir al enemigo y lanzar ataques letales.

Los vehículos aéreos no tripulados no son un concepto nuevo. Pero los avances tecnológicos de los últimos decenios los han vuelto mucho más poderosos, y el bajo coste, así como la capacidad de volar sin que nadie los pilote, los hace más atractivos para las misiones de combate.[27] Además, están empezando a tener usos no militares: por ejemplo, para los agentes inmobiliarios que quieren filmar las casas desde arriba, ecologistas que observan el bosque tropical y los rancheros que vigilan sus rebaños de ganado mientras deambulan por la pradera. Más de tres docenas de países poseen ya flotas de *drones*, y docenas de empresas privadas ofrecen servicios de pilotaje de *drones* a países que no tienen el personal o las infraestructuras de apoyo necesarios.[28]

Más preocupante es el hecho de que hay mucha gente que dispone de ellos para usos privados y por afición. En Estados Unidos, en 2012, un grupo llamado DIY Drones tenía ya veinte mil miembros. En 2004, Hezbolá lanzó un avión no tripulado al espacio israelí; el ejército israelí lo derribó, pero todavía no se han superado las repercusiones psicológicas de la violación del espacio aéreo y el mensaje que transmitió sobre las capacidades de Hezbolá.[29] ¿Qué ocurrirá cuando cualquier individuo descontento, delirante o trastornado tenga la capacidad de causar el caos desde el cielo? El profesor de Stanford Francis Fukuyama, que está construyendo su propio avión no tripulado para sacar mejores fotos de paisajes naturales, observa: «A medida que la tecnología es más barata y más fácil de adquirir, es posible que los drones sean más difíciles de localizar; y sin conocer su procedencia, la capacidad de disuasión se desmorona. Un mundo en el que las personas puedan ser blancos habituales de enemigos invisibles y anónimos no es algo agradable de imaginar».[30]

Por otro lado, los aviones no tripulados resultan de lo más sofisticado en comparación con el arma más devastadora de los conflictos militares en los últimos años: el artefacto explosivo casero. Los IED son de muchos tipos, con muchas combinaciones de municiones y sistemas de detonación; no siguen una norma concreta, y con frecuencia se pueden fabricar con ingredientes sencillos y fáciles de conseguir: suministros agrícolas o productos químicos de una fábrica, una farmacia o un hospital. Son todo lo contrario de la complejidad y los requisitos técnicos de los arsenales de los grandes ejércitos, pero resultan especialmente apropiados para las guerras descentralizadas de hoy. No necesitan una complicada cadena de suministro ni un largo período de elaboración. Las instrucciones para fabricarlos son muy sencillas y circulan por internet. La proliferación de municiones y explosivos sobrantes de lugares como Irak, la antigua Unión Soviética y Libia reduce aún más el coste y la complejidad del proceso. Son pequeños y fáciles de camuflar, y no necesitan que el combatiente se exponga al peligro; sus efectos, que matan o mutilan al enemigo, son terroríficos. El contraste entre el carácter casero de estos artefactos y la superioridad tecnológica de las fuerzas a las que atacan inspira versiones modernas del relato de David contra Goliat y proporciona un eficaz contenido de apoyo a las relaciones públicas de los insurgentes.

La inmensa cantidad de dinero invertida en este problema por Goliat mientras su número de bajas aumenta sin cesar contribuye a darles una pátina heroica a los David del siglo XXI. Estados Unidos ha invertido más de veinte mil millones de dólares desde 2003 para combatir los IED. Varios grupos y organismos dentro de su aparato de defensa han asumido la tarea, con los consiguientes problemas burocráticos cuando se producen cruces de intereses contrapuestos, rivalidades, mala coordinación y, por supuesto, despilfarros. El mismo acrónimo de la principal agencia encargada, la Organización Conjunta para la Derrota de los IED (Joint IED Defeat Organization, JIEDDO), deja entrever lo engorroso que es el proceso de crear defensas contra esta arma tan simple como letal.[31]

Innovaciones como los vehículos acorazados especiales, los robots buscaminas y los trajes protectores especiales han salvado innumerables vidas de soldados y civiles. Pero cortar la marea de los IED sigue siendo difícil. En 2011, por ejemplo, el número de artefactos explosivos caseros desactivados o detonados tan solo en Afganistán ascendió a 16.554, un aumento del 9 por ciento con relación a los 15.225 del año anterior. El número de afganos muertos o heridos por IED subió un 10 por ciento en 2011 respecto a 2010; los IED por sí solos causaron el 60 por ciento de todas las bajas civiles.[32]

Todavía más insidiosa y apropiada que los IED para la guerra furtiva es el arma suprema de las campañas guerrilleras y terroristas actuales: el individuo altamente motivado, dispuesto a dar su vida en nombre de una causa. Según algunos cálculos, los terroristas suicidas fueron responsables de veintidós de los treinta atentados terroristas más letales cometidos en el mundo entre 1990 y 2006. El martirio es una motivación antigua, y en tiempos de guerra siempre aparecen guerreros suicidas. No obstante, desde los años ochenta, los atentados suicidas han aumentado drásticamente, y no se recuerda una frecuencia ni un uso estratégico deliberado como los suyos en épocas recientes.

La mezcla de motivos premodernos y posibilidades posmodernas es devastadora. También aquí, las tres revoluciones magnifican el impacto de los terroristas suicidas, que se benefician de la facilidad sin precedentes para viajar, mientras que la cultura del martirio revaloriza al terrorista, atrae a nuevos reclutas y agudiza el miedo no solo en la población blanco del ataque sino también, gracias a la amplificación que proporcionan los medios, mucho más allá. Además, la cultura del martirio es de una eficacia implacable, porque es casi imposible defenderse de un terrorista suicida cuyo único propósito es aproximarse al objetivo y que no está interesado en escapar.

La guerra dispersa y furtiva también utiliza las herramientas contemporáneas, por supuesto. Internet se ha convertido en un arma tan esencial como los IED y los atentados suicidas en este nuevo panorama bélico descentralizado. En la vanguardia de la guerra cibernética están las incursiones de los piratas informáticos contra infraestructuras civiles y militares, los «ataques distribuidos de negación de servicio» (DDOS en inglés) y otras perturbaciones de páginas web y plataformas utilizadas por los gobiernos o poblaciones blanco del ataque. Pero todavía más accesible es la constelación de voces militantes en la red que multiplican los mensajes hostiles, difunden la propaganda y las amenazas, y atraen a nuevos reclutas a su causa. Mientras que en Estados Unidos y Europa se ha ridiculizado a algunas de las voces públicas más sonoras en la guerra contra el terrorismo por su falta de experiencia militar, el terrorista suicida que cometió el atentado contra una base de la CIA en Afganistán en diciembre de 2009 era un antiguo «experto en la yihad» que decidió empuñar las armas. Internet no es solo un altavoz para estas causas; también puede ser un instrumento de radicalización.[33] Y de recolección de fondos.

Lo que tienen en común todas estas herramientas y técnicas es su enorme facilidad de acceso. El jefe de los servicios de inteligencia militares israelíes, el general Amos Yadlin, señaló en un discurso de finales de 2009 que los enemigos de Israel estaban todavía muy por detrás del país hebreo en capacidad militar, pero que estaban alcanzándolo «en misiles de precisión, computarización, armas antiaéreas, GPS y aviones no tripulados».

Añadió que hoy en día hay productos informáticos fáciles de comprar que dan a los enemigos de Israel una considerable capacidad de encriptar sus propias comunicaciones y piratear las israelíes. «El poder cibernético da a los pequeños una capacidad que antes solo tenían las superpotencias —dijo—. Igual que los aviones no tripulados, se trata de un uso de la fuerza que puede atacar sin tener en cuenta la distancia ni la duración, y sin poner en peligro la vida de los combatientes.»[34]

La observación del general Yadlin resume el dilema al que hoy se enfrentan los gobiernos, sus ejércitos y los ciudadanos a los que en teoría deben proteger. La fuerza centrífuga que ha dispersado el poder en la política, la economía y la religión tampoco ha dejado intacto el ámbito militar. La degradación del poder ha cambiado las condiciones y las posibilidades del conflicto y ha aumentado la influencia de los actores pequeños, no estatales y no tradicionales, a medida que los instrumentos se generalizaban y los costes se abarataban. Los medios de comunicación difunden las lecciones de lo que funciona y ayudan a que el efecto se retroalimente.

A medida que triunfan estos poderes militares nuevos y pequeños, otros que aguardan su oportunidad o aún no han nacido descubren cómo emularlos. Esta situación no significa que sea inevitable sufrir pequeños conflictos interminables, pero sí tiene profundas repercusiones para cualquiera preocupado por la paz como prioridad moral o práctica.

Y también tiene enormes repercusiones sobre cómo se obtiene, retiene y pierde el poder en nuestros tiempos.

La degradación del poder militar y las nuevas reglas de la guerra

«Nunca más» es el lema universal de los supervivientes de las guerras. Pese a ello, no hay un solo día en el que no se nos recuerde que la violencia, el terror y la coacción siguen siendo poderosas fuerzas que transforman las vidas humanas y las comunidades.

El «dividendo de paz» de la Guerra Fría se desvaneció con rapidez ante la guerra del Golfo, el primer atentado contra el World Trade Center, el conflicto de los Balcanes, el genocidio en Ruanda, las guerras civiles en África occidental y más. El autor Robert Kaplan advirtió sobre la «anarquía que se avecina» al ver cómo se desintegraban estados que debían su existencia al enfrentamiento entre los antiguos bloques ideológicos y aumentaban las tensiones étnicas y religiosas.[35] La conmoción del 11-S, el apogeo de Al-Qaeda y sus imitadores y la «guerra global contra el terror» que se libra bajo uno u otro nombre desde entonces han creado la sensación de que vivimos en un mundo asediado por nuevas formas de violencia de baja intensidad pero de gran impacto. Aunque escriben desde perspectivas diferentes, analistas como Kaplan y Amy Chua, autora de *El mundo en llamas*, explican que la velocidad de la globalización y el debilitamiento de los estados han hecho que sean más probables los conflictos violentos, y que los intentos de crear democracias de tipo occidental en lugares donde hoy no existen tienen muchas probabilidades de degenerar en violencia.[36]

Por otro lado, el terrorismo, la guerra cibernética y el narcotráfico se desarrollan en frentes amorfos, cambiantes y sin fronteras, que pueden imponer sus devastadoras consecuencias en cualquier lugar del mundo y en cualquier momento.

Llamémoslo «conflicto de baja intensidad», «guerra irregular» o, en palabras de los teóricos Marc Hecker y Thomas Rid, «"Guerra 2.0": sea cual sea el nombre, el conflicto violento en la actualidad es totalmente distinto de las modalidades que caracterizaron a los siglos XIX y XX y que siguen vivas en los documentales de The History Channel ... y que siguen inspirando los gastos de defensa de la mayoría de los países».[37]

Lo que no está tan claro es cómo afrontar este nuevo panorama. Los argumentos a favor de practicar drásticos recortes y reformar los grandes ejércitos del mundo se desmoronan a causa de los intereses creados, la impresión de que transmiten debilidad y la preocupación aún mayor por que restan fuerza a los elementos de disuasión convencionales. Las tradicionales amenazas entre estados no han desaparecido, como se ve en las disputas fronterizas no resueltas desde el Cáucaso, la acumulación de tropas por parte de países como Irán y Corea del Norte, o la intensa desconfianza entre Estados Unidos y China. Mientras tanto, las recetas sobre qué hacer con la extensión de la violencia a manos de actores no estatales dependen de las opiniones sobre sus causas fundamentales, que los analistas atribuyen, según los casos, a las desigualdades económicas, la agitación cultural, la difusión del imperialismo basado en las empresas, el islamismo fundamentalista, el papel instigador de varios estados y otros muchos factores.

Examinar la guerra en la actualidad desde el punto de vista del deterioro del poder no va a resolver esos debates. Pero sí puede arrojar luz sobre qué formas de conflicto van a asentarse y qué nuevas realidades debe tener en cuenta cualquier estrategia militar —ya sea la de una democracia occidental, un aspirante a superpotencia, un país en vías de desarrollo o un grupo terrorista o insurgente— si quiere triunfar.

Ha llegado la hipercompetencia militar

Armas fáciles de adquirir; líneas desdibujadas entre soldados y civiles y entre tecnología militar y tecnología de consumo; aumento del número de conflictos en los que lo que se disputa no es un territorio sino dinero, materias primas, creencias religiosas o ideas.

Todos estos factores preparan el terreno para la hipercompetencia en el campo de la guerra y la seguridad. Como los grandes partidos políticos o los gigantes de la industria y la banca, las grandes instituciones militares están encontrándose con nuevos competidores que logran evadir o sobreponerse a las tradicionales barreras de entrada. Un gran ministerio de defensa como el Pentágono ha dejado de tener bajo su control exclusivo los instrumentos y los recursos necesarios para librar una guerra. Las aptitudes que resultan valiosas en un conflicto se pueden adquirir hoy no solo en los campos militares de entrenamiento, las academias de oficiales y las escuelas superiores de defensa, sino en un campamento rebelde en el noroeste de Pakistán, una madrasa en Leicester, Inglaterra, o una escuela de informática en Guangzhou, China.

En este paisaje disperso, el aparato militar tradicional sigue siendo importante e imponente. Posee las ventajas de los recursos públicos y la capacidad de ser la máxima prioridad en los presupuestos oficiales; la soberanía nacional le da el peso moral que atrae a los reclutas y justifica la inversión y el gasto, así como la legitimidad política para establecer alianzas. Tiene la tradición de su parte. Lo que ha perdido es la exclusividad.

Dos monopolios cruciales —uno filosófico y otro práctico— se han desvanecido y han dejado al descubierto su vulnerabilidad. El primero, el filosófico, es el que confiere al Estado el monopolio del uso legítimo de la fuerza. El segundo es el monopolio práctico que, gracias a las inevitables rivalidades geopolíticas entre países, tienen las fuerzas armadas para obtener la mejor tecnología, casi sin reparar en lo que cuesta.

El auge de poderosos actores no estatales y la rapidísima difusión de la tecnología más allá del ámbito de los especialistas han erosionado estos dos monopolios. El uso de la violencia se ha esparcido, y también el acceso a tecnologías antes reservadas a las fuerzas armadas.

Hoy, los ejércitos nacionales están intentando adaptarse —con diferente rapidez y distintos resultados— a la guerra de «pleno espectro» en la que las armas son digitales además de físicas, los métodos son psicológicos además de coercitivos y los combatientes son civiles y dispersos además de uniformados y coordinados. El conflicto hipercompetitivo no quiere decir necesariamente que vaya a haber más conflictos o que serán más onerosos que antes en términos de pérdidas de vidas o destrucción de activos físicos y daños económicos. Tampoco indica, en absoluto, el fin de los ejércitos nacionales. Pero sí sitúa en una nueva perspectiva los complejos —y aún poco comprendidos— retos que ahora debe afrontar un ejército nacional.

El poderío militar ya no equivale a seguridad nacional

Cualquier estrategia de seguridad nacional que se base en el poderío militar es cuestionable. Los grandes ejércitos lo han comprendido y están intentando adaptarse. Como ya se vio antes, una directiva emitida a finales de 2008 por las fuerzas armadas estadounidenses anunció que la guerra irregular debía considerarse «tan importante desde el punto de vista estratégico como la guerra tradicional». Esta afirmación tiene vastas repercusiones en todo el ámbito de la planificación militar, desde el personal hasta el equipo y el entrenamiento.[38] Para Estados Unidos, centrarse en la guerra irregular significa dar más importancia a las operaciones especiales, la adquisición de inteligencia, la contrainsurgencia y lo que los militares llaman «operaciones de baja visibilidad», además de una mayor atención a la colaboración con aliados y fuerzas locales.

Según los planes anunciados en 2012, el Mando de Operaciones Especiales estadounidense, que tiene fuerzas desplegadas en cerca de setenta y cinco países, va a crecer un 6 por ciento, de sesenta y seis mil soldados en 2012 a setenta mil en 2017.[39] Ese crecimiento va acompañado del descubrimiento de que las labores actuales de contrainsurgencia, por ejemplo, son diferentes a las que se enseñaban en los manuales de operaciones especiales. Como señalaba un estudio reciente de la Universidad Nacional de la Defensa de Estados Unidos, los movimientos insurgentes de hoy suelen estar menos vinculados a una ideología y un liderazgo establecido (como el Vietcong) y ser más bien «coaliciones de indignados» que pueden surgir casi de forma espontánea (como la Intifada palestina).[40]

Otros ejércitos están viviendo sus propias adaptaciones. En China, el Ejército Popular de Liberación ha disminuido su tamaño en las dos últimas décadas y, a cambio de deshacerse del personal sobrante, ha adquirido tecnología más moderna. Ha incrementado su participación en las misiones de paz de Naciones Unidas, que hasta el año 2000 era insignificante, y los buques de su marina de guerra visitan cada vez más puertos.

Además, los secuestros y asesinatos de trabajadores chinos en países como Sudán han generado una nueva reflexión por parte de China sobre cómo aumentar la capacidad de proteger a sus ciudadanos e intereses en el extranjero, cada vez más numerosos. Analistas militares estudian las experiencias de las principales potencias militares —Estados Unidos, China, India, Gran Bretaña, Francia e Israel— con el fin de aprender las «mejores prácticas» que les permitan estar preparados para las tareas militares más frecuentes en la actualidad: antiterrorismo, contrainsurgencia, intervención humanitaria y misiones de paz.[41]

La posibilidad de guerra en la frontera electrónica es una preocupación especial. Los ataques sufridos en el último decenio han dejado clara la amplitud de la amenaza a la que se enfrentan los países; por ejemplo, ataques a sistemas para inmovilizarlos o introducir virus cibernéticos malignos, ataques a redes de información para obtener datos confidenciales e impedir las comunicaciones, y ataques a infraestructuras críticas como las redes eléctricas.[42]

La guerra cibernética también incluye acciones de «guerra de mensajes» que consisten, entre otras acciones, en distribuir propaganda y redirigir páginas web. Se han denunciado varias formas de ataques cibernéticos contra sistemas en Estados Unidos, Irán, Georgia, Estonia, Kirguistán, Azerbaiyán y otros lugares. Algunos servicios de propiedad privada como Twitter y Google Mail también han sufrido ataques, por ejemplo durante las tensiones del verano de 2009 en Irán. Pero la guerra cibernética no ha experimentado todavía el equivalente a un hecho de dimensiones, daños y visibilidad tan grandes que concentre los recursos y motive el apoyo de la población, como el 11-S. Todo parece indicar que los gobiernos han tardado en adaptarse al ciberespacio como campo de batalla, y es evidente que los piratas y agresores informáticos todavía disfrutan de un gran margen de maniobra y de múltiples oportunidades para trastocar las funciones fundamentales de los gobiernos. Y cada segundo cuenta: «Ir por delante es crucial por la vertiginosa velocidad a la que cambia el mundo cibernético —afirmaba Amos Yadlin, el jefe de la inteligencia militar israelí—, como máximo unos cuantos meses para reaccionar ante un cambio, en vez de los años de que disponían los pilotos».[43]

El retraso de los ajustes necesarios para sobrevivir en el nuevo y disperso paisaje bélico no es forzosamente culpa de las mentes militares, destaca Arquilla, el teórico militar. «El conocimiento de estas cuestiones se ha ido extendiendo despacio pero sin cesar durante las dos últimas décadas —escribió en 2010 refiriéndose a Estados Unidos—, pero los altos mandos tienden a recaer en un fatalismo impulsado por su convicción de que tanto el Congreso como los líderes empresariales van a desbaratar cualquier intento de cambio radical.»[44]

Además, tampoco se puede decir que los argumentos a favor de la concentración militar tradicional con tecnología avanzada y una potencia de fuego superior hayan desaparecido. El profesor Joe Nye, quien acuñó el término «poder blando», decía que el poder militar «sigue estructurando las expectativas y moldeando los cálculos políticos». Incluso cuando un ejército convencional no se despliega en un conflicto activo, su poder de disuasión sigue siendo importante. «La fuerza militar, junto con las normas e instituciones, ayuda a proporcionar un mínimo orden», escribió Nye.[45] Pero si la pura fuerza militar ya no basta para garantizar el dominio, entonces hay que preguntarse cómo asignar los recursos entre los distintos activos que en el siglo XXI confieren poder a un Estado y a sus fuerzas armadas.

Nadie cree que los terroristas puedan hacer que las grandes potencias dejen de existir, pero no cabe duda de que pueden repercutir en su comportamiento y negarles opciones que antes daban por descontadas.

El dinero importa más que las órdenes

¿Quiénes son los Zetas? En un sentido, no son más que uno de los muchos bandos armados involucrados en la larga guerra del narcotráfico en México. Lo de «guerra» no es metafórico: entre diciembre de 2006 y principios de 2012, murieron casi cincuenta mil personas en actos violentos relacionados con las drogas.[46] El conflicto ha arrebatado importantes franjas de terreno físico y actividad económica a la autoridad del gobierno mexicano. Y en esta situación, los Zetas son especialmente poderosos. Controlan territorios importantes en el nordeste de México y supervisan la mayor parte de los cargamentos de droga que entran en Estados Unidos por la ajetreada frontera de Laredo. Son una milicia de alrededor de cuatro mil personas, de triste fama por el terror que imponen en las áreas donde actúan y por su influencia en otros lugares de México y al otro lado de la frontera estadounidense. Entre los numerosos enemigos a los que se enfrenta México en esta batalla, los Zetas son quizá los más temibles. Pero lo que les distingue es, sobre todo, sus orígenes. Los Zetas nacieron de la captación de integrantes de las unidades de élite del ejército y la policía nacional para conformar el ejército privado del cártel del Golfo. La corrupción y las deserciones son habituales en México, pero los Zetas las elevaron a otra dimensión. Y en este momento están atravesando una nueva transformación. Ahora que está llegando a su fin la lucha de poder entre cárteles rivales, los Zetas, que antes eran una milicia de sicarios, se han convertido en una organización narcotraficante por derecho propio, que pelea por los mercados y las rutas de distribución más importantes y que, al parecer, está expandiéndose a Europa mediante su asociación con la 'Ndrangheta calabresa.

La transformación de los Zetas, de ser soldados del gobierno a ser soldados privados y de ahí a ser traficantes, es un ejemplo de lo intercambiables que son hoy los papeles en los conflictos. Otros casos son el incremento de los secuestros como negocio entre los insurgentes iraquíes, que también son en muchos casos antiguos soldados del ejército de Sadam Huseín, las relaciones de los talibanes con el tráfico de drogas en Afganistán y el auge de la piratería. Estos ejemplos muestran que las oportunidades económicas —desde mejores remuneraciones hasta los beneficios de las actividades delictivas— mueven a los participantes en los conflictos. El dinero siempre ha sido una motivación para empuñar las armas (y, a veces, para dejarlas), pero en un entorno de conflicto descentralizado, en el que las herramientas más útiles son fáciles de obtener, los incentivos económicos tienen especial fuerza y, por consiguiente, las ventajas de respetar una estructura de mando son escasas. En la delincuencia, los movimientos insurgentes y las empresas militares privadas, abundan las oportunidades de mercado para personas con la formación adecuada en armas y logística, que cada vez hacen más uso de una tecnología tradicionalmente «civil».

En otras palabras, en los conflictos de hoy en día, las órdenes tienen menos peso que los incentivos materiales. En el ejército tradicional, el salario es secundario; los principales motivos para participar son la lealtad, el sentido de ciudadanía, de tener una misión y un propósito, como quedó muy patente con el increíble número de alistamientos en Estados Unidos después del 11-S. Esa vocación la comparten ciertos movimientos insurgentes —y algunas organizaciones violentas, por supuesto—, que atraen a los reclutas convocándoles a defender su tierra contra presuntos invasores o su fe contra los infieles. Pero la dispersión de los roles de los militares y el aumento de las formas no militares de participación en los conflictos significan que las señales del mercado —precios, pagos, costes de oportunidad— inspiran hoy las pautas de violencia hasta un punto que no se veía en el Occidente moderno desde hacía por lo menos un siglo.

La degradación del poder militar afecta a todos

La fuerza centrífuga que ha esparcido el conflicto, ha descomprimido las capacidades militares y las ha transportado a un ámbito híbrido entre militar y civil, no tiene repercusión solo en los grandes ejércitos nacionales. También los nuevos actores del conflicto corren el peligro de caer presa de la misma dispersión que ha facilitado su ascenso.

Para encontrar ejemplos, no tenemos más que fijarnos en el movimiento yihadista. Los atentados del 11-S y los que siguieron en Madrid y Londres fueron resultado de largos meses e incluso años de planificación y del esfuerzo de una red con una dirección central, que constituían Osama bin Laden y Ayman al-Zawahiri. Otros atentados recientes también atribuidos a Al-Qaeda han sido más pequeños y —una vez desbaratados— casi cómicos, si pensamos en las personalidades de los supuestos terroristas del «zapato» y los «calzoncillos». ¿Por qué esa diferencia? Un motivo puede ser que los servicios antiterroristas han mejorado su capacidad de deshacer grandes tramas antes de que logren sus objetivos. Pero otro está relacionado con las consecuencias que ha tenido en el mundo yihadista, y en la propia Al-Qaeda, el deterioro del poder y sus capacidades. En su estudio de «las grietas en la yihad», el investigador Thomas Rid ha examinado los diferentes nichos que ocupan los yihadistas. Los insurgentes locales que luchan por su territorio no suelen tener interés en adquirir una dimensión global. Algunos insurgentes yihadistas han dado un giro y se han pasado al crimen organizado y el narcotráfico, empujados por el dinero en vez de por una misión, una actitud no muy distinta a la de los Zetas. Otros yihadistas proceden de la diáspora facilitada por internet en Europa, Norteamérica y otras regiones. Algunos de ellos se han incorporado plenamente a las operaciones militares; un ejemplo es el de Omar Shafik Hammami, criado en Alabama, que pasó de ser un popular alumno de instituto en el Medio Oeste de Estados Unidos a ser un importante líder guerrillero en Somalia.[47]

La disparidad de intereses, sentido de misión y capacidades hace que el mundo yihadista sea mucho más frágil por dentro de lo que indica su amenazadora imagen exterior, afirman Rid y su colega Marc Hecker. Esa misma fragilidad interna se da también en los talibanes, a quienes los observadores militares separan entre los combatientes ideologizados y los miembros menores, que se mueven más por preocupaciones provincianas y por beneficios económicos. Un estudio de cuarenta y cinco grupos terroristas que han abandonado sus actividades llega a la conclusión de que solo una minoría fueron derrotados; veintiséis de los cuarenta y cinco se disolvieron por peleas internas. Además, dicen Rid y Hecker, el modelo de franquicia que se atribuye a Al-Qaeda es engañoso; indica un nivel de mando y coordinación que exagera la realidad. En su opinión, lo que mejor describe la forma de propagación del yihadismo es el nombre de «wikiterrorismo» —la transmisión vaga y frágil de ideología, métodos y alianzas—, y eso hace que sea al mismo tiempo más ubicuo y menos eficiente.[48]

Los aviones no tripulados, los artefactos explosivos caseros, el ciberespacio utilizado como arma, las municiones de precisión, los terroristas suicidas, los piratas, las redes delictivas transnacionales, ricas y dotadas de armamento, y otros muchos actores armados han alterado el panorama de la seguridad internacional. Su forma está cambiando sin cesar y, por tanto, es imposible saber con exactitud cómo será en el futuro. Pero hay una hipótesis que podemos plantear sin temor a equivocarnos: el poder de los grandes aparatos militares será menor de lo que era en el pasado.

7

¿De quién será el mundo? Vetos, resistencias y filtraciones, o por qué la geopolítica está sufriendo un vuelco

El 28 de marzo de 2012 ocurrió un hecho muy importante pero que pasó inadvertido. Según los cálculos del Tesoro australiano, ese día el tamaño combinado de las economías menos desarrolladas superó al de las economías de los países ricos. Ese día terminó lo que el columnista Peter Hartcher calificó como «una aberración que duró siglo y medio ... [porque] China era la mayor economía del mundo hasta 1840». Después citaba a Ken Courtis, un conocido observador de las economías asiáticas: «Los chinos ven esto y dicen: "No hemos pasado más que un par de siglos malos ... En solo una generación, el poder mundial se ha trasladado. Con el paso del tiempo, este no será un giro meramente económico y financiero, sino político, cultural e ideológico"».[1]

¿En serio? Los comentarios de los lectores a la columna de Hartcher ofrecían una reveladora síntesis de un debate que está consumiendo a estudiosos y políticos en todas partes: ¿qué países llevarán la voz cantante en los próximos años? Derek, desde Canberra, escribía: «No creo que tengamos que preocuparnos mucho durante varias décadas más. Sobre el papel, China e India son centros de poder, pero la mayoría de sus ciudadanos ni siquiera disponen de alcantarillado o electricidad». Barfiller añadía: «No olvidemos otros aspectos de las "economías emergentes": conflictos fronterizos; conflictos sobre acceso al agua y otros recursos; patentes y derechos de propiedad intelectual; diferencias étnicas, religiosas e ideológicas; diversidad cultural; disputas históricas y guerras, etcétera. No será todo maravilloso para las naciones recién desarrolladas». David, desde Vermont, advertía de que era necesario tener en cuenta «la distribución de la riqueza dentro de las poblaciones de esos países. La diferencia entre la "riqueza" del chino medio y sus privilegiados camaradas del partido es, en mi opinión, una brecha insalvable (como se ve en India)». Caledonia, que escribía desde Sidney, estaba más preocupada: «Bueno, si la economía de China se hunde, nos encontraremos en la cola del paro y seremos afortunados si encontramos trabajo limpiando baños. Si China estornuda, Australia se resfriará. Si China se resfría, Australia acabará con una pulmonía».[2] En estos comentarios están implícitas varias hipótesis fundamentales sobre lo que hace que un país sea poderoso, lo bastante poderoso como para ser hegemónico, un país con la capacidad de imponer su voluntad a los demás. Y como demostrará este capítulo, no solo han cambiado los factores que definen esa hegemonía, sino que la adquisición y el uso del poder en el sistema internacional también están sufriendo una profunda transformación.

Durante siglos, la tarea de atender la rivalidad entre naciones y luchar por las tierras, los recursos y la influencia ha sido el noble oficio de generales y embajadores. En los siglos XIX y XX, los representantes de las llamadas «grandes potencias» ejercían el poderío militar y económico de sus respectivos países para ganar guerras, controlar alianzas, asegurarse rutas comerciales y territorios, y dictar las normas para el resto del mundo. Después de la Segunda Guerra Mundial empezaron a situarse en la cima de este grupo unas creaciones aún más impresionantes, las superpotencias. Y a principios del siglo XXI, con la Unión Soviética relegada a los libros de historia, no quedaba más que un actor por encima de los demás: la única superpotencia, el país hegemónico, Estados Unidos. Por primera vez en la historia, dijeron muchos, la lucha por el poder entre países había producido un solo vencedor claro y quizá definitivo.

Fijémonos en el testimonio aportado por WikiLeaks, que sacó a la luz más de doscientos cincuenta mil cables diplomáticos estadounidenses que, como dijo el líder de la organización, Julian Assange, «muestran el alcance del espionaje ejercido por Estados Unidos sobre sus aliados y Naciones Unidas, su indiferencia ante la corrupción y las violaciones de los derechos humanos en los "estados satélite", los acuerdos secretos con países supuestamente neutrales, la labor de presión en favor de empresas norteamericanas, y las medidas que toman los diplomáticos estadounidenses para favorecer a quienes tienen acceso a ellos».[3]

La reacción de analistas experimentados como Jessica Matthews, presidenta del Carnegie Endowment de Washington, es que nada de esto es sorprendente: «Eso es precisamente lo que ha sido siempre la hegemonía. Así es como se comportan las naciones dominantes», comentó irónicamente.[4]

En efecto, lo que muestran muchos de estos cables no es a una superpotencia clásica imponiendo su voluntad a países menos poderosos, sino que en muchos casos revelan las frustraciones de sus funcionarios ante la imposibilidad de hacer que estos otros países «menos poderosos» se plieguen a los designios de Washington. Los cables muestran a un país hegemónico que tiene dificultades para conseguir cosas, frustrado por las burocracias, los políticos, las organizaciones no gubernamentales y hasta los ciudadanos de otros países. Si ahondamos en los cables de cualquier mes, veremos:

- A Estados Unidos debatiendo las pocas opciones que le quedan en vista del rechazo del Parlamento Europeo a sendas medidas para seguir la pista de la financiación del terrorismo y proporcionar los nombres de los pasajeros de las líneas aéreas.
- A la Duma, el Parlamento ruso, impidiendo el procesamiento de los pagos de las empresas de tarjetas de crédito estadounidenses a no ser que se incorporen a un sistema nacional de tarjetas de pago que reduce considerablemente sus ingresos.
- Una prolongada batalla para lograr que el gobierno de Turkmenistán restablezca los derechos de aterrizaje de los aviones militares de Estados Unidos.
- La frustración por la negativa del gobierno de Kazajistán a conceder exenciones fiscales locales sobre el material y el personal necesarios para proteger el combustible nuclear gastado, una tarea estratégica fundamental.

Incluso los países teóricamente en deuda con Estados Unidos suelen ser poco obedientes. Egipto, receptor de miles de millones de dólares en ayuda militar y económica, encarcela a miembros conocidos de organizaciones no gubernamentales estadounidenses. Pakistán ofrece refugio a terroristas talibanes y de Al-Qaeda, incluido Osama bin Laden. Israel rechaza las peticiones estadounidenses de que no construya asentamientos en los territorios disputados. Afganistán, una enorme porción de cuyo presupuesto depende de la ayuda de Estados Unidos y sus aliados, rompe con los norteamericanos por la conducción de la guerra en su suelo. Y a Washington le preocupa la posibilidad de que, pese a sus enérgicas advertencias, Israel bombardee de forma unilateral las instalaciones nucleares de Irán. Y esta es solo una muestra parcial.

Como me dijo el ex consejero de Seguridad Nacional norteamericano Zbigniew Brzezinski, el mundo ha entrado en una «era posthegemónica» en la que «ninguna nación tiene la capacidad de imponer su voluntad a las demás de forma permanente ni sustancial».[5]

Lo que le ha pasado a la hegemonía de Estados Unidos es objeto de debates interminables. La opinión tradicional ha variado enormemente como consecuencia de un acontecimiento inesperado detrás de otro. Al principio, el repentino final de la Guerra Fría y la victoria ideológica que representó, junto con el crecimiento económico de Estados Unidos y el auge de las comunicaciones y la tecnología en los años noventa, parecían anunciar un mundo unipolar, en el que Estados Unidos, la superpotencia victoriosa, podría frustrar las ambiciones hegemónicas de todos los demás posibles rivales. Pero los atentados del 11-S, el unilateralismo del gobierno de Bush, la crisis económica de 2008, la paralizante polarización política y el crecimiento constante de China alteraron el panorama. Como consecuencia, la visión sobre el declive del poder norteamericano cobró fuerza. Los recordatorios de que, a lo largo de la historia, los imperios siempre han llegado a su fin, se recogieron en títulos de libros como el de Cullen Murphy *Are We Rome?*, publicado en 2007.[6]

La impensable elección de Barack Obama hizo replantearse también este argumento. De repente, Estados Unidos vio renovado su prestigio moral en el mundo y, con él, el «poder blando» de atracción que unos años antes parecía estar desvaneciéndose. Pero ahora los beneficios residuales del atractivo mundial de Obama parecen haberse esfumado por la crisis financiera del país, los graves y duraderos desequilibrios fiscales y los desgastantes compromisos en Irak y Afganistán. En su discurso sobre el estado de la Unión en 2012, Obama dijo, en tono defensivo, que «cualquiera que diga que Estados Unidos está en decadencia ... no sabe de qué está hablando». El debate sobre el estatus mundial del país continúa, impulsado tanto por los últimos titulares o datos económicos como por las eruditas teorías sobre las relaciones internacionales o las comparaciones históricas con el orden mundial de siglos pasados.

No obstante, si el poder norteamericano parece tambalearse, lo mismo les está pasando a sus rivales. Al otro lado del Atlántico, la Unión Europea —un ambicioso proyecto que muchos creían que sería la potencia capaz de plantar cara a Estados Unidos— está atascada en una crisis económica devastadora, entorpecida por un gobierno colectivo ineficaz y agobiada por una población envejecida y la masiva llegada de inmigrantes que el continente no sabe cómo absorber. Rusia, el viejo rival y heredero de los recursos y medios militares de la Unión Soviética, es otra sociedad vieja, un petroestado autoritario que intenta contener el descontento popular en ebullición. Dos décadas de capitalismo clientelar poscomunista, torpe intervención del Estado y delincuencia transnacional han transformado ese enorme país en un animal renqueante y complicado que todavía posee un arsenal nuclear, pero que no es más que una sombra de la superpotencia que lo precedió.

Como ya hemos visto, quienes buscan indicios de una nueva gran potencia en ascenso lo tienen fácil: existe una gran vitalidad en Oriente. Según el *Global Language Monitor*, que sigue la pista de los principales medios de comunicación del mundo, «el ascenso de China» es el tema noticioso más leído del siglo XXI.[7] La economía china floreció durante la recesión mundial. Sus capacidades militares y su peso diplomático se expanden sin cesar. Desde mediados de los años noventa, las economías asiáticas han crecido al doble de velocidad que las de Estados Unidos y Europa. Pensando en el futuro, lo único en lo que no están de acuerdo los expertos es en cuánto tardarán las economías occidentales en quedarse atrás. Una previsión calcula que ya en 2020 la economía de Asia será mayor que las de Estados Unidos y Europa juntas. Otra predicción considera que China, por sí sola, superará con mucho a Estados Unidos de aquí a 2050; con los ajustes necesarios de poder adquisitivo, la economía de China, a mediados de siglo, será casi el doble que la de Estados Unidos, la de India la seguirá de cerca y la Unión Europea ocupará el tercer puesto.[8] En Washington, estas previsiones suelen ir acompañadas de inquietud y alarma; en Pekín, están repletas de triunfalismo. Y, como hemos visto, los australianos están interesados en este debate como el que más, y con las opiniones igualmente divididas. Hay muchos expertos convencidos de que China sufrirá un accidente económico que retardará su ascenso al pináculo de las naciones.

Detrás de China van otros contendientes con posibilidades. En India, el rápido crecimiento, su aceptación más o menos indiscutible en el club del armamento nuclear y su *boom* tecnológico y de la externalización, han alimentado las aspiraciones a ser una gran potencia. Brasil, un país de gran tamaño con una política exterior activista y que es ya, después de haber desplazado al Reino Unido, la sexta economía del mundo,[9] ha elevado también su perfil internacional, y cierra el grupo de potencias emergentes de los llamados BRICS (Brasil, Rusia, India, China y Sudáfrica). Cada uno de estos países reivindica un papel influyente regional, como ancla, moderador, movilizador y a veces acosador de otros países más pequeños a su alrededor. Además, todos ellos se han enfrentado a las prerrogativas de la potencia hegemónica e incluso las han invadido, ya sea en sus tratos bilaterales con Estados Unidos o en Naciones Unidas y muchos otros foros multilaterales. ¿Representa el ascenso de estos estados una amenaza para la estabilidad del orden mundial y es necesario que Estados Unidos la detenga y la impida? ¿Acaso lo único que pretenden los BRICS es sacar el máximo provecho de las ventajas derivadas de la Pax Americana, sin que les interese derribarla? ¿O es una dinámica imparable el que cuando una nación crece económicamente también crecen sus ambiciones hegemónicas y su necesidad de reducir la influencia de los otros países poderosos? ¿Y qué ocurre si todos o algunos BRICS están disfrutando de un éxito económico y prestigio internacional que resultan ser transitorios y deberán afrontar los debilitantes problemas que supone ser países pobres, llenos de desequilibrios políticos, económicos, sociales o ecológicos? De hecho, tras su veloz crecimiento, las economías de los BRICS y otras superestrellas de los mercados emergentes están empezando a desacelerarse, una realidad capaz de fomentar el descontento político que siempre bulle en las sociedades en plena transformación. Cada una de estas opiniones tiene sus partidarios, que ofrecen recetas sobre lo que deben hacer sus respectivos países para promover sus intereses y tal vez contribuir a proteger la paz mundial.

Más adelante examinaremos por qué la cuestión de la hegemonía absorbe tanto a los pensadores militares y de política exterior, y por qué los flujos de poder entre las grandes naciones del mundo tienen connotaciones para todos, mucho más allá del interés superficial en quién posee el mayor PIB, el ejército más grande o el mayor número de medallas de oro en los Juegos Olímpicos. Este capítulo trata de una historia fundamental que, con demasiada frecuencia, pasan por alto quienes debaten o influencian el rumbo de los destinos nacionales. Ningún país, ni de los que están en la cima ni de los que intentan llegar a ella, ni tampoco de los que parecen atrapados en el fondo, es inmune a los efectos de las revoluciones del *más*, de la *movilidad* y de la *mentalidad* ni a la degradación del poder que las acompaña. El asombroso crecimiento de la producción y la población, así como la movilidad sin precedentes de bienes, ideas y personas, con la consiguiente explosión de las aspiraciones populares, están erosionando las barreras a la proyección de poder, y esto ocurre con todos los países, independientemente de su tamaño, su nivel de desarrollo económico, su sistema político o su poder militar.

A medida que dichas barreras caen, borran la distinción entre las naciones más fuertes, capaces de proyectar su poder más allá de sus fronteras, y las antiguas colonias, los estados clientelares y otros países marginales que las grandes potencias antes podían gobernar o, simplemente, ignorar. Mientras que en el pasado los caros y sofisticados sistemas de inteligencia dotaban a unos cuantos países de ventajas únicas en el ámbito de la información y la inteligencia, ahora la revolución de la información, internet, el ciberespionaje, Big Data y tecnologías de escucha e interceptación ya sean sofisticadas o muy asequibles, permiten a muchos países tener sus propias ventajas para competir internacionalmente.

Si antes los presupuestos multimillonarios de ayuda a otros gobiernos eran factores de buena voluntad y creaban regímenes leales en la esfera de influencia de una gran potencia, hoy las fuentes de ayuda exterior se han multiplicado, desde pequeños países que tienen una contribución superior a la que les correspondería, hasta fundaciones cuyos fondos empequeñecen los PIB de otros países. En otros tiempos, Hollywood y el Comintern ejercían un fuerte magnetismo cultural, pero ahora también los filmes de Bollywood y las telenovelas colombianas seducen y atraen.

La capacidad cada vez mayor de los pequeños países —o de países grandes pero todavía muy pobres, como India, México o Indonesia— para resistir los designios de las grandes potencias forma parte de una profunda transformación en un sistema de naciones que ahora incluye más protagonistas con la capacidad de moldear una situación —ejercer el poder— que antes. Y los nuevos actores capaces de moldear una situación internacional ya no son solo las naciones. Organizaciones como Al-Qaeda, la Fundación Gates o Médicos sin Fronteras tambien moldean situaciones internacionales sin estar necesariamente al servicio de los intereses de gobierno alguno. Los terroristas, insurgentes, organizaciones no gubernamentales, asociaciones de inmigrantes, filántropos, empresas privadas, inversores y financieros, empresas de medios de comunicación y las nuevas iglesias globales no han dejado obsoletos a los ejércitos y embajadores, pero sí limitan lo que ejércitos y embajadores pueden hacer e influyen en la agenda internacional a través de nuevos cauces y vehículos. Un ejemplo es *Kony 2012*, un vídeo creado por un director de cine y activista religioso llamado Jason Russell que insta a la captura del criminal de guerra e imputado Joseph Kony. Pocas semanas después de su aparición en YouTube (no se emitió en ninguna cadena de televisión establecida), tenía ya decenas de millones de espectadores, además de donaciones, el respaldo de famosos y llamadas a la acción, por no hablar de los gritos indignados de algunos ugandeses por la imagen de su país que ofrece la película. Por supuesto, las ventas de armas, los programas nacionales de ayuda y la amenaza de invasión o sanciones comerciales siguen pesando más en las relaciones internacionales. Y claro que no todos los pequeños países han logrado aprovechar los nuevos métodos de proyectar el poder, pero es abrumadora la evidencia de que muchas naciones que antes no tenían mayor peso geopolítico tienen ahora más influencia en los foros mundiales. Las grandes potencias ya no pueden decidir solo entre sí y de manera unilateral los grandes temas que afectan a toda una región o al planeta. La conversación es ahora, por necesidad, entre muchos más actores.

¿Para qué sirve una potencia hegemónica?

Cada vez que la política mundial atraviesa un período de grandes cambios, asoman su desagradable cabeza los espectros del conflicto armado y la anarquía. De hecho, cuando se altera el orden de importancia, la jerarquía, entre las grandes potencias, lo que está en juego no solo es el prestigio de esos países y su influencia relativa, sino la estabilidad misma de todo el sistema internacional.

Cuando los estados tratan de promover sus intereses nacionales, es inevitable que esos intereses choquen con los de otros países. La colisión puede producirse por el territorio, los recursos naturales, el acceso al agua, las rutas de navegación, las normas que rigen los movimientos de las personas, la acogida de grupos hostiles o muchos otros temas controvertidos. Y ese choque de intereses suele desembocar en guerras fronterizas, guerras indirectas, disputas territoriales, rebeliones, siniestras actividades de espionaje, intervenciones humanitarias, infracciones cometidas por estados renegados y asaltos al poder de todo tipo. La historia ofrece tristes y variados ejemplos de lo que sucede cuando los poderes regionales no son capaces de prevenir o contener tales conflictos. Durante siglos, desde la guerra de los Treinta Años, pasando por las guerras napoleónicas, hasta las dos guerras mundiales, el alcance y la dimensión de los conflictos bélicos han experimentado una progresión sangrienta y desalentadora.

Desde 1945 ha habido numerosos conflictos regionales que han causado enorme destrucción pero que no han degenerado en una guerra mundial. ¿Cuál es la razón de esta paz tan general, prolongada y sin precedentes? Un factor importante es la hegemonía. Durante sesenta años, los países no tuvieron dudas sobre sus respectivas posiciones en la jerarquía de naciones ni, por tanto, sobre los límites que no podían cruzar. En el sistema bipolar de la Guerra Fría, la mayor parte del mundo estaba con mayor o menor firmeza en la esfera de influencia de Estados Unidos o de la Unión Soviética, y los demás países eran conscientes de que no les convenía, ni podían, cuestionar este marco general. Y cuando terminó la Guerra Fría, un país, Estados Unidos, estaba muy por encima de los demás en poderío militar y económico, así como en influencia cultural.

La teoría de la estabilidad hegemónica, desarrollada en los años setenta por el catedrático del MIT Charles Kindleberger, constituye la base más o menos explícita de gran parte del debate actual. Su tesis central es que una potencia dominante que tenga la capacidad y el interés de garantizar el orden mundial es el mejor antídoto contra un caro y peligroso caos internacional. Si no hay una potencia hegemónica, dice esta teoría, la única forma de asegurar la paz y la estabilidad es la adopción de un sistema de reglas: normas, leyes e instituciones que todos los países se comprometan a obedecer a cambio de los beneficios de esa paz y esa estabilidad. Ni que decir tiene que esta es una alternativa complicada, por muy digna que sea, y que la hegemonía suele obtener resultados de manera menos amable, pero también más eficaz.[10]

Al describir el mundo en el período de entreguerras, Kindleberger alegaba que las turbulencias económicas y políticas de la época —la caída del patrón oro, la Gran Depresión, la inestabilidad en Europa y el ascenso de la amenaza fascista— eran un síntoma de severas fallas en el ejercicio de la hegemonía. La voluntad y capacidad del Reino Unido de desplegar las fuerzas y el dinero necesarios para mantener la supremacía estaban disminuyendo. El único candidato creíble para asumir ese papel, Estados Unidos, estaba encerrado en una postura aislacionista. La ausencia de un país hegemónico y estabilizador —con la capacidad y la voluntad política de emplear su poder para preservar el orden— contribuyó a propagar la depresión y, al final, condujo a la Segunda Guerra Mundial.

Los historiadores han utilizado una gran variedad de indicadores para medir el poder de un país: la población, la producción económica, el gasto militar, la capacidad industrial, etcétera. Estos datos les permiten identificar momentos en los que la hegemonía de un país —en definitiva, la brecha entre ese país y todos los demás— ha estado más clara. Gran Bretaña en la década de 1860 y Estados Unidos inmediatamente después de la Segunda Guerra Mundial, de 1945 a 1955, son dos casos que «reflejan las mayores concentraciones de poder en el líder del sistema de naciones», según el investigador William Wohlforth, quien ha analizado estos datos en profundidad. Pero esos dos ejemplos no son nada comparados con el caso de Estados Unidos al acabar la Guerra Fría. «Estados Unidos es el primer Estado en la historia internacional contemporánea que tiene una preponderancia decisiva en todos los aspectos básicos del poder: económico, militar, técnico y geopolítico», escribió Wohlforth en 1999. Su tesis era —una opinión compartida por muchos otros analistas— que la reafirmación de Estados Unidos como potencia abrumadoramente dominante y sin ningún competidor con posibilidades en los distintos ámbitos de la rivalidad internacional había creado un mundo unipolar. Era una configuración totalmente nueva en la historia mundial, con los ingredientes para proporcionar paz y estabilidad al mundo y, además, para perdurar.[11]

Los nuevos ingredientes

El hecho de que Estados Unidos consiguiera dar al mundo un período de estabilidad gracias a su poder hegemónico contribuyó a desvelar dos nuevas tendencias que influyeron sobre el uso y los límites del poder en el sistema internacional. Una fue el «poder blando», la idea de que el poder de un Estado podía expresarse y reforzarse a través del atractivo de su cultura, sus valores y sus ideas. La otra fue la extraordinaria proliferación de organizaciones, tratados, leyes internacionales y convenios a los que se fueron adhiriendo cada vez más países en la segunda mitad del siglo XX. Este marco institucional en expansión creó un sistema de cooperación mundial con muchos más participantes y que abarcaba muchos más temas de lo que se podía prever.

El poder blando tenía unos antecedentes más crudos en el imperialismo, ya fuera el romano, el británico o el francés: la *mission civilisatrice* que pretendía adoctrinar a los súbditos coloniales sobre las glorias de la civilización occidental recurriendo a la seducción del lucro y la pompa o a la creación de estructuras educativas, sociales y culturales. La versión moderna, más amable, suave e igualitaria, fue propugnada por el politólogo Joseph Nye en un libro de 1990 titulado *Bound to Lead: The Changing Nature of American Power* (*La paradoja del poder norteamericano*). El concepto se popularizó y Nye lo amplió en un libro de 2004 titulado *Soft Power*, con un subtítulo que no deja duda alguna: «Los medios para triunfar en la política mundial».[12]

El poder blando, en la concepción de Nye, es un tipo de poder difícil de medir pero fácil de detectar: el poder de la reputación y la estima, la buena voluntad que irradian las instituciones bien consideradas, una economía en la que resulta deseable trabajar o comerciar, una cultura seductora. Esta forma de poder puede ser menos cuantificable que el número de aviones de combate, divisiones de infantería o miles de millones de barriles de reservas de crudo, pero su impacto es indiscutible. Es evidente que Silicon Valley y Hollywood contribuyen al poder blando de Estados Unidos impulsando la innovación tecnológica mundial y difundiendo productos del mundo del espectáculo llenos de cultura americana. Estados Unidos no era el único país dotado de poder blando, pero a mediados de los años noventa su dominio en este tipo de poder, que había pasado a ser crucial, parecía tan evidente como el poder de las armas o la economía.

El mundo también disfrutaba del grado de cooperación internacional más alto de la historia. A partir de la creación de Naciones Unidas en 1945, los gobiernos han invertido sin cesar, y cada vez más, en nuevos instrumentos de cooperación. Solo desde 1970 hasta 1997, el número de tratados internacionales se triplicó.[13] El Departamento de Estado norteamericano publica una lista de tratados en vigor firmados por Estados Unidos que tiene casi quinientas páginas, con miles de tratados que abarcan desde los osos polares y el tráfico de camiones hasta el combustible nuclear.[14] Las normas de conducta de los estados tan aceptadas en la actualidad y el sistema de tratados y organizaciones habrían sido casi inimaginables hace un siglo. Lo estipulan todo, desde el trato que deben recibir los prisioneros de guerra hasta la administración de las reservas de pesca y la cantidad que debemos pagar por una llamada telefónica internacional. El comercio, las finanzas, las comunicaciones, las migraciones, el espacio exterior, la proliferación nuclear, las especies en peligro, las epidemias, la propiedad intelectual, el terrorismo, la delincuencia: todo esto está respaldado por acuerdos u organizaciones que limitan las opciones de los países y crean un espacio para hacer concesiones y resolver las diferencias.

Los teóricos llaman a esto «un régimen»: una serie de normas y foros dedicados a abordar una cuestión concreta de interés común. Y cuando surge un nuevo reto global —un ejemplo reciente podría ser el cambio climático, el contagio de crisis financieras o la gripe aviar—, existe el sano impulso de reunirse y tratar de construir un régimen para afrontarlo todos juntos, en vez de dejar que cada país se las arregle por su cuenta. Una situación muy distinta de la política entre naciones depredadora, estrecha y egoísta que Maquiavelo y Hobbes daban por descontada. Hoy, en un mundo antes impensable de casi doscientos estados soberanos, existe un consenso moral sobre el debido comportamiento de las naciones que es el más amplio de la historia.

La mezcla de hegemonía y normas ha sido beneficiosa para la estabilidad mundial. Los dos enfoques han funcionado juntos en vez de contraponerse. El sistema de Naciones Unidas, con sus puestos permanentes y sus poderes de veto en el Consejo de Seguridad, se estableció para afianzar la autoridad de los vencedores de la Segunda Guerra Mundial, en particular Estados Unidos. Este país asumió muchas cargas clásicas de la hegemonía, con el estacionamiento de tropas en Europa y Asia, el desempeño de las funciones de policía global, la financiación del Plan Marshall y la mayor contribución de todas al presupuesto de la ONU y otras organizaciones internacionales. Su rival, la Unión Soviética, utilizó la ideología, el petróleo y las armas para apuntalar un bloque de estados satélites en el este de Europa y el mundo en vías de desarrollo.

Ante la amenaza de la mutua destrucción nuclear en caso de una guerra frontal, el pulso entre las dos potencias dejaba escaso margen para que se extendieran los conflictos locales. Cuando cayó la Unión Soviética, Estados Unidos heredó todos los atributos y las cargas de un país hegemónico. Poseía una inmensa supremacía militar; la mayor economía del mundo y vínculos de inversión y comercio con todas las regiones; un sistema político fuerte y estable; un territorio nacional seguro y bien defendido, y una sólida red diplomática, militar y de inteligencia en todos los rincones importantes del planeta. En cambio, su anterior archirrival, la Unión Soviética, había dejado como legado una Rusia económicamente débil, tecnológicamente atrasada y políticamente fragmentada.

Al mismo tiempo, la vasta red de acuerdos, instituciones y foros mundiales contenía las disputas, impedía que escalaran y se volvieran violentas, y canalizaba las rivalidades hacia la discusión, los compromisos y el acuerdo. Los teóricos de la estabilidad hegemónica parecían tener razón: el poder duro de las armas y el dinero, el poder blando de la cultura y las ideas, y la maraña de lazos vinculantes entre países e instituciones multilaterales auguraban un largo y virtuoso período de Pax Americana.

Si no hay hegemonía, entonces ¿qué?

No fue así. Tan solo una década más tarde, el panorama se complicó. Los ataques terroristas del 11-S hicieron añicos la fantasía de que Estados Unidos estaba protegido y sus ciudadanos eran inmunes a ataques dentro de su país. Las pesadillas bélicas en Irak y Afganistán revelaron los límites de su supremacía militar. La crisis financiera y la Gran Recesión mostraron la fragilidad de su economía. Los dos grandes partidos se enfrascaron en una paralizante lucha interna que polarizó el debate nacional.

Sin embargo, por otra parte, aún no ha aparecido ningún contrincante que parezca encaminado a desplazar a Estados Unidos.

China e India han exhibido un crecimiento increíble, pero están muy por detrás en asuntos cruciales y tienen graves debilidades internas. No hay alianzas ni tratados importantes que unan en un bloque cohesivo a las nuevas potencias decididas a explotar las vulnerabilidades de Estados Unidos. Los clásicos elementos del equilibrio de poder —que consisten en que los países hacen todo lo posible para contrarrestar las alianzas y limitar las zonas de influencia de los demás— permanecen apagados. Es evidente que unos cuantos países tratan de obtener el liderazgo en las negociaciones mundiales sobre temas como las reglas del comercio internacional o el cambio climático, pero eso es algo muy distinto de acumular armas en las fronteras para establecer los límites de la influencia estadounidense. Desde la caída del Pacto de Varsovia, no ha surgido ninguna alianza militar que se oponga a la OTAN y su orientación norteamericana. Sin embargo, el ejercicio de la hegemonía por parte de Estados Unidos, con sus divisiones políticas internas, es en el mejor de los casos vacilante. ¿Qué está ocurriendo? Desde hace unos años, esta sensación de malestar ha nutrido una enorme cantidad de especulaciones y preocupaciones.[15]

Una respuesta ha consistido en enfatizar los síntomas del declive norteamericano a medida que la capacidad económica y la voluntad política del país para costear su hegemonía disminuyen. Este es un tema recurrente. Un famoso libro publicado en 1987 por el historiador de la Universidad de Yale Paul Kennedy, *Auge y caída de las grandes potencias*, describía quinientos años de cambios en el sistema mundial de poder y terminaba con advertencias sobre la fragilidad del dominio estadounidense inspirado en la experiencia de los imperios del pasado, que se desintegraron cuando dejaron de contar con los recursos necesarios para sostener sus desmesuradas operaciones militares. La caída de la Unión Soviética pareció refutar la predicción de Kennedy, pero en el mundo posterior al 11-S dio la impresión de que sus ideas recuperaban relevancia. E incluso a los impulsores de la hegemonía estadounidense les preocupaba que el mayor riesgo para el orden mundial no fuera el ascenso de algún taimado competidor, sino la imposibilidad de Estados Unidos de desempeñar su papel. En su libro *Coloso*, de 2004, el prolífico historiador británico Niall Ferguson afirmaba que Estados Unidos necesitaba esforzarse más en asumir su responsabilidad de líder como «imperio liberal». Las normas y los regímenes de posguerra, decía, no eran suficientes para responder eficazmente a las amenazas de los estados forajidos, el terrorismo y las enfermedades, todas ellas reforzadas por la tecnología. «Lo que hace falta es un ente capaz de intervenir ... para contener las epidemias, derrocar a los tiranos, poner fin a las guerras locales y erradicar las organizaciones terroristas.» En otras palabras, un país hegemónico con las ganas y la capacidad de actuar como tal.[16]

Las opiniones sobre el futuro de la rivalidad internacional son muy variadas. El teórico conservador Robert Kagan predijo que «el siglo XXI se parecerá al XIX», con potencias como China, Rusia, India y una Europa unificada disputándose la supremacía.[17] Otro punto de vista afirma que, aunque las nuevas potencias rivales no desafíen abiertamente la hegemonía norteamericana, sí están empleando técnicas denominadas de «equilibrio blando» —acuerdos informales, votos en bloque en los foros internacionales, negativas a solicitudes diplomáticas y militares de Estados Unidos—, logrando así limitar y socavar la hegemonía de la superpotencia.[18] Otros pensadores creen que los miedos como los expresados por Ferguson son exagerados, porque la hegemonía estadounidense no está tan menguada. Incluso en un mundo con nuevos rivales y múltiples polos de influencia —un «mundo postamericano», como lo ha llamado Fareed Zakaria—, Estados Unidos sigue gozando de ventajas que otros no poseen y que amplifican su poder en el mundo.[19]

Otros analistas lamentan la posibilidad de que los cambios en la economía mundial, la política y en nuestros valores y estilos de vida hayan sido tan drásticos que ya no sean posibles ni la hegemonía ni la disciplina y el orden que resultan de la aceptación y el respeto a normas globales. Temen que esté volviendo a instalarse una forma de anarquía, que es el estado primitivo del sistema mundial. Ya en 1994, Robert Kaplan afirmó que estaba surgiendo una nueva anarquía internacional alimentada por los estados fallidos y las rivalidades étnicas, el auge de las redes terroristas y delictivas incontroladas, y la vulnerabilidad de un mundo interconectado ante la propagación de la enfermedad y otras catástrofes. Todavía más pesimista es la opinión del politólogo Randall Schweller, que compara los cambios actuales en el sistema mundial con la aparición del estado de entropía en física, cuando un sistema se vuelve tan desorganizado que transforma la naturaleza de una manera irreversible. La sobrecarga de información y la dispersión de identidades e intereses, alega Schweller, hará que la política internacional sea esencialmente aleatoria. «La entropía reducirá y diseminará el poder utilizable en el sistema —escribe—. Nadie sabrá dónde reside la autoridad porque no residirá en ninguna parte; y sin autoridad, no puede haber gobernanza de ningún tipo.»[20]

Es innegable que el sistema mundial se encuentra en un estado muy fluido y que está experimentando mutaciones de todo tipo. Los debates que he mencionado son importantes y cada uno aporta ideas interesantes, pero todos adolecen de importantes puntos ciegos. A continuación veremos por qué la degradación del poder ayuda a aclarar el panorama e iluminar tendencias muy importantes que no son bien captadas por los debates más habituales.

¿Quién teme al lobo feroz? El rechazo al poder tradicional

En lo fundamental, los instrumentos que emplean las grandes potencias para lograr sus fines en el sistema internacional no han cambiado mucho. Las armas, el dinero y el talento diplomático suelen salirse con la suya. Un ejército fuerte, dotado de los equipos más modernos y de una fuerza de combate vasta y competente, una gran economía, tecnología avanzada y sólidos recursos naturales, un equipo leal y bien entrenado de diplomáticos, abogados y espías, y una ideología o un sistema de valores atractivo, han sido siempre grandes activos a la hora de tener influencia internacional. En cada época histórica, esos atributos han otorgado ventajas a los países más poblados, de economías más avanzadas, con estabilidad política y ricos en recursos. Lo que hoy está disminuyendo no son los activos mismos, sino su eficacia, la capacidad de usarlos y la repercusión de las modalidades de poder tradicionales que se apoyan en ellos, ya sea poder militar, poder económico o poder blando.

De la fuerza abrumadora a la era de los aliados ad hoc

Como vimos en el capítulo anterior, un país —Estados Unidos— gasta más en arsenal, tropas y logística que todos los demás en conjunto. No es un gasto estéril. La Pax Americana —en la que la supremacía militar estadounidense actúa como máximo garante de la estabilidad del sistema internacional— ha sido una realidad. Estados Unidos garantiza formal y oficialmente, a través de tratados en vigor, la seguridad de más de cincuenta países.[21] Las disparidades entre Estados Unidos y otros países en el gasto militar persisten, igual que la increíble dimensión de la presencia militar norteamericana en ciento treinta países, desde grandes contingentes en bases diseñadas para tener una presencia prolongada o incluso indefinida hasta pequeñas unidades dedicadas a formación, mantenimiento de la paz, operaciones especiales y a luchar contra movimientos insurgentes.

Además, Estados Unidos dirige la OTAN, la alianza militar más importante del mundo y, con la extinción del Pacto de Varsovia, la única de semejantes dimensiones. Ese es uno de los indicadores más sólidos de hegemonía que puede haber. Las alianzas siempre fueron el instrumento esencial de la política de las grandes potencias, porque respaldaban la labor diplomática con la amenaza creíble de acción militar, delineaban las esferas de influencia y las áreas prohibidas, y servían de elemento disuasorio que impedía los ataques al garantizar la defensa mutua. Es decir, eran los cimientos del orden mundial. Y durante muchas décadas, el modelo de alianzas en el mundo fue estable. La OTAN y el Pacto de Varsovia impusieron un rígido orden a cada lado del Telón de Acero. En el mundo en vías de desarrollo, las colonias que acababan de obtener la independencia se veían de inmediato cortejadas, cooptadas o coaccionadas para entablar alianzas con Occidente o con el bloque comunista.

Hoy, dos décadas después de la disolución del Pacto de Varsovia, en julio de 1991, la OTAN sigue existiendo y hasta expandiéndose. De hecho, tres ex repúblicas soviéticas y otros siete antiguos miembros del bloque soviético se han incorporado a la alianza. La OTAN y Rusia siguen siendo rivales: esta se resiste a que más vecinos suyos se unan a la alianza y se opone al despliegue de defensas antimisiles de la OTAN en Europa central. Pero al mismo tiempo se proclaman socios, no enemigos, y desde 2002 cuentan con un consejo dedicado a limar asperezas y resolver cualquier disputa. Aparte de Rusia, la OTAN no tiene ningún otro posible enemigo evidente, una situación nueva para una gran alianza, que la ha obligado a buscar nuevas formas de mantener su relevancia. El ejemplo más importante es su misión en Afganistán, para la que han proporcionado tropas los veintiocho estados miembros y otros veintiún países más.

No obstante, su obvia supremacía oculta unas debilidades cada vez mayores, que reflejan la ausencia de una amenaza real y la dilución del poder entre sus participantes. La misión en Afganistán ha estado muy dominada por Estados Unidos, y muchos países no han hecho más que aportaciones modestas o simbólicas. Varios se han retirado. La oposición de la población holandesa a la presencia de sus tropas en la misión contribuyó a la caída del gobierno en febrero de 2010 y presagió la retirada. Participantes como Francia y Alemania se han resistido a las peticiones norteamericanas de más tropas. Además, cada contingente presente en Afganistán opera de acuerdo con normas diferentes, impuestas por su propio mando militar nacional o incluso el Congreso del país. Una disposición aprobada en los parlamentos de Praga o La Haya puede limitar las acciones que está autorizado a emprender un soldado de la OTAN cuando lucha contra los talibanes, entrena a soldados afganos o combate el tráfico de opio. Estas restricciones han animado a algunos soldados estadounidenses a rebautizar la Fuerza Internacional de Asistencia para la Seguridad (en inglés, ISAF) como «I Saw Americans Fight» («He visto a americanos luchando»).[22]

Aunque la OTAN sufre las consecuencias de estas contradicciones, la coordinación entre sus miembros rivaliza con otras estructuras paralelas, como la organización de defensa que desde hace mucho tiempo se superpone con ella, la Unión Europea Occidental. La Unión Europea tiene su propio aparato de política de defensa, que incluye la Agencia Europea de la Defensa y otros órganos; lleva a cabo sus propias misiones de paz y ayuda militar en el extranjero, y contribuye a las fuerzas multinacionales. Como es natural, cada país miembro de la UE mantiene su propio ejército. Entre la OTAN, los gobiernos nacionales y los numerosos niveles de la burocracia de la UE, la Alianza Atlántica es cada vez más un batiburrillo de jurisdicciones y foros que se superponen, pero sin una jerarquía de toma de decisiones ni cadenas de mando claras.

El auge de la modalidad llamada «coalición de los dispuestos» como nuevo tipo de formación militar multinacional da fe de la pérdida de fuerza de las alianzas. Un ejemplo de esto fue el grupo ad hoc de países que acordaron participar o apoyar la invasión de Irak por parte de Estados Unidos en 2003. Muchos de ellos solo participaron de manera simbólica para darle al gobierno de George W. Bush una hoja de parra que escondiera la desnudez institucional de su aventura bélica. Ejemplos más validos los constituyen las operaciones en Afganistán, así como las labores de seguridad y mantenimiento de la paz y los esfuerzos humanitarios en diferentes partes del mundo. Desde el auxilio después de un terremoto hasta la vigilancia de las rutas de navegación frente a las costas de Somalia, son buenos ejemplos de iniciativas de acción colectiva en las cuales diferentes países unen sus fuerzas militares para un objetivo común pese a la inexistencia de una alianza formal y de una autoridad superior que los obligue a intervenir. Como los «dispuestos» se apuntan caso por caso, su apoyo depende de los acontecimientos políticos en sus respectivos países, su voluntad de seguir cubriendo los costes económicos de estas iniciativas y los acuerdos paralelos que puedan negociar a cambio de participar; en el caso de varios países que intervinieron en la campaña de Irak, por ejemplo, se acordaron procedimientos simplificados para que sus ciudadanos pudieran obtener el visado o hasta la residencia en Estados Unidos.

En cuanto a las nuevas alianzas que han aparecido en el mundo durante la Pax Americana, algunas son simplemente foros de cooperación militar entre miembros de una organización regional como la UE. La Unión Africana, por ejemplo, tiene sus propias fuerzas de paz que intervienen en los conflictos regionales. Un Consejo Sudamericano de Defensa teje y trata de coordinar los lazos militares en una muy dividida América Latina. Sin embargo, no llegan a ser como las alianzas tradicionales construidas a partir de una estrecha cooperación, planes y tecnología compartidos y la promesa de una defensa mutua. Se podría haber pensado en el nacimiento de esas nuevas alianzas en torno a una gran potencia rival, como China o Rusia, en un intento de volver a crear un adversario que sustituyera al Pacto de Varsovia. Pero los esfuerzos más activos —aunque poco fructíferos— fueron los del presidente venezolano Hugo Chávez, que quiso formar una alianza militar con Cuba, Bolivia y otras naciones simpatizantes como potencia regional que hiciera de contrapeso de Estados Unidos. Las «alianzas» actuales más representativas cuentan con una combinación de países con organizaciones no estatales a los que apoyan: por ejemplo, el respaldo de Irán a Hezbolá y Hamás, y el papel de Venezuela como intermediaria entre las FARC colombianas y organizaciones como el grupo terrorista vasco ETA o los apoyos del gobierno de Hugo Chávez a organizaciones paramilitares iraníes para facilitar su activismo en América Latina.[23]

Un terreno militar en el que permanecen intactas algunas de las jerarquías históricas es el de la venta de armas, al menos de armas convencionales. Los proveedores dominantes de siempre —Estados Unidos, Rusia, China, Francia, Alemania, Italia— siguen siendo responsables de la inmensa mayoría de los contratos de armas y forman una casta que permanece intacta desde hace decenios. Ahora bien, las ventas oficiales, con financiación de un gobierno, no son más que una parte del negocio mundial de las armas. Como decía el informe elaborado en abril de 2011 por el secretario general de la ONU: «En las últimas décadas, el tráfico de armas ha pasado de consistir en un contacto mayoritariamente directo entre funcionarios o agentes de gobierno, al uso constante de intermediarios privados, que trabajan en un entorno especialmente globalizado y a menudo desde muchos lugares».[24] Esta parte del comercio de armas, sin regulación y a menudo sin la supervisión de un Estado, está fuera de control, y pone de relieve que los ministerios de defensa dominan cada vez menos el comercio internacional de armas y, por tanto, tienen menos control sobre los conflictos armados. Evidentemente, este es un síntoma más de la degradación del poder.

El deterioro de la diplomacia económica

Junto con las alianzas militares, las grandes potencias han empleado tradicionalmente incentivos económicos como método para lograr que otros países apoyen sus intereses. El método más directo es la ayuda bilateral —es decir, directamente de un gobierno a otro— en forma de préstamos, subsidios o acuerdos preferenciales relacionados con el comercio o los recursos. La diplomacia económica puede ser también punitiva, con barreras comerciales contra un país concreto, boicots, embargos o sanciones contra sus instituciones económicas.

También en este caso los métodos persisten, pero su eficacia como medio de proyección de poder ha disminuido. Para empezar, gracias a la integración de la economía mundial, la dependencia que tiene cualquier país de los suministros, los clientes y la financiación de otro país concreto es mucho menor. La desaparición de las barreras comerciales y la apertura de los mercados de capitales fueron durante mucho tiempo objetivos de Estados Unidos y de otros países ricos en las negociaciones comerciales internacionales. Su victoria —junto con la promoción general del «consenso de Washington» y su estímulo a la apertura económica como condición para los préstamos del Banco Mundial, el Fondo Monetario Internacional y otras instituciones— ha tenido el paradójico efecto de debilitar el peso que Estados Unidos y antiguas potencias coloniales como Gran Bretaña y Francia tenían en los países de su esfera de influencia.

La exitosa imposición de sanciones contra Irán, en un intento de lograr que su programa nuclear se ajuste a los regímenes internacionales, es la excepción que confirma la regla. La ONU, Estados Unidos, la Unión Europea y otros países han impuesto una variedad cada vez mayor de restricciones al comercio con Irán, incluido un embargo de su petróleo, la reducción de las transacciones con su banco central y restricciones a los viajes y el turismo. Pero Estados Unidos ha tenido que conceder exenciones a algunos de sus aliados que dependen del crudo iraní y ha afrontado el difícil dilema de si imponer o no multas a países amigos como Corea del Sur e India, y a rivales capaces de ejercer considerables represalias como China, por su negativa a recortar sus adquisiciones de petróleo iraní.

El uso selectivo del poder del Estado mediante la ayuda económica a otros países buscando así «comprar» aliados también se ha popularizado. Antes solo unos pocos y grandes países tenían los recursos para usar donaciones, subsidios y otras modalidades de apoyo económico como instrumento de su política exterior. Hoy el número de participantes en esta estrategia ha crecido mucho. De China a Catar y de Venezuela a Brasil, un buen número de países que antes no usaban estos métodos tejen ahora sus alianzas internacionales a base de dinero.

Al acabar la Segunda Guerra Mundial, solo cinco o seis países tenían organismos formales cuya misión era apoyar financieramente a otras naciones. Hoy hay más de sesenta. En los años cincuenta, nada menos que el 88 por ciento de la ayuda desembolsada internacionalmente procedía de solo tres países: Estados Unidos (58 por ciento), Francia (22 por ciento) y Gran Bretaña (8 por ciento). El terreno de la ayuda bilateral vivió su primera gran expansión en los años sesenta, cuando Japón, Canadá y varias naciones europeas crearon organismos de ayuda internacional. Holanda y los países escandinavos se convirtieron rápidamente en grandes donantes, con contribuciones que representaban una mayor proporción relativa al tamaño de su economía que las de Estados Unidos, Gran Bretaña y Francia. En los años setenta, la riqueza del petróleo permitió a los países árabes crear fondos de ayuda al desarrollo que utilizaron para apoyar proyectos en países musulmanes y en toda África. El panorama volvió a ampliarse en los años noventa, cuando se convirtieron en donantes los países de Europa del Este; algunos grandes países emergentes como India y Brasil también se han convertido en grandes proveedores de ayuda.[25] En 2009, Estados Unidos, Francia y el Reino Unido ya solo representaban el 40 por ciento del total de la ayuda oficial al desarrollo.[26]

Y eso no es más que la parte bilateral de la situación —es decir, la que se da entre un gobierno y otro y que representa el 70 por ciento del total de los fondos anuales que se mueven en este campo. Además, a estos hay que añadir los organismos internacionales como el Banco Mundial o el Consejo del Ártico— formadas por varios países y cuya misión es ayudar o bien a los menos favorecidos o hacerlo a una causa global. En el mundo existen por lo menos 263 organismos multilaterales de ayuda,[27] desde la Organización Mundial de la Salud hasta agrupaciones regionales como el Fondo Nórdico de Desarrollo y agencias especializadas como el World Fish Center y el Consejo Internacional para el Control de los Trastornos de Deficiencia de Yodo. Pero quizá lo más novedoso y de mayor impacto ha sido la enorme expansión de las donaciones privadas a través de organizaciones no gubernamentales. En 1990, el total de los flujos de dinero a países menos desarrollados fue de 64.600 millones de dólares. Para 2012 esta cifra se había disparado a más de 170.000 millones de dólares. Si bien el crecimiento se debe a las mayores aportaciones tanto de gobiernos como de personas y entes privados, es esta última categoría —las donaciones no gubernamentales— la que más ha crecido. En Estados Unidos, por ejemplo, las donaciones privadas superan a las del sector público.[28] Se calcula que el sector mundial de la ayuda privada da trabajo a más personas que las organizaciones gubernamentales y multilaterales con las que compite, lo hace con más eficacia y tiene mayor impacto.

La proliferación de donantes comporta que un típico país receptor puede tratar con muchos más interlocutores en lugar de hacerlo con unos pocos que monopolizan la situación y pueden ejercer una influencia desproporcionada sobre ese gobierno. En los años sesenta, un país receptor de ayudas extranjeras tenía por término medio doce donantes; en 2001 el promedio de donantes casi se había triplicado, llegando a treinta y tres.[29] Y el número sigue aumentando. Si a un gobierno africano o latinoamericano no le gustan las condiciones que le impone un donante, ahora tiene más alternativas. Puede ignorarlo y buscar otro donante cuyas exigencias le sean más tolerables. La pérdida de poder de los países y organizaciones que dominaron el ámbito de la ayuda al desarrollo es notable. Antes eran un cártel bien coordinado. Ya no. También en este campo a los megajugadores de siempre el poder se les ha menguado notablemente debido a la aparición de nuevos jugadores.

La dispersión del poder económico en el panorama internacional es aún más pronunciada en materia de inversiones extranjeras. Atrás quedaron los tiempos en los que la United Fruit Company, además de dar dinero, también hacía de correa de transmisión de los intereses de Estados Unidos en las «repúblicas bananeras». Las compañías multinacionales han dejado de ser paladines nacionales de sus respectivos países, dedicados a defender sus intereses y en ocasiones a ser agentes más o menos voluntarios de su política exterior. Entre la expansión de los mercados globales, el *outsourcing* o «externalización» de las actividades de la empresa a otros países, la oleada de fusiones y adquisiciones y las inversiones individuales de ricos magnates que operan con una enorme autonomía respecto de su gobierno, las multinacionales están más alejadas que nunca de la política exterior de sus países «de origen». ¿Qué interés nacional específico, por ejemplo, se podría atribuir a la mayor empresa de acero del mundo, Arcelor Mittal, dado que tiene su sede en Europa, sus acciones cotizan en las bolsas de seis países y su principal dueño es un multimillonario indio?

En realidad, si hay países que hayan visto expandirse sus intereses mediante las inversiones extranjeras en años recientes, son las economías emergentes cuyas empresas se han convertido en activos inversores internacionales, sobre todo en agricultura, recursos naturales, construcción y telecomunicaciones. La brasileña Petrobras y la china CNOOC en petróleo, la malaya Sime Darby en caucho, las mexicanas CEMEX en cemento y Bimbo en alimentación, la sudafricana MTN y la india Bharti Airtel en telefonía móvil, no son más que unas cuantas de las muchas empresas que participan en las llamadas «inversiones directas extranjeras Sur-Sur». Se calcula que en los mercados emergentes tienen sus sedes veinte mil multinacionales. Las inversiones procedentes de los países en vías de desarrollo siguen siendo una parte minoritaria de las inversiones extranjeras mundiales, pero se han disparado en los últimos años, de solo 12.000 millones de dólares en 1991 a 384.000 millones de dólares en 2011. De ese dinero, una proporción cada vez mayor ha ido a parar a inversiones en otros países en vías de desarrollo. En 2011, los inversores de los mercados emergentes fueron responsables de más del 40 por ciento de las fusiones y adquisiciones globales. El consiguiente reparto de ejecutivos, personal y visibilidad de marca obliga a repensar la anticuada idea de que las inversiones extranjeras y las empresas que las canalizan son una herramienta política de los países ricos.[30]

La diplomacia económica todavía tiene más posibilidades de traducirse en influencia política en los lugares cuyas necesidades son mayores y donde la competencia de otros protagonistas y el sector privado es más baja. En los últimos años ese lugar ha sido África, donde China y Occidente mantienen hoy lo más parecido a una vieja disputa por la influencia, en un contexto de prometedoras reservas de petróleo, minerales y otras materias primas combinadas con frecuente inestabilidad política. La influencia china en el continente africano ha aumentado en el último decenio; a medida que el país asiático construía carreteras, hospitales y otras infraestructuras, ha superado con creces las ofertas de las empresas occidentales por las concesiones de petróleo y ha llevado a cabo los proyectos con rapidez, con pocas o ninguna de las rigurosas condiciones políticas o de gestión que imponen los organismos de financiación de Occidente. Uno de los llamativos regalos más recientes de China fue la sede de la Unión Africana en Adís Abeba, por un valor de doscientos millones de dólares. Esta generosidad, unida a las declaraciones de apoyo a la soberanía de los países receptores y la capacidad de ignorar las rebeliones y las muestras de malestar político, ha incrementado la reputación de China entre las élites políticas africanas y ha creado una fuerte competencia para las empresas y los organismos de Francia y Estados Unidos o los países nórdicos. Ahora bien, pese a lo rápido que ha crecido la influencia china en África, puede verse reducida en la medida en que otros países —sobre todo India, Sudáfrica y las naciones árabes— aumenten sus inversiones en el continente. O en que China, Brasil y otros vean reducir el auge geopolítico que alcanzaron a comienzos del siglo XXI ante sus crisis económicas y políticas.

La globalización del poder blando

Si la influencia militar y económica de las grandes potencias se ha diluido, su «poder blando» —el que se origina en el atractivo de su cultura, sus marcas, su sistema político y sus valores— también se ha visto afectado. El proyecto Pew Global Attitudes, que realiza sondeos en un número cada vez mayor de países desde 2002, confirma que la imagen global de Estados Unidos empeoró en la mayor parte del mundo durante el gobierno de George W. Bush, en particular tras la invasión de Irak, y que pareció mejorar después de la elección de Barack Obama. En Alemania, por ejemplo, el 60 por ciento de los encuestados en 2002 tenían una opinión favorable de Estados Unidos, frente a solo el 30 por ciento en 2007 y el 64 por ciento en 2009. En Turquía, las opiniones favorables a Estados Unidos cayeron del 30 por ciento en 2002 al 9 por ciento en 2007, y volvieron a subir al 14 por ciento en 2009. De acuerdo con este criterio, el poder blando de Estados Unidos no es en absoluto uniforme: en 2009 contaba con el 78 por ciento de aprobación en Nigeria, el 69 por ciento en Gran Bretaña, el 47 por ciento en China, el 38 por ciento en Argentina y el 25 por ciento en Jordania. Además, en 2012 el «dividendo Obama» estaba empezando a decaer en muchos países. El enorme prestigio del Barack Obama que llegó a la presidencia de Estados Unidos no es el del presidente de Estados Unidos acosado por una severa parálisis política, una fuerte crisis económica mundial, las filtraciones de secretos y un desempeño que ha sido menos entusiasmador que las inmensas expectativas que generó su llegada a la Casa Blanca.

Si se plantea la misma pregunta respecto a China, se obtienen los mismos resultados ambiguos; la principal mejora de la imagen de China aparece en Nigeria (del 59 por ciento favorable en 2006 al 85 por ciento en 2009), en comparación con una caída en Turquía (del 40 por ciento en 2005 al 16 por ciento en 2009) y unos resultados tibios, entre el 40 y el 50 por ciento, en muchos otros países. Es significativo que en 2011 las encuestas de Pew encontraran que la mayoría de los encuestados en quince de los veintidós países donde se hizo el sondeo dijeran que China va a sustituir, o ha sustituido ya, a Estados Unidos como primera superpotencia mundial. Las opiniones sobre la Unión Europea son variadas —su imagen general se deterioró en trece de veinte países sondeados entre 2010 y 2011—, mientras que las opiniones sobre Rusia tienden a ser negativas y aún más las relacionadas con Irán, con unas cuantas excepciones importantes (por ejemplo, en 2009, el 57 por ciento de los libaneses tenían una opinión favorable de Rusia y el 74 por ciento de los paquistaníes tenían una buena imagen de Irán).[31]

Todo esto permite pensar que el poder blando es, como mínimo, un concepto volátil, muy vulnerable a las realidades inmediatas de la situación mundial, en un contexto en el que las noticias viajan a mayor velocidad que nunca. Eso no ha impedido que numerosos países adopten el concepto y busquen maneras de incrementar su poder blando. El investigador Joshua Kurlantzick cree que la adopción de China de una estrategia de poder blando se remonta a 1997, cuando el país envolvió su negativa a devaluar su moneda en el lema de «la defensa de Asia». Desde entonces, China se ha convertido en el principal donante a muchos países del sudeste asiático, ha ampliado la ayuda y los proyectos en África, ha acelerado la distribución internacional de los programas de su televisión nacional y ha abierto Institutos Confucio para enseñar su lengua y su cultura en todo el mundo. En febrero de 2012, China Central Television inició una campaña para producir programas dirigidos a Estados Unidos, con la apertura de un importante estudio de televisión en Washington D.C.[32] Además, China se está convirtiendo en un destino buscado por artistas y arquitectos de todo el mundo, y el sentimiento de su importancia creciente está empujando a los padres de todo el mundo a pensar en inscribir a sus hijos en clases de mandarín. Para China, el poder blando es una estrategia explícita.[33]

En India, por el contrario, el poder blando es menos una prioridad política y más una preocupación para los analistas, que esperan que el país haya acumulado ya el suficiente poder blando por el hecho de ser una democracia y llevar mucho tiempo atrayendo a generaciones de turistas, exploradores espirituales y ahora inversores occidentales. «India tiene una extraordinaria capacidad de contar historias más convincentes y atractivas que las de sus rivales», afirma Shashi Tharoor, autor y antiguo alto funcionario de la ONU convertido en político y ministro del gobierno indio.[34] El responsable de los programas culturales de India en el extranjero menciona la popularidad del yoga como elemento del poder blando.[35] Por vago que parezca todo esto, un ámbito en el que el poder blando de India se acepta sin problemas es Bollywood, la industria cinematográfica que más largometrajes produce y exporta en el mundo, y que lleva decenios ganando espectadores en Asia, África, Oriente Próximo y Europa del Este y ahora ha irrumpido en los circuitos comerciales de Occidente.

Si la penetración mediática y la popularidad son dos de los indicadores más evidentes del poder blando, tal como demuestran Hollywood y Bollywood, también las telenovelas producidas en México y Colombia, las películas de bajo presupuesto de Nigeria y los *reality shows* de Sudáfrica están ampliando el abanico de influencias. En Rusia y Europa del Este, así como el final de la Guerra Fría lanzó inmensos arsenales de armas sobrantes al mercado mundial, el fin de los aburridos monopolios estatales de televisión creó una ventana de oportunidad que llenaron las telenovelas latinoamericanas, provocando el nacimiento de auténticas adicciones y conquistando nuevos mercados. En el sudeste asiático, toda una generación de fans conoce Corea del Sur no por su enfrentamiento con su vecino del norte ni por su período bajo la dictadura en los años setenta, sino por sus videojuegos y estrellas de música pop. El gobierno coreano aprovecha esa popularidad para patrocinar conciertos y ofrecer clases de su lengua y su cocina en sus centros culturales en la región. Cuando surge una oportunidad de utilizar el poder blando, aprovecharla es fácil y, con frecuencia, barato.[36] La última cabeza de puente para la cultura coreana es Estados Unidos, donde el rapero Psy obtuvo un éxito sensacional con sus bailes y canciones «Gangnam Style» (Gangnam es un barrio rico de Seúl). K Pop, otra superestrella coreana, también tiene legiones de seguidores: *The New York Times* ha publicado que las canciones y los álbumes del cantante Jay Park han llegado desde 2010 al primer puesto de las listas de éxitos en las tiendas de iTunes de Estados Unidos, Canadá y Dinamarca. Junto con la difusión mundial de marcas de consumo como Samsung, Hyundai, Kia y LG, estas incursiones culturales contribuyen a reforzar la marca mundial de Corea del Sur; en el índice de marcas país de Anholt GfK Roper, que entrevista a veinte mil personas de veinte países para elaborar una lista de las cincuenta «marcas país» más destacadas, Corea del Sur subió del puesto 33 en 2008 al 27 en 2011.[37]

Las nuevas reglas de la geopolítica

Uno de los mejores ejemplos de pequeños países que han utilizado las coaliciones ocasionales de los países dispuestos a ayudarse entre sí, la diplomacia económica (es decir, mucho dinero) y el poder blando para favorecer sus intereses es, sin duda, Catar. Tomó la iniciativa en el esfuerzo por derrocar a Muamar Gadafi en Libia, proporcionó a los rebeldes dinero, entrenamiento y más de veinte mil toneladas de armamento, y desde el comienzo de las revueltas en Siria se involucró a fondo en la sangrienta crisis de ese país.[38] También ha intentado hacer de mediador en Yemen, Etiopía, Indonesia, Palestina y sobre todo Líbano. Mediante un fondo de inversión de al menos 85.000 millones de dólares, Catar ha comprado participaciones en empresas como Volkswagen y el club de fútbol Paris Saint-Germain, entre muchas otras. Y además de estar detrás de una de las más influyentes nuevas empresas de medios de comunicación, la cadena Al Jazeera, está procurándose una reputación de centro cultural, con magníficos museos de arte islámico y de Oriente Próximo y destacadas adquisiciones de las obras de los más renombrados artistas del mundo.[39]

Pero no es necesario controlar una pequeña fortuna en hidrocarburos para codearse con los grandes. Unos cuantos países que no tienen por qué ser vecinos ni tener una historia común pueden conseguir resultados más rápidos solo con decidir trabajar juntos en lugar de pasar por las lentas y engorrosas organizaciones internacionales. Y una política exterior con ambiciones regionales, centrada solo en los vecinos inmediatos, está hoy al alcance de más países; los que no aprovechen esa oportunidad, se quedarán atrás.

Ninguno de estos principios contradice el poder que da contar con un gran ejército o tener una enorme riqueza en recursos naturales u otros activos; todos ellos siguen siendo fuentes del poder de un país. Pero, como acabamos de ver, hay nuevos factores que otorgan más poder a países que no lo habían tenido antes y que ahora pueden, si no desplazar a los poderosos de siempre, al menos limitar la capacidad de estos últimos para imponer su voluntad a otras naciones o al resto del mundo.

Basta decir no

Cuando los vencedores de la Segunda Guerra Mundial crearon el sistema de Naciones Unidas, se aseguraron de que el diseño protegiera sus intereses. Estados Unidos, la Unión Soviética, China, Francia y Gran Bretaña, por ejemplo, se otorgaron a sí mismos puestos permanentes en el Consejo de Seguridad, el órgano que iba a ocuparse de las crisis internacionales más graves. También se aseguraron el poder de vetar cualquier resolución. Este acuerdo era innovador en la política internacional, y en este caso funcionó tal como esperaban quienes lo diseñaron. La capacidad de los cinco miembros permanentes (todos ellos potencias nucleares) para bloquear cualquier medida que amenazara sus intereses les proporcionó otra herramienta útil en la compleja rivalidad generada por la división del mundo entre Occidente y el bloque soviético. De los 269 usos del veto ejercidos entre 1946 y 2012, más de 225 se produjeron antes de 1990.[40] La Unión Soviética fue la que más empleó su poder de veto en los años cincuenta y sesenta, y Estados Unidos en los años posteriores, sobre todo para impedir resoluciones de condena de la política israelí respecto a Líbano o los palestinos. En la última década, el veto se ha ejercido muy poco en el Consejo de Seguridad; ni Francia ni el Reino Unido lo utilizan desde hace más de quince años. Sin embargo, desde 2006, China y Rusia han recurrido al veto para impedir que se censurara o sancionara a países como Zimbabue, Myanmar y Siria.

Pero si el veto de las grandes potencias tradicionales en la ONU suele estar inactivo, otros poderes de veto prosperan. Una arena en la cual el poder de veto es usado con gran eficacia es la Unión Europea. En 1963, cuando la CEE no tenía más que seis miembros y estaba dominada por la alianza francoalemana, Charles de Gaulle vetó la solicitud de entrada de Gran Bretaña. En 1967 volvió a manifestar su oposición, pese a que los cinco socios de Francia apoyaban la incorporación del Reino Unido. Hubo que esperar a que muriera De Gaulle, en 1969, para que Francia suavizara su postura, con la consiguiente admisión del Reino Unido, Dinamarca e Irlanda en 1973. El veto francés fue un ejemplo de cómo una gran potencia —uno de los dos actores dominantes en la Comunidad Económica Europea de entonces— utilizó el veto para imponer unilateralmente su voluntad a otros de manera similar al uso de ese instrumento en el Consejo de Seguridad de la ONU.

Como consecuencia de la expansión ininterrumpida de la Unión Europea y el principio de unanimidad para las decisiones más importantes, los nuevos países han obtenido un poder considerable, hasta el punto de que algunos analistas se preguntan por qué los miembros existentes estaban tan deseosos de aceptar a otros nuevos. Cada nuevo grupo de países ha obtenido beneficios, a veces económicos, con la amenaza de obstaculizar nuevas iniciativas. El miedo a un referendo británico sobre la participación en la CEE en 1975 hizo que Francia y Alemania aceptaran nuevas condiciones económicas de pertenencia que favorecían mucho más al Reino Unido. Más tarde, Grecia, que se incorporó en 1981, y España y Portugal, que entraron en 1986, pudieron obtener beneficios económicos de sus socios a cambio de no bloquear los nuevos tratados pensados para intensificar la integración, como el Tratado de Maastricht y el desarrollo de la moneda común.

En la actualidad, la Unión Europea utiliza un sistema de «voto mayoritario cualificado» con una complicada fórmula que asigna un número de votos a cada país según la población y requiere 255 sobre 345 votos para que el Consejo Europeo apruebe una medida. No obstante, existen salvaguardias para los estados más pequeños, que impiden que un puñado de países grandes los avasallen con sus iniciativas. Pero las cuestiones fundamentales, como nuevas políticas comunes y la expansión de la Unión, necesitan absoluta unanimidad, y todos los años hay pequeños países que emplean el veto para retrasar ciertas decisiones. Por ejemplo, en 2007 Polonia vetó un acuerdo comercial muy importante entre la Unión Europea y Rusia hasta que este último país levantó la prohibición a las importaciones de carne polaca. Lituania vetó ese mismo acuerdo hasta que sus socios de la Unión aceptaran respaldar su postura en varias disputas con Rusia, como el problema de la compensación a los lituanos que fueron deportados a campos de trabajo en Siberia. Holanda ha bloqueado las negociaciones para la incorporación de Serbia a la Unión

Europea porque ese país no ha entregado a presuntos criminales de guerra a la Corte Penal Internacional de La Haya. Es decir, los pequeños países han empleado su poder de veto para obtener concesiones —a veces en cuestiones importantes, pero otras en asuntos más provincianos— de los países más grandes de Europa.

Al afianzarse en su postura, los pequeños países pueden retrasar un montón de iniciativas internacionales, y no vacilan en hacerlo. El fracaso de la cumbre del clima que se llevó a cabo en Copenhague en diciembre de 2009 se achacó a muchos factores —la resistencia de Estados Unidos y China a llegar a un acuerdo, la intransigencia de los grandes países industrializados o en vías de desarrollo—, pero, a la hora de la verdad, lo que impidió llegar incluso a un acuerdo mediocre fue la objeción de una coalición previamente inimaginable: Venezuela, Bolivia, Sudán y la diminuta nación isleña de Tuvalu, en el Pacífico. El representante sudanés equiparó las propuestas de los países ricos al Holocausto, y la delegada venezolana se hizo a propósito un corte en la mano para preguntar si era necesario que sangrara para que la escucharan.[41] Sus acciones fueron tachadas de absurdas, pero las objeciones de estos países contribuyeron al espíritu de confusión y disensión en una reunión que ya era bastante polémica. Al final, la cumbre no aprobó el acuerdo, sino que «tomó nota» de él, con lo que dejó en ridículo los esfuerzos de Estados Unidos, la UE, China, Brasil, India y otros grandes países, y transmitió un mensaje desalentador sobre el grado de compromiso mundial para tener una estrategia común ante el cambio climático.

La Unión Europea sí consiguió forjar un acuerdo en la reunión de la ONU sobre el clima que se celebró en Durban en diciembre de 2011, pero tres meses después vio cómo se revocaba su propia política sobre el cambio climático debido a un veto de Polonia, país que tiene una gran dependencia del carbón.[42]

¿Por qué hoy en día los países menos poderosos usan su poder de veto con tanta frecuencia y tan creciente eficacia? Un motivo importante y paradójico es la proliferación de organizaciones dedicadas a la cooperación internacional en numerosos temas. Cuantas más hay, más oportunidades tiene un país de adoptar una postura obstruccionista sobre una cuestión provinciana, ideológica o incluso caprichosa, a menudo por razones políticas internas e inmediatas más que por la defensa de principios más universales. Pero los vetos de los pequeños países también han aumentado porque los países grandes ya no disponen de los mismos premios y represalias que tenían antes, y cuyo uso les servía con frecuencia para inducir a otros países a llegar a acuerdos. El deterioro del poder militar y económico de «los grandes» así como la globalización hacen que los países pequeños sean menos vulnerables a las sanciones. A los «grandes» se les hace más difícil imponer sanciones y, cuando lo logran, a los «pequeños» les resulta más fácil evitarlas o neutralizarlas. Aún más, la proliferación de medios informativos y de comunicación les ofrece nuevas vías para defender su postura directamente ante la opinión pública mundial y fomentar la comprensión y la simpatía de la opinión pública mundial en vez de tener que aceptar pasivamente decisiones que se toman en negociaciones entre pocos y a puerta cerrada.

De embajadores a ONGOG: los nuevos emisarios

«¿Son los embajadores una especie obsoleta?» La pregunta la hacía ya en 1984 el historiador Elmer Plischke. Y señalaba los cambios que estaban acabando con la primacía de los embajadores como representantes de un país: la mayor facilidad para viajar y las tecnologías de la comunicación, el incremento de las formas de comunicación de los gobiernos con las poblaciones de otros países y el efecto diluyente de la proliferación de naciones-estado, entre ellas muchas muy pequeñas, cada una con su cuerpo diplomático.[43] Y todas estas transformaciones, por supuesto, se han acelerado todavía más en las últimas tres décadas.

La idea de la diplomacia como una profesión en decadencia no es nueva. En 1962, el profesor Josef Korbel, un inmigrante checo asentado en Estados Unidos y padre de Madeleine Albright, escribió sobre el «declive de la diplomacia», a raíz de que los viejos valores y procedimientos desarrollados durante siglos por los cancilleres y embajadores empezaban a venirse abajo. Entre esos valores estaban la discreción, las buenas maneras, la paciencia, el conocimiento exhaustivo de los temas importantes y el rechazo de la publicidad y autopromoción en los medios de comunicación. «El mundo diplomático moderno ha infringido con demasiada frecuencia estas reglas básicas de la diplomacia», escribía Korbel. Y señalaba que los regímenes democráticos crean espacios en los que otros países pueden presentar directamente sus argumentos, aunque no haya reciprocidad; por eso, advertía, los líderes soviéticos tenían acceso a la prensa estadounidense, pero los estadounidenses no podían llegar de la misma forma a la población soviética.[44]

Hoy en día, esos canales de acceso directo se han transformado en una cornucopia de grupos de activistas políticos, étnicos y religiosos; las presiones de emigrantes de la diáspora bien arraigados en su nuevo país que intentan moldear la relación que este mantiene con su país de origen o a la inversa, de emigrantes en nombre de su país anfitrión; informaciones favorables y encartes publicitarios en los periódicos; eventos patrocinados por organizaciones culturales o turísticas; las actividades de abogados y lobbistas remunerados, y una fuente inagotable de blogs, foros, anuncios y propaganda en el ciberespacio. Para algunos países, la primera línea de la promoción en el extranjero no es el personal de la embajada, con sus restricciones de protocolo y seguridad, sino las ONGOG. ¿Qué significa ONGOG? Son las iniciales de «organización no gubernamental organizada por un gobierno». Parece un trabalenguas y una contradicción, pero estas organizaciones existen y son cada vez más frecuentes como parte de los instrumentos que utilizan los gobiernos en sus relaciones internacionales.

Una organización no gubernamental organizada por un gobierno es una impostora que pretende aparecer como parte de la sociedad civil, pero que en realidad está instigada, financiada o dirigida por un gobierno o un grupo de gente que actúa en su nombre.[45]

Un ejemplo de ONGOG es la que ocupa un agradable e inocuo edificio de oficinas en Chiyoda-ku, Tokio, cerca del Palacio Imperial. La Asociación General de Residentes Coreanos en Japón, Chongryon, tiene alrededor de ciento cincuenta mil miembros y atiende a una comunidad étnica varias veces mayor. Administra aproximadamente sesenta centros educativos, incluida una universidad; además posee negocios, entre ellos bancos y locales de juegos en los populares salones de *pachinko* de Japón. Pero también expide pasaportes. El motivo es que Chongryon es la embajada de facto de Corea del Norte en Tokio, dado que no hay relaciones diplomáticas entre los dos países. En sus colegios promueve fielmente la ideología del régimen de Pyongyang. Con los años, Corea del Norte se ha aislado y empobrecido, pero Chongryon ha continuado su labor. Perdió la financiación directa del gobierno norcoreano, y Japón le retiró parte de sus privilegios fiscales. Cuando cayó endeudada, un ex funcionario de los servicios de inteligencia japoneses trató de arrebatarle la sede. Chongryon anima a los coreanos residentes en Japón a conservar su identidad nacional y rehuir las instituciones japonesas, pero la asociación se alegró de que los tribunales del país le devolvieran la propiedad del edificio.[46]

No todas las ONGOG son dañinas: la estadounidense Fundación Nacional para la Democracia (National Endowment for Democracy), una organización privada sin ánimo de lucro creada en 1983 para apoyar a las instituciones democráticas en todo el mundo, está financiada por el gobierno. Es decir, es una ONGOG. Y como tal, su labor ha provocado la ira de distintos adversarios, como Egipto (que encarceló e intentó juzgar a varios miembros de la fundación), el gobierno ruso y un periódico chino que dijo que la promoción de la democracia patrocinada por Estados Unidos era «interesada, coercitiva e inmoral».[47] Otras ONGOG trabajan en el ámbito cultural; por ejemplo, el British Council, la Alliance Française, el Goethe-Institut y el Instituto Cervantes, que fomentan las artes y enseñan la lengua de sus respectivos países en el extranjero. Numerosos grupos religiosos que operan en diferentes países cuentan con el patrocinio de Arabia Saudí, Irán y otros estados que tratan de promover no solo la fe islámica sino una agenda geopolítica concreta. Las operaciones empresariales de las ONGOG pueden ser de lo más creativas: una, por ejemplo, es el programa anual del gobierno de Venezuela que subvenciona el combustible barato de calefacción para miles de familias en el nordeste de Estados Unidos, mediante donaciones de la petrolera estatal venezolana a una compañía de energía de Boston dirigida por el ex congresista Joe Kennedy.

Como muestran estos ejemplos, en las ONGOG hay de todo, y no parece que vayan a desaparecer a corto plazo. ¿Por qué? Porque sus barreras políticas, económicas e informativas, más bajas, las hacen infinitamente preferibles al trabajo reglamentado de un ministro consejero de una embajada, o su jefe de misión, consejero político o agregado científico. Desplegar una ONGOG dedicada a un tema de preocupación inmediata puede ser mucho más barato que aumentar el personal y los recursos del cuerpo diplomático o incluso que pagar los costosos honorarios de un lobbista o una empresa de relaciones públicas. Y el ciberespacio genera sus propias ONGOG, en forma de blogueros, realizadores de vídeos y otras voces en la red que dan a conocer el punto de vista de un país y son susceptibles de recibir aliento y financiación del gobierno, muchas veces de manera opaca o hasta clandestina.

¿Para qué sirve el minilateralismo?

La multiplicación de los acuerdos de cooperación, algunos más formales que otros, entre países interesados en una u otra cuestión, refleja los cambiantes límites del poder en la geopolítica actual. El Cairns Group, fundado en 1986 para reformar el comercio agrario, agrupa a diecinueve países exportadores de alimentos, entre ellos Canadá, Paraguay, Sudáfrica, Argentina y Filipinas, que son partidarios de recortar los aranceles y los subsidios agrícolas. Y el grupo de los BRICS, que, como ya hemos dicho, es el acrónimo de cinco grandes mercados emergentes —Brasil, Rusia, India, China y ahora Sudáfrica—, el cual celebró su primera reunión en Rusia en 2009, si bien el nombre lo acuñó un banquero de Goldman Sachs ocho años antes y se extendió por círculos financieros antes de que se lo apropiaran los políticos. Rusia pertenece también al G-8 de los países industrializados; México y Sudáfrica se unieron a Brasil, India y China para formar el grupo «más 5» del G-8 ampliado. Existen dos G-20 distintos, uno formado por los ministros de Economía y los gobernadores de los bancos centrales de diecinueve grandes países más la Unión Europea, y el otro por un grupo de países en vías de desarrollo que ya son más de veinte. Hay miembros que pertenecen a los dos. En todos los rincones del mundo entran en escena nuevos bloques comerciales y organismos de cooperación regional. Y la Alianza Bolivariana para los Pueblos de Nuestra América (ALBA), una coalición iniciada por Venezuela y Cuba en 2005, tiene siete miembros, los anteriores más Ecuador, Nicaragua y las naciones caribeñas de San Vicente y las Granadinas, Dominica y Antigua y Barbuda. Se parece a un pacto comercial pero tiene aspiraciones políticas más amplias, y entre los beneficios que proporciona a sus miembros está la asistencia oftalmológica (suministrada por Cuba y financiada por el petróleo venezolano).[48]

La característica común que tienen estos grupos es que ninguno intenta ser una alianza universal. Al admitir solo a miembros con una perspectiva o unas preocupaciones comunes, recuerdan más a las «coaliciones de los dispuestos» que apoyaron las guerras de Estados Unidos en Irak y Afganistán que a Naciones Unidas o las negociaciones internacionales sobre el cambio climático en las cuales participan centenares de países. En marzo de 2012, por ejemplo, los países BRICS discutieron la creación de un banco de desarrollo común para movilizar los ahorros entre todos ellos y fomentar el establecimiento de más vínculos comerciales, en particular entre Rusia y China, por un lado, y los demás miembros, por otro.[49]

Además, estos grupos tienen más posibilidades de cumplir sus propósitos. Los acuerdos verdaderamente globales son cada vez menos frecuentes, sobre todo los que obtienen resultados. El último acuerdo comercial global se firmó en 1994, con la creación de la Organización Mundial de Comercio; Estados Unidos no ha ratificado todavía el Protocolo de Kioto, y muchos signatarios han sido incapaces de cumplir sus objetivos, y la Declaración del Milenio de Naciones Unidas, firmada por 192 países en el año 2000, estableció numerosos objetivos sociales que debían alcanzarse antes de cumplirse el plazo fijado de 2015. El desastre de Copenhague, con su inmenso despilfarro de esfuerzos diplomáticos para conseguir un resultado poco más que simbólico, es mucho más típico de las iniciativas multilaterales que pretenden obtener adhesión universal.

La alternativa es lo que llamo el «minilateralismo». En su variante más refinada, el minilateralismo consiste en reunir el menor número posible de países necesario para tener el mayor impacto en un problema global cuya solución, o alivio, escapa a la acción individual de un solo país. Por ejemplo, los diez principales países contaminantes de la atmósfera, los veinte mayores consumidores de especies de pescado en peligro de extinción, los doce países más involucrados en la ayuda a África como donantes o como receptores, y así sucesivamente. La idea es que intentar la búsqueda de acuerdos —y la actuación conjunta— entre un número pequeño de países tiene más posibilidades de tener un efecto significativo que buscar la coordinación de, por ejemplo, ciento noventa países.

El minilateralismo también puede serles útil a los países pequeños, cuando consiste en alianzas de unos pocos que tienen más probabilidades de lograr sus fines y menos de que les cierren el paso las potencias dominantes celosas de resguardar su influencia.

Sin embargo, el minilateralismo también es vulnerable a la degradación del poder. Como muchas de estas asociaciones se forman caso por caso y carecen de la presión moral de una composición global, también son más vulnerables a la disolución o la deserción cuando cae el gobierno de un país miembro, su población no está de acuerdo o sus preferencias políticas cambian.[50]

¿Está alguien al mando?

Lo que las páginas anteriores demuestran es que ahora resulta mucho más difícil que un pequeño número de países dominantes (y mucho menos un solo país hegemónico) puedan moldear unilateralmente las relaciones internacionales, las alianzas o los conflictos tal como se hacía antes. Las crisis del momento, y las que vienen, involucran a muchos nuevos protagonistas que usan tecnologías, tácticas y estrategias muy diferentes de las que eran comunes en el pasado.

También hemos visto cómo el aparato diplomático tradicional —ministerios de Asuntos Exteriores, embajadas, organismos nacionales y multilaterales—, que hasta ahora habían intermediado y moldeado las relaciones entre países, hoy es eludido con frecuencia por nuevos actores y nuevas formas de actuación internacional.

La estructura del sistema internacional construida en las siete últimas décadas ha tenido la fuerza suficiente para sobrevivir a la descolonización e impedir que los conflictos armados fuesen más frecuentes, prolongados y devastadores de lo que fueron. Los estados soberanos siguen existiendo, y todavía poseen los atributos de la soberanía, que no son pocos: ejércitos, control de fronteras, monedas, política económica, impuestos, etcétera. La rivalidad entre estados, junto con su expresión a través de negociaciones, alianzas, acuerdos, propaganda y confrontación —a veces armada—, no va a desaparecer.

Y sigue siendo cierto que el poder de Estados Unidos o China es muy superior al de un pequeño país europeo, latinoamericano o asiático. Lo que ha cambiado es que la eficacia de ese poder ha menguado. Sus líderes actuales pueden hacer menos con su innegable poder de lo que podían hacer sus predecesores.

Cuando el presidente de Estados Unidos llama por teléfono, le contestan a cualquier hora y en cualquier parte del mundo. Puede irrumpir en una reunión de otros dirigentes y reorientar la conversación. Y la influencia del primer ministro chino, del presidente de Rusia o de la canciller de Alemania es también muy importante. Pero una presunción común es que entre los países del planeta hay algunos que han ganado poder y otros que lo han perdido. ¿Cómo va esa carrera? ¿Quién va a ganarla? Estas son preguntas que consumen tanto a gobernantes como a los expertos y que están muy presentes en los grandes debates internacionales. Pero, desde la perspectiva de estas páginas, no son ni las preguntas más importantes ni las más interesantes. Mucho más importante que saber quién sube o quién baja es entender cuánto pueden hacer con el poder que adquieren las naciones que ya «están arriba» o las que estan «en subida». Si el poder es más pasajero de lo que era y quienes lo poseen pueden hacer menos con él, entonces las variaciones en el orden jerárquico importan menos que las variaciones en los límites y posibilidades del poder.

No cabe duda de que entender el alineamiento de fuerzas militares entre Estados Unidos, Rusia y China merece todo el interés, por supuesto. Y el hecho de que China haya podido, durante décadas, hacer caso omiso de las exigencias estadounidenses para que administrara su moneda de otra forma dice mucho de cómo ha variado el poder relativo de ambos gigantes. También es revelador que India y otros países pobres puedan rechazar las peticiones de que adopten políticas que reduzcan sus emisiones de carbono. O aún más sorprendente es que, a pesar de la presión de Estados Unidos, pequeños países sudamericanos decidan ofrecer asilo a Edward Snowden, el ex empleado de la CIA que filtró secretos. Pero ninguna de estas cosas implica necesariamente el declive de un país hegemónico y el auge de otro en su lugar. Es más complicado que eso. Lo que hechos como estos revelan no es el cambio en el ranking de los países, sino el cambio en el poder y las posibilidades que este confiere.

Las futuras superpotencias no serán ni actuarán como las del pasado. Su margen de maniobra se ha estrechado, y la capacidad de las pequeñas potencias para ponerles obstáculos, reorientarlas o sencillamente ignorarlas seguirá creciendo.

¿Quiere esto decir que el mundo se encuentra en caída libre hacia un destino que semeja una versión siglo XXI de la guerra de Hobbes, un «todos contra todos», que se ha vuelto aún más complicado debido a la maraña de intereses entrecruzados y las desdibujadas líneas que ahora existen entre naciones-estado, actores no estatales, flujos financieros descontrolados, organizaciones benéficas, ONG y ONGOG, y actores independientes de todo tipo? No necesariamente. Este escenario se puede evitar. Pero ello requerirá que entendamos la realidad de la degradación del poder y que gobiernos y ciudadanos encuentren nuevas formas de operar a escala internacional.

No existe motivo para que no podamos hacerlo. Se ha profetizado muchas veces el derrumbe del sistema mundial en momentos de cambios tecnológicos y alteraciones de los flujos culturales y los patrones demográficos. Thomas Malthus predijo que el mundo no podría sostener una población en constante aumento. Pero sí pudo. Al presenciar la revolución industrial, la expansión de los mercados mundiales y el comercio en el siglo XIX, los marxistas anunciaron la caída del capitalismo por el peso de sus contradicciones internas. No cayó. La Segunda Guerra Mundial y el Holocausto hicieron tambalear nuestra fe en el carácter moral de la humanidad, pero las normas y las instituciones que creó el mundo como respuesta han perdurado hasta hoy. La aniquilación nuclear, el miedo fundamental de los años cincuenta y sesenta, no se ha producido.

La panoplia actual de amenazas y crisis internacionales —desde el calentamiento global y el agotamiento de los recursos hasta la proliferación nuclear, los tráficos ilícitos, los fundamentalismos y más— surgen al mismo tiempo que el orden jerárquico de las naciones está cambiando y que el poder del Estado ya no es lo que antes era. Esta yuxtaposición puede ser desestabilizadora. Cada matanza, atentado o desastre ecológico nos vuelve a sacudir, y los frustrantes y ambiguos resultados de las cumbres y reuniones parecen ofrecer poco consuelo o esperanza. Puede dar la impresión de que nadie se hace responsable; que no hay nadie al timón. Ese sentimiento, y las tendencias que lo provocan, seguirán existiendo. Pero la solución no estará en tratar de reproducir el pasado. La búsqueda de una superpotencia hegemónica que imponga el orden y la estabilidad mundial o de un pequeño grupo de naciones que dirijan el mundo será fútil y solo creará la ilusión de que alguien está a cargo de un mundo lleno de sorpresas y amenazas.

Pero será solo eso: una ilusión. La manera en que ha cambiado el poder obliga a buscar variaciones a los métodos que nos han funcionado en el pasado para darle más estabilidad y menos conflictos al mundo. Tal como evidencian estas páginas, será necesario inventar formas completamente distintas de coordinación internacional.

8

Gigantes asediados: ¿por qué el dominio de las grandes empresas es hoy menos seguro?

Durante décadas, las «siete hermanas» —inmensas compañías integradas verticalmente, como Exxon y Shell— dominaron la industria del petróleo. Las «cinco grandes» mandaban en el sector de la contabilidad y las auditorías. «Tres grandes» controlaban la fabricación de automóviles, igual que tres grandes cadenas dominaban la televisión en Estados Unidos, y dos empresas informáticas reinaban en el mundo de la tecnología de la información. Lo mismo pasaba en muchos otros sectores: unas cuantas empresas dominaban sus respectivos mercados, y eran tan grandes, ricas, globales y poderosas que desplazarlas era inimaginable.

Ya no...

En todos los sectores de la economía mundial, esas estructuras estáticas han desaparecido y la competencia por ocupar los primeros puestos es más feroz que nunca. Shell, IBM o Sony siguen en la cima o cerca de ella, pero su cuota de mercado y su dominio han disminuido en la medida en que nuevos rivales se han ido apoderando de grandes parcelas de sus mercados tradicionales. Además, han desaparecido empresas muy famosas: se acabaron los «momentos Kodak», por citar solo un ejemplo de una marca ilustre que en 2012 acabó entre las cenizas de la historia.

En las listas anuales de las empresas más importantes ahora aparecen con creciente frecuencia nombres nuevos, en muchos casos procedentes de lugares no precisamente conocidos por originar compañías de categoría mundial: Estonia (Skype), México (Bimbo), India (Mittal Steel), Brasil (Embraer) y Galicia, en España (Zara), entre otras. Y tanto en el caso de las recién llegadas como en el de las que no lo son, las empresas que ascienden a los primeros lugares en las listas de las más grandes no permanecen ahí tanto tiempo como solía ser lo habitual. Antes, una empresa que alcanzaba un gran tamaño, pocas veces perdía su privilegiada posición en estas listas.

Y no estamos hablando de que un gigante desplace a otro. Más bien, con creciente frecuencia, el espacio que antes controlaban los viejos líderes ahora pasan a ocuparlo actores muy distintos que se rigen por nuevas reglas, nuevos modelos de negocio y nuevas estrategias competitivas. La naturaleza misma del poder empresarial, sus fuentes y las estrategias para retenerlo han cambiado mucho.

¿Cómo ha ocurrido?

La industria del petróleo es un ejemplo extremo y, por consiguiente, revelador. Las «siete hermanas», las compañías que dominaron el sector desde los años cuarenta hasta los setenta, no se vieron sustituidas por empresas similares sino por las llamadas «independientes», que surgen gracias a que la industria petrolera está hoy más fragmentada y menos integrada verticalmente que nunca antes. La aparición de nuevos mercados tanto geográficos como financieros ha abierto el paso a estas nuevas empresas. Los mercados de futuros y el hecho de que se realicen más transacciones comerciales «spot» de crudo al mejor postor, en vez de los rígidos contratos a largo plazo por enormes volúmenes que hacían prohibitiva la entrada a otros competidores, han transformado por completo la forma de comprar y vender el petróleo. El sector está lleno de estos nuevos «independientes»: compañías más pequeñas pero más ágiles que compiten con gigantes como ExxonMobil, Chevron y BP, y a veces incluso las dejan atrás.

Entre los nuevos participantes en la industria del petróleo hay también empresas estatales que se han vuelto mucho más competitivas y agresivas en el control de los recursos energéticos de sus países. Las empresas nacionales del petróleo —es decir, que son propiedad del Estado— controlan ahora más reservas de crudo e influyen más sobre el negocio petrolero que las grandes empresas multinacionales.

También han pasado a formar parte del sector los gigantescos *hedge funds* que ejercen una influencia sin precedentes sobre la propiedad, la estrategia y las finanzas de las compañías y que pueden comportarse como accionistas activos de las grandes petroleras o como proveedores de capital para las pequeñas que compiten con ellas. En el pasado, las «siete hermanas» eran las únicas que tenían acceso a los vastos recursos financieros necesarios para intervenir en la industria petrolera. Hoy, gracias a la existencia de estos nuevos actores (*hedge funds*, empresas de capital privado, fondos de pensiones), nuevos instrumentos financieros (los famosos «derivados») y nuevos arreglos institucionales (nuevos mercados de valores), las empresas de menor tamaño pueden adquirir el capital necesario para competir en proyectos que antes estaban reservados a los gigantes del sector. Además, todos estos participantes deben lidiar con mayores niveles de escrutinio e influencia por parte de gobiernos, accionistas independientes, grupos ecologistas, activistas pro derechos humanos, analistas financieros, inversores institucionales, sindicatos, medios de comunicación, blogueros, redes sociales y muchos otros actores que los dirigentes de las empresas no pueden ignorar.

Como me dijo Paolo Scaroni, consejero delegado del gigante italiano del petróleo ENI: «Cuando pienso en cómo solían tomar decisiones y dirigir sus empresas los dirigentes de las grandes petroleras de los años sesenta, setenta y ochenta, me asombran la libertad y autonomía que tenían. Desde mi punto de vista, es evidente que cualquier consejero delegado actual de una petrolera tiene mucho menos poder que quienes nos precedieron».[1]

Algo similar está sucediendo en la banca. Como consecuencia de la tormenta financiera mundial que estalló en 2008, varios grandes bancos de larga tradición desaparecieron o fueron adquiridos por otras instituciones, lo que desembocó en una mayor concentración. En 2012, cinco bancos (JP Morgan Chase & Co., Bank of America Corp., Citigroup Inc., Wells Fargo & Co. y Goldman Sachs Group Inc.) eran ya dueños de activos equivalentes a la mitad de la economía de Estados Unidos. Lo mismo ocurre en el Reino Unido, donde durante los últimos veinte años el sector estuvo dominado por los «cinco grandes»: Barclays Plc, HSBC Holdings Plc, Lloyds Banking Group Plc, Royal Bank of Scotland Group Plc y Santander UK Plc (que era Abbey National Plc hasta que lo adquirió el Banco Santander en 2004).[2]

En los últimos años, los errores y la corrupción que alimentaron la crisis financiera aunados a una serie de importantes escándalos, como la manipulación de los tipos de interés por parte de Barclays y la complicidad en transferencias ilícitas de dinero (HSBC y Standard Chartered) o las pérdidas inicialmente ocultadas por JP Morgan, han provocado una reacción en contra de los grandes bancos y estimulado la adopción de una serie de nuevas regulaciones que limitan la autonomía que tradicionalmente habían tenido. Además, la turbulencia financiera ha creado incentivos para la entrada de nuevos competidores. Como explicó un analista a *Bloomberg Markets*: «En el mercado británico hay más cambios estructurales en marcha que en ningún otro momento de la historia reciente».[3]

Pero los grandes desafíos para los bancos dominantes proceden de los *hedge funds* y otros nuevos actores financieros que tienen acceso a tantos recursos como ellos, pero que pueden actuar con mayor rapidez y mucha más flexibilidad. A principios de 2011, cuando la economía mundial estaba aún renqueando, el diario *Financial Times* ofrecía esta sorprendente información sobre el poder de los *hedge funds*:

> Los diez principales *hedge funds* permitieron ganar a sus clientes 28.000 millones de dólares en la segunda mitad del pasado año, 2.000 millones más que los beneficios netos combinados de Goldman Sachs, JP Morgan, Citigroup, Morgan Stanley, Barclays y HSBC. Más aún, los *hedge funds* más grandes no emplean más que a unos centenares de personas, mientras que los seis principales bancos cuentan con más de un millón de empleados en total. Según los datos, los diez principales fondos han ganado un total de 182.000 millones de dólares para sus clientes desde que se fundaron, y solo George Soros ha hecho que sus clientes ganen 35.000 millones de dólares —después de gastos— desde que creó su Quantum Fund en 1973. Pero Paulson & Co., de John

Paulson, está aproximándose al fondo de Soros y es ya el segundo *hedge fund* que más dinero ha proporcionado a sus inversores, después de obtener unas ganancias netas de 5.800 millones de dólares en la segunda mitad de 2010.[4]

Como sus colegas de la industria petrolera, los grandes banqueros también lamentan la libertad de acción que han perdido. Jamie Dimon, consejero delegado de JP Morgan Chase, preside un banco más grande que su predecesor, William Harrison, pero, como indican sus constantes quejas acerca de lo que él considera unas regulaciones opresivas y exageradas del gobierno combinadas con las presiones de todo tipo de activistas, tiene muchas limitaciones a lo que puede hacer como jefe de ese gigantesco banco. Su argumento de que el público y los reguladores deberían confiar más en la autorregulación y la competencia de los propios bancos se volvió más difícil de aceptar cuando, en 2012, reveló que JP Morgan había sufrido pérdidas de alrededor de seis mil millones de dólares que fueron ocultadas por varios de sus colegas y que no fueron detectadas a tiempo por el equipo directivo.[5]

La prensa escrita es otro caso ilustrativo. El relato habitual de sus desgracias es que internet ha arrebatado a periódicos y revistas una fuente de ingresos fundamental: los anuncios clasificados. Pero lo que les ha sucedido a los periódicos es mucho más dramático y trascendental que un mero traslado de la cuota de mercado de los anuncios clasificados de unas empresas a otras. El poder que hoy tienen los dueños y directivos del muy exitoso sitio de internet Craiglist, donde se pueden colocar anuncios clasificados sin costo alguno, es muy diferente del que tenían en otro tiempo la familia Graham, los propietarios de *The Washington Post*, o la familia Ochs-Sulzberger, que controla *The New York Times*. Estos famosos propietarios —como Murdoch, Berlusconi o las numerosas familias dueñas de medios de comunicación en todo el mundo— siguen teniendo mucho peso, pero deben emplearlo y luchar para conservarlo de manera distinta a sus predecesores. Y es que lo que está pasando con los medios de comunicación en general se debe principalmente a los cambios tecnológicos que han transformado la conducta de unos anunciantes y consumidores que ahora tienen mucho más poder que antes. El cambio en la conducta de los consumidores ha forzado la transformación de la industria de la publicidad en conjunto.

¿Significa esto que ExxonMobil acabará desplazada por una petrolera independiente, JP Morgan Chase por un *hedge fund* o *The New York Times* por *The Huffington Post*? Por supuesto que no. Se trata de grandes compañías con inmensos recursos y ventajas competitivas difíciles de reproducir, que les dan una gran influencia en su sector. Por otro lado, lo mismo se habría podido decir en los años noventa de la entonces dominante y hoy quebrada Kodak, o en 2007 sobre la mayor aseguradora del mundo, AIG, que un año después tuvo que ser salvada de la desaparición con un paquete de rescate sin precedentes de 85.000 millones de dólares aprobado por el gobierno estadounidense.[6] ¿Quién habría dicho a principios de 2012 que uno de los banqueros más poderosos del mundo, Bob Diamond, de Barclays, iba a perder el trabajo en cuestión de días cuando se descubrió que su banco estaba involucrado en la manipulación de los tipos de interés? Que grandes empresas tengan que cerrar y líderes empresariales que eran personalidades célebres y admiradas acaben en la calle, o incluso en la cárcel, no es nada nuevo. Lo que sí es nuevo es que, como veremos en las siguientes páginas, la probabilidad de que una empresa caiga de su puesto en la cima es muy alta, al igual que la probabilidad de que una compañía o un líder empresarial sufra un devastador accidente que arruine su reputación y reduzca su valor económico, al menos por un tiempo.

Además, el efecto general y más importante de la degradación del poder en el mundo de los negocios no es que las grandes empresas corran más riesgo de desaparecer, sino que afrontan una competencia mucho más intensa y una maraña más densa y restrictiva de limitaciones a su capacidad de actuación.

Los sectores industriales que han sufrido una revolución estructural son muy numerosos y variados, desde las agencias de viaje hasta el acero y desde la venta de libros hasta la fabricación de aviones o las finanzas. En realidad, lo difícil es encontrar un sector en el que los modelos de negocio y las estrategias de siempre no hayan sufrido un inesperado choque que los haya obligado a hacer las cosas de otra manera. Y es igualmente difícil encontrar sectores en los que las empresas, sus dueños y directivos no se hallen en una situación en la que pueden hacer menos que antes con el poder que mantienen. Uno de los empresarios más exitosos del mundo a quien entrevisté para este libro, y que me pidió que guardara su anonimato, me dijo: «En los últimos veinte años me fue muy bien y gané muchísimo dinero. Ahora soy más rico que nunca antes, pero también soy mucho menos poderoso. Hay cosas que antes podía hacer que ahora se han vuelto imposibles. La competencia, el gobierno, los políticos, los accionistas y los medios de comunicación me han quitado opciones que antes daba por descontadas».

En la tierra de los jefes, la autoridad y la jerarquía

¿Quién está al mando? En el mundo de los negocios, esta pregunta requiere una respuesta clara. En el ejército, la jerarquía es algo natural. Y lo mismo ocurre en las empresas; no son instituciones democráticas. Hay jefes, subjefes y demás subordinados organizados de acuerdo con un claro escalafón de poder. Esto se debe a que en un entorno en el que constantemente se toman decisiones que repercuten en el desempeño de la empresa, es necesario que esté claro quién es responsable de qué, a quién le rinde cuentas cada uno, de quién es el mérito de los aciertos y quién el responsable de los errores.

El título de presidente, administrador delegado o director ejecutivo sugiere órdenes, disciplina y liderazgo. En una empresa va acompañado de los símbolos y los beneficios de la autoridad: la mejor oficina, el coche —o el avión privado—, el prestigio y, por supuesto, el sueldo. Desde el final de la Segunda Guerra Mundial hasta mediados de los años setenta, el monto promedio (ajustado a la inflación) de la remuneración de los directivos de las más grandes empresas de Estados Unidos se mantuvo asombrosamente estable.[7] Pero entre 1980 y 1996 creció a un ritmo de más del 5 por ciento al año. Así, en 1998, la remuneración promedio de estos ejecutivos era aproximadamente el doble de lo que había sido en 1990. En el resto del mundo, los salarios de los más altos ejecutivos son más bajos que los de sus colegas norteamericanos, aunque la tendencia es la misma: al alza.

No es un mal trabajo. Sin embargo, los altos sueldos, los privilegios y el poder de tomar decisiones de gran impacto han hecho que otras tendencias tanto o más importantes hayan pasado inadvertidas: los altos ejecutivos duran ahora menos en sus cargos, su poder es más limitado, la probabilidad de que ocurra un evento que dañe su reputación es más alta, y las grandes empresas que dirigen se enfrentan a más competencia y tienen menos poder que antes.

Las estadísticas y los estudios más fiables confirman estas afirmaciones. Por ejemplo, muestran sin lugar a dudas que los ejecutivos tienen cada vez menos estabilidad en sus puestos. En Estados Unidos, que es todavía el país con el mayor número de grandes empresas, el recambio de directores ejecutivos fue mayor en los años noventa que en las dos décadas anteriores. Y desde entonces la tendencia se ha agudizado. En 1992, el presidente o consejero delegado de una de las quinientas mayores empresas según la revista *Fortune* tenía un 36 por ciento de probabilidades de conservar el cargo cinco años después. En 1998, la probabilidad de seguir en el cargo había caído al 25 por ciento. Según cálculos de John Challenger, un estudioso de la rotación de altos cargos, la permanencia media de un consejero delegado se ha reducido a la mitad, de unos diez años en la década de 1990 a cinco y medio en los últimos tiempos, una tendencia que ha sido corroborada por varios estudios. Otro trabajo ha descubierto que casi el 80 por ciento de los máximos ejecutivos de las quinientas empresas que forman el índice Standard & Poor's 500 fueron destituidos antes de llegar a la edad de jubilación.[8] Las tasas de recambio interno (forzado por los consejos de administración) y externo (debido a fusiones y bancarrotas) ascendieron entre la década de los noventa y los primeros años de este siglo. En 2009, otro estudio encontró que en Estados Unidos, cada año, el 15 por ciento de los consejeros delegados de las grandes empresas pierden su cargo y que este porcentaje aumenta rápidamente.[9] Los datos varían según la muestra escogida de empresas, pero la tendencia fundamental está clara: la seguridad laboral de los máximos dirigentes empresariales es cada vez más precaria.

Y esta tendencia no se da solo en Estados Unidos: es mundial. La consultora Booz & Company analiza los cambios de los máximos ejecutivos en las dos mil quinientas mayores empresas cotizadas en las bolsas del mundo. Según este estudio, en 2012, el 15 por ciento de los principales ejecutivos del mundo perdieron su cargo, y la tasa de recambio fue todavía mayor entre las doscientas cincuenta mayores empresas, un patrón que ha venido repitiéndose desde hace doce años. El estudio descubrió que las sucesiones forzosas —el despido de los ejecutivos— estaban aumentando tanto en Estados Unidos como en Europa. Otros países donde las empresas están experimentando un crecimiento fuerte están alcanzando a Occidente en cuanto a la mayor rotación de altos ejecutivos. En Japón, la cultura empresarial tradicional hace que despedir a un directivo sea casi tabú, pero las sucesiones forzosas se cuadruplicaron en 2008 y han seguido siendo más altas de lo habitual. Asimismo, Booz & Company concluyó que, en todo el mundo, los consejeros delegados tienen muchas menos probabilidades de ejercer también el cargo de presidentes del consejo de administración, algo que antes era relativamente común. Este es un síntoma más de que cada vez son mayores las limitaciones que afrontan quienes ejercen el máximo poder en las empresas.[10]

Y lo mismo que les pasa a los jefes les ocurre a sus compañías. El período que una compañía permanece en la cumbre se ha acortado considerablemente. Esta tampoco es una tendencia pasajera de los últimos años, aunque no cabe duda de que la crisis económica la ha vuelto más pronunciada; pero lo que estamos viendo es un fenómeno profundo, permanente y trascendental.

También en este caso las pruebas estadísticas son concluyentes: mientras que en 1980 una empresa en la franja superior de su sector no tenía más que un 10 por ciento de probabilidades de haber perdido su posición cinco años después, en 1998 ese riesgo había saltado al 25 por ciento.[11] Entre las cien primeras empresas de la lista de las quinientas de *Fortune* en 2010, había sesenta y seis supervivientes de la lista de 2000; treinta y cuatro habían sido desplazadas por otras. Basándose en un análisis estadístico detallado, Diego Comin, de Harvard, y Thomas Philippon, de la Universidad de Nueva York, han descubierto que, en los últimos treinta años, «la duración prevista del liderazgo de cualquier empresa concreta se ha reducido radicalmente». Esta también es una tendencia mundial. Y coincide con el hecho de que la competencia es cada vez más global. La lista Forbes 2012 de las dos mil quinientas mayores empresas del mundo incluye quinientas veinticuatro con sede en Estados Unidos, doscientas menos que cinco años antes y catorce menos que el año anterior.

Cada vez son más las grandes empresas mundiales que tienen su sede en China, India, Corea, México, Brasil, Tailandia, Filipinas y los estados del golfo Pérsico. La República Popular de China está acercándose a Estados Unidos y Japón, los dos países con más empresas entre las mayores del mundo, y es ya el tercero en número de compañías incluidas en la lista. Hay compañías recién llegadas, como Ecopetrol de Colombia y China Pacific Insurance de China, mientras que otras, como Lehman Brothers y Kodak (ambas desaparecidas), Wachovia (absorbida por Wells Fargo), Merrill Lynch (hoy propiedad de Bank of America) y Anheuser-Busch (adquirida por un conglomerado belga con raíces en una empresa cervecera brasileña), han desaparecido de la lista.[12]

¿Qué efecto está teniendo la globalización sobre la concentración de las empresas?

La oleada de desapariciones de empresas conocidas y de marcas que una vez fueron muy apreciadas por los consumidores no significa que en muchos sectores industriales la concentración no sea tan elevada como siempre y, en algunos casos, mayor que nunca. Por ejemplo, un estudio reveló que una sola empresa controlaba ciento cincuenta tipos distintos de productos de comida para animales, pero a través de diferentes marcas. Dos compañías controlan el 80 por ciento del mercado estadounidense de cerveza, otras dos dominan el 70 por ciento del sector de la pasta de dientes, y así sucesivamente. La empresa italiana Luxottica, que posee no solo varias grandes cadenas de ópticas en Estados Unidos sino también muchas de las marcas de gafas que venden, tiene un virtual monopolio en ese sector.[13] Leonardo del Vecchio, principal accionista de Luxottica, es una de las personas más ricas del mundo y ocupa el puesto número 74 en la lista de multimillonarios de *Forbes*.

En el mundo, la concentración industrial varía mucho según los sectores. El de los diamantes sigue en manos de la principal compañía, De Beers, que controla el flujo de diamantes en bruto hacia las empresas que los cortan y pulen. El 60 por ciento del mercado del diamante en bruto que controla la compañía le permite tener una influencia abrumadora en los precios. En el sector de los chips informáticos, un solo fabricante, Intel, domina el 80 por ciento del mercado para procesadores CPU. Otros sectores en los que la concentración es suficiente como para llamar la atención de los organismos antimonopolio de Estados Unidos y Europa son los de las semillas agrícolas (dominado por Monsanto y DuPont), las redes de pago (Visa y MasterCard) y, por supuesto, las búsquedas de internet (donde Google absorbe el 63 por ciento de las búsquedas en Estados Unidos y el 90 por ciento del crecimiento de las búsquedas).

Pero otras industrias están hoy menos concentradas, a pesar de años de fusiones aparentemente agresivas. De hecho, como explica el profesor y autor Pankaj Ghemawat en su libro *Mundo 3.0*: «En la mayoría de las industrias, la globalización parece fomentar más la competencia que la concentración».[14] Un ejemplo destacado es el del automóvil. Los datos de la industria muestran que los cinco principales fabricantes de vehículos del mundo representaron el 54 por ciento de la producción en 1998 y solo el 48 por ciento —una disminución pequeña pero significativa— en 2008. Si se amplía el análisis a los diez mayores fabricantes, sigue viéndose una mayor dispersión del poder de las grandes empresas automotrices. La tendencia viene de muy atrás. En los años sesenta, los diez principales fabricantes generaban el 85 por ciento de la producción mundial de coches y los tres más grandes dominaban la industria; esa proporción ha bajado hoy al 70 por ciento. En parte, la fragmentación del mercado refleja la aparición o la difusión global de nuevas empresas en países como Corea, India, China y otros.[15] En 2011, por ejemplo, Hyundai no solo fue el quinto mayor fabricante de automóviles del mundo, sino también el que más ganancias obtuvo.[16] Al examinar la concentración en las cinco mayores empresas de once sectores industriales desde la década de los ochenta hasta los primeros años de este siglo, Ghemawat descubrió que la ratio de concentración media de las cinco mayores empresas había caído del 38 al 35 por ciento; esa reducción es aún más pronunciada si nos remontamos a las cifras de los años cincuenta.[17] La cuestión es que, en contraste con los comentarios y opiniones más comunes, los estudios del profesor Ghemawat revelan que la tendencia mundial no es hacia una mayor concentración en manos de unas pocas empresas, sino a la disminución de la concentración empresarial. Esto, por supuesto, no quiere decir que no existan sectores monopolizados por un reducido número de empresas que tienen un férreo control sobre su mercado y contra las cuales en muy difícil competir. Pero esa no es ni la única ni la más importante de las tendencias del mundo empresarial del siglo XXI. Los datos revelan que la competencia intensa entre empresas rivales es el rasgo fundamental.

El poder y el peligro de las grandes marcas

Muchas empresas y productos cuya fuerza y permanencia se daban por descontadas han desaparecido de repente. Prestigiosas marcas del comercio, la banca, las aerolíneas e incluso la tecnología —¿se acuerdan de Compaq?— se han convertido en vagos recuerdos. Por otro lado, algunas de las marcas más ubicuas del mundo no existían hace apenas unos años, como Twitter, fundada en 2006.

Como consumidores, nos hemos acostumbrado a estos cambios. Es más, los consumidores han sido el factor decisivo e involuntario de este recambio, debido en parte al incremento del número y el impacto de los desastres de marca, incidentes que hacen tambalear la reputación de una empresa y sus productos de tal forma que los precios de sus acciones se desploman y los consumidores huyen en desbandada. Un estudio llevado a cabo en 2010 descubrió que, mientras que hace veinte años las empresas tenían por término medio un 20 por ciento de probabilidades de que su reputación sufriera un desastre en un período de cinco años, hoy esa probabilidad es del 82 por ciento.[18] ¿Acaso es porque los vertidos de petróleo, los frenos que fallan y las declaraciones desacertadas a los medios de comunicación son cuatro veces más frecuentes hoy que hace veinte años? No, pero su difusión e impacto son más rápidos y más amplios y sus consecuencias, más graves.

En este contexto, no nos debe extrañar que el indicador más visceral del poder económico —la riqueza individual— esté también sujeto a rápidos cambios. (Desde 2012, *Bloomberg News* elabora una clasificación diaria de los veinte individuos más ricos del mundo, actualizada a las cinco y media de la tarde, hora de Nueva York.) En los últimos años, el número de individuos con fortunas superiores a los mil millones de dólares en el mundo se ha disparado; en 2012 alcanzó la cifra récord de 1.226 personas.[19] Una proporción cada vez mayor proceden de Rusia, Asia, Oriente Próximo y América Latina. Resulta interesante que el multimillonario cuya riqueza más aumentó entre 2007 y 2008, el empresario indio Anil Ambani, fue también el que más perdió al año siguiente (aunque seguía ocupando el puesto 118 en 2012).[20] Según un estudio realizado en 2012 por la empresa de datos e información sobre la riqueza Wealth-X, entre mediados de 2011 y mediados de 2012, los multimillonarios chinos perdieron casi un tercio de su riqueza total.[21]

Las caídas en las fortunas de los millonarios no dan lástima a nadie. Pero las turbulencias en las listas de los más ricos completan una imagen de inseguridad en la cima del mundo de los negocios —entre los jefes, las empresas y las marcas— que es mucho más intensa que en cualquier otro momento que se recuerde. Además, se están dando en un contexto económico más globalizado y diversificado que nunca.

La agitación que se respira en la cima contrasta con la generalizada percepción de que vivimos en una época de poder empresarial sin precedentes. No cabe duda de que el *boom* de los años noventa aportó glamur y prestigio a la carrera empresarial, y que el auge de la economía de alta tecnología creó una nueva generación de admirados empresarios ejemplificados por los dueños de Apple, Oracle, Cisco, Google y otras compañías similares, además de las estrellas del mundo de las inversiones y la banca. En Europa, la desregulación, la privatización y la creación de un mercado único engendraron nuevos iconos corporativos. En Rusia, forajidos, espías y políticos reaparecieron como dueños de fastuosas fortunas y grandes empresas. Y países pobres que en otro tiempo eran desdeñados por el gran capital mundial, de repente comenzaron a producir florecientes imperios empresariales, marcas y magnates capaces de competir con algunas de las grandes empresas de los países más desarrollados.

Ante todo esto, los críticos de izquierda hicieron sonar las alarmas, alertando sobre los peligros del aumento del poder y el dominio de los dueños del capital. Otros celebraron estas nuevas tendencias en el mundo de los negocios, viéndolas como una bienvenida transformación capaz de sacar a millones de personas de la pobreza.

Unos a favor y otros en contra; pero nadie niega que las empresas en todas partes están experimentando cambios profundos, sin precedentes y de enormes consecuencias en la manera en que adquieren y usan el poder económico.

La recesión mundial y la crisis financiera han complicado aún más el panorama del poder empresarial. Por un lado, volvió a manifestarse con fuerza la necesidad de que los gobiernos contengan el comportamiento empresarial descontrolado. Pero también quedó clara la idea de que ciertos negocios —bancos, aseguradoras, empresas automovilísticas— eran «demasiado grandes para quebrar»; no se podía permitir que se hundieran sin terribles consecuencias regionales, nacionales o incluso mundiales. Algunas compañías, como General Motors y Chrysler, se salvaron gracias a la intervención del gobierno. A otras, como Lehman Brothers, se las dejó morir. Bancos considerados demasiado endebles fueron vendidos a otros más grandes, con lo que se crearon monstruos cada vez más gigantescos y se dio crédito a las afirmaciones de los críticos que veían cómo el poder se concentraba en una élite financiera cerrada e intocable.

Es innegable que hoy existen gigantes empresariales de una dimensión impensable hace unas décadas. Algunos sectores han tenido enormes consolidaciones. Y no cabe duda de que las leyes antimonopolio y otras normativas esenciales, ya sea en Norteamérica, Europa u otros lugares, han quedado rezagadas respecto a las técnicas e instrumentos que emplean las empresas, sobre todo en las finanzas y las telecomunicaciones.

¿Cuál es nuestra realidad, entonces? ¿Un desenfrenado poder empresarial, capaz de endosar los costes de sus errores y sus deudas a los gobiernos y los contribuyentes mientras los ejecutivos responsables retienen sus elevadas remuneraciones y beneficios? ¿O entramos, por el contrario, en un mundo en el cual los jefes de las empresas corren más peligro que nunca de ser despedidos o de verse afectados por constantes escándalos que empañan su reputación y viven a merced del escrutinio constante de analistas financieros y medios de comunicación?

En otras palabras, ¿qué le está pasando al poder de las grandes empresas y sus altos ejecutivos?

El poder de mercado: el antídoto a la inseguridad empresarial

Para comprender las fuerzas fundamentales que están transformando el poder empresarial en el siglo XXI es muy útil echar mano de un concepto que discutimos en el capítulo 2: el poder de mercado.

La teoría económica da por sentado que siempre existe una feroz competencia entre empresas que venden productos similares en un mismo mercado. Eso implica que la convulsión es el estado normal del capitalismo, ya que la intensa competencia penaliza a unas empresas y premia a otras, hunde a unas y eleva a otras. La situación ideal conocida como «competencia perfecta» no deja margen para que los monopolios, los cárteles ni un pequeño número de empresas dominantes prevalezcan, impongan sus decisiones de precios o productos ni, mucho menos, sobrevivan a largo plazo.

La realidad, por supuesto, es muy diferente: algunas empresas persisten mientras que otras se hunden; inversores y ejecutivos legendarios mandan durante décadas, mientras que otros desaparecen tan repentinamente como habían aparecido; la popularidad de algunas marcas es efímera y responde a modas pasajeras, mientras que otras logran sobrevivir a todo tipo de transformaciones tecnológicas, cambios demográficos, expansiones y contracciones del mercado y cambios culturales.

Algunas grandes compañías logran impedir que posibles rivales puedan competir en su mercado, mientras que otras se coordinan formando un cártel que en la práctica actúa como si fuera un monopolio que impone precios y mantiene a raya a competidores potenciales.

Así, en los sectores donde las barreras a la entrada son bajas (restaurantes, confección, contabilidad, etcétera) es más fácil que nuevos rivales compitan con las empresas largamente establecidas, mientras que en otros (acero, telefonía móvil, bebidas carbonatadas, transporte aéreo, etcétera) las barreras son tan altas que es muy difícil que nuevas empresas reten a las existentes.

En otras palabras, la economía de mercado contiene una amplia variedad de modelos y situaciones que se manifiestan en el lenguaje simbólico de nuestra sociedad de inversores y consumidores. Producen largas rivalidades competitivas (Boeing contra Airbus, Coca-Cola contra Pepsi, Hertz contra Avis), convierten marcas en nombres comunes y coloquiales (Xerox, Tupper, Kleenex, Hoover, Rimmel), dotan a unas de prestigio (Ferrari, IBM) y a otras de carácter práctico (Gillette, Facebook). Salvo raras excepciones, cuando una empresa entra en caída libre no hay quien la salve. Da igual que sea Pan Am, Woolworths, Kodak, Lehman Brothers o Wang; cuando una empresa cierra, porque se disuelve o porque la absorbe otra, suele desaparecer para siempre.

Lo que alimenta este movimiento constante de símbolos, productos, personas, nombres y dinero son en gran parte las acciones cotidianas de vendedores y compradores en el mercado, así como las innovaciones tecnológicas. Pero también los accidentes, los errores y las casualidades y… el poder.

Y, concretamente, el poder de mercado: la capacidad de una empresa de imponer los precios de lo que vende sin temor a que, si esos precios son muy altos, los clientes le compren a sus competidores. Cuanto más poder de mercado existe en un sector o mercado determinado, más arraigadas están sus estructuras industriales y más estáticas son sus jerarquías.

En la vida real, los productos no son intercambiables, y cuando lo son, las empresas invierten en marcas y publicidad para hacerlos parecer diferentes. En la vida real, las empresas no tienen acceso a la misma información, y mucho menos los consumidores. No se rigen por las mismas normas y leyes para dirigir sus actividades o resolver disputas, ni tienen el mismo respaldo tácito o explícito de sus gobiernos, ni el mismo acceso a codiciados recursos naturales. De ahí la gran variedad que observamos en el mundo de las empresas.

Por ejemplo, la protección que le da un gobierno a la propiedad intelectual es muy diferente en Suiza y en China, o las obligaciones que tiene hacia sus clientes una empresa de tarjetas de crédito en España y en Colombia.

Pero, además, las empresas no solo varían dependiendo de la relación con sus mercados y clientes, sino también con respecto a los vínculos que mantienen con sus gobiernos. Una empresa estadounidense con un gran departamento de «asuntos gubernamentales» dedicado a presionar a los políticos de Washington, una empresa rusa propiedad de un oligarca que mantiene buenas amistades personales en el Kremlin, y una empresa india que trata de abrirse paso a través de la maraña de viejos requisitos burocráticos y permisos otorgados discrecionalmente, obviamente afrontan entornos de negocios, peligros y oportunidades muy diferentes.

Las empresas también difieren en los recursos internos de los que disponen para formar al personal y desarrollar nuevos productos. Todas estas diferencias de entorno de negocios, recursos disponibles y características organizativas repercuten en los costes operativos, las estrategias de expansión o la decisión de llevar a cabo internamente una tarea o contratarla a un proveedor externo.

Estas diferencias generan la estructura industrial que a su vez moldea la intensidad y el tipo de competencia que se dan en un determinado sector empresarial. Y el poder que tienen las empresas.

Hace un siglo nació un nuevo campo de estudio de la economía, llamado «organización industrial». Esta denominación suscita confusiones, ya que en realidad no tiene mucho que ver con la manera en que se organizan internamente las industrias. Su propósito es otro: el estudio de las situaciones en que la competencia es imperfecta. Esto quiere decir que su foco de interés son los mercados en los cuales las ideas, premisas y prescripciones de la teoría de la competencia perfecta no son muy útiles. Para ello, la teoría de la organización industrial da mucha importancia a los costes de transacción entre una empresa y sus clientes y proveedores (una idea que discutimos en el capítulo 3). Estos costos determinan, por ejemplo, que una empresa haga por sí misma una tarea o la contrate a otra. También da importancia a situaciones en que la información de la que disponen compradores y vendedores (o la que tienen los competidores) es asimétrica. La forma en que se da la competencia entre empresas y, por supuesto, el tipo de barreras que obstaculizan esa competencia y dan ventaja a las empresas que ya dominan el sector, es otro tema sobre el cual esta perspectiva arroja interesantes luces.

Como vimos en el capítulo 3, las ideas que sentaron muchas de las bases de este campo se originaron en los análisis de Ronald Coase, el economista británico que en 1937 propuso por primera vez la noción de que los costes de transacción ayudaban a explicar por qué las empresas y los sectores industriales adoptaban ciertas formas y no otras.[22]

Tanto individualmente como cuando colaboran entre sí, las empresas que dominan un sector industrial o un mercado concreto dedican muchos esfuerzos a proteger su privilegiada situación. Para hacerlo pueden adoptar estrategias que van dirigidas bien a excluir empresas rivales o a actuar en colusión con ellas, es decir, a coordinarse y pactar políticas comunes hacia el mercado que hagan más difícil —o imposible— participar en ese mercado a las empresas que no forman parte del cártel. Tanto la exclusión como la colusión son conocidas como «conductas anticompetitivas».

La exclusión implica en ciertos casos vender por debajo de los costes por un tiempo hasta lograr la bancarrota o la salida de los competidores, superar a los rivales gracias a una tecnología única, acceso exclusivo a ciertos activos críticos (una ubicación insuperable) o inundar el mercado de publicidad. La colusión se da cuando las empresas que dominan un mercado coordinan de manera tácita o explícita sus estrategias de precios, de ventas, de mercadotecnia o de distribución y fijan precios o se reparten el mercado. También se da cuando logran influir en gobiernos y entes reguladores para que promulguen leyes y normativas que protejan a las empresas existentes y hagan más difícil la entrada de nuevos competidores en ese mercado.

De nuevo estamos hablando de barreras a la entrada. Pero en este caso no son «naturales» o «estructurales», sino las barreras creadas artificialmente por quienes tienen el poder de limitar —o impedir por completo— la competencia de otras empresas.

Existen métodos cuantitativos para medir el poder de mercado, pero son difíciles de utilizar. Los más útiles son los que emplean los economistas para determinar el poder de mercado en un sector, más que en una empresa concreta. Los métodos de cálculo pueden ser muy diversos, pero uno muy sencillo es el índice de concentración de las empresas más importantes, que suma la cuota total de mercado de las principales empresas (las cuatro primeras, o las cinco, o las diez, por ejemplo) en función de las ventas (o los activos) en una industria o una economía determinadas.[23]

Pero el poder de mercado no es solo concentración. En algunas economías o algunos sectores muy regulados, empresas relativamente pequeñas pueden beneficiarse del poder de mercado (como vender a precios más altos que los que habría en caso de mayor competencia) solo por estar protegidas por reglas impuestas por el gobierno. Por ejemplo, una compañía de taxis que tenga los derechos exclusivos del traslado de los pasajeros que van y vienen de un aeropuerto específico. Del mismo modo, es necesario recalcar que la mera existencia de altos niveles de concentración empresarial en un mercado no quiere decir necesariamente que las empresas en ese sector tengan acuerdos tácitos o explícitos para mantener precios elevados; la competencia entre ellas puede ser intensa y feroz.

Por consiguiente, para comprender mejor los mecanismos del poder de mercado no basta un único criterio cuantitativo. En realidad, la mejor forma de medir la dimensión del poder de mercado y la estabilidad estructural de un sector, así como la ventaja de la protección de la cual gozan las empresas dominantes, es el análisis detallado de las barreras a la entrada, de su importancia y eficacia y de la manera en que, en la práctica, actúan inhibiendo la competencia.

Este análisis conduce a una conclusión: en todas partes, las barreras tradicionales a la entrada que durante la mayor parte del siglo XX determinaron la intensidad de la competencia en los diversos sectores han sufrido profundas transformaciones. Muchas de estas barreras se han vuelto más fáciles de evitar o evadir y otras, que en el pasado les daban enormes ventajas a las empresas existentes, se han venido abajo.

Los axiomas de la competencia empresarial y de las fuerzas y estrategias que la limitan se han trastocado. Como consecuencia, el poder de mercado ha dejado de ser lo que era antes. Este antídoto contra la inseguridad y la inestabilidad en un sector está perdiendo su eficacia. Y las ventajas que se daban por descontadas gracias al gran tamaño de una empresa, su presencia en múltiples países y su posición en la cima de la jerarquía empresarial, ya no la protegen tanto como antes de los ataques de sus competidores, muchos de los cuales provienen de otros sectores y usan tecnologías, estrategias y modelos de negocio diferentes de los acostumbrados.

Las barreras disminuyen y la competencia aumenta

Las barreras clásicas a la entrada en el mundo empresarial son muy conocidas. El tamaño, por ejemplo, hace más difícil que las empresas pequeñas se enfrenten con éxito a las grandes. Las economías de escala permiten a las empresas grandes producir a un menor coste por unidad que a los rivales que producen volúmenes menores. Y al producir a menor coste, las más grandes pueden vender a menor precio que a las competidoras más pequeñas.

Otras barreras son las derivadas de las economías de gama. La experiencia en un negocio relacionado pero no idéntico puede darle a una empresa una ventaja de la que carecen sus rivales. Por ejemplo, una empresa que obtiene grandes contratos para suministrar aviones a la fuerza aérea tendrá enormes ventajas a la hora de competir en el mercado de aviones de pasajeros. Mientras que las economías de escala están relacionadas con los volúmenes, las economías de gama aparecen cuando una empresa es capaz de utilizar sus conocimientos específicos y sus competencias fundamentales en diversos mercados. El acceso a recursos escasos, como los yacimientos minerales, la tierra fértil o unos bancos de pesca abundantes, se convierte en una barrera cuando los posibles competidores no gozan de similar acceso. El capital, por supuesto, es otro obstáculo. Lanzar una nueva aerolínea, una nueva tecnología de telefonía móvil o una compañía que fabrique acero supone un inmenso gasto de capital que pocos recién llegados pueden permitirse. La tecnología es otra barrera frecuente con la que topan los competidores; una fórmula, un proceso de fabricación o cualquier forma de capital intelectual exclusivo y no disponible para los posibles rivales producen barreras que coartan la competencia. Lo mismo ocurre con la identificación de marca; competir con Coca-Cola y Pepsi es difícil no solo por su tamaño, sino también porque sus productos están vinculados al enorme atractivo de la marca.

Y luego están las normas: leyes, regulaciones, códigos de propiedad, políticas fiscales y todos los demás requisitos en vigor en un lugar y un sector industrial determinados.

Todas las anteriores y numerosas variantes, puesto que no existe una sola lista común de barreras para entrar en el mundo de los negocios, suelen reafirmar la posición de las empresas dominantes en cualquier industria concreta y mantienen a raya a los aspirantes.

Y esto nos lleva a la pregunta fundamental sobre la transformación del poder en el mundo de los negocios: ¿qué es lo que puede hacer que las barreras a la entrada caigan de repente y hagan más vulnerables a las empresas asentadas? Una respuesta obvia es internet. Los ejemplos de cómo ha ayudado a desplazar monopolios son tan numerosos como las posibilidades del medio en sí. De hecho, pocos sectores han permanecido inmunes a la revolución en las tecnologías de la información y la comunicación.

Sin embargo, como en otros ámbitos aquí tratados (la política, la guerra, etcétera), más allá de la revolución de la información existen factores que han alterado la manera de adquirir, usar y perder el poder en el mundo de los negocios.

En las tres últimas décadas, por ejemplo, las actuaciones de los gobiernos han cambiado radicalmente estructuras empresariales fijadas mucho tiempo atrás. Margaret Thatcher y Ronald Reagan pusieron en marcha una oleada de cambios políticos que estimularon la competencia y cambiaron la forma de hacer negocios en varios sectores, desde la telefonía y los viajes en avión hasta la minería de carbón y la banca. A finales de los años ochenta, países en desarrollo como Tailandia, Polonia y Chile empezaron a poner en marcha sus propias reformas económicas revolucionarias: privatización, desregulación, apertura comercial, eliminación de barreras a la inversión extranjera, mayor libertad de comercio de divisas, liberalización financiera y muchos otros cambios favorables a la competencia. El desarrollo de la Unión Europea, con su apertura de las fronteras internas, un nuevo aparato regulador y la introducción del euro, ha tenido un efecto gigantesco en el panorama competitivo, igual que la expansión de los acuerdos comerciales globales y regionales.

Estas iniciativas políticas han tenido por lo menos tanta influencia como internet en la transformación del entorno económico mundial. Algunos analistas llegan a atribuir una cuarta parte del crecimiento comercial de posguerra en las economías avanzadas a las reformas políticas, sobre todo las reducciones arancelarias.[24]

La incorporación a la economía global de China, India y otros grandes mercados que se habían mantenido relativamente cerrados por políticas económicas proteccionistas y autárquicas, introdujo a miles de millones de nuevos consumidores y productores en los mercados mundiales. El efecto de estos trascendentales cambios políticos se amplificó gracias a otras revoluciones en la tecnología. La combinación de todos estos factores derivaron en un mundo en el que las viejas barreras ya no eran tan efectivas a la hora de proteger a las empresas de siempre de los asaltos de nuevos competidores.

Empezaron a aparecer tecnologías revolucionarias casi en cada sector. Las pequeñas centrales eléctricas alimentadas por energía solar, eólica y biomasa están llevando fuerza eléctrica a vastas poblaciones que nunca la habían tenido y, con ello, mejorando sus vidas, promoviendo el desarrollo de pequeñas industrias y desafiando el dominio de los servicios tradicionales. La miniaturización y la portabilidad han cambiado la fabricación de forma maravillosa, y, en el proceso, han rebajado barreras de entrada que antes parecían inmutables. En algunos sectores ya no es necesario construir grandes instalaciones para obtener una cuota de mercado interesante. Aunque las microcerveceras no van a desplazar a Heineken ni las minisiderurgias a un gigante como ArcelorMittal, las pequeñas empresas son hoy capaces de capturar en sus zonas geográficas una cuota de mercado suficiente para que haya más competencia en mercados que antes estaban controlados por unas pocas empresas grandes.

Y, como ya hemos dicho, la financiación de las buenas ideas empresariales se ha vuelto más fácil gracias a los cambios fundamentales en el sector financiero. En la mayoría de los países, el acceso al capital ha dejado de ser la barrera insuperable a la creación o expansión de una nueva empresa.

Las ramificaciones son casi infinitas. Por dar solo un ejemplo: la adopción generalizada de los contenedores de carga ha simplificado el transporte y ha permitido tener un método fiable y eficaz de envío de todo tipo de mercancías. En 2010, el volumen del tráfico de carga por contenedores fue diez veces superior al de 1980.[25]

Casi todas las tecnologías que vemos en museos (la máquina de vapor) o que damos por sentado (la radio) representaron una perturbación en su momento. Pero la revolución tecnológica actual tiene una dimensión sin precedentes y afecta a prácticamente todas las actividades humanas en el mundo, a una velocidad de vértigo.

Si analizamos un poco más, vemos que casi todos los grandes cambios en nuestra forma de vida actual, comparados con los de apenas una generación atrás, son muestras de la erosión de las barreras a la entrada. De hecho, las revoluciones del *más*, de la *movilidad* y de la *mentalidad*, y sus efectos en la degradación del poder, se ven con gran claridad en el mundo de los negocios. Los ejemplos son numerosos: la integración de los mercados mundiales de capitales mediante las transferencias bancarias y la banca electrónica han cambiado la forma de asignar y mover el capital en todo el mundo. Se han asentado culturas y formas de inversión totalmente nuevas —desde el capital riesgo y los inversores privados hasta los microcréditos— que conectan el dinero con usuarios próximos y lejanos. La migración ha transportado los conocimientos empresariales y la experiencia práctica como no podrían hacerlo los cambios reguladores ni los incentivos a la inversión. Y, además, ha creado redes financieras de ámbito mundial a través de las diásporas y mercados especializados para empresarios atentos a las necesidades comunitarias.

La combinación de estos factores es lo que distingue las convulsiones actuales del capitalismo de las de otros tiempos. Hay más de todo, se mueve más y más deprisa, y las expectativas de la gente son totalmente distintas. Un mercado global; la circulación sin demasiadas restricciones de vastas sumas de dinero, bienes, marcas, tecnología y cerebros entre países y entre tipos de usos; el aumento del valor del conocimiento y la marca frente a los recursos naturales y la dotación física; la aparición de crédito en lugares donde antes escaseaba o no existía: todos estos son algunos de los factores familiares que han transformado las economías nacionales. Y al hacerlo no solo han cambiado las condiciones en las que compiten las empresas, sino que también han abierto esa competencia a nuevos actores y han introducido rivales creíbles y preparados a los que las barreras de la regulación, los recursos, el conocimiento, el capital o la reputación habían mantenido fuera. A medida que esas barreras se han vuelto porosas, han surgido las condiciones para la fragmentación y el desplazamiento de los actores tradicionales, a pesar de que en algunos sectores y países las tendencias a corto plazo parecen apuntar a la concentración.

Como es natural, esta tendencia general admite excepciones. Pero un rápido repaso de varios de los elementos disuasorios más temibles que ha habido a la entrada de nuevos competidores nos revela lo absoluta que ha sido la transformación.

Activos físicos

En 2007, News Corporation, controlada por Rupert Murdoch, alcanzó un objetivo que el magnate codiciaba desde hacía tiempo: la compra, por 5.600 millones de dólares, de una cabecera muy especial, *The Wall Street Journal.* Unas semanas antes, Google había comprado la empresa de publicidad en internet DoubleClick (fundada en 1995) por 3.100 millones de dólares y Microsoft había adquirido otra empresa similar y aún menos conocida, aQuantive (fundada en 1997), por 6.300 millones de dólares. El venerable *Journal*, con sus veteranos periodistas, sus oficinas en todo el mundo, sus imprentas, sus edificios y su flota de camiones (todos ellos propiedad de la empresa Dow Jones), se vendió por una suma importante, pero un par de empresas de publicidad en la red, de breve historia y prácticamente sin ningún activo tangible, fueron vendidas por un total, sumadas las dos, de casi el doble.

¿Producto de una recalentada burbuja de propiedades en internet? De hecho, en 2012, Microsoft anunció que cargaba a pérdidas los 6.200 millones de dólares del valor de su compra de aQuantive.[26] Pero eso no es sino un eslabón más en una historia que tuvo otra manifestación más reciente en 2012, cuando Facebook (a su vez una creación de internet, nacida hace no mucho y con una valoración impresionante) compró Instagram, una empresa de una docena de empleados y sin ingresos, por mil millones de dólares. Por ese dinero, Facebook habría podido adquirir *The New York Times* o la cadena Office Depot, por nombrar un par de empresas de valor similar.

La proporción que representan los activos físicos en el valor de las firmas se ha derrumbado en todos los sectores. Los recursos materiales que controlan —fábricas, edificios, terrenos, equipos y todos los demás activos de ese tipo— tienen una relación cada vez menor con el precio que obtienen las empresas cuando ofrecen sus acciones en bolsa o son objeto de adquisiciones. Hoy, según los cálculos de los especialistas, nada menos que entre el 40 y el 90 por ciento del valor de mercado de una compañía procede de sus «intangibles», una categoría que incluye desde las patentes y los derechos de propiedad intelectual hasta la manera de dirigir la empresa, el valor añadido de la marca y la «atracción» que sus productos despiertan entre sus clientes. No todos estos intangibles son fáciles de medir, pero eso no ha impedido que los economistas sigan intentándolo.[27]

Como es natural, algunas industrias siguen funcionando con operaciones muy costosas, como la extracción de petróleo, la construcción de aviones o la producción de electricidad. Y algunas empresas siguen gozando de una inmensa ventaja por su acceso a los activos deseados; por ejemplo, el gigante ruso de la minería Norilsk controla el 30 por ciento de las reservas de níquel del mundo y el 45 por ciento del platino en Siberia. Pero incluso dentro de estos sectores es patente la creciente importancia de los activos intangibles. Lorenzo Zambrano, director ejecutivo de CEMEX, la empresa cementera mexicana que ha logrado situarse entre las primeras del sector y convertirse en un actor global, me dijo que la «gestión del conocimiento» era el factor crucial que había permitido a su compañía competir en el ámbito internacional con rivales mayores y más establecidos. La gestión del conocimiento, los «sistemas de información, modelos de negocio y otros intangibles que tienen que ver más con el conocimiento que con el cemento» explican, según él, el éxito de la empresa.[28] CEMEX es otro ejemplo de compañía nueva e innovadora de un país (México) que no solía ser cuna de empresas mundialmente competitivas y que ha trastocado la estructura de poder tradicional de un sector viejo y muy concentrado.

Escala y gama

La lógica de las economías de escala es desde hace mucho tiempo un axioma de la empresa moderna: cuanto mayor es la capacidad de producción, menor coste por unidad supone la fabricación y más difícil es para competidores más pequeños poder equiparar el coste y la estructura de precios de las grandes empresas.

Esta lógica se ha extendido al uso de las «economías de gama» obtenidas en un sector determinado para diversificarse hacia otro que comparte los conocimientos y las competencias fundamentales. Un ejemplo es PepsiCo, que posee la marca Gatorade; al aplicar su experiencia de marketing y distribución a la bebida deportiva, la ha convertido en una de sus principales fuentes de ingresos.

Existen todavía industrias en las que imperan la gran escala y otros factores que contribuyen a la aparición de grandes empresas con tendencia a funcionar con un estricto control central. Un ejemplo es la energía nuclear, en la que cuentan mucho la tecnología avanzada y las enormes inversiones que se deben hacer para garantizar que no haya accidentes. Pero son excepciones. Muchos de los éxitos empresariales de hoy proceden no solo de sectores en los que las economías de escala importan menos, sino de empresas que han puesto totalmente en tela de juicio la importancia del tamaño.

Las empresas más innovadoras y heterodoxas violan de muchas maneras los principios de las economías de escala, las economías de gama y las de organización tradicional. Un ejemplo es la producción de bienes que solían ser fabricados —y para muchas empresas aún lo son— en grandes volúmenes, pero que ahora algunos competidores logran producir en pequeñas cantidades y a precios bajos.

Un ejemplo de esto es Zara, la cadena española de ropa que empezó como una empresa artesanal que confeccionaba batas y que no salió de España hasta 1988. Creció vertiginosamente y en 2007 superó en ventas al gigante estadounidense Gap. En 2012, y a pesar de la crisis económica mundial, sus ventas, de casi dieciocho millones de dólares, fueron un 25 por ciento mayores que las de Gap, y había dejado ya muy atrás a su competidor europeo H&M.[29]

Zara (la marca insignia de Inditex, el conglomerado textil creado por el gallego Amancio Ortega) ha logrado tener gran agilidad, velocidad y mucha sensibilidad frente a las preferencias de los consumidores. Frente al método tradicional de producción —fabricar grandes volúmenes de una misma prenda—, Zara logra producir volúmenes más pequeños sin que los costes se disparen. Además, adapta cuidadosa pero muy rápidamente su estrategia a las características específicas de sus numerosos mercados extranjeros (más de cinco mil quinientas tiendas en casi ochenta países).[30] Zara no necesita más que dos semanas para diseñar y fabricar un nuevo producto y colocarlo en las tiendas; el promedio del sector es de seis meses. Además,

Zara lanza alrededor de diez mil nuevos diseños cada año.[31] En el negocio de Zara, por lo menos, resulta que la velocidad —ser sensibles a los cambios de gusto de los consumidores y responder de inmediato a ellos— importa mucho más que las ventajas comúnmente asociadas con la producción en masa.[32]

Zara no es más que un ejemplo de un número, cada vez mayor, de empresas cuyo éxito se basa más en la velocidad de reacción que en la escala, a menudo en sectores en los que la gran escala antes era el factor crítico para triunfar.

Otra violación de los axiomas de escala y gama está en las nuevas posibilidades de hacer que una empresa ubicada en otro país o continente preste servicios que antes no se subcontrataban, y mucho menos a larga distancia. Pensemos en las actividades comprendidas bajo el epígrafe de «externalización». Antes esto no significaba más que darles a vendedores independientes y que no eran empleados de la empresa la posibilidad de comercializar los productos. También podía significar enviar partes de un producto a otra empresa para que en ella se ensamblara el producto final a cambio de un pago por unidad terminada. Luego la externalización se extendió a los servicios, al principio a los menos cualificados, por ejemplo los *call centers*, lugares donde personas que no son empleados de una determinada empresa atienden a sus clientes por vía telefónica. Pero hoy la externalización alcanza incluso a la telemedicina y a los servicios financieros: médicos que emiten diagnósticos o expertos de laboratorio que procesan pruebas, o contables en India que se encargan de preparar las declaraciones de impuestos de empresas estadounidenses.

Una constelación de pequeñas empresas cuya situación geográfica es un factor cada vez menos importante están resultando muy capaces de ofrecer servicios especializados y que requieren una alta formación a un coste inferior, pero con igual calidad que los departamentos internos de los viejos gigantes industriales. Y ningún país tiene el monopolio de esos servicios. Después de abrir en 1998 un centro de investigación en India, IBM inauguró en 2010 otro en São Paulo, Brasil, que cuenta con el mayor número de programadores de Java en el mundo y el segundo mayor número de programadores de grandes ordenadores. En 2011 se abrieron en América Latina y

Europa del Este cincuenta y cuatro nuevos centros de *outsourcing*, frente a cuarenta y nueve en India.[33]

El hecho de que las razones para la externalización sean conocidas no hace que sean menos poderosas. Pensemos en la facilidad de acceso a comunicaciones instantáneas y eficientes. El correo electrónico, la mensajería instantánea y la telefonía por internet (VoIP) no solo nos hacen la vida más cómoda, sino que además diluyen la ventaja tradicional que representaba la proximidad geográfica.

Un término que se ha esfumado del vocabulario económico es el de «monopolios naturales», que se utilizaba para designar sectores de negocios con una fuente de suministro muy concentrada o economías de escala tan intensas que no tenía sentido contar con más de un proveedor. La electricidad, la telefonía fija y el abastecimiento de agua eran los ejemplos más comunes. La única duda era si esos monopolios debían ser de propiedad estatal o de empresas privadas y reguladas. Pero hoy hasta en estos sectores se ha abierto la competencia y los consumidores tienen ahora opciones que antes no existían, como la posibilidad de escoger a qué empresa comprarle servicios telefónicos o electricidad.

El resultado ha sido una increíble ampliación de la oferta. En África, Bharti Airtel, la principal compañía de telefonía móvil de la región, se ha asociado con un microservicio solar de pago instantáneo, llamado SharedSolar, para ofrecer minutos de conexión y electricidad a los cincuenta millones de abonados de Bharti en el continente.[34] En Melbourne, Australia, un consumidor puede escoger entre quince compañías eléctricas. Hace una generación, estas posibilidades habrían sido ciencia ficción; hoy son realidades que no sorprenden a nadie.

A medida que la escala y la gama han perdido su eficacia, otras ventajas las han sustituido. Ahora la velocidad es más importante que la escala, y el hecho de que competidores nuevos y más pequeños tengan el mismo acceso a las herramientas que permiten una rápida identificación del cliente, el desarrollo de productos y servicios, el diseño de envoltorios y la eficiente distribución y entrega está contribuyendo a que la escala, en vez de ser una ventaja, sea en ciertos casos un lastre.

Las marcas y el poder

Una clásica forma de aumentar el poder de mercado es a través de inversiones en publicidad y mercadotecnia que diferencien a un producto de otros similares, por más que todos cumplan las mismas funciones o satisfagan la misma necesidad.

Identificar un producto con un nombre, un logotipo, una apariencia, una música o hasta con una persona admirada busca impedir que se convierta en una mercancía indiferenciada donde lo único que importa es el precio. Si todos los productos son iguales, el más barato es el que hay que comprar. A menos que produzca sensaciones que estimulen al cliente a pagar más. Y eso, al final, es lo que buscan los esfuerzos de mercadotecnia dirigidos a diferenciar un producto.

Una de las primeras revoluciones en el proceso de creación de una marca que diferenciara un producto genérico de sus similares fue el famoso caso de United Fruit Company, que en 1947 concibió el nombre Chiquita para etiquetar sus bananas.[35] Hasta entonces, una banana no era más que una banana, sin importar quién la cultivase o dónde. Lo único que distinguía una banana de otra era el tamaño, el grado de madurez y el sabor, que eran factores aparentemente independientes del productor. Pero la invención de un nombre y un logo atractivos, así como un enorme gasto en publicidad, les dieron a las bananas de United Fruit atributos que le permitieron venderlas a un precio más alto que el de sus rivales.

En la actualidad, las formas de diferenciar un producto son más numerosas que nunca. Incluyen técnicas tradicionales como los logos, los envases, la publicidad en televisión y los patrocinios, pero también nuevos instrumentos, como la compra de derechos para dar nombre a estadios de fútbol, el posicionamiento del producto en películas, series de televisión, eventos deportivos o concursos, así como la publicidad en diferentes plataformas mediáticas y las campañas de marketing viral.

Los canales para difundir la «historia» que diferencia a un producto han proliferado y ya no se necesitan inmensos presupuestos publicitarios para contratar a las principales agencias de Londres o Nueva York.

Esta es otra muestra de cómo contrincantes nuevos e inesperados han conseguido erosionar el dominio de las empresas largamente establecidas. Un sector que no existía hace unos años —la publicidad en las redes sociales como Facebook, Twitter y YouTube— está captando una parte importante y cada vez mayor del dinero para publicidad que antes iba destinado solo a medios tradicionales como la televisión, la radio, los periódicos y las revistas. El marketing especializado —es decir, dirigido a los aficionados al fútbol, los que hablan ruso, los entusiastas de los videojuegos, los cultivadores de trigo, los vegetarianos, etcétera— resulta asequible, con unos precios que no tienen por qué asustar a los recién llegados. Y una página web bien diseñada puede llamar la atención de los internautas sobre el nombre y los productos de una empresa de la que nunca habían oído hablar, cuya sede está al otro lado del mundo.

En las ciencias empresariales ha surgido un campo nuevo que consiste en medir la proporción del valor de mercado de una empresa que se puede atribuir a su marca. En 2011, una investigación realizada por Interbrand, una de las principales consultoras en este terreno, descubrió que la marca McDonald's —el nombre de la compañía, los nombres de sus productos, el diseño de los restaurantes y los arcos dorados— constituía más del 70 por ciento de la valoración total de la empresa. La marca Coca-Cola aportaba el 51 por ciento de su valor, y Disney, IBM e Intel derivaban de sus marcas el 68 por ciento, el 39 por ciento y el 22 por ciento de su valor, respectivamente.[36]

La clasificación de empresas por el valor monetario de sus marcas en 2011 mostró una mezcla de compañías de la vieja economía y nuevos actores más tecnológicos: la primera era Coca-Cola, seguida de IBM, Microsoft, Google, General Electric, McDonald's, Intel, Nokia, Disney y Hewlett-Packard.[37]

Es natural, entonces, que las empresas inviertan enormes cantidades de dinero en construir su marca. Y las más avispadas las van cambiando y adaptando incesantemente. IBM, por ejemplo, dejó de mostrarse ante el público como fabricante de ordenadores y ahora se presenta como una visionaria empresa cuyos expertos y avanzada tecnología le permiten resolver los problemas más complicados del mundo.

Ahora bien, incluso contar con una gran marca ha dejado de ser lo que era antes, cuando las marcas más conocidas hacían de sus empresas propietarias fortalezas inexpugnables. Algunas de las marcas más dinámicas, cuya aportación al valor total de sus empresas ha crecido más en los últimos años, no son las más conocidas de siempre sino nombres recién llegados, como Skype (hoy propiedad de Microsoft). Y Google, creada en 1998, se ha transformado en la empresa de publicidad más grande del mundo. En 2013 facturó más del doble que las ventas combinadas de las dos compañías de publicidad que le siguen en tamaño (Publicis y Omnicom).

Los nuevos competidores, ágiles, insurgentes y revolucionarios, son tan eficaces y amenazantes en el mundo de la mercadotecnia y la publicidad como lo son en el de la política o en el de la guerra.

El acceso al capital es ahora más fácil

Pocos obstáculos son tan perjudiciales para la actividad empresarial como la falta de capital. Son pocos los emprendedores que tienen al alcance el dinero necesario para financiar una idea o lanzar un nuevo producto. Normalmente, quienes tienen ese lujo son grandes empresas con dinero para invertir en investigación y desarrollo de productos o suficiente efectivo para hacer costosas pruebas de mercado. Cuanto más limitados y restrictivos son los canales para recaudar fondos, más difícil resulta la entrada de nuevos competidores.

Muchos nuevos empresarios no tienen otra alternativa que pedir dinero prestado para lanzar su idea. Estados Unidos sigue siendo uno de los países donde más fácil es obtener un crédito, aunque ha bajado a la décima plaza. Según el Banco Mundial, los cinco países donde obtener un crédito resulta más sencillo son Malasia, Sudáfrica, Reino Unido, Australia y Bulgaria. Esta sorprendente muestra de países es prueba de que se han producido grandes cambios no solo en el acceso a las fuentes de dinero sino también en su naturaleza, porque se han creado nuevas maneras de obtener crédito. Además, otras fuentes de capital y de crédito que tradicionalmente estaban muy restringidas y a las que costaba acceder ahora se han flexibilizado y abaratado.

Una tendencia importante de las dos últimas décadas es la difusión de los inversores de capital riesgo (*venture capital*) y de los inversores «angélicos» (*angel investors*), que son empresas que disponen del capital, los conocimientos y la disposición de correr el riesgo de darle fondos a empresas nuevas y financiar el lanzamiento de productos no probados. Estas empresas nacieron en Estados Unidos, pero han proliferado y ahora también se encuentran en los grandes mercados emergentes de Europa, Asia y América Latina.

Como vimos antes en el contexto de la revolución de la *movilidad*, una de las fuerzas que impulsa la propagación internacional de los modelos de capital riesgo y capital privado ha sido la circulación de banqueros, inversores e ingenieros que comenzaron su carrera en Estados Unidos y después regresaron a sus países, donde reprodujeron estas empresas y sus enfoques.

En Taiwán, los primeros fondos de capital riesgo creados según el modelo norteamericano nacieron en 1986-1987, dirigidos por ejecutivos que habían cursado estudios de ingeniería y habían comenzado sus carreras en Estados Unidos en las empresas de nueva tecnología, sobre todo en Silicon Valley, California. Las empresas de capital riesgo también han comenzado a proliferar en India e incluso en China.

Los empresarios que regresan a su país de origen trayendo consigo capital, conocimientos y contactos han sido el motor fundamental de esta proliferación. La investigadora de la Universidad de Berkeley AnnaLee Saxenian, experta en este tema, considera que las «zonas tecnológicas emergentes» como Shanghái y Bangalore han dejado de ser copias de Silicon Valley para convertirse, más bien, en extensiones. En su opinión, la analogía más apropiada para el movimiento de personas, de ideas para nuevos negocios y de fondos para financiarlos ya no es la tradicional «fuga de cerebros», sino, como se dijo en el capítulo 4, la «circulación de cerebros».[38]

Innovación

«No sé cómo se puede tener un entorno verdaderamente innovador en una gran farmacéutica. Me resulta difícil imaginar cómo se puede fomentar un ambiente de innovación, de riesgo, y obtener así grandes productos.» Esta afirmación la hizo John Maraganore, consejero delegado de una pequeña farmacéutica de Cambridge, Massachusetts, en 2007.[39] Para él, esta tajante afirmación es simplemente el reconocimiento de algo que es obvio. Sin embargo, en comparación con la práctica habitual de las empresas farmacéuticas durante décadas, es una constatación muy sorprendente.

Sorprendente y cierta. Los gigantes de la industria farmacéutica, como Pfizer, Novartis o Merck, comercializan algunos de los fármacos más innovadores y transformadores que existen, pero lo más probable es que no hayan sido ellas las que los han desarrollado. Existen pequeñas empresas especializadas —algunas formadas a partir de departamentos de investigación biológica en universidades, y otras en los actuales semilleros de innovación, regiones como Hyderabad, India, apodada «Genome Valley» («el valle del genoma»)— que sintetizan estos nuevos medicamentos y después los venden —o, en algunos casos, venden la empresa entera— a algún gigante corporativo.[40] En realidad, la fabricación de los fármacos puede ser tarea de una tercera empresa. Un ejemplo es FerroKin Biosciences, con siete empleados que trabajan desde casa y alrededor de sesenta vendedores y contratistas que proporcionan todos los eslabones del proceso de desarrollo de un fármaco. Creada en 2007, atrajo veintisiete millones de dólares de capital riesgo, consiguió que el producto pasara de la fase de desarrollo a la fase 2 de pruebas clínicas[41] y en 2012 fue adquirida por Shire Plc, una compañía biofarmacéutica con sede en el Reino Unido.

Empresas como Shire y grandes farmacéuticas como Merck conservan una clara ventaja sobre empresas locales más pequeñas gracias a su enorme capacidad de mercadotecnia, publicidad y distribución. No es realista suponer que una pequeña fábrica farmacéutica en Hyderabad o Shenzhen pueda organizar su propio ejército de representantes de ventas capaces de llevar muestras (y bolígrafos, bolsas e invitaciones a comer) a médicos y profesionales de la salud en Los Ángeles, Madrid o Ciudad de México.

Los grandes centros de innovación industrial se han venido mudando, y el cambio preponderante en la localización geográfica de estos polos de producción de nuevas tecnologías es, sin duda, revolucionario. Durante años, las grandes compañías de todo tipo, desde las farmacéuticas hasta las automovilísticas, las químicas y las informáticas, llevaban a cabo ellas mismas su labor de investigación y desarrollo en centros propios, muy bien dotados de fondos y que, además, eran un importante pilar del prestigio de la empresa.

Sin embargo, en los años ochenta aparecieron empresas como Cisco y Genzyme, que adquirían importancia a pesar de no tener sus propios laboratorios de investigación y desarrollo. Se ha instalado lo que el investigador de la empresa Henry Chesbrough llama una «era de innovación abierta».[42] En algunos sectores, destaca Chesbrough, la innovación abierta siempre existió; en Hollywood, por ejemplo. Hoy, las químicas y los fabricantes de teléfonos y aviones se han acercado al modelo de Hollywood. Y hay nuevos actores, importantes en sus industrias, tales como Acer y HTC, que han pasado de ser pequeñas empresas innovadoras que trabajaban subcontratadas y cuyos nombres nunca aparecían en los productos a ser rivales con sus propias marcas.[43]

Tiene sentido. «Conocemos este tipo de categoría de producto mucho mejor que nuestros clientes», dijo el consejero delegado de HTC, la empresa fabricante de *smartphones* con sede en Taiwán, a la revista *Businessweek*.[44] Su ejemplo lo seguirán muchas otras empresas aún poco conocidas. En el sector farmacéutico, externalizar la fabricación de fármacos es una práctica muy antigua, pero el descubrimiento del fármaco en sí era un proceso muy confidencial. Ahora bien, desde 2001, el mercado de subcontratación del descubrimiento de fármacos ha crecido más rápidamente que la inversión en innovación farmacéutica en general; pasó de 2.000 millones de dólares en 2003 a 5.400 millones de dólares en 2007, y se calcula que en la actualidad crece a un ritmo del 16 por ciento anual.[45]

Todo esto es un mal augurio para las grandes compañías, los mega-jugadores. El profesor de Harvard Clayton Christensen afirma en su famoso libro *The Innovator's Dilemma* que las más grandes y exitosas empresas funcionan a partir de una serie de procedimientos que les permiten ser muy eficaces aprovechando las «tecnologías de mantenimiento» (es decir, nuevas tecnologías que ayudan a mejorar los productos ya existentes), pero no son tan buenas identificando y produciendo tecnologías revolucionarias que transforman por completo una industria o un mercado.

Entre los ejemplos de estas tecnologías disruptivas, Christensen enumera la telefonía móvil, las microturbinas, la angioplastia, la PlayStation, el aprendizaje a distancia, los protocolos de internet y el comercio electrónico.[46]

El mensaje central es que en el mundo de hoy las grandes empresas establecidas pueden estar en desventaja frente a empresas más jóvenes, pequeñas y dinámicas cuando se trata de detectar nuevas tecnologías y oportunidades de transformar mercados de manera radical.

Ahora la investigación y el desarrollo fluyen con mayor libertad a más lugares y cada vez se necesita menos inversión inicial en instalaciones físicas, recursos, comunicaciones y marketing. La innovación tecnológica es otro terreno en el cual los micropoderes tienen ahora más oportunidades que antes y donde los megajugadores tradicionales ya no gozan del dominio que solían tener.

El cambiante papel de los gobiernos

Históricamente, muchos gobiernos limitaban la competencia con el fin de proteger a las empresas locales. Fijaban altos impuestos a las importaciones para así encarecerlas y hacer que los consumidores comprasen los productos hechos en el país. También inhibían la competencia cuando daban ventajas especiales a algunas empresas con el fin de canalizar sus inversiones hacia regiones o actividades específicas que en teoría promovían el desarrollo social.

Pero estas políticas tocaron techo hace unos treinta años, cuando sus catastróficos resultados estimularon profundos cambios en la manera de concebir la promoción del desarrollo y el papel de la competencia entre empresas. En casi todo el mundo los gobiernos han vendido las empresas de propiedad estatal, han deshecho monopolios, han liberalizado sus regímenes comerciales y de inversión, y han mejorado el entorno económico para los emprendedores.

Un indicador significativo: en 1990, el impuesto promedio que los países les ponían a las importaciones era del 23,9 por ciento (con una variación entre el 38,6 por ciento en las economías de bajos ingresos y el 9,3 por ciento en los países ricos de la OCDE). En 2007, había descendido al 8,8 por ciento mundial, entre el 12 por ciento en los países de rentas bajas y el minúsculo 2,9 por ciento en los miembros de la OCDE. Ni siquiera la crisis económica de 2008 invirtió la tendencia.[47] A medida que las economías avanzadas se hundían a raíz de esa crisis, muchos expertos alertaron de que la reacción natural de los gobiernos sería proteger el empleo y las empresas de su país subiendo las barreras a las importaciones. Afortunadamente eso no pasó. Lo mismo se dijo sobre la posibilidad de que los países impusieran límites a la entrada de inversores extranjeros. Tampoco sucedió.

La evolución verdaderamente global hacia unas economías relativamente libres y abiertas, con amplios mercados de capitales y límites en la propiedad estatal, es una de las historias más debatidas de la pasada generación. Suele ir acompañada de la advertencia de que, en algún momento, el péndulo puede volver a oscilar, si no del todo, sí retroceder una distancia considerable. Y es cierto que a primera vista podría parecer que, con la recesión mundial de 2008-2009, hubo una vuelta a más regulación y más control gubernamentales en los sectores clave.

Pero los rescates bancarios o de la industria automotriz en Estados Unidos, las nacionalizaciones temporales en el Reino Unido y la necesidad de regular más estrictamente los mercados de productos financieros exóticos que sabemos que pueden ser tóxicos (como algunos derivados financieros, por ejemplo) no pueden confundirse con la reversión de una tendencia global mucho más amplia. De hecho, según el Banco Mundial, el ritmo de las reformas *pro-business* en todo el mundo alcanzó una cifra récord en 2008-2009, justamente durante el apogeo de la crisis. Ese año, el banco contabilizó nada menos que 287 reformas implantadas en 131 países con el objetivo de allanar el camino a las empresas. En total, desde 2004, tres cuartas partes de las economías del mundo han simplificado los trámites para poner en marcha una empresa. Casi dos terceras partes de los países han impuesto medidas que facilitan la obtención de un crédito. Más de la mitad han simplificado el registro de la propiedad, el pago de impuestos y el comercio con otros países. Si a eso se añade el importante número de países que han hecho que sea más fácil gestionar una bancarrota, hacer respetar los contratos, obtener licencias de construcción y otras actividades similares, el panorama global muestra que se han aligerado radicalmente los obstáculos oficiales a la actividad empresarial y, como consecuencia, las empresas que antes estaban protegidas están hoy más expuestas a la competencia.

Están cayendo barreras de todo tipo a la entrada de nuevos rivales, y al contrario de lo que se pensaba, las que habían impuesto los gobiernos son las que más han declinado. Y como regla general, una vez reducidas, la tendencia es a que se queden así.[48]

Nuevos aspirantes y nuevas oportunidades

No pretendo aquí proclamar la desaparición de todas las viejas industrias, empresas y marcas. Hay numerosas pruebas de todo lo contrario. A muchas empresas centenarias les va muy bien. Algunas compañías gigantescas y establecidas como Coca-Cola, Nestlé, ExxonMobil, Novartis, IBM y Toyota tienen larga vida por delante; otras quizá menos. Pero, aunque dedicarse a predecir las perspectivas de una gran empresa específica es un ejercicio útil para los accionistas, nos distrae de lo verdaderamente importante que está sucediendo a nuestro alrededor: la llegada de una serie de nuevos competidores. He aquí unos cuantos ejemplos.

Las nuevas multinacionales del sur

Les presento a Alejandro Ramírez, un joven empresario de Morelia, México, que es uno de los principales magnates del sector de las salas de cine en India.

India es el país con la mayor industria cinematográfica del mundo, al menos por el número de películas comerciales filmadas cada año. Sin embargo, un aspecto en el que el país se está quedando atrás es en el de las salas multicines modernas, capaces de ofrecer a la clase media india, en plena expansión, películas nacionales y extranjeras en pantallas de gran calidad. No hay más que mil salas modernas en un país con más de mil doscientos millones de habitantes. La empresa de Ramírez, Cinepolis, piensa llenar esa brecha con quinientas pantallas más en los próximos años. Cinepolis, que comenzó siendo una única sala de cine en una provinciana ciudad del estado de Michoacán en los años cuarenta, ha crecido hasta convertirse en la mayor compañía propietaria de multicines en México y Centroamérica.[49]

Cinepolis no solo es el nuevo competidor más agresivo en el negocio de las salas de cine en India, sino que es la primera empresa extranjera que invierte en ese sector en el país. «¿Cómo se le ocurrió diversificarse hacia el mercado indio?», le pregunté a Ramírez. «No fue idea mía —me respondió—. Dos estudiantes de la escuela de negocios de Stanford tenían que elaborar, como tarea para una de sus clases, un plan de negocios, y se les ocurrió esta oportunidad y me la propusieron. Trabajamos juntos, lo perfeccionamos, conseguimos el capital y nos pusimos en marcha. Casi de inmediato descubrimos que las posibilidades eran incluso mayores de lo que habíamos previsto.»[50]

Cinepolis no es más que una de las cada vez más numerosas empresas de países como México, India, Brasil, Sudáfrica y Turquía que operan en otras economías en vías de desarrollo, en las cuales las inversiones solían ser predominantemente del gobierno, de grupos privados locales o de las grandes multinacionales de Estados Unidos, Europa y Japón.

La cooperación sur-sur era un sueño del movimiento tercermundista de los años setenta, la esperanza de que las economías del mundo en vías de desarrollo se fortalecerían unas a otras mediante las transacciones comerciales, las inversiones y la ayuda directas, sin contar con el «norte». Era un sueño socialista, con la dirección del Estado, y las inversiones que hoy están floreciendo son muy distintas de las imaginadas entonces. No obstante, las inversiones sur-sur son hoy una de las tendencias fundamentales de los negocios en el mundo.[51] Los datos de Naciones Unidas muestran que desde 2003 las inversiones extranjeras directas (IEDS) originadas en los países en vías de desarrollo empezaron a superar a las IEDS procedentes de países ricos.

De los cincuenta y cuatro tratados bilaterales de inversión firmados en 2010, veinte lo fueron entre países en vías de desarrollo. Las inversiones extranjeras directas de los países en vías de desarrollo alcanzaron la cifra récord del 29 por ciento sobre el total de las inversiones directas del mundo en 2010, y ese incremento continuó en 2011 y 2012 pese a los problemas económicos.[52]

El número de empresas de países en vías de desarrollo que se incorporan a las listas de mayores compañías del mundo sigue aumentando sin cesar. Y los investigadores del Banco Mundial y la OCDE afirman que las estadísticas oficiales infravaloran la dimensión de las IEDS de los países en desarrollo, en parte porque se trata de una categoría de estudio nueva y a menudo imprecisa, y en parte por el volumen de la fuga de capitales no documentada.[53]

Entre los beneficiarios de esta tendencia se encuentran numerosas empresas en sectores que van desde la construcción y las telecomunicaciones hasta el textil y el petróleo, poco conocidas en Europa y Norteamérica pero cada vez más prestigiosas en el resto del mundo. En telefonía móvil, por ejemplo, las indias Bharti Airtel y Reliance, la sudafricana MTN, la egipcia Orascom y Etisalat, de los Emiratos Árabes Unidos, figuran entre las quince primeras del mundo. Otras son menos conocidas pero importantes en sus respectivos sectores: por ejemplo, las empresas textiles de Sri Lanka han abierto fábricas en otros lugares del sur de Asia y el océano Índico, y los conglomerados turcos se han convertido en actores importantes en Rusia, los Balcanes y Oriente Próximo. Cada vez con más frecuencia, estas empresas están saliendo de sus países y regiones de origen, donde cuentan con elementos comunes de lengua y cultura, y logran invertir con éxito (como Cinepolis) en lugares geográfica y culturalmente muy distantes.

Antoine van Agtmael, el autor que acuñó el término *mercados emergentes*, me dijo que está seguro de que para 2030 las empresas grandes con sede en dichos mercados superarán en número a las de las economías avanzadas actuales.[54]

El sur se vuelve norte

Un fenómeno relacionado es el incremento de las adquisiciones de grandes empresas europeas y norteamericanas por parte de compañías con sede en economías en vías de desarrollo y en transición, que ha generado una nueva casta de multinacionales globales que tienen el cuartel general o las raíces en sistemas económicos hasta hace poco cerrados y muy estatalizados. India, México, Brasil, Sudáfrica y China son algunos de los principales lugares de origen de esas empresas. Un buen ejemplo es el ya mencionado gigante mexicano del cemento, CEMEX, que opera en casi cuarenta países. La internacionalización de CEMEX la catapultó a uno de los primeros puestos en el mercado mundial de los materiales de construcción (en encarnizada lucha con la francesa Lafarge) y elevó la parte estadounidense de su propiedad al 41 por ciento, frente a solo el 24 por ciento en México. Aunque CEMEX tuvo que retroceder con la crisis económica mundial, sigue siendo un actor global en muchos países en vías de desarrollo, en un sector que antes era dominio exclusivo de empresas de países ricos.[55] Otros ejemplos son las empresas matrices de los dos principales competidores en el sector de la cerveza en Estados Unidos. Anheuser-Busch está controlada por la belga InBev (formada, a su vez, cuando la cervecera brasileña Ambev quiso expandirse en el extranjero) y con un equipo de dirección mayoritariamente brasileño. Al mismo tiempo, la empresa rival SABMiller se formó cuando la sudafricana South African Breweries compró la Miller Brewing Company de Estados Unidos en 2002, después de otras adquisiciones en mercados como la República Checa, Rumanía, El Salvador, Honduras y Zambia. La brasileña Vale (antes llamada Companhia Vale do Rio Doce) se convirtió en la segunda compañía minera del mundo en 2007, después de comprar una rival canadiense, Inco. Y la mayor empresa de acero del mundo, ArcelorMittal, es resultado de una serie de adquisiciones llevadas a cabo por el multimillonario indio Lakshmi Mittal. Su empresa matriz, Mittal Steel, había entrado en la lista de las quinientas primeras empresas de *Fortune* hacía poco, en 2005.[56]

Los engorrosos nombres compuestos de ArcelorMittal y Anheuser-Busch InBev indican que son casos en los que las fusiones y adquisiciones cuentan tanto como el dinamismo de nuevos aspirantes procedentes de lugares insospechados. Aunque estas fusiones, sin duda, producirán concentración y nuevos oligopolios con un considerable poder de mercado, debemos recordar que a menudo afectan a empresas que hace solo un decenio eran diminutas en comparación con las empresas de las que han logrado apoderarse. Y lo mismo les podría pasar a ellas: una empresa con sede en otro lugar impensado y que haya pasado hasta ahora inadvertida podría acabar quedándose con estos nuevos y gigantescos conglomerados. Es lo que ha sucedido durante la última década, y las fuerzas que impulsan esta tendencia son cada vez más potentes.

Unas empresas provincianas que operaban en mercados pequeños y protegidos no habrían podido hacerse con el control de las principales compañías de grandes sectores mundiales si no hubiera sido por la precipitada caída de las barreras a la entrada, empujada por la apertura de los mercados financieros, la extensión de la educación y la cultura empresarial, el más fácil acceso al capital, más transparencia y más disponibilidad de las informaciones de las empresas, la desregulación, las aperturas al comercio y las inversiones, el crecimiento, la globalización, las nuevas tecnologías y otros factores tratados aquí. La internacionalización de las empresas con sede en países pobres es un poderoso ejemplo de los efectos de las revoluciones del *más*, de la *movilidad* y de la *mentalidad*.

La proliferación de las bolsas de valores

Entre las víctimas de la hipercompetencia están las bolsas de valores, las icónicas instituciones en las que se negocian la mayor parte de las acciones de las empresas grandes y que los medios de comunicación, los políticos y el público vigilan en busca de pistas sobre la salud de la economía en general. La Bolsa de Nueva York (NYSE) y la Bolsa de Londres han perdido rápidamente terreno en favor de mercados alternativos. En el mercado estadounidense, las potencias tradicionales, NYSE (fundada en 1792) y NASDAQ (fundada en 1971), hoy apenas controlan la mitad del volumen de las transacciones en las bolsas públicas; en 2012, los mercados electrónicos Direct Edge (fundado en 1998) y BATS Exchange (fundado en 2005) representaban alrededor del 9 por ciento y el 10 por ciento, respectivamente, y docenas de bolsas más se reparten el resto. Esta profusión ha contribuido, naturalmente, a la reducción del tradicional dominio que tenían las principales bolsas.

La NYSE no es la única gran bolsa que está cediendo ante nuevos rivales; lo mismo sucede con la Bolsa de Londres, la Deutsche Börse en Alemania y otras bolsas de viejo cuño. En la actualidad, la emergente BATS (Better Alternative Trading System, «mejor sistema alternativo de comercio»), con sede en Kansas, tiene más volumen de transacciones que cualquier otra bolsa aparte de NYSE y NASDAQ, por encima de Tokio, Londres, Shanghái, París y el resto. Un indicador de las dificultades que afrontan las viejas bolsas es la pérdida de valor de sus propias acciones. Las acciones de NXSE Euronext (el teletipo bursátil de NYSE) cayeron de su máximo de 108 dólares en 2006 a tan solo unos 22 dólares en 2012. Los ingresos también han descendido: en 2009, el operador de la Bolsa de Londres, London Stock Exchange Group Plc, registró una caída de más de un tercio de sus ingresos.[57]

La proliferación de bolsas de valores no es más que uno de los aspectos de la nueva dispersión de los mercados financieros. Otro es la llegada de las bolsas de «consorcios oscuros» (*dark pools*), que nacieron de manera informal entre instituciones que querían comerciar en el anonimato (sin que sus órdenes de compra o venta, los precios y los volúmenes se hicieran públicos) para así no revelar sus estrategias. Los consorcios oscuros van en contra del principio de que los mercados deben ser transparentes para lograr resultados eficientes; también les acusan de ser una causa importante de la volatilidad y las distorsiones de los precios de las acciones, además de una posible ventaja desleal para sus participantes. Qué hacer con los consorcios oscuros es tema de debate entre los reguladores de todo el mundo, y hay división de opiniones sobre hasta qué punto son peligrosos para el sistema financiero global. Lo que es innegable es que están proliferando.[58] La Comisión del Mercado de Valores de Estados Unidos (Securities and Exchange Commission, SEC) calcula que el número de consorcios oscuros activos en el mercado estadounidense se disparó de diez en 2002 a más de treinta en 2012. En enero de ese año, según *Bloomberg News*, los consorcios oscuros administraban casi el 14 por ciento del volumen de acciones negociado en Estados Unidos.[59] Un cálculo anterior de la SEC indicaba que los consorcios oscuros representaban más del 7 por ciento del total del volumen negociado en las bolsas estadounidenses, una fracción relativamente pequeña, tal vez, pero suficiente para tener consecuencias importantes.[60]

El triunfo de los fondos de capital privado y los hedge funds

Muchos pensaron que la crisis financiera y los contratiempos de los mercados globales en 2008-2009 acabarían con el dominio de los fondos de capital privado (*private equity funds*) y los *hedge funds*. Durante la década anterior, estas firmas poco conocidas y con frecuencia pequeñas obtuvieron el control de enormes compañías gracias a compras apalancadas con un inmenso endeudamiento, políticas comerciales agresivas y activismo accionarial.

Tras recuperarse del estallido de la burbuja de internet a comienzos de siglo, las firmas de capital privado se dedicaron durante el resto de la década a comprar empresas cada vez más grandes hasta culminar en la adquisición de la compañía energética TXU, que hicieron en 2007 Kohlberg Kravis Roberts (KKR) y Texas Pacific Group (TPG) por 45.000 millones de dólares.

Mientras tanto proliferaban los *hedge funds*, que pasaron de trescientos a diez mil entre 1998 y 2013, y para ese año administraban 2,5 billones de dólares en activos.[61] En 2012, los *hedge funds* participaron en la mitad de la negociación de obligaciones en Estados Unidos, el 40 por ciento de la negociación de acciones y el 80 por ciento de la negociación de deuda. En 2011, los veinte mayores *hedge funds* identificados por *Bloomberg Markets*, encabezados por Bridgewater Associates con 77.600 millones de dólares, tenían casi 600.000 millones de dólares en activos.[62] La expansión de los *hedge funds* fue equivalente, aunque a menor escala, en Europa y Asia.

Las líneas empezaron a estar borrosas a medida que los *hedge funds* se hacían con el control de la propiedad de un número creciente de empresas, actuando como si fueran fondos de capital privado y desplazando al mismo tiempo a los bancos tradicionales.

Los *hedge funds* son un factor que agita el mercado y que presiona a los consejos y a los directivos para que cambien y logren mejores resultados como sea. En Estados Unidos, en una época en la que administraban el 5 por ciento de los activos, los *hedge funds* participaban en el 30 por ciento de las transacciones. Logran ejercer una enorme presión sobre las empresas sin importarles su marca ni su historia, como cuando un fondo con el (incongruente) nombre de Children's Investment Fund («Fondo de Inversión para los Niños») presionó tanto para que el banco holandés ABN AMRO se vendiera o se dividiera que este tuvo que aceptar su venta al británico Barclays.

Circulan en estos casos inmensas sumas de dinero en forma de apuestas muy audaces. Una que se ha vuelto legendaria ocurrió cuando en 1992 George Soros invirtió diez mil millones de dólares en contra de la libra esterlina; tuvo razón, la libra se devaluó tal como él había anticipado y eso le produjo una ganancia de mil millones de dólares. En 2006, un inversor de treinta años de un fondo llamado Amaranth perdió nada menos que seis mil millones de dólares con una apuesta por el gas natural que salió mal.

En este sector, quienes ganan obtienen beneficios colosales: según parece, en 2006, los veinticinco primeros gestores de *hedge funds* ganaron, en conjunto, el equivalente al PIB de Jordania. Pero lo más probable es que la mayoría de ellos fueran casi unos desconocidos incluso para sus vecinos en las elegantes ciudades de Greenwich y Westport, en Connecticut, donde hay una gran concentración de estas empresas.

En la crisis de 2008, los *hedge funds* perdieron aproximadamente el 18 por ciento de su valor. Hubo muchas excepciones, como George Soros o John Paulson, quien ganó miles de millones apostando en contra de las hipotecas de alto riesgo que, en efecto, dispararon la crisis. Pero hay muchos otros personajes desconocidos por el gran público que, operando desde este nuevo tipo de micropoderes financieros, ganaron cientos de millones de dólares en plena crisis.[63] La recuperación del mercado en medio de los rescates de 2009, como era de prever, también resultó rentable para los *hedge funds*, aunque los observadores del sector advirtieron que se estaba produciendo una reestructuración. De hecho, un argumento a favor de que el sector tenga escasa regulación es que genera ganadores y perdedores de forma tan definitiva y eficaz que actúa como una especie de correctivo constante para aportar estabilidad a los mercados. Según Sebastian Mallaby, autor de *More Money Than God* (un libro sobre los *hedge funds* que fue un éxito de ventas), los fondos, «más que crear riesgo, lo absorben».[64]

Pero los *hedge funds* también se han convertido en el foco de nuevas regulaciones y hoy tienen muchas más restricciones. En 2011 se informó de que, debido a las nuevas normas financieras, George Soros había decidido cerrar sus fondos a los inversores y a partir de ese momento se concentraría solamente en administrar su propio dinero.

La volatilidad de los mercados también puede causar enormes pérdidas a estos vehículos de alto riesgo. El fondo de John Paulson sufrió un traspiés considerable cuando sus apuestas de mercado le salieron mal (perdió 9.700 millones de dólares en 2011, la mayor pérdida jamás sufrida por un *hedge fund*).[65] Sin embargo, inmediatamente aparecen otros *hedge funds* con nombres, estrategias, situaciones y tecnologías sorprendentes e innovadores que los sustituyen como las máquinas más rentables del mundo. El gigantesco *hedge fund* Bridgewater, por ejemplo, hizo ganar a sus inversores 13.800 millones de dólares ese año.[66]

Lo que queda claro es que estas nuevas empresas que juegan con reglas completamente diferentes a las de los actores financieros tradicionales pueden aparecer y desaparecer, y las remuneraciones de sus dueños y directivos pueden variar entre las simplemente cuantiosas y las enormes. Pero el hecho indiscutible es que la proliferación de estas pequeñas y desconocidas firmas con un inmenso poder financiero va a continuar. En este nuevo mundo, es frecuente que un genio armado de novedosos algoritmos informáticos o una estrategia que aprovecha oportunidades que otros no han visto pueda burlar y superar a bancos gigantescos que deben atenerse a incómodas normas, complejas prácticas internas y jerarquías más estáticas.

Los *hedge funds* son al poder tradicional en los mercados financieros lo que los piratas somalíes son al poder de las marinas de guerra más avanzadas del mundo.

En resumen, los nuevos competidores como los *hedge funds*, los nuevos mercados de valores, los consorcios oscuros y las empresas emergentes y antes desconocidas que de repente trastocan todo un sector son el preludio de lo que se avecina: más volatilidad, más fragmentación, más competencia y más micropoderes capaces de limitar las posibilidades de los megaactores.

Ni el clamor público contra las deslocalizaciones provocadas por la globalización económica, ni las tremendas ondas expansivas de la crisis financiera de 2008 y la posterior Gran Recesión, han desbaratado el proceso de integración económica internacional. Sigue adelante relativamente sin problemas, y las predicciones de que habría una oleada proteccionista estimulada por los intentos de los países de cerrar sus economías para preservar puestos de trabajo han resultado equivocadas. El comercio y las inversiones internacionales siguen creciendo y alimentando a las fuerzas que restringen el poder de los actores económicos tradicionales.

¿Qué significa todo esto?

Una de las paradojas de nuestra época es que, al mismo tiempo que las empresas se han vuelto más grandes, más ubicuas y con más influencia política, también son cada vez más vulnerables a peligros que no solo pueden perjudicar sus ventas, beneficios y reputación sino, en algunos casos, incluso pueden obligarlas a cerrar. La lista de empresas que parecían intocables para competidores y gobiernos y cuya permanencia se daba por descontada, pero que han dejado de existir, es muy larga y sigue creciendo. Lo mismo ocurre con muchos titanes de la banca y la industria cuyo poder e invulnerabilidad han resultado mucho más pasajeros de lo que nadie —incluidos ellos— se esperaba.

Hasta las grandes compañías que siguen prosperando y a las que no parece que las fuerzas del mercado vayan a derribar se enfrentan a unas opciones más limitadas. Por ejemplo, ExxonMobil, Sony, Carrefour y JP Morgan Chase tienen todavía un poder y una autonomía inmensos, pero sus líderes sufren muchas más limitaciones que en épocas anteriores. No pueden ejercer su enorme poder con la misma libertad que tenían sus predecesores, y las consecuencias de hacer mal uso de él son más graves e inmediatas que en el pasado.

El poder de los empresarios ya no es lo que era antes.

9

El poder y la pugna por conquistar almas, trabajadores y mentes

Es natural que al buscar evidencias de cómo está cambiando el poder nos centremos en aquellos ámbitos donde estos cambios tienen los efectos más obvios y espectaculares en cuestiones de vida o muerte, guerra o paz, el control de los gobiernos, el sistema internacional o el auge y caída de las empresas. Y en cada uno de estos ámbitos hemos visto cómo la degradación del poder de los actores tradicionales está creando nuevas posibilidades para participantes que eran marginales, que habían sido completamente excluidos o que, hasta hace poco, ni siquiera existían.

Pero el poder está también en la iglesia o el grupo religioso que recoge los diezmos e intenta regular la vida de sus fieles; en el sindicato que cobra las cuotas de los trabajadores y negocia en su nombre para obtener mejores salarios y condiciones laborales; en la organización benéfica que recauda dinero privado para llevar a cabo una labor social en su país o apoyar alguna buena causa a escala mundial. El poder también está en la universidad donde se crean nuevos conocimientos y se forman los nuevos profesionales, así como en los museos, las galerías y las compañías discográficas; en las orquestas sinfónicas, las editoriales y los estudios de cine. Y, por supuesto, el poder está en los medios de comunicación.

Y EN TODOS ESTOS ÁMBITOS EL PODER TAMBIÉN SE ESTÁ DEGRADANDO

Las consecuencias de esto, por supuesto, varían. En la mayoría de los casos, por fortuna, no llega a ser una cuestión de vida o muerte. La competencia entre equipos deportivos rivales, obviamente, es muy importante para millones de personas, pero no tanto como los enfrentamientos del Pentágono contra Al-Qaeda. La buena salud financiera de empresas como la BBC, *The New York Times*, *El País* u otros medios de prestigio afecta a muchos menos trabajadores que, por ejemplo, la de WalMart (más de dos millones de empleados) o Volkswagen (trescientos mil empleos directos), aunque el papel de los medios de comunicación independientes es crítico para mantener la salud de nuestras democracias. Por otra parte, el reparto de poder entre fundaciones y donantes en el mundo de la filantropía tiene repercusiones importantes e inmediatas para millones de personas de todo el mundo, porque determina qué proyectos se financian (y cómo) y qué emergencias son las más acuciantes. Igualmente, que los trabajadores puedan organizarse para negociar mejores condiciones y salarios es un objetivo que no necesita mayor explicación. Y, como sabemos, las luchas por el poder entre diferentes religiones (y entre las diferentes facciones dentro de ellas) han sido, y siguen siendo, una constante.

Por tanto, es obvio que para entender la magnitud y el enorme alcance de los cambios que se están produciendo en la manera de obtener, usar y perder el poder también hay que ver más allá de los negocios, la política o la guerra.

En este capítulo vamos a explorar los cambios del poder en otros ámbitos de la actividad humana. Concretamente, examinaremos qué le ha sucedido al poder de las organizaciones tradicionales en cuatro áreas que afectan directamente a una gran parte de la humanidad: religión, trabajo, filantropía y medios de comunicación.

Religión: los nuevos y soprendentes competidores del Vaticano

Están robándonos las ovejas.

Así describió un jesuita la oleada de cambios que barren el cristianismo en América Latina, la región que durante siglos fue un bastión de la Iglesia católica.[1]

Pero ¿quién se las está robando? Las nuevas iglesias evangélicas, pentecostales y carismáticas que han surgido en los últimos treinta años, y no solo en América Latina. Su expansión en Estados Unidos, África y otros lugares ha sido muy acelerada y, con razón, ello preocupa al Vaticano.

En 2005, un sondeo reveló que en los diez años previos la proporción de latinoamericanos que se consideraban católicos había descendido del 80 por ciento al 71 por ciento. Y solo el 40 por ciento decía que practicaba su fe, una sustancial caída en un continente donde el fervor religioso había sido la norma. En Brasil, por ejemplo, medio millón de católicos abandonan su fe *cada año*. Mientras que en el año 2000 los católicos representaban el 73,6 por ciento de la población del país, en 2010 ese porcentaje había bajado a menos de dos tercios. Asimismo, solo dos tercios de los colombianos se consideran católicos, y desde los años ochenta un tercio de los guatemaltecos han abandonado la Iglesia católica. Y la tendencia es igual en otros países.[2]

En La Paz, capital de Bolivia, algunos antiguos católicos contaron a periodistas que se sentían «abandonados» por la Iglesia. «Para mí no existía», dijo uno. Hoy pertenecen al Ministerio del Nuevo Pacto Poder de Dios, una iglesia carismática en la que diez mil personas rezan por turnos todos los domingos. Escenas así son comunes en toda América Latina. Pero nadie ha robado las ovejas. Las ovejas han dejado de serlo: son consumidores dispuestos a comparar y probar otras opciones, y al hacerlo han encontrado que les resultan más atractivas.[3]

Las raíces del movimiento evangélico moderno se remontan a un ministerio afroamericano de principios del siglo XX llamado Azusa, que se basaba en conceptos sacados de la historia bíblica del Pentecostés. El movimiento surgido de aquella semilla, el pentecostalismo, combina una amplia gama de confesiones e iglesias locales independientes que comparten conceptos fundamentales sobre la liberación personal (que se logra renaciendo) y elementos de culto como el don de lenguas. Pero las nuevas iglesias que han incorporado a millones de adeptos y se han convertido en una fuerza social y política en Estados Unidos, Brasil, Nigeria y muchos otros países no son solo las pentecostales. También han crecido mucho otros tipos de grupos evangélicos y «carismáticos», cada uno con un autodenominado profeta o apóstol y con sus propias reglas, ritos y jerarquías.

Muchos predican el llamado «evangelio de la prosperidad», que sostiene que Dios ve con buenos ojos la acumulación de riqueza en esta vida y recompensará las donaciones materiales a la iglesia con prosperidad y milagros. En un reciente sondeo del Centro Pew sobre las actitudes religiosas en Estados Unidos (donde cincuenta de las doscientas sesenta iglesias más numerosas basan hoy sus prédicas en la prosperidad material), el 73 por ciento de todos los hispanos religiosos estaban de acuerdo con la afirmación «Dios otorgará el éxito económico a todos los creyentes que tengan suficiente fe».[4]

El auge de las iglesias pentecostales y carismáticas, y no solo en países católicos o dominados por las iglesias protestantes tradicionales, ha sido asombroso. Las estimaciones varían por la fluidez de los términos y de las fronteras que demarcan las diferentes confesiones, pero el impacto es innegable. Un sondeo de Pew en 2006 calculaba que la proporción de seguidores de la «renovación» —tanto pentecostales como carismáticos— era del 11 por ciento en Corea del Sur, el 23 por ciento en Estados Unidos, el 26 por ciento en Nigeria, el 30 por ciento en Chile, el 34 por ciento en Sudáfrica, el 44 por ciento en Filipinas, el 49 por ciento en Brasil, el 56 por ciento en Kenia y el 60 por ciento en Guatemala.[5]

Incluso en un país «no cristiano» como India, los renovadores constituyen el 5 por ciento de la población; en otras palabras, hay más de cincuenta millones de pentecostales y carismáticos en el país. Según algunos cálculos, en China hay por lo menos el doble de esa cifra. Muchas iglesias de las llamadas «renovadoras» (*renewalists*) son completamente autónomas, a menudo nada más que una pequeña congregación en un local, como las de los barrios de negros e inmigrantes en las ciudades norteamericanas. Otras han engendrado grandes organizaciones con cientos de secciones y una vasta presencia internacional.

Aunque el pentecostalismo nació en Estados Unidos, las misiones tradicionales procedentes de dicho país, como las Asambleas de Dios, ya no son las que están extendiéndose más velozmente por el mundo. Hoy en día, la demanda mundial de redención la están satisfaciendo grandes países exportadores de nuevas religiones como Brasil y Nigeria. En Brasil, la Iglesia Universal del Reino de Dios, fundada en Río de Janeiro por el pastor Edir Macedo en 1977, tiene ya cinco mil secciones. Se extendió a Estados Unidos en 1986 y está presente en casi todos los países. Su última iniciativa, que recibió la autorización del gobierno brasileño, es construir en São Paulo una megaiglesia para diez mil personas que tendría dieciocho plantas de altura, imitando el templo de Salomón. «Gastaremos mucho dinero, sin duda», dijo Macedo.[6]

Otra gran agrupación religiosa brasileña, la Iglesia de los Renacidos en Cristo, fue fundada en 1986 por un matrimonio conocido como el apóstol Estevam y la obispo Sonia; posee periódicos, emisoras de radio y una cadena de televisión. En 2005 patrocinó un nuevo partido político, el Partido Republicano de Brasil, que se integró en una coalición con el Partido de los Trabajadores del presidente Lula da Silva en las elecciones de 2006. Una tercera iglesia brasileña nació de la epifanía vivida por un surfero y antiguo drogadicto llamado Rinaldo Pereira. En el plazo de diez años, su iglesia Bola de Neve formó más de cien secciones, de hasta varios miles de miembros cada una. El nombre de la iglesia, «bola de nieve», resulta muy apropiado para un ministerio evangélico nacido en las bases y que, en efecto, crece como tal.[7]

Mientras tanto, la nigeriana Iglesia Cristiana Redimida de Dios, fundada en Lagos en 1952 pero que empezó a expandirse aceleradamente a comienzos de los años ochenta, ahora opera en cien países. Su asamblea anual de oración en un campamento de renacidos junto a la autopista Lagos-Ibadan congrega a un millón de devotos. En Estados Unidos, cuenta ya con unas trescientas parroquias y quince mil miembros, y sigue creciendo.

En la estela de estos nuevos líderes del mercado internacional de almas están extendiéndose muchas otras iglesias, frutos divinos de las revoluciones del *más*, de la *movilidad* y de la *mentalidad*.[8] Los alrededor de 2.200 millones de cristianos en el mundo están tan dispersos que, como decía un reciente informe de Pew, «ningún continente ni región puede presumir de ser el centro indiscutible del cristianismo mundial».[9] La proporción de cristianos entre la población del África subsahariana, por ejemplo, ha aumentado del 9 por ciento en 1910 al 63 por ciento un siglo después.[10]

Si hablamos de la revolución de la *movilidad*, en 2010 los cristianos constituyeron casi la mitad de los 214 millones de migrantes en el mundo, con la apertura de nuevas posibilidades para la expansión de la fe y su difusión lejos del alcance de cualquier autoridad religiosa centralizada.[11]

Como he explicado al hablar del ascenso de los micropoderes en capítulos anteriores, lo relevante no es que estos nuevos rivales puedan o no desplazar a los megaactores. Lo que nos importa para el análisis es que les impiden tener opciones que antes daban por descontadas. Las nuevas iglesias carismáticas, por ejemplo, no van a arrinconar al Vaticano ni a desplazar a la Iglesia católica. Pero sí que van a reducir el abanico de posibilidades y el poder de esas grandes instituciones.

Es inevitable que el éxito de las nuevas confesiones se produzca en detrimento de grupos protestantes tradicionales como los anglicanos y los luteranos, y sobre todo de la Iglesia católica. Hasta hace unas décadas, los principales problemas del Vaticano eran la secularización gradual de Europa y el envejecimiento de los sacerdotes. Eran problemas graves, y la Iglesia intentó modernizarse para remediarlos, sobre todo mediante las decisiones del Concilio Vaticano II, exigiendo, por ejemplo, que se dijera misa en las lenguas locales en vez de en latín. Pero ahora sabemos que la Iglesia no está preparada en absoluto para el nuevo reto que le plantea la expansión (a su costa) de las iglesias pentecostales y carismáticas, no solo en las fronteras más apartadas de su esfera de influencia en el mundo, sino en lugares como América Latina, por mucho tiempo considerada la reserva de la fe católica.

Ya en los años setenta y ochenta, la Iglesia se enfrentó a disidencias internas con el nacimiento de la teología de la liberación en Brasil y otros países del continente. Esa amenaza ha disminuido, en especial con la difusión de la democracia en la región.[12] Pero los avances de las nuevas confesiones y el hecho de que la práctica religiosa de los renovadores es más intensa (más personas asisten a servicios más largos y adaptan más aspectos de su vida a las exigencias de su iglesia) están erosionando la influencia abrumadora que tenía en otro tiempo el catolicismo. «Si la Iglesia no cambia sus estructuras centralizadas y sus mensajes autoritarios, sufrirá un auténtico desplome en América Latina de aquí a quince años», opina Elio Masferrer, presidente de la Asociación Latinoamericana de Estudios Religiosos.[13]

Los investigadores y analistas tardaron en reconocer la dimensión de esta tendencia, quizá porque les era fácil restar importancia al culto pentecostal como algo peculiar o exótico. Hoy, sin embargo, es inevitable, dado que los grupos evangélicos se han vuelto influyentes en la política (con candidatos a cargos públicos en países como Brasil, Guatemala y República Dominicana, entre otros) y los medios de comunicación (con cadenas de radio y televisión en muchos países). Ni la Iglesia católica ni las confesiones protestantes tradicionales han encontrado la forma de detener la expansión de estos pequeños y ágiles rivales ni de atajar la deserción de sus propios seguidores, con todas las consecuencias que eso tiene tanto en relevancia como en influencia e ingresos.

¿Por qué?

En parte, ese fracaso está relacionado con la doctrina y, como ya vimos, con la capacidad de las iglesias evangélicas de ofrecer mensajes basados en la riqueza y, muy importante, eventos religiosos espectaculares —con sus curaciones y liberaciones milagrosas— que contrastan con los rituales austeros y repetitivos del catolicismo.

Pero la diferencia fundamental, la que hace posible todo lo demás, es de tipo organizativo. Los cambios en la composición y la práctica del cristianismo son uno de los mayores ejemplos de degradación del poder que ha visto el mundo, que se ha alejado de las grandes estructuras jerárquicas y centralizadas para depositarse en una constelación de actores pequeños, ágiles y autónomos.

La ventaja esencial de los pentecostales y los evangélicos reside en la capacidad de sus iglesias de surgir sin tener en cuenta ninguna jerarquía existente. No hay que recibir lecciones, esperar instrucciones ni obtener ordenaciones del Vaticano, ni del Arzobispado de Canterbury ni de cualquier otro centro de poder. Lo más habitual, a no ser que hayan surgido de una iglesia evangélica ya existente, es que un pastor (o pastora, porque, aunque el catolicismo sigue prohibiendo el sacerdocio de las mujeres, existen numerosas mujeres apóstoles, obispos y profetisas entre los carismáticos) se nombre a sí mismo y coloque su cartel invitando a su comunidad a rezar con él, o con ella.

En este sentido, a lo que más se parece una de estas iglesias es a una pequeña empresa que se pone en marcha en un mercado competitivo sin dinero proveniente de fuente central alguna u obediencia a dicha fuente; su éxito depende de los miembros que consiga atraer, los servicios que les ofrezca y los diezmos y colectas que recaude.[14] Como observa John L. Allen, periodista especializado en el Vaticano y autor de *The Future Church*: «Los aranceles son increíblemente bajos en el pentecostalismo. Cualquier pentecostal que se sienta insatisfecho con lo que le ofrece su iglesia local es libre de irse a otra, o incluso de crear la suya propia en un sótano o un garaje».[15]

Las iglesias que prosperan son las que se adaptan a las circunstancias locales, a la manera de una empresa que concibe bien un nicho de mercado, en todos los aspectos, desde la doctrina de sus enseñanzas hasta el lugar y el momento del culto, las instalaciones y los servicios a la comunidad como guarderías, ayuda para buscar empleo, grupos de apoyo de todo tipo e iniciativas empresariales y mediáticas.

Los inmigrantes, grupos indígenas como los mayas en Guatemala y otras comunidades con necesidades que los líderes políticos y las iglesias tradicionales han pasado por alto, son un blanco perfecto para estas nuevas iglesias. En muchos países latinoamericanos, los lazos históricos de la más alta jerarquía católica con la élite política han atenuado su sensibilidad a las terribles realidades cotidianas de los pobres, muy en particular a las de los indígenas.[16]

La rígida jerarquía de la Iglesia y la necesidad de sanción doctrinal del Vaticano han inhibido la capacidad y la velocidad para hacer ajustes, y han dejado margen para que las iglesias evangélicas ahora ocupen espacios que antes monopolizaba la Iglesia católica.

Los mensajes explícitos sobre la posibilidad de la riqueza y la virtud de la prosperidad, así como el énfasis en las acciones individuales y la redención, resultan muy atractivos para comunidades en las cuales la pobreza y la exclusión han sido siempre la norma. Pero, además, las iglesias evangélicas pueden atender con gran sensibilidad y mucha información de primera mano a las comunidades en las que actúan, reaccionar de inmediato a los acontecimientos económicos y políticos, y adoptar los estilos y los sonidos de la cultura local. Como dijo un pastor evangélico en Potosí, Bolivia: «Nuestras iglesias son más abiertas, las canciones emplean ritmos locales, y yo visito a mi gente todos los días».[17]

Mientras tanto, las barreras que antes impedían que las pequeñas iglesias emergentes extendieran su influencia más allá de su barrio o su comunidad étnica se han derrumbado por completo. La *movilidad*, la revolución de las comunicaciones y el auge de los medios de comunicación privados han eliminado la ventaja de la que gozaban las grandes iglesias organizadas a la hora de difundir su mensaje, y han dado a cualquier nuevo —y autonombrado— pastor la capacidad de llegar a los telespectadores, los radioyentes o los usuarios de internet para enviar bendiciones que trascienden las fronteras y, a cambio, recaudar dinero.

Ese mayor acceso a las plataformas globales de comunicación ha ido acompañado de la difusión del modelo que inventaron y perfeccionaron los telepredicadores estadounidenses. La intensificación de las migraciones y los viajes ha ampliado el alcance de las iglesias renovadoras más flexibles y les ha dado una vasta base demográfica desde la cual pueden crecer en numerosos países sin incurrir en mayores costes. Y cuantos más adeptos consiguen estas confesiones, menos peso tiene el oprobio moral de la exclusión o la excomunión de la Iglesia católica. El coste de la herejía se ha abaratado.[18]

Otras grandes religiones como el islam y el hinduismo parecen menos vulnerables al ascenso del cristianismo carismático, seguramente por motivos culturales muy arraigados. Sin embargo, también hay que contar con que, en una u otra medida, el islam, el hinduismo, el judaísmo, el taoísmo, el sintoísmo y otras religiones están mucho menos centralizadas y son mucho menos jerárquicas que la Iglesia católica y las iglesias protestantes tradicionales. El Gran Rabino de Israel, el Gran Mufti de El Cairo y el sumo sacerdote de un gran templo hindú gozan de cierto peso moral y quizá de la autoridad para tomar decisiones en su país o región, pero tienen rivales dentro de su propia religión con opiniones distintas sobre cualquier asunto. En el islam, por ejemplo, los factores políticos hacen que ciertas corrientes (suníes frente a chiíes, o wahhabíes frente a interpretaciones más liberales) dominen en distintos países musulmanes, pero predicadores influyentes plantean interpretaciones distintas de la religión a los fieles de todo el mundo a través de medios de comunicación a menudo muy sofisticados. El imán Yusef al-Qaradawi, nacido en Egipto y residente en Catar, llega aproximadamente a sesenta millones de espectadores con su programa de televisión en la cadena Al Jazeera.[19] El hinduismo, por su parte, siempre ha estado muy descentralizado, con numerosas tradiciones locales, sectas y comunidades religiosas, y sin ninguna autoridad central. A menor escala, las exportaciones religiosas de India, como la Sociedad Vedanta, los Hare Krishna, Amma, Sai Baba, Osho y el Maharishi, comparten algunas de las ventajas organizativas de los grupos pentecostales, y han sabido aprovecharlas con un éxito similar.

Organizando a los trabajadores: nuevos sindicatos y los sindicatos que no lo parecen, pero lo son

Resulta fascinante descubrir que, de la misma manera que la Iglesia católica se ve enfrentada cada vez más a confesiones emergentes que son más ágiles y flexibles a la hora de atraer fieles, a las grandes organizaciones sindicales les pasa algo parecido. Los sindicatos también afrontan dificultades para mantener su influencia frente a micropoderes laborales que responden más eficazmente que los megajugadores de siempre a las necesidades de trabajadores transformados por las revoluciones del *más*, de la *movilidad* y de la *mentalidad*.

«¿Han pasado a la historia los sindicatos estadounidenses?», preguntaba un titular en las páginas de opinión de *The Washington Post* en 2012. Harold Meyerson —que se califica a sí mismo de demócrata socialista y columnista defensor de los derechos de los trabajadores— recordaba a sus lectores que «en el sector privado estadounidense, la afiliación sindical ha caído por debajo del 7 por ciento, desde su máximo del 40 por ciento después de la Segunda Guerra Mundial».[20]

Está claro que el poder del movimiento sindical estadounidense ha disminuido, y no cabe duda de que la reducción del número de afiliados es un elemento clave de ese declive. Pero no es la única razón. El poder de las organizaciones sindicales también ha sido víctima de las mismas fuerzas que afectan a los otros poderosos que hemos citado aquí.

Si bien el peso del movimiento sindical en Estados Unidos está disminuyendo, las grandes organizaciones como AFL-CIO se han visto más afectadas que varios rivales no tradicionales como el Sindicato Internacional de Empleados de Servicios (SEIU). También aquí vemos que las barreras que protegían a los poderosos de nuevos competidores se han vuelto más fáciles de asediar, rodear o penetrar.

La historia de los sindicatos es paralela a la de la empresa moderna. Se podría decir que, en Europa, los sindicatos tienen raíces más profundas, en las asociaciones y los gremios profesionales creados en la Edad Media. Pero la llegada de la industria y las fábricas en el siglo XIX estuvo acompañada casi de inmediato por la aparición de organizaciones cuyo propósito era mejorar las condiciones y defender los derechos de los trabajadores de esas fábricas.

Los sindicatos nacieron en Gran Bretaña y Francia a principios del siglo XIX, pero la mayoría de los predecesores de los sindicatos actuales en los viejos países industriales fueron fundados en la segunda mitad del siglo. La estructura del movimiento varía entre unos países y otros; por ejemplo, entre los países donde los sindicatos son más bien específicos y operan en empresas concretas y otros donde abarcan sectores industriales completos o incluso múltiples sectores. Hacia finales del siglo XIX empezaron a crearse confederaciones cuyo fin era agrupar todas estas organizaciones distintas y fragmentadas y así dotarlas de una voz fuerte y centralizada. La organización que se convertiría en el Congreso Sindical británico (Trades Union Congress, TUC) se fundó en 1866. Francia legalizó los sindicatos en 1884, y su federación más grande, la CGT, nació once años después. En Estados Unidos, una organización denominada los Caballeros del Trabajo fue un embrión de federación nacional en las décadas de 1870 y 1880; uno de sus vástagos, la Federación Americana del Trabajo, nacida en 1886, centralizaría el movimiento sindical durante decenios.

Solo en estos tres países las trayectorias del sindicalismo divergen en el siglo XX: en el Reino Unido aún hoy el TUC sigue siendo el paraguas que agrupa prácticamente a todos los sindicatos, la CGT francesa vivió el ascenso de federaciones rivales (CFDT, FO) con orientaciones políticas menos radicales. En Estados Unidos, la Confederación de Organizaciones Industriales (CIO) adoptó una línea más radical hasta que se fusionó con la AFL en 1955 para formar AFL-CIO, que sería el paraguas del movimiento sindical en el país durante medio siglo.

Desde hace varias décadas, en el mundo industrializado —donde los sindicatos tienen más penetración, reconocimiento e historia— lo normal es tener una o varias (entre dos y cuatro) confederaciones nacionales, que agrupan a varias docenas de grandes ramas (componentes de la organización nacional o sindicatos independientes pero afiliados), en general organizadas por sectores. Alemania, por ejemplo, tiene una gran confederación nacional; España tiene dos; Italia, tres, y Rusia, donde antes los sindicatos eran componentes regulados del sistema comunista soviético, cuatro.

Ahora bien, pese al mérito que se les reconoce a los sindicatos por los grandes avances conseguidos en la vida laboral, al menos en los países ricos («La gente que logró que disfrutáramos de los fines de semana», dice un eslogan en Estados Unidos), desde hace varias décadas la historia de los grandes sindicatos es una de declive del poder.

Las cifras varían, y no todas las comparaciones son válidas, dadas las diferencias estructurales entre unos países y otros. Pero tanto la densidad sindical (el porcentaje de trabajadores afiliados a los sindicatos) como la cobertura de las negociaciones (el porcentaje de trabajadores incluidos en una negociación colectiva, al margen de que sean miembros o no del sindicato) están disminuyendo en la mayoría de los países de la OCDE, en algunos casos drásticamente. En Estados Unidos, la densidad sindical se ha desplomado del 36 por ciento tras la Segunda Guerra Mundial al 12 por ciento actual. En el sector privado, la caída ha sido aún más pronunciada, de aproximadamente un tercio hace medio siglo a menos del 8 por ciento en la actualidad. La densidad sindical en los países de la OCDE varía entre el 5,8 por ciento en Turquía y el 68,3 por ciento en Suecia (según datos de 2008), pero en casi todos los casos las cifras se encuentran estancadas en el mejor de los casos, y más bien están disminuyendo. En Europa, este declive es ya una tendencia que se observa desde hace varios decenios.

El último período de fuerte crecimiento de la afiliación sindical en muchos países industrializados se dio en los años setenta.[21] En 1981, la AFL-CIO fue capaz de reunir a doscientos cincuenta mil trabajadores para ir a Washington a protestar contra el presidente Ronald Reagan, quien había despedido a los controladores aéreos, durante una jornada solidaria que se llevó a cabo en el mes de septiembre. Después, en 2010, en una manifestación celebrada en la gran explanada de Washington (el National Mall), los sindicatos no lograron convocar más que a un pequeño porcentaje de esa cifra (y menor que la convocada por el Tea Party y Glenn Beck tres semanas antes).[22] Ejemplos similares se pueden encontrar en todos los países democráticos.

Las causas de este declive general incluyen factores conocidos: la globalización y la innovación tecnológica han hecho que sea más fácil para los empresarios llevarse puestos de trabajo a otros países o eliminarlos del todo, y eso ha inclinado la balanza de poder en su favor. Aunque la razón de ser de la negociación colectiva era quizá proteger a los trabajadores precisamente de esa situación, las fuerzas (tecnológicas, económicas, políticas, etcétera) que fomentan cada vez más la aparición de mercados de trabajo globalizados y flexibles han resultado demasiado poderosas para unos sindicatos organizados muy «a la antigua».

Históricamente, la afiliación a los sindicatos era mayor en los sectores y ocupaciones que dependen de la mano de obra no cualificada, que es más fácil de organizar. A medida que la automatización sustituía a los trabajadores no cualificados en varias industrias pesadas o esos puestos de trabajo se trasladaban al extranjero, donde la mano de obra no cualificada era más barata, los sindicatos necesitaban centrarse en nuevos sectores como los servicios, lo cual requería de nuevas estrategias, formas organizativas y enfoques para atraer y retener afiliados. Fueron pocos los sindicatos que pudieron acometer estos cambios a tiempo y con la profundad y la eficacia necesarias. Para colmo de males, en muchos países las élites sindicales estuvieron implicadas en escándalos de corrupción que erosionaron aún más su legitimidad y su poder para liderar a sus afiliados.

Pero la degradación del poder de los sindicatos también tiene que ver con sus formas de organizarse.

La estructura sindical, desde los sindicatos específicos de una empresa o sector industrial hasta las confederaciones nacionales, era un reflejo lógico de la estructura de los conglomerados empresariales con los que debían negociar. Así, los sindicatos evolucionaron en paralelo a las grandes empresas centralizadas y jerárquicas que fueron la norma en la economía mundial durante la mayor parte del siglo XX hasta que la globalización, la tecnología y las reformas políticas y económicas produjeron cambios muy profundos en el mundo del trabajo. La automatización que elimina puestos de trabajo, la globalización que permite mover empleos a lugares donde los costes son menores, la mayor flexibilidad que tienen las empresas para absorber o recortar personal y el más frecuente uso de empleados a tiempo parcial, contratistas independientes y trabajadores que operan a distancia y desde emplazamientos remotos, hicieron que la organización sindical tradicional perdiera mucha de la eficacia que había tenido desde la revolución industrial.

Un gran campo de innovación para los sindicatos en los últimos veinte años ha sido encontrar formas de presionar a empresas cuyas actividades abarcan cada vez más países y luchar para obtener normativas laborales más estrictas en esos sitios con el fin de proteger las condiciones laborales en el país de origen. Pero las ocasionales victorias en este terreno no hacen más que suavizar las duras aristas del modelo general.

A escala mundial, un ámbito en el cual los sindicatos han logrado retener su influencia es el sector público (sindicatos de maestros, o trabajadores de la salud, o los sindicatos de empleados municipales). No es casual que esto ocurra precisamente en los campos en los que menos ha cambiado el mercado de trabajo y en los cuales los jefes siguen dependiendo de la centralización y la jerarquía.

También es interesante destacar que las victorias que han obtenido los trabajadores en años recientes se han logrado con sindicatos tradicionales que han revisado por completo su estructura y sus métodos, nuevos sindicatos formados para sortear las viejas estructuras y, a veces, vehículos que ni siquiera son sindicatos pero tienen impactos parecidos.

En Estados Unidos, por ejemplo, entre 1996 y 2010, el Sindicato Internacional de Empleados de Servicios (SEIU) aumentó sus filas a más del doble, alcanzando 2,1 millones de miembros. Y lo hizo aprovechando la oleada de las revoluciones del *más*, de la *movilidad* y de la *mentalidad*.

Muchos de sus afiliados trabajaban en el campo de la salud. Y, lo que es más interesante aún, una proporción muy significativa de estos nuevos miembros del SEIU eran inmigrantes recientes. Como sus predecesores en las fábricas del siglo pasado, todos ellos actuaban movidos por la ambición de mejorar y lograr los objetivos que les habían llevado a Estados Unidos.

Dirigido por Andy Stern, reconocido como innovador no solo en el trabajo sino también en la política y la movilización social,[23] el SEIU ha obtenido grandes victorias en negociaciones colectivas para algunos de los trabajadores más vulnerables de Estados Unidos, como los conserjes y las empleadas de guarderías infantiles, que en muchos casos trabajan a media jornada y no hablan bien el inglés.[24] Históricamente, estos grupos se han visto marginados por un movimiento sindical que centraba su atención en las fábricas y las industrias tradicionales. Para organizar a estos nuevos trabajadores «no tradicionales» pero cada vez más numerosos fue necesario contar no solo con una brillante idea de Stern y su equipo, sino también con nuevas estrategias, tales como forjar alianzas fuera del movimiento obrero, con grupos comunitarios y de inmigrantes, y estimular un mayor involucramiento en la política que fuese más allá de votar el día de las elecciones por los candidatos que mejor representen los intereses de la clase trabajadora.

Las tácticas de Stern para negociar con los empresarios también se alejaban de los métodos tradicionales. Por ejemplo, fue el primero en aplicar un acuerdo por el cual la negociación colectiva de una empresa concreta entraría en vigor solo después de que los trabajadores en las empresas rivales también estuviesen afiliados al sindicato. Esto protegía a los empresarios que aceptaban las nuevas condiciones del riesgo de ser los únicos en operar con el nuevo contrato dándoles así ventajas a sus más recalcitrantes competidores. Esto tuvo inmensas consecuencias positivas para el SEIU, ya que creó aún más incentivos para que los afiliados reclutaran nuevos miembros.

El SEIU sigue siendo un sindicato, más que una mutación nueva, y se ha topado también con los inconvenientes del tamaño y la dificultad de manejar una organización vasta y compleja. Otra de las innovaciones de Stern fue combinar sindicatos locales en secciones «megalocales» de un millón de trabajadores o más, con la esperanza de obtener más poder negociador, pero a costa de, según sus críticos, perder flexibilidad, democracia interna y resultados.

No obstante, la relación directa del SEIU con los grupos comunitarios y de inmigrantes, las iglesias y otros aliados no tradicionales indica que, para conservar su relevancia, los grandes sindicatos industriales de otros tiempos tienen que adoptar nuevos métodos y lenguajes, y compartir el poder con protagonistas más pequeños y diferentes.

En ningún otro país del mundo tantos trabajadores afrontan tantos desafíos como en China, la economía industrial más populosa del mundo. China ha alimentado su intenso crecimiento económico estimulando el desarrollo de una inmensa infraestructura de fábricas, muchas propiedad de empresas extranjeras o sus filiales locales, en las que miles de obreros, en general jóvenes inmigrantes del campo, trabajan largas jornadas y viven en residencias de la empresa en las que comen y se relacionan unos con otros. Estos campus industriales pueden contener una población de hasta varios cientos de miles de personas. La enorme demanda de mano de obra ha hecho que las empresas hayan tenido que mejorar poco a poco las condiciones de trabajo, pero las organizaciones obreras aún son tabú. Como muchos países autoritarios, China posee un sistema de sindicatos oficiales que forman parte de la estructura general del Partido Comunista, y en vez de ser vehículos para canalizar las demandas y los derechos de los trabajadores, son órganos que contribuyen al control político. Por tanto, en lugar de confiar en la negociación colectiva, los trabajadores reaccionan a las malas condiciones cambiando de empleo. Los jóvenes suelen trabajar en las fábricas solo durante unos años, mientras se preparan para el matrimonio o para enviar dinero a casa.

Pero los trabajadores de las fábricas chinas están emprendiendo acciones colectivas cada vez más audaces —y eficaces— para exigir un mejor trato por parte de sus jefes, al tiempo que eluden la irrelevante estructura del sindicato oficial. Las huelgas, que según los expertos han cobrado impulso en las ciudades industriales del sur de China, saltaron a la escena mundial a principios de 2010, con los conflictos en la fábrica de repuestos de automóviles Honda y otras empresas. Los trabajadores exigían el derecho a formar sindicatos independientes para celebrar verdaderas negociaciones entre la dirección y los empleados, y los crearon de facto, un paso que sorprendió incluso a los defensores de los trabajadores por la complejidad de su organización y la elección de representantes sindicales. Los jóvenes trabajadores impresionaron también a los observadores con su hábil uso de la tecnología para organizar huelgas y, por ejemplo, no tener que reunir a todos los dirigentes en persona, algo que habría podido llevar a su detención. No utilizaron el principal servicio chino de mensajería, QQ.com, porque muchos de sus usuarios eran espías del gobierno. Honda, Toyota, la taiwanesa Foxconn (que fabrica iPhones) y otras empresas industriales aceptaron aplicar aumentos de sueldo y asignaciones para alimentos y vivienda, aunque no de la cuantía que pedían los trabajadores. Este triunfo quizá no se habría producido sin la escasez de mano de obra que se estaba dando en una economía recalentada. No obstante, lo sucedido en China demuestra que se ha vuelto mucho más fácil para los trabajadores crear sus propios sindicatos cuando las organizaciones obreras oficiales no saben o no quieren ayudarles.[25]

Algunos modelos nuevos de activismo laboral han aparecido a través de instituciones que no tienen nada que ver con los sindicatos, sino que han arraigado en zonas donde a los sindicatos les era demasiado complicado y costoso organizarse. Un ejemplo se ha visto en Los Ángeles, donde el Centro de Trabajadores de la Confección, un pequeño y compacto equipo de activistas formado por abogados progresistas, grupos de defensa de los inmigrantes y representantes de las comunidades étnicas, ha logrado victorias significativas contra empresas que empleaban talleres con condiciones de trabajo claramente abusivas. Dado que muchas fábricas pequeñas utilizaban sobre todo a trabajadores indocumentados y con mal dominio del inglés, en jornadas de doce horas en condiciones que a menudo infringían las normas de higiene y seguridad, el sector necesitaba con urgencia una intervención que era muy difícil para un sindicato tradicional. El Centro de Trabajadores de la Confección orquestó una serie de boicots que permitieron llegar a acuerdos con varias de las marcas de ropa muy conocidas que compraban las prendas a los talleres que empleaban esa mano de obra. Los centros de trabajadores, que son pequeños y utilizan recursos de varias organizaciones especializadas en diferentes ámbitos, son complementarios de los sindicatos, pero funcionan según un modelo prácticamente opuesto. Y, además, están en auge: de cinco centros de trabajadores existentes en Estados Unidos en 1992 se pasó a ciento sesenta en 2007.[26]

Filantropía: la explosión mundial de la generosidad

Las dos últimas décadas han sido testigo de una revolución en la generosidad. Hoy hay más donantes que dan más dinero que nunca a una mayor cantidad de gente necesitada. Entre 2003 y 2012, el total de la ayuda oficial y privada al desarrollo en todo el mundo pasó de 136.000 millones de dólares a 509.000 millones de dólares.[27] En 2012, los estadounidenses aportaron 316.000 millones de dólares a diversas causas,[28] y en 2011 había más de un millón de organizaciones caritativas de todo tipo, mientras que solo las fundaciones filantrópicas son casi cien mil, cinco veces más que en 1975.[29]

Las donaciones privadas (personales y de instituciones) a países pobres ya alcanzan, y a veces superan, a las que hacen los gobiernos con las economías más grandes. Durante los años noventa, las donaciones internacionales de personas e instituciones estadounidenses se multiplicaron por cuatro. Volvieron a duplicarse entre 1998 y 2007 hasta alcanzar 39.600 millones de dólares; un 50 por ciento más de lo que desembolsa anualmente el Banco Mundial.

Además, la filantropía está adquiriendo un nuevo rostro, ya sea el de los ochenta y un multimillonarios que hasta 2012 habían adquirido el compromiso de donar la mayor parte de sus fortunas, los cientos de miles de usuarios de telefonía móvil que donaron millones de dólares a través de mensajes de texto para las labores de ayuda tras el terremoto de Haití, o las legiones de nuevos filántropos que, habiendo amasado recientemente (y súbitamente) grandes fortunas en las finanzas o las empresas de tecnología, han decidido dedicar gran parte de su dinero y mucho de su tiempo a crear organizaciones para ayudar a otros o promover causas nobles.

Las grandes fundaciones estadounidenses (Rockefeller, Carnegie, MacArthur, Ford), las grandes agencias de ayuda (Cruz Roja, Oxfam, Médicos sin Fronteras) y los grandes organismos gubernamentales (USAID, el Departamento de Desarrollo Internacional británico, DFID, instituciones multilaterales como el Banco Mundial) siguen desempeñando un papel muy importante en la canalización de fondos y asistencia técnica a los pobres y desgraciados del mundo. De hecho, en muchos aspectos, incluidos los desembolsos totales, siguen mandando en este terreno. Pero el ímpetu actual lo tienen los nuevos actores: megafundaciones que han saltado a primera línea como la Fundación Bill & Melinda Gates, que se ha convertido en la mayor del mundo en apenas una década, o la Fundación Open Society de George Soros (la segunda más grande). Y también fundaciones individuales y a menor escala, que han brotado en todas partes en los últimos quince años, así como una constelación de plataformas de ayuda privada, mercados y consultorías que están construyendo nuevos modelos, como micropréstamos para la máquina de coser de una madre india o las iniciativas de financiación pública-privada para ayudar a agricultores de Haití a exportar mangos.

La actual revolución en la filantropía tiene dos características importantes y comunes con las transformaciones que se produjeron hace un siglo, cuando los titanes de la industria crearon la Corporación Carnegie (1911), la Fundación Rockefeller (1913) y, algo más tarde, la Fundación Ford (1936), instituciones gigantescas y muy influyentes que durante decenios fueron modelos para todo el mundo. Hoy, como entonces, la transformación de la filantropía sigue a un período de extraordinaria creación de riqueza, en este caso derivada de las tecnologías de la información, las comunicaciones y las ciencias de la vida así como las finanzas, en vez del ferrocarril, el acero y el petróleo. Y una vez más el núcleo de la innovación en la filantropía es Estados Unidos, el país donde la generosidad privada forma intrínsecamente parte del tejido de la cultura empresarial.

Andrew Carnegie, defensor de la «filantropía científica», creía que la labor benéfica debía regirse por los mismos principios que imperaban en la industria moderna y que habían servido de base a los nuevos gigantes empresariales de principios del siglo XX. Instaba a que los ricos de su época «aplicaran a su labor filantrópica el mismo talento empresarial y obsesión por la eficiencia que empleaban para acumular riqueza». Como es natural, el resultado fue la creación de enormes instituciones (jerárquicas, centralizadas, etcétera) dedicadas a una amplia variedad de actividades. Los consejos de administración y los responsables de programas de las grandes fundaciones se convirtieron en personajes importantes; sus modelos de financiación y de selección de proyectos guiaron a otros donantes.

Los pequeños donantes individuales, por su parte, tenían escasas oportunidades de intervenir directamente e influir en los proyectos para los que daban dinero. Había muchos canales de beneficencia: organizaciones como United Way, March of Dimes, la Cruz Roja, el Ejército de Salvación y numerosos grupos religiosos recogían donaciones en iglesias, tiendas y lugares de trabajo, y las utilizaban en las causas que les parecían más acuciantes y más acordes con su filosofía. En otras economías ricas y emergentes también se fue desarrollando con el tiempo una densa red de organizaciones de ayuda. En los años setenta y ochenta, los residentes en los países ricos recibían en el correo solicitudes anuales y llamamientos urgentes para ayudar a víctimas de catástrofes (MSF, Oxfam), especies en peligro (WWF), presos políticos (Amnistía Internacional), etcétera. Todas eran causas muy dignas, pero solo unas cuantas ofrecían a los donantes la posibilidad de comprometerse a largo plazo con un proyecto o receptor específico, y menos aún les permitían comunicarse con los beneficiarios o enviar análisis y compartir experiencias además de su dinero. Para eso, había que ser rico.

La nueva casta actual de filántropos ofrece una visión diferente, influida por sus orígenes, sus necesidades y sus propias experiencias en el mercado. Empecemos por sus orígenes. La Fundación Bill & Melinda Gates, creada en Seattle en 1994, es seguramente el gigante de la filantropía moderna, pero no es, en absoluto, la única fundación nacida de la riqueza generada por la nueva economía. En California, por ejemplo, el número de fundaciones aumentó un 71 por ciento entre 1999 y 2009, y las donaciones se incrementaron más del doble, de dos mil ochocientos millones de dólares a seis mil millones de dólares.[30] Ese crecimiento ayuda a entender el traslado del centro de gravedad de la filantropía en Estados Unidos durante los últimos diez años: en 2003 el oeste (y en especial San Francisco, Palo Alto, Seattle, Los Ángeles) superó por primera vez al medio oeste en donaciones totales, y en 2006 superó al nordeste (Nueva York, Washington, Massachusetts, Connecticut), el bastión de la filantropía en el país.[31] Aunque muchos de estos nuevos donantes individuales —el número de fundaciones familiares aumentó un 40 por ciento entre 2000 y 2005— son magnates de las tecnologías de uno u otro tipo, algunos son famosos del mundo del espectáculo que practican lo que un gracioso en *The Economist* llamó la «celentropía» (de *celebridad* y *filantropía*): Bono con su Fundación One , Matt Damon y su labor para facilitar el acceso al agua potable, Brad Pitt promoviendo las viviendas ecológicas en la reconstrucción de Nueva Orleans o Shakira con su fundación para ayudar a los niños y la educación. George Clooney financia un satélite sobre la frontera entre Sudán del Sur y Sudán del Norte para detectar el movimiento de tropas que puedan atacar a la población civil. Estrellas del deporte como Tiger Woods y Andre Agassi poseen fundaciones que controlan activos por valor de decenas o cientos de millones de dólares. Pero hay muchas más que son pequeñas fundaciones personales de jugadores corrientes de la NFL, la NBA o las ligas de fútbol europeas cuyos nombres son poco conocidos fuera de los círculos de ardientes aficionados.

Para muchos de estos nuevos donantes, las actitudes y los métodos de la filantropía tradicional no son aceptables. Por ejemplo, en vez de donar a grandes instituciones, prefieren crear las suyas propias. Para el donante, la posible ventaja de una fundación individual es la capacidad de escoger quién obtiene cuánto dinero y con qué condiciones, sin delegar esas funciones en ningún otro organismo. Ayuda a establecer «atajos» para la labor benéfica, eliminar intermediarios cuya presencia puede acarrear costes administrativos y diluir o tergiversar la intención inicial del donante.

En vez de financiar salas de ópera, bibliotecas o museos, tienden mucho más a abordar problemas concretos, a los que aplican su experiencia y sus métodos en el mundo de los negocios. La filantropía «centrada en los resultados» existe desde hace más de un siglo y ya dio sus frutos en las campañas que desembocaron en la Revolución Verde que transformó la agricultura. Pero actualmente hay un renacer de la filantropía basada en datos concretos sobre impactos y resultados, y no en anécdotas, pasiones e intuiciones, para orientar las donaciones. En los últimos veinte años han sido veteranos del mundo de las tecnologías quienes han vertido su mentalidad emprendedora y su temperamento y enfoques como ingenieros y científicos en varios de los problemas más persistentes del mundo.

Para muchos de estos nuevos actores, la filantropía debe usar muchas de las técnicas que imperan en el mundo de las empresas (objetivos claros y cuantificables, evaluación objetiva de resultados e impactos, búsqueda de eficiencia, gestión eficiente del capital, etcétera).

Pero la transformación más radical de la filantropía actual es el auge de las herramientas que permiten a pequeños donantes o prestamistas individuales, que operan con solo cientos o incluso decenas de dólares, hacer el tipo de donación concreta, directa y comprometida a un receptor o proyecto específico que antes era imperceptible más allá del vecindario inmediato o el círculo de conocidos. Hoy en día usted puede identificar con gran precisión en cualquier parte del mundo a quién va a ayudar y cómo.

Esta transformación se ha producido sobre todo en internet. Kiva, fundada en 2005, canaliza pequeñas donaciones como micropréstamos a beneficiarios de todo el mundo, cuyos nombres identifica y sobre los que luego puede mandar informaciones actualizadas a sus donantes concretos. GlobalGiving, creada por dos antiguos empleados del Banco Mundial en 2002, sigue un modelo similar, en el que los donantes sostienen proyectos específicos que ellos mismos escogen. A través de la red mundial de pagos por internet PayPal, este tipo de proyectos pueden abrir una vía rápida entre los donantes y los receptores, y al mismo tiempo mantener unas organizaciones sencillas con unos costes bajos. Por supuesto, hay un límite a lo corta que puede ser la ruta: Kiva y GlobalGiving se apoyan en instituciones locales de microfinanciación y ONG patrocinadoras para clasificar a los posibles aspirantes y canalizar los fondos sobre el terreno.

Así, el modelo permite que cualquiera con una conexión a internet y un poco de dinero contribuya, por ejemplo, a la conversión de los taxis de Bolivia al gas natural, a dar préstamos a estudiantes en Paraguay o a financiar una empresa de confección en Camboya.

La filantropía de atajos no ha alcanzado aún las cantidades de dinero de las grandes fundaciones ni las agencias gubernamentales, pero se ha convertido en un nuevo paradigma de generosidad. La obtención de fondos individuales para proyectos de todo tipo es posible gracias a servicios como Kickstarter o IndieGoGo, que permite que los aspirantes a recibir ayudas promuevan su proyecto durante un período de tiempo y solo reciban el dinero si recaudan la cantidad de ofrecimientos prevista durante ese tiempo. Un síntoma del atractivo que tiene este método es que lo ha adoptado —y lo utiliza como herramienta comercial— la filantropía corporativa, y ahora empresas como American Express, Target, Nestlé, Fiat, Femsa, JP Morgan Chase y PepsiCo celebran concursos en los que los usuarios de internet votan para decidir cuál de los proyectos rivales debe apoyar la compañía.

En el nuevo ámbito de la filantropía, con las fundaciones a la vieja usanza en un extremo y las donaciones individuales e inmediatas a través de internet en el otro, el espacio entre los dos está ocupado por fondos, servicios y asesores que hacen que el negocio de la generosidad sea más complejo, plural y descentralizado. El Wealth & Giving Forum, Social Ventures Partners International, Philantropy Workshop West, The Big Give y muchos más grupos hacen de todo, desde ayudar a pequeñas fundaciones a ser más eficientes y enseñar a personas que han amasado una fortuna reciente a ser filántropos comprometidos, hasta asesorar sobre el diseño y la supervisión de proyectos y crear foros para que los donantes comparen experiencias y prácticas.

Esta nueva generosidad privada a pequeña escala no va a sustituir a las grandes fundaciones. Los grandes fondos de la Bill & Melinda Gates Foundation han dado un impulso increíble a la investigación en todo el mundo y al tratamiento de enfermedades como la malaria. Una donación de cien millones de dólares realizada en 2007 por la Fundación Doris Duke incrementó en un 20 por ciento el dinero disponible para investigar el cambio climático durante un período de cinco años. Una donación valorada en la misma cantidad de Joan Kroc, heredera de la fortuna McDonald's, dio nuevo ímpetu a la radio pública en Estados Unidos. Y las fundaciones de George Soros se han convertido en un apoyo indispensable para quienes promueven la democracia en todo el mundo.

La filantropía de riesgo a pequeña y mediana escala, por no hablar de las donaciones de pequeños contribuyentes a través de Kiva y otras plataformas similares, se dirige a un segmento diferente de la comunidad de receptores. Y estas nuevas herramientas tampoco van a desplazar a la ayuda oficial de los organismos gubernamentales. De hecho, los investigadores Raj Desai y Homi Kharas han descubierto que los donantes de Kiva y GlobalGiving basan sus selecciones en criterios distintos de los que utilizan los administradores de la ayuda oficial. Por ejemplo, a los miles de donantes individuales de Kiva no les preocupa demasiado la situación política o económica general del país en el que se encuentra un beneficiario, siempre que les guste el proyecto de esa persona u organización. Eso significa que la nueva generosidad a pequeña escala no sustituye la vieja estrategia, sino que la complementa.[32]

Ahora bien, la nueva filantropía ha destrozado la idea de que las grandes fundaciones y los organismos públicos son los únicos con los conocimientos y la experiencia para diseñar proyectos benéficos y con la eficiencia para dirigirlos. Los obstáculos jurídicos y burocráticos que dificultan la ayuda oficial son muy conocidos; el despilfarro continuo, los retrasos y la corrupción han reanimado la vieja crítica a la ayuda oficial de los países ricos a los pobres.[33]

Grandes organizaciones privadas de ayuda se han visto envueltas en escándalos y sospechas, como la Cruz Roja estadounidense tras el tsunami del sudeste asiático de 2004 y el huracán Katrina en Estados Unidos en 2005. Eso no quiere decir que las nuevas organizaciones de menor tamaño sean inmunes al despilfarro y la corrupción. Tras el terremoto de enero de 2010 en Haití, los pequeños donantes acudieron en masa a hacer aportaciones de cinco dólares mediante mensajes de texto a Yéle Haiti, la organización de ayuda del cantante Wyclef Jean, hasta que, semanas después, se supo que había sospechas de graves fallos administrativos en el grupo.

Pero el principio en el que se basan la nueva filantropía y los nuevos vehículos y plataformas para donaciones sin grandes intermediarios es que la experiencia colectiva de donantes y beneficiarios —las dos partes esenciales de la transacción— puede ensamblarse de tal manera que perfeccione lo que antes conseguía la vieja arquitectura de fundaciones y organismos de ayuda. Como dijo Tom Munnecke, director de Uplift Academy y pionero de la nueva filantropía, a un periódico británico: «En lugar de tener que acudir a una gran burocracia centralizada como la Cruz Roja u Oxfam, ahora podemos ir a los lugares donde nos necesitan, hacernos con el control de la situación y ayudar más rápido y directamente a quienes más requieren de nuestra ayuda».[34] En esos lugares necesitados, los donantes forjados en las empresas de Silicon Valley aplican una gran variedad de herramientas de ese medio a la aprobación de proyectos, y los aspirantes a recibir las ayudas hacen sus propuestas conscientes de que están compitiendo con pares de todo el mundo. Los consejos de administración y los responsables de programas de las grandes fundaciones, así como los burócratas de las grandes agencias de ayuda, han visto disminuir su influencia debido a las nuevas herramientas que permiten prescindir de su mediación, y también a los famosos activistas como Bono, de U2, o el cantante senegalés Youssou N'Dour, que utilizan los medios y las plataformas de comunicación globales para presentar sus opiniones y prioridades.

Dicho esto, las líneas no son totalmente rígidas, y los actores tradicionales son capaces de adaptarse, o al menos intentar adaptarse. La Fundación Rockefeller, por ejemplo, es uno de los inversores originales en nuevas iniciativas filantrópicas que rompen con los modelos tradicionales.

Desai y Kharas señalan que muchas grandes agencias oficiales están reorganizándose y dividiéndose en unidades especializadas que intentan ser más ágiles y veloces. Medidas de este tipo confirman que el futuro de la filantropía estará más fragmentado que en el pasado. ¿Tendrían Rockefeller, Carnegie y sus colegas algo que objetar? No forzosamente. «Rockefeller concebía su filantropía desde el punto de vista de sus negocios —explicó la fundadora de Acumen Fund, Jacqueline Novogratz, a *Forbes*—. Muy centralizada, dirigida desde arriba, apoyada en las opiniones de los expertos y con una amplia perspectiva. Hoy, una nueva clase de emprendedores y profesionales expertos en hacer dinero se han convertido en expertos en donarlo. George Soros ha dicho que es mucho más fácil hacer dinero que donarlo de manera que tenga impacto.»[35]

Es lógico, por tanto, que en la medida en que la «ciencia» de los negocios se ha alejado de las grandes empresas centralizadas en beneficio de nuevas organizaciones pequeñas, rápidas y en red, la filantropía siga ese mismo camino.

¿Qué significa todo esto para el poder en el mundo de la filantropía? Lo mismo que ya hemos visto en los demás ámbitos discutidos en estas páginas: los grandes y poderosos de siempre deben ahora convivir con recién llegados que al operar de manera muy diferente hacen imposible que los jugadores tradicionales sigan llevando la batuta.

Medios de comunicación: todos informan, todos deciden

En pocas industrias el poder ha cambiado tan drástica y tan rápidamente como en la de la información y las comunicaciones.

La acelerada e implacable digitalización de la información y la comunicación ha hecho que coexistan en las mismas plataformas distintos tipos de contenidos (noticias, análisis, opinión, anuncios, propaganda) procedentes de diferentes proveedores (empresas informativas, anunciantes, activistas, particulares). Medios de comunicación que antes estaban separados hoy están convergiendo, y los periódicos impresos producen programas de televisión para sus páginas de internet y los canales de televisión producen contenido escrito para sus sitios web. Los teléfonos móviles, las tabletas tipo iPad y hasta las gafas se han convertido en los vehículos para informarnos, entretenernos y comunicarnos.

Los consumidores de información han visto cómo su periódico favorito intentaba conservar la publicidad y desarrollar nuevas fuentes de ingresos, encontrar el diseño adecuado y descubrir el equilibrio justo entre contenido gratuito y contenido de pago en la red, dotar de personal a oficinas en otras ciudades y otros países, repartir a los redactores entre las ediciones impresas y las digitales, y así sucesivamente. Muchos han fracasado. En Estados Unidos, por ejemplo, desaparecieron un promedio de quince periódicos cada año, el 1 por ciento del sector, entre 2006 y 2011. En circulación e ingresos publicitarios, la prensa impresa estadounidense ha perdido un 43 por ciento desde 2000.[36] Los espectadores de televisión han visto que sus programas favoritos empezaban a estar disponibles a la carta y en internet mediante acuerdos con empresas de vídeo. Los radioyentes pueden escoger entre escuchar su música en emisoras por satélite o en los nuevos servicios individualizados como Spotify y Pandora. Los adictos a las noticias pueden buscar informaciones de una u otra fuente, pedir que Google o Yahoo las filtren con sus agregadores de noticias, o dejar que sean sus amigos y contactos en Facebook y Twitter quienes les recomienden qué deben leer, ver o escuchar.

Las repercusiones de estas drásticas transformaciones, pese a que son muy debatidas, aún no están claras. Es comprensible que los periodistas dediquen mucho tiempo a preocuparse por el futuro de su profesión, pero ¿dónde está el poder en los medios y en qué dirección se encamina? La respuesta depende en gran medida —tal vez más que en ningún otro ámbito— de dónde se busquen las pistas.

Por una parte, hay pruebas abundantes de que un pequeño número de grandes empresas controlan una enorme parte de los medios de comunicación en el mundo. En 1983, el número de empresas dominantes en el mercado de medios de Estados Unidos era de cincuenta, en 1990 había bajado a veintitrés, en 2000 a seis, y desde entonces son cinco.[37] Desde luego, las fusiones entre medios se aceleraron a partir de 1990, y los cambios en las normas jurídicas que levantaron las prohibiciones a ciertos tipos de conglomerados de distintas plataformas mediáticas contribuyeron a ello. En los últimos años, la compra de la empresa Dow Jones, propietaria de *The Wall Street Journal*, por parte de la compañía de Rupert Murdoch, News Corp, dio aún más peso a una de las siete corporaciones multimedia que forman la primera categoría del sector en el mundo, según el criterio del sociólogo español Manuel Castells: Time Warner, Disney, News Corp, Bertelsmann, NBC, CBS y Viacom.[38]

Como negocio, las adquisiciones y consolidaciones en el sector de los medios de comunicación han producido resultados mixtos. Cuando Time Warner se deshizo de AOL aproximadamente diez años después de su fracasada fusión, el valor de AOL había descendido mucho respecto al precio de compra, 175.000 millones de dólares. Y ese resultado no es excepcional: entre 2000 y 2009, los mayores conglomerados de medios de comunicación perdieron, en conjunto, más de doscientos mil millones de dólares en activos. Y el mal comportamiento de las acciones de estas empresas en índices como el S&P 500 es anterior a la destrucción de negocio precipitada por internet. Las empresas mediáticas tienen la tradición de crecer sobre todo mediante adquisiciones, pero el aumento de ingresos no necesariamente se ha traducido en un mayor rendimiento de las acciones ni, sorprendentemente, en un aumento del poder del mercado proporcional a la concentración que ha ocurrido. Y es que los cambios tecnológicos, la creciente fuerza de los micropoderes mediáticos y el empoderamiento de unos consumidores que cada vez tienen más opciones no les hacen la vida muy fácil a los grandes conglomerados.[39]

Hoy en día, el poder en el sector de los medios lo tienen cada vez más empresas tecnológicas y proveedores de contenidos. Castells, por ejemplo, añade a su lista de las más importantes empresas de medios a Google, Microsoft, Yahoo y Apple —todas ellas empresas de tecnología que han hecho importantes incursiones en los medios— para formar una instantánea del «núcleo global» de los medios de comunicación actuales. Probablemente Facebook también debería estar, sobre todo desde su oferta pública inicial en 2012, por un valor de más de cien mil millones de dólares. De hecho, se prevé que para 2015 Facebook tenga una de cada cinco piezas de publicidad digital vendidas.[40] En 2011, cinco empresas tecnológicas (excluidas Apple y Amazon) representaron el 68 por ciento de todos los ingresos publicitarios en internet. Las relaciones entre estos gigantes no solo son feroces y competitivas, sino que también incluyen colaboraciones mediante asociaciones en varios países y regiones, la coproducción de contenidos o plataformas, acuerdos de distribución y publicitarios y, a veces, la presencia recíproca en los respectivos consejos de administración.[41]

Pero ¿significa eso que el poder está concentrado —o más concentrado que antes— en el sector de los medios de comunicación?

En primer lugar, la comparación es difícil de establecer, porque las nuevas tecnologías alteran sin cesar los límites de la industria de la comunicación y mueven el epicentro del poder. En segundo lugar, aunque las fusiones parecen haber generado una consolidación en algunos países y han formado varios grandes imperios mediáticos internacionales, el abanico de medios disponibles en cualquier país es más abundante hoy que hace unas décadas. Hasta los años setenta u ochenta, el Estado controlaba por completo o en su mayor parte la televisión y la radio, no solo en los países en vías de desarrollo y el bloque del Este, sino también en gran parte de Europa occidental. Esto ya no es así. En tercer lugar, la experiencia de consumo a través de internet ha ampliado las posibilidades de elección. *The New York Times*, por ejemplo, ofrece informaciones locales en Chicago; *The Guardian*, que tiene su sede en Londres, se ha convertido en una página web muy popular en Estados Unidos, y *The National*, publicado en Abu Dabi, incluye informaciones sobre temas culturales que atraen a escritores —y lectores— muy alejados de su mercado local. Como observó el periodista Michael Kinsley: «Todos los periódicos de lengua inglesa publicados en cualquier parte del mundo compiten hoy entre sí».[42] Por último, cualquier afirmación definitiva sobre la concentración de los medios de comunicación debe tener en cuenta que en esta industria la volatilidad ha sido una constante: las tres grandes cadenas de televisión de Estados Unidos, los estudios cinematográficos, la agencia de noticias Associated Press y muchas otras empresas tuvieron durante largo tiempo posiciones dominantes en sus respectivos segmentos, que ya no poseen.

Pero la naturaleza de los medios de comunicación, con su capacidad de apelar a nuestra curiosidad y nuestros sistemas de creencias, hace que su poder resida tanto en la autoridad (de sus escritores y sus fuentes) y la influencia (sobre nuestras opiniones y decisiones) como en la organización empresarial y los ingresos de la compañía. El periódico considerado «de referencia» en su mercado nacional —*The New York Times*, *Le Monde*, *El País*— no suele ser el de mayor circulación o mayores ingresos. Los diarios sensacionalistas suelen ser los más leídos. Una sutil jerarquía coloca a ciertos medios por delante de otros en respetabilidad y prestigio. Pues bien, hoy no solo está amenazada esa jerarquía, sino que los límites del periodismo como profesión han caído y nuevas empresas emergentes han demostrado, una tras otra, que son capaces de competir e incluso de sobrepasar a empresas de medios tradicionales.

The Huffington Post, por ejemplo, un sitio web que los medios tradicionales solían despreciar por considerar que no era más que un agregador y una estafa, ha aumentado su equipo de reporteros y en 2012 obtuvo el Premio Pulitzer de reportajes nacionales. Las cámaras de fotos y de vídeo digitales y las de los teléfonos móviles han catapultado el «periodismo ciudadano» a primera fila, con gente corriente que compite con los *paparazzi* en la búsqueda de famosos para hacerles fotos (que los agentes de internet venden luego a la prensa sensacionalista), o de pruebas fehacientes de la brutalidad policial, o de las primeras imágenes de una catástrofe natural. (Hay que decir, no obstante, que David Wood, el reportero del *Huffington Post* galardonado con el Pulitzer, tiene décadas de experiencia periodística.) Mientras tanto, la facilidad de publicación en internet ha convertido los blogs sobre todo tipo de temas —asuntos electorales, política fiscal, música rock, viajes de negocios— en fuentes especializadas creíbles y rentables, que a menudo sobrepasan a los reporteros de calle y los analistas de revistas.

Pensemos en el caso del genio de las estadísticas Nate Silver, que aplicó el talento que había perfeccionado siguiendo las cifras del béisbol a las campañas presidenciales de 2008 y 2012 en su página fivethirtyeight.com. Usando su propio modelo agregador de datos de encuestas, Silver pudo predecir el resultado de las primarias del supermartes entre Barack Obama y Hillary Clinton; previó que Obama derrotaría a John McCain ya en marzo de 2008, y sus detalladas predicciones en la noche electoral acertaron con cuarenta y nueve de los cincuenta estados; en las elecciones de 2012 también predijo con acierto los resultados. Antiguamente, a alguien como Silver le habría costado mucho hacerse oír, por falta de un medio en el que publicar sus conclusiones. Sin embargo, fivethirtyeight.com adquirió categoría de culto durante la campaña, hizo que las cadenas de televisión se sintieran obligadas a invitar a Silver a varios de sus debates, y consiguió una importante plataforma en *The New York*

Times en 2010. En un gesto muy revelador acerca de cómo se está moviendo el poder en los medios de comunicación social, en 2013 Silver dejó al prestigioso y respetado *The New York Times* para irse a ESPN, el canal deportivo de televisión.

A medida que convergen diferentes plataformas mediáticas, el bloguero convertido en analista no es más que una de las muchas mutaciones que han revolucionado las tradicionales jerarquías de trabajo en los medios. Además de contratar a más periodistas, en 2011 *The Huffington Post* abrió su propio canal de noticias de veinticuatro horas en la red y en junio de 2012 anunció que iba a lanzar una revista digital disponible exclusivamente en la Apple Store.[43] También ha vivido una expansión internacional y ahora tiene ediciones en España, Italia, Francia y varios otros países.

Al mismo tiempo, los periódicos y las revistas han empezado a incluir blogs y han contratado a blogueros independientes de prestigio. En Gran Bretaña, por ejemplo, los grandes periódicos (*The Guardian*, *The Times*, *The Daily Telegraph*) han formado equipos con docenas de escritores que ofrecen su opinión y debaten en la red. Son pocas las características o las funciones exclusivas de un solo tipo de medio. Todo vale; la información, la opinión y el entretenimiento, los medios impresos, de audio y de vídeo se entremezclan cada vez más, y la facilidad de acceso a las herramientas de creación de contenidos y de distribución ha derribado las barreras que rodeaban la profesión de periodista y el alcance y la especialización de cualquier medio.

Entonces, ¿menos poder para los medios tradicionales al tiempo que el sector se vuelve más comercial y orientado al entretenimiento? No necesariamente. En 2012 el Nieman Journalism Lab trazó el perfil de tres empresas europeas propietarias de periódicos que están poniendo en práctica distintas estrategias para prosperar en la era digital: Sanoma, la mayor compañía de medios de comunicación de Finlandia, es pionera en la utilización de nuevas formas de rentabilizar el paso de los suscriptores de la edición impresa a la edición digital; la noruega Schibsted, la octava empresa informativa del mundo, opera en veintiocho países y obtiene más de un tercio de sus ingresos de la oferta digital, es decir, tres veces más que el periódico medio; la suiza Zeitung Online está ganando lectores con el «localismo», que consiste en ignorar las noticias de Merkel u Obama y de política internacional para centrarse en el alcalde de la ciudad y la política del cantón.

El auge del pequeño periodismo, el periodismo ciudadano y el de los no profesionales, además de las redes sociales, es un complemento ya inevitable para los medios tradicionales. Entre las nuevas fuerzas hay también grupos independientes de investigación con financiación sin fines lucrativos como ProPublica, una «redacción independiente sin ánimo de lucro» (según se describen a sí mismos) cuyas asociaciones con periódicos establecidos en Estados Unidos han empezado a proporcionarles premios (en el caso de ProPublica, un Pulitzer en 2011). Y un ejemplo de hábil utilización de las redes sociales por parte de un gran periódico se vio en octubre de 2009, cuando *The Guardian* sorteó una orden judicial que le impedía informar sobre una pregunta hecha en la Cámara de los Comunes gracias a un oportuno tuit de su redactor jefe, Alan Rusbridger. El caso guardaba relación con la empresa de comercialización de petróleo Trafigura, que estaba involucrada en un escándalo de residuos tóxicos en África occidental y cuyos abogados habían solicitado y obtenido la orden judicial. «*The Guardian* desautorizado a informar desde el Parlamento por razones de las que no se puede informar», escribió Rusbridger, y con esas palabras desató de la noche a la mañana una lluvia de conversaciones en la red que dejaron el tema al descubierto. En un sector como el de los medios, que atraviesa un intenso proceso de cambio y revolución tecnológica tan impresionante, son innegables el ascenso y la importancia de participantes pequeños y descentralizados de todo tipo, pero es posible que los actores tradicionales no hayan dicho todavía la última palabra.[44] La creciente popularidad de los dispositivos móviles no solo ha provocado un aumento increíble del consumo de noticias sino también una mejora de la calidad, porque los consumidores prefieren aplicaciones y páginas web de empresas de información serias y con reputación de ser objetivas.[45]

Si hay un sector en el cual la transformación del poder está ocurriendo a diario, en todas partes y frente a nuestros ojos, es en los medios de comunicación social.

En conclusión

Este capítulo ha prestado atención a las iglesias, los sindicatos, las instituciones benéficas y los medios de comunicación. Pero igualmente habría podido tratar de los flujos de poder en el mundo académico. Hay una clara y creciente competencia mundial entre universidades por atraer estudiantes, profesores y dinero para financiar sus investigaciones. Las universidades más prestigiosas del mundo deben ahora competir con rivales de todas partes.

También habría podido estudiar la degradación del poder en la innovación científica, que ahora es una empresa más global que nacional, con colaboradores repartidos entre diversos países y nuevas normas para un mayor intercambio de datos y conocimientos. O podría haberse centrado en los museos, que han tenido que lidiar no solo con nuevos rivales —la creación de museos de categoría internacional en lugares remotos como Tasmania y Catar, por ejemplo— y métodos revolucionarios de interacción cultural, sino también con países en vías de desarrollo que se sienten cada vez más fuertes y seguros de sí mismos y que tratan de recuperar su patrimonio cultural. O podría haber llamado la atención sobre el deporte, los viejos equipos revividos gracias a métodos innovadores y nuevos ricos que los compran, o nuevos gigantes nacionales que desean trasladar el crecimiento de su PIB a una cosecha mayor de oros olímpicos o prósperas industrias del espectáculo.

Las revoluciones del *más*, de la *movilidad* y de la *mentalidad* no han dejado intacto ningún ámbito. Y ninguno es inmune a los cambios que han hecho que el poder sea más fácil de obtener, más complicado de usar y más difícil de conservar. En la religión, la filantropía y los medios de comunicación —los terrenos en los que se disputa la conquista de nuestras almas, nuestros corazones y nuestros cerebros—, vemos no solo la intervención de nuevas fuerzas sino también la fragmentación y la polarización que están transformando nuestras sociedades a todos los niveles. Hoy disponemos de más opciones que nunca en estas áreas.

Y es ahí donde surge la pregunta sobre qué ocurre cuando el mosaico de fe se rompe en mil, un millón de pedazos. Cuando la búsqueda del bien común deriva en proyectos diseñados para promover una causa determinada que es la preferida de una persona determinada que tiene el dinero para financiarlo. O cuando los ciudadanos ignoran las noticias que nos afectan a todos para enterarse solo de las noticias que les interesan a ellos.

Todas estas posibilidades son un desafío para los intentos de acción colectiva. Y, desde el cambio climático hasta el aumento de las desigualdades, los enormes retos que afrontamos exigen una acción colectiva y una nueva forma común de ver la acumulación y el uso del poder. Volveremos sobre ello enseguida, después de examinar, en el próximo capítulo, si este nuevo mundo llegó para quedarse y si la degradación del poder tiene más ventajas o más inconvenientes para todos nosotros.

10

La degradación del poder: ¿el vaso está medio lleno o medio vacío?

Soy consciente de que estoy diciendo que el poder se debilita, aun cuando los titulares indican con frecuencia todo lo contrario. Algunos gobiernos son cada vez más grandes, y la riqueza y las rentas están cada vez más concentradas. En los países ricos, la clase media se contrae mientras unos pocos acumulan fortunas inimaginables. Grupos e individuos logran adquirir, gracias a su dinero, una influencia política desmesurada. En Estados Unidos, un propietario de casinos multimillonario, directivos de *hedge funds* y magnates inmobiliarios financian abiertamente «Súper-PACs» (Comités de Acción Política) que promueven agendas específicas o apoyan a candidatos dispuestos a velar por sus negocios. En Rusia, China y muchos otros países, los oligarcas compinchados con funcionarios del gobierno son quienes fijan las reglas. Poderosos magnates de la comunicación mueven los hilos para extender el poder de sus medios a los palacios presidenciales. El «99 por ciento» se siente defraudado, empobrecido y explotado por el rico y poderoso 1 por ciento.

¿Cómo puede decirse, entonces, que el poder está deteriorándose, diseminándose y volviéndose más efímero? ¿O que los poderosos están acosados? Porque, como han mostrado estas páginas, los poderosos de hoy tienen muchas más restricciones que los del pasado, su control del poder es mucho menos seguro que el de sus predecesores y sus mandatos son más breves.

Un ejemplo: Vladimir Putin tiene un inmenso poder, sin duda, pero cada vez tiene más problemas y su abanico de opciones es más reducido que en su primer mandato como presidente y, posteriormente, como primer ministro de Rusia. Otro ejemplo similar es el de los pocos banqueros que lograron sobrevivir sin problemas a la crisis de 2008: parecía que iban a gobernar el sistema financiero global durante mucho tiempo, pero, al cabo de pocos años, varios habían perdido su trabajo y otros estaban acorralados tras descubrirse que habían manipulado los precios (Barclays), habían ocultado pérdidas comerciales (JP Morgan Chase), habían blanqueado dinero (HSBC), habían tenido tratos ilícitos con Irán (Standard Chartered), o que uno de sus consejeros había hecho uso de información privilegiada (Goldman Sachs). Estos hechos no acabaron con la pujanza económica de los grandes bancos, y el lobby bancario sigue teniendo una enorme influencia política. Pero varios altos ejecutivos han perdido poder y las entidades financieras han visto limitado su campo de acción. Solo los directivos más ingenuos, ciegos o arrogantes —y no solo los banqueros— pueden pensar que sus puestos de trabajo están a salvo. Las desigualdades económicas, largo tiempo toleradas y en algunos países hasta celebradas, ocupan hoy el centro del debate en muchos lugares. Desde Estados Unidos hasta Europa, la calle árabe o incluso China, la pacífica —o al menos silenciosa— coexistencia con la desigualdad está llegando a su fin.

Y, como hemos visto en capítulos anteriores, muchos otros ámbitos de la actividad humana antes dominados por los poderosos tradicionales son hoy campos de batalla en los que los actores consolidados se ven bajo asedio y, cada vez con más frecuencia, acaban expulsados.

Y eso es una buena noticia.

Elogio de la degradación del poder

La degradación del poder tiene consecuencias indudablemente positivas: sociedades más libres, más oportunidades de elección para los votantes, nuevas plataformas para organizar comunidades, más ideas y posibilidades, más inversión y comercio, más competencia entre empresas y, por lo tanto, más opciones para los consumidores. Ninguna de estas consecuencias es universal, y en cada caso podemos encontrar excepciones desalentadoras, pero la tendencia general es indiscutible.

En política, por ejemplo, el aumento de las libertades es evidente: el autoritarismo está en retirada. Por supuesto, la expansión de la democracia no ha culminado, ni mucho menos. Algunos países (por ejemplo, China, Arabia Saudí, Corea del Norte, Cuba, Bielorrusia) todavía no la han experimentado o, como Rusia, solo de manera parcial y frustrante. Pero las fuerzas que socavan el autoritarismo están en activo en las plazas públicas que han pasado a simbolizar la Primavera Árabe, en las calles de Teherán, en las páginas web de China e incluso, cada vez más, en sus ciudades, y en otras sociedades gobernadas por regímenes represivos empeñados en controlar a su población. Cada vez vemos más artículos y ensayos con títulos como «Por qué se democratizará China», que afirman que los días autocráticos del gigante asiático están contados, y los pronósticos sobre el fin del poder absoluto del Partido Comunista Chino se multiplican.[1]

¿Y por qué no? ¿Por qué va a ser China una excepción? En gran parte del mundo, el poder político está cada vez menos concentrado. En las últimas décadas, un número sin precedentes de partidos políticos y facciones han competido en las urnas, y los gobiernos han cambiado o caído con más frecuencia que nunca. Pocos politólogos influyentes defenderían, como hacían algunos en Asia todavía en los años noventa, los méritos del orden político y las transiciones controladas, o alertarían de que algunos países no tienen la fuerza ni la cohesión suficientes para una repentina apertura democrática.[2] En los años setenta, el célebre investigador de Harvard Samuel Huntington podía señalar numerosos países que salían de un gobierno colonial o estaban atravesando rápidos cambios sociales y vincular el ritmo y el alcance de esos cambios a una mayor frecuencia de disturbios, violencia, insurrecciones o golpes. «La autoridad tiene que existir para poder limitarla —escribió Huntington—, y es la autoridad lo que escasea en esos países en rápido proceso de cambio en los que el gobierno está a merced de intelectuales alienados, coroneles revoltosos y estudiantes alborotados.»[3] Hoy es difícil oír estas opiniones, salvo tal vez en la doctrina y la prensa oficial del Partido Comunista Chino o entre quienes temen que la caída de los dictadores de Oriente Próximo acabe instalando en el poder dictaduras todavía más represivas y oscurantistas o produzca una proliferación de naciones fragmentadas y estados fallidos. Y sabemos que, durante las transiciones a la democracia, los países muchas veces sufren convulsiones políticas que los vuelven difíciles de gobernar y alimentan la nostalgia del viejo orden autoritario.

La globalización económica añade más razones aún para celebrar el deterioro del poder entre los megaactores tradicionales. Pequeñas y remotas compañías arrebatan cuotas de mercado a otras conocidas por todos; empresas emergentes introducen nuevos modelos de negocio que hacen tambalearse a los gigantes de toda la vida. Como vimos en el capítulo 8, en un revelador ejemplo de los efectos de las revoluciones del *más*, de la *movilidad* y de la *mentalidad* sobre el poder, los modelos de inversión de capital riesgo se han extendido desde Silicon Valley a muchos otros países y han dado vida al talento emprendedor latente en centros de innovación nunca imaginados. Y han surgido nuevas multinacionales en países que hasta hace poco ninguna empresa de categoría internacional habría considerado semilleros de potenciales competidores. Sabemos que en el mundo de los negocios unas empresas suben y otras bajan —esa es la dinámica normal; los cambios en la jerarquía entre diferentes empresas son tan antiguos como la economía moderna de mercado—, y que la vitalidad del capitalismo depende de un profundo vínculo entre innovación y «destrucción creativa». Pero los masivos cambios globales que estamos presenciando hoy van más allá.[4] No habrían podido producirse sin la degradación del poder.

En el fondo, nos encontramos ante algo que es difícil no mirar con simpatía: igual que la degradación del poder en política ha socavado los regímenes autoritarios, en los negocios ha reducido los monopolios y oligopolios y ha ofrecido a los consumidores más opciones, precios más bajos y mejor calidad. A nuevos empresarios les ha abierto puertas para competir contra empresas establecidas, y ahora pueden entrar en mercados que antes les estaban vedados por no disponer del capital, la tecnología o el tamaño necesarios.

La economía clásica y el pensamiento político liberal se basan en la idea de que los monopolios son indeseables. El sentido común también lleva a esa conclusión. Y la buena noticia es que se están volviendo cada vez menos frecuentes. Incluso sectores en los que los monopolios se consideraban inevitables, como el suministro de agua o electricidad, ahora pueden abrirse a la competencia. A los jóvenes de hoy quizá les cueste imaginar un pasado en el cual todas las compañías telefónicas del mundo eran monopolios, a menudo propiedad del Estado y con frecuencia incapaces de ofrecer un servicio decente. Pero esa fue la realidad hasta no hace mucho. Hoy, la telefonía es un campo ferozmente competido, y ninguna compañía se siente a salvo ni se cree inmune a los ataques de sus rivales por muy grande y rica que sea. Nuestro rechazo a los monopolios se extiende a los oligopolios y los cárteles. Por eso, es muy digno de celebrar que el deterioro del poder impida que un puñado de grandes empresas abusen de su posición dominante en el mercado. Por supuesto, las grandes empresas dominantes que usan tácticas anticompetitivas no han desparecido. Pero hoy su futuro como tales está menos asegurado que antes.

¿Qué tiene de malo? Los peligros de la degradación del poder

Ahora bien, celebrar los beneficios de la degradación del poder no debe llevarnos a ignorar que un vaso medio lleno está también medio vacío. El desgaste del poder entraña asimismo una serie de peligros.

Es una de las razones fundamentales por las cuales los gobiernos son cada vez menos capaces de tomar las decisiones necesarias para afrontar los problemas de sus países, o las coaliciones de las naciones más influyentes se muestran cada vez más lentas e ineficaces a la hora de afrontar los problemas internacionales.

La degradación del poder fomenta también la aparición de infinidad de grupos criminales, terroristas y otros que atentan contra la seguridad ciudadana y en algunos casos hasta erosionan la estabilidad internacional. Para ellos, las fronteras son irrelevantes y los gobiernos, un obstáculo cada vez más ineficaz que atacan, socavan o ignoran.[5]

Además, la dilución del poder ha facilitado el auge de grupos políticos extremistas —separatistas, xenófobos, sectarios o anarquistas— tanto en las democracias establecidas como en las incipientes.

Ha alimentado también todo tipo de grupos, empresas y medios de comunicación improvisados que escapan al escrutinio tradicional y cuyos patrocinadores se ocultan en medio de la cacofonía de la red. También ha creado más oportunidades para el fraude en los negocios y el engaño comercial.

A menudo son necesarios casos muy notorios o grandes titulares sobre personas y organizaciones para que nos hagamos una idea de la dimensión del problema.

Sin embargo, cada uno de esos actores es vulnerable a la degradación del poder. Eso no significa que no tengan que preocuparnos, desde luego; que haya competencia en el delito no lo hace perdonable. Pero debemos recordar que los talibanes, Al-Qaeda y los Zetas, el cártel mexicano de la droga, también tienen sus escisiones, vástagos y mutaciones. O que la amenaza de una China unificada es diferente de la amenaza de una China que está atravesando una rápida y debilitadora dispersión del poder entre regiones, grupos de intereses y facciones rivales dentro del Partido Comunista.

Al final, los actores cambiarán, vencidos por sus rivales o transformados desde dentro. En muchos casos, los instrumentos que utilizan para ejercer el poder son los de siempre; en otros, los nuevos actores se harán fuertes gracias a nuevas herramientas. El poder de Facebook o Google reside en disponer de tecnologías que otros no tienen y, ahora, en una marca que atrae miles de millones de usuarios en todo el mundo. El poder de Al-Qaeda, por su parte, se deriva de sus nuevos y letales métodos de «trabajo».

Además, la dimensión de las revoluciones del *más*, de la *movilidad* y de la *mentalidad* ha hecho que nuestros problemas sean más grandes y complejos y, al mismo tiempo, ha debilitado nuestros mecanismos para resolverlos. Pensemos en la amenaza del cambio climático: la propia disminución de la pobreza en China e India que ha mejorado las vidas de miles de millones de personas, ha acelerado enormemente las emisiones de gases de efecto invernadero. China superó a Estados Unidos como mayor emisor de gases en 2006, y ese año India ocupó el cuarto lugar.

Cualquier intento de reducir las emisiones de carbono en un país debe tener en cuenta la actuación del otro, entre otras cosas porque, a medida que las regulaciones gubernamentales en los países desarrollados aumentan los impuestos que deben pagar las empresas por emitir carbono, las empresas responden trasladando su producción contaminante a otros países donde las reglas ambientales son más laxas. Hoy en día, prácticamente todos los temas de negociación internacional —desde las exportaciones de armas y los acuerdos sobre dominios de internet hasta las pesquerías y el comercio agrario— implican a un mayor número de protagonistas: gobiernos, entes multilaterales, organismos no gubernamentales, empresas y asociaciones, cada uno con cierta capacidad para moldear la agenda y las negociaciones. Como consecuencia, cada vez somos más incapaces de tomar medidas que vayan más allá del mínimo común denominador y supongan un paso hacia la solución del problema de que se trate. Contar en la mesa con un grupo de actores más variado e incluyente (los «débiles» de otra época) y reducir el número de decisiones que unos cuantos poderosos imponen arbitrariamente al resto del mundo es encomiable. Pero lograr resultados se ha vuelto mucho más difícil.

La parálisis política como daño colateral de la degradación del poder

Esa parálisis se ha vuelto muy visible en Estados Unidos. A medida que la política se polariza, destacan más los defectos de un sistema sobrecargado de controles y contrapesos. Francis Fukuyama llama a este sistema «vetocracia». Escribe:

> Los norteamericanos se enorgullecen mucho de una Constitución que limita el poder ejecutivo mediante una serie de controles y contrapesos. Pero esos controles han sufrido una metástasis. Y Estados Unidos se ha convertido en una vetocracia. Cuando este sistema se une a unos partidos ideologizados ... el resultado es la parálisis. ... Si queremos salir de nuestra parálisis actual, necesitamos no solo un liderazgo fuerte, sino también cambios en las normas institucionales.[6]

El economista Peter Orszag fue testigo de los mecanismos de la vetocracia y sus nefastas consecuencias. En 2011 reflexionaba sobre su experiencia como uno de los principales estrategas económicos de Estados Unidos:

> Durante mi reciente período en el gobierno de Obama como director de la Oficina de Administración y Presupuestos, me quedó claro que la polarización política del país estaba empeorando y perjudicando la capacidad de Washington para ejercer la labor básica y necesaria de gobernar ... Por radical que resulte, debemos contrarrestar la paralización de nuestras instituciones políticas haciéndolas un poco menos democráticas. Sé que tales ideas son arriesgadas. Y he llegado a estas conclusiones muy a mi pesar; nacen más de la frustración que de la inspiración. Pero necesitamos hacer frente al hecho de que una administración polarizada y paralizada está causando verdadero daño a nuestro país. Y tenemos que encontrar alguna forma de salir de esta situación.

Orszag no es precisamente un radical de tendencias autoritarias. En realidad, sus propuestas son esencialmente reformas tecnocráticas: está a favor de impulsar lo que los economistas llaman «estabilizadores fiscales automáticos» (las cláusulas sobre impuestos y gastos que se activan de forma automática cuando la economía se desacelera y que se contraen cuando la economía crece), normas de emergencia (medidas que se ponen en marcha cuando el Congreso no actúa, para así forzar el paso de la inacción a la acción), y recurrir más a comisiones de expertos con capacidad para trabajar al margen de las presiones partidistas.[7]

Aunque los ejemplos anteriores están basados en la experiencia reciente de Estados Unidos, en la mayoría de las democracias se está produciendo esta mezcla de intensa polarización política y un diseño institucional que hace muy difícil que el gobierno pueda tomar decisiones oportunas y eficaces. Recordemos que, como se vio en el capítulo 5, en 2012, de las treinta y cuatro democracias más ricas del mundo, solo cuatro tenían un presidente o primer ministro cuyo partido también controlara la mayoría en el Parlamento. Al igual que en Estados Unidos, tampoco en otros países faltan ideas creativas para reformar el sistema de controles y contrapesos y permitir que el gobierno salga de la parálisis y mejore la calidad de sus políticas.

Pese a ello, los avances no se producen. Ni en Estados Unidos ni en ningún otro sitio. Ni siquiera las terribles presiones provocadas por la crisis económica en Europa han permitido a los dirigentes obtener el poder necesario para reaccionar con rapidez y eficacia. Más bien, ha ocurrido lo contrario: la crisis económica alimentó una mayor polarización y fragmentación y, en el proceso, debilitó aún más a gobernantes y opositores. Nadie parecía tener la capacidad de llevar a cabo los cambios que tan desesperadamente se necesitaban.

El fin del poder, sin duda.

La competencia ruinosa

En economía existe un concepto denominado «competencia ruinosa». Se refiere a las circunstancias en las que los precios fijados por las empresas en un determinado sector se vuelven demasiado bajos para cubrir el coste de producción. Las empresas fijan estos precios ruinosamente bajos cuando quieren deshacerse rápidamente de su producción acumulada o cuando su objetivo no es sacar los máximos beneficios a corto plazo sino provocar la quiebra de uno o más rivales. Los rivales reaccionan del mismo modo. Cuando esta situación se convierte en algo más que una maniobra transitoria en el marco de unas tácticas de negocios excesivamente agresivas, puede llegar a socavar la industria entera.

Ciertas condiciones favorecen la competencia ruinosa. Por ejemplo, cuando existe una enorme capacidad de excedentes —fábricas y equipos no utilizados, o almacenes llenos de bienes acumulados— y las empresas bajan los precios sin cesar para seguir vendiendo y mantener las fábricas funcionando. En cierto sentido, la competencia ruinosa es una mutación perversa de la «competencia perfecta» que tanto valoran los economistas.

La competencia ruinosa es una buena metáfora para ilustrar los problemas que pueden surgir con la dispersión del poder y su consiguiente deterioro. Cuando el poder es más difícil de usar y conservar y se reparte entre un grupo cada vez mayor y cambiante de pequeños actores, hay más probabilidades de que aparezcan formas de competencia e interacción perjudiciales para el bien social, que amenazan la salud de las economías, la vitalidad de las culturas, la estabilidad de las naciones e incluso la paz mundial.

En filosofía política, la idea análoga está condensada en el contraste clásico entre dos extremos: la tiranía y la anarquía. Cuando está demasiado concentrado, el poder engendra tiranía. En el extremo opuesto, cuanto más fragmentado y diluido está el poder, mayor es el riesgo de anarquía, un estado en el que no existe el orden. Ambos extremos son infrecuentes: hasta el sistema más tiránico tiene grietas, y en la situación más anárquica se acaban imponiendo un mínimo de orden y una estructura de poder, y el caos disminuye. Pero el mensaje central es que la dilución excesiva del poder y la incapacidad de los principales actores de ejercer el liderazgo son tan peligrosas como la concentración del poder en unas pocas manos.

La degradación excesiva del poder, que hace que todos los actores importantes puedan vetar las iniciativas de los demás pero ninguno de ellos pueda imponer su voluntad, es un peligro tan grave para el sistema político y la sociedad de un país, o para cualquier comunidad o incluso una familia, como para el sistema de naciones. Cuando el poder tiene tantas restricciones, se crea un terreno muy fértil para la parálisis en la toma de decisiones. En estos casos la estabilidad, la previsibilidad, la seguridad y la prosperidad material salen perjudicadas.

Cuidado con lo que se desea: la sobredosis de controles y contrapesos

Son muchas las formas de mantener el orden en un entorno en el que el poder es disperso, pasajero y está degradándose. Entre ellas están el federalismo, las alianzas y coaliciones políticas, las organizaciones internacionales, las reglas y normas aceptadas (e impuestas) internacionalmente, los controles y contrapesos entre los poderes del Estado. En ciertos casos los controles que se derivan de códigos morales o ideológicos: la cristiandad, el islam, la socialdemocracia o el socialismo también pueden ayudar a contener la anarquía.

Todas son respuestas a un viejo problema, que se remonta a las ciudades-Estado de Grecia. Pero la degradación actual del poder no ha producido todavía sus propias respuestas institucionales: aún no han aparecido innovaciones en la organización de la vida pública que nos permitan disfrutar de la mayor autonomía individual y el empoderamiento de la gente. Unas innovaciones que mantengan a raya las innegables y peligrosas amenazas que genera el poder hiperdifuso.

Para visualizar los efectos de la degradación del poder en el bien social, pensemos en un gráfico en forma de U invertida. Contrasta el poder —concentrado a la izquierda, difuso a la derecha en el eje horizontal— con valores muy deseados, como la estabilidad política y social, instituciones públicas fiables y la vitalidad económica en el eje vertical.

FIGURA 10.1. La degradación del poder: curva en U invertida.

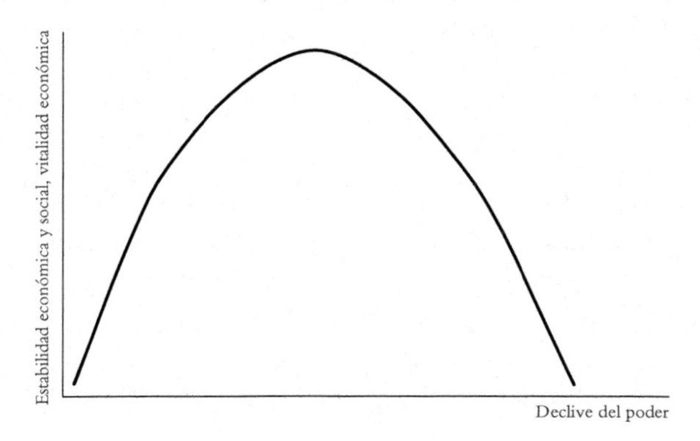

El eje horizontal empieza con una situación (en el extremo izquierdo, junto al origen del eje) de máxima concentración y control del poder en unas pocas manos. Este es el lugar donde se sitúan la tiranía, los monopolios y las formas de estricto control en la vida política y económica, que dan por resultado bajos niveles de bienestar social (que va de menos a más en el eje vertical: cuanto más sube en el eje, más deseable es la situación para la sociedad). En el extremo derecho del eje horizontal (el poder está hiperdifuso, degradado y diluido. Ahí, el colapso del orden conduce a la anarquía y la situación se vuelve tan indeseable socialmente como la del otro extremo, donde la concentración es alta y los monopolios políticos y económicos son la norma.

El reto es encontrar formas de habitar el centro de la curva en una época de cambios masivos y rápidos. Nuestra tolerancia —la anchura de la franja en el centro de la curva que estamos dispuestos a aceptar— variará. En la vida económica, ni el monopolio ni la hipercompetencia ruinosa son óptimos, pero lo que está en juego no suele ser vital; al final, nos podemos adaptar a una amplia gama de situaciones, aunque deseemos mejoras. Cuando la política se dispersa tanto que alimenta los extremismos y la violencia, lo que está en juego se vuelve más apremiante. Si el orden militar mundial se dispersa tanto que los piratas, los terroristas, las milicias, los cárteles criminales, los fanáticos religiosos violentos y los estados forajidos pueden desafiar a los ejércitos de las naciones democráticas, nos lo estamos jugando todo.

Nuestro horizonte está abarrotado de graves amenazas, como la proliferación nuclear, el cambio climático o la inseguridad cibernética, que no pueden resolverse si continúa declinando la capacidad de los países para ponerse de acuerdo y actuar colectivamente con eficacia. La degradación del poder está complicando aún más la posibilidad de dar respuesta a estas amenazas. La creciente debilidad de los actores dominantes y el crecimiento explosivo del número de participantes con algo de poder también están complicando la búsqueda de soluciones; ya no tenemos a una o dos superpotencias que puedan imponer sus condiciones al resto del mundo. De nuevo: qué bueno que así sea y qué malo que aún no tengamos alternativas a la inacción que esto está produciendo.

Las tareas colectivas como mantener la paz, impedir el terrorismo, responder a crisis económicas que se mueven de país en país, combatir epidemias, detener el cambio climático, rescatar estados fallidos, luchar contra el blanqueo de dinero y los criminales transnacionales y proteger las especies en peligro de extinción son bienes públicos globales. En otras palabras, son metas que en caso de lograrse benefician a toda la humanidad, incluidos quienes no han hecho nada para mitigar estas amenazas o paliar sus consecuencias.

Eso crea el dilema clásico que sociólogos y economistas llaman «el problema de la acción colectiva».[8] Se trata de una situación problemática en la que múltiples actores (países, organizaciones o individuos) se beneficiarían si alguien hiciera algo para mejorarla. Hacer algo al respecto acarrea costos para quien interviene y beneficios para todos los demás, que se aprovechan sin haberse esforzado. Esto crea incentivos para esperar a que otros actúen y desincentivos para intervenir, con lo que el resultado es la parálisis. La solución, por supuesto, es que todos se pongan de acuerdo y repartan los costos. Eso se llama «acción colectiva».

Como sabemos, esta idea, muy racional, es mucho más frecuente en la teoría que en la práctica.

La degradación del poder agudiza el problema de la acción colectiva. Está sucediendo ya en el ámbito internacional, con un número creciente de «pequeños» países que vetan, exigen consideraciones especiales, logran que se pospongan las decisiones que no les convienen o las diluyen y, en general, obstaculizan los esfuerzos de las «grandes» naciones en todos los terrenos. Y, mientras tanto, los países grandes ahora disponen de más maneras de bloquearse mutuamente.

Durante el siglo XX, la idea de cómo responder a problemas que ningún país puede resolver por sí solo fue crear organizaciones internacionales, como Naciones Unidas y todos sus organismos especializados, el Banco Mundial, el Fondo Monetario Internacional y grupos regionales. Lamentablemente, el número y la complejidad de estos problemas globales han crecido mucho, mientras que la capacidad de estas organizaciones para atenderlos con eficacia ha aumentado mucho más lentamente.

Una respuesta que se ha intentado dar a la dificultad de la comunidad internacional para producir «bienes públicos globales» a la velocidad y con la calidad necesarias es la creación de coaliciones de naciones con los recursos, las capacidades y la disposición de actuar (la «coalición de los dispuestos»), que dejan a un lado las organizaciones internacionales y pasan directamente a la acción.

Pero incluso esta posibilidad sufre las consecuencias del deterioro del poder: primero, porque otros países que no forman parte del grupo tienen ahora cada vez más capacidad de resistir o entorpecer los planes de una coalición de ese tipo. Y también porque, por más que los gobiernos puedan estar dispuestos a hacer los esfuerzos para crear bienes públicos globales, la opinión pública no necesariamente los acompaña. «Que arreglen las cosas en casa antes de irse fuera a gastar mis impuestos» es un sentimiento común en estos casos. Este sentimiento se ha acentuado por la crisis económica y el alto desempleo en países que, como los europeos por ejemplo, históricamente habían estado más dispuestos a contribuir a la producción de bienes públicos globales.

Cinco riesgos

Cualquiera que sea el escenario, la degradación del poder genera riesgos que merman el bienestar social y la calidad de vida a corto plazo y, con el paso del tiempo, aumentan la probabilidad de un desastre climático o nuclear de primera magnitud.

Aparte de la parálisis política y las otras consecuencias negativas que hemos examinado, hay cinco efectos concretos de la degradación del poder que representan peligros importantes.

Desorden

Hobbes y los demás filósofos políticos clásicos lo dijeron desde el principio, y su análisis —recordemos el capítulo 1— sigue siendo válido. Para muchos individuos, tener poder es —o parece ser— un impulso innato. Pero a nivel más agregado —en la sociedad como un todo— el poder ofrece una solución al problema del desorden, del caos.

Consentimos el poder del Estado porque se supone que garantiza el mínimo grado de estabilidad y previsibilidad que necesitamos para tener vidas más seguras y plenas. Las normas, desde las regulaciones económicas a las leyes antidifamación, el acceso a las urnas o los tratados internacionales, tienen como propósito moderar la imprevisibilidad de la vida y reducir el riesgo del desorden caótico e incluso la anarquía que emergen cuando hay vacíos de poder.

Lo que concedemos a estas instituciones —y a las personas que las dirigen— y lo que les exigimos a cambio ha evolucionado con el paso del tiempo y también es diferente entre una sociedad y otra. Las revoluciones del *más*, de la *movilidad* y de la *mentalidad* han hecho que miles de millones de personas esperen más y exijan más. Y tenemos mejores mecanismos para pedir responsabilidades.

Pero la promesa fundamental del poder —que gracias a él existe un orden que nos protege y nos permite vivir mejor que si no hubiese nadie a cargo— sigue siendo la base de nuestro consentimiento.

La degradación del poder que aquí discutimos es para esa promesa una amenaza mucho mayor de lo que han sido las rivalidades políticas, la competencia empresarial, los conflictos entre naciones e incluso las guerras mundiales del siglo XX. Mientras que es poco frecuente que una sociedad que haya caído en una situación de anarquía viva en ese caos durante mucho tiempo, no es difícil que, debido a la degradación del poder, una sociedad entre en un prolongado período de parálisis y estancamiento durante el cual los problemas fundamentales no se afronten.

Esto puede convertir a las democracias más afectadas por la degradación del poder en regímenes disfuncionales, empantanados e incapaces de reaccionar ante los retos y las demandas del siglo XXI. Como ya hemos mencionado, la incapacidad de Europa para responder a tiempo y con eficacia a su devastadora crisis económica es un doloroso ejemplo de los efectos corrosivos que tiene el fin del poder. Lo mismo ocurre, con consecuencias aún más peligrosas, con nuestra incapacidad de emprender acciones decididas para limitar amenazas más globales aún, como, por ejemplo, las emisiones de gases de efecto invernadero que están calentando nuestro planeta.

La pérdida de talento y conocimiento

Si las organizaciones centralizadas y jerárquicas tuvieron tanto peso durante más de un siglo fue por algo. Partidos políticos, grandes empresas, iglesias, fundaciones, burocracias, ejércitos, universidades e instituciones culturales acumulan experiencia, prácticas y conocimientos; aprenden de sus éxitos y fracasos, y transforman esas experiencias en conocimiento útil que se expresa a través de hábitos, cultura y rutinas de trabajo que inculcan a sus empleados o miembros. Cuando estas instituciones se fragmentan o decaen y su poder se dispersa, es inevitable que parte de lo que saben —o mucho— se pierda o no se pueda usar con la misma eficacia.

La posibilidad de que los partidos políticos sean sustituidos por «movimientos» ad hoc, coaliciones electorales temporales o incluso organizaciones no gubernamentales centradas en un solo asunto (los «verdes», «piratas», «antigobierno»), resulta atractiva para los millones de votantes que están hartos de la corrupción, el estancamiento ideológico y el decepcionante ejercicio de gobierno de muchos partidos políticos. Pero, aunque los partidos adolecen de defectos innegables, su desaparición implica la pérdida de importantes reservas de conocimiento muy especializado que no es fácil que reproduzcan los grupos políticos o hasta los carismáticos individuos recién llegados que los reemplazan. Muchas de estas atractivas «caras nuevas» que reemplazan a los partidos políticos y a los líderes de siempre suelen ser lo que el historiador suizo Jacob Burckhardt llamó «terribles simplificadores», demagogos que buscan obtener el poder a base de explotar la ira y la frustración de la población y mediante promesas atractivas pero «terriblemente simples» y, en definitiva, engañosas.[9]

Lo mismo ocurre con la experiencia de las grandes empresas como centros de producción, empleo e inversiones. Las microempresas, las tiendas *pop-up*, los fondos de riesgo, las redes sociales y otros fenómenos parecidos tienen dificultades para reproducir el capital intelectual acumulado en una gran empresa de larga trayectoria. La descentralización radical del conocimiento —desde Wikipedia hasta el desarrollo de software de código abierto, pasando por el material de cursos del MIT disponible gratuitamente en internet— es una de las tendencias más apasionantes en la dispersión del poder. Pero la capacidad de estas nuevas fuentes de conocimiento de estar a la altura de la I+D de una gran empresa o de preservar la memoria institucional es inconsistente, en el mejor de los casos. Nuestras decisiones personales sobre educación y empleo no son necesariamente mejores o más sostenibles en un entorno en el que el poder es demasiado difuso. La excesiva fragmentación institucional puede ser tan negativa para la creación, la acumulación y el uso prudente del conocimiento como los entornos asfixiantes que se generan cuando el poder está demasiado concentrado en organizaciones escleróticas.

La banalización de los movimientos sociales

Las causas sociales y políticas tienen hoy «seguidores» que pinchan el botón de «me gusta» en el éter de los medios digitales. En las redes sociales, hordas de amigos en Facebook o seguidores en Twitter pueden crear la ilusión de que un grupo que promueve una causa concreta es una fuerza poderosa. En algunos casos, tal vez lo sea. Si bien se ha exagerado el papel de Facebook y Twitter en la Primavera Árabe, no cabe duda de que las redes sociales amplificaron el impacto de la gente que tomó calles y plazas.

Pero esa no es la experiencia más habitual. Para la mayoría de la gente en el mundo, el activismo social o político en la red consiste en poco más que tocar un botón. Tal vez, y en un acto un poco más comprometido, harán una pequeña donación (por ejemplo, cinco dólares a Cruz Roja después de un terremoto o alguna otra catástrofe natural) mediante un mensaje de texto a un teléfono específico. No está mal, pero no es el activismo arriesgado que ha impulsado a los grandes movimientos sociales de la historia. El autor Evgeny Morozov llama a este nuevo tipo de movilización que requiere compromisos y riesgos muy limitados, y que tiene impactos igualmente moderados, *slacktivismo*, un término que podría equivaler a una especie de «activismo de sillón». Es, dice Morozov, «el tipo ideal de activismo para una generación perezosa: ¿por qué molestarse en salir a manifestarse y correr el riesgo de ser detenido, o sufrir la brutalidad policial o hasta la tortura, si se puede hacer una campaña igualmente ruidosa en el espacio virtual?».

El problema del *slacktivismo*, explica, no es tanto que consista en contribuciones minúsculas y poco arriesgadas; después de todo, no dejan de ser sinceras. El peligro es más bien que la obsesión por las peticiones en internet, el número de seguidores y los «me gusta» detraigan posibles patrocinadores y recursos de otras organizaciones que llevan a cabo una labor más arriesgada y de mayor impacto: «¿Compensa lo que se gana en publicidad... a cambio de lo que se pierde en organización?».[10]

Malcolm Gladwell se hace eco de este nuevo argumento contra la fetichización de las redes sociales, que ilustra vívidamente el peligro de irrelevancia creado por la degradación del poder.[11] La capacidad de apoyar una causa, poner en marcha una petición o incluso hacer algo más concreto, como crear un puesto de venta en Amazon o eBay, o enviar dinero a un receptor determinado de otro barrio o del otro extremo del mundo, es en cierto sentido liberadora y satisfactoria para el individuo. Pero la proliferación de pequeños actores e iniciativas a corto plazo entraña el riesgo de que otras coaliciones reales y poderosas, orientadas hacia fines sociales específicos, se vuelvan más difíciles de orquestar. Podríamos decir que este es el problema de la acción colectiva de los países pero en su manifestación mas básica, casi a nivel subatómico.

Se estimula la impaciencia y se acortan los períodos de atención

Aunque contar con millones de activistas en la red eleva la visibilidad social de miles de problemas, también crea un nivel de «ruido» y distracción que hace muy difícil que una causa retenga la atención y el apoyo popular durante el tiempo suficiente como para adquirir una fuerza sustancial y permanente. La hipercompetencia puede ser tan nociva para el activismo cívico y político como para las empresas privadas que se enfrentan a una profusión de rivales que las obliga a ser más pequeñas y de poder más limitado que el que tendrían en un ambiente con menos participantes.

Además, cuanto más tenue sea el control que líderes, instituciones y organizaciones tienen sobre el poder, —es decir, cuanto más intrínsecamente escurridizo sea el poder—, más probabilidades tendrán de dejarse guiar por incentivos y temores inmediatos y menos motivos poseerán para hacer planes a largo plazo. Gobernantes elegidos para períodos cada vez más cortos, dirigentes empresariales con la vista puesta en los resultados del siguiente trimestre, generales conscientes de que el éxito de las intervenciones armadas depende más que nunca del apoyo de una opinión pública voluble y menos tolerante con las bajas: todos estos son ejemplos de cómo la compresión temporal limita las opciones de los poderosos.

A escala individual, una paradoja de la degradación del poder es que puede proporcionarnos más instrumentos para vivir el momento, al tiempo que comprime nuestro horizonte de opciones. Esto está sucediendo mientras resulta cada vez más evidente que la mayoría de nuestros problemas nacionales e internacionales no se solucionan con remedios rápidos, sino que necesitan un esfuerzo sostenido y constante. La paciencia es quizá el recurso más escaso de todos en un mundo en el que la degradación del poder sigue su curso.

Alienación

El poder y sus instituciones nos han acompañado desde hace tanto tiempo, y los poderosos han estado tan protegidos por barreras casi infranqueables, que estamos acostumbrados a imaginar nuestras opciones sobre qué hacer, qué aceptar y qué cuestionar dentro de esas restricciones históricas. Pero esto está cambiando, y a una velocidad mayor que nuestra capacidad para comprenderlo y digerirlo.

Pensemos en lo que ocurre cuando una empresa se vende, se fusiona o se reestructura, o cuando interpretaciones teológicas contrarias producen rupturas dentro de una iglesia, o cuando profundas alteraciones del orden político redistribuyen el poder en un país. Los cambios en la estructura de poder, la jerarquía tradicional y las normas previsibles y conocidas llevan inevitablemente a la desorientación y la angustia. Pueden conducir incluso a la *anomia*, que es la ruptura de los lazos sociales entre un individuo y la comunidad. El sociólogo francés Émile Durkheim definía la anomia como lo que sucede cuando «la norma es la falta de normas».[12]

El bombardeo tecnológico, el estallido de la comunicación digital, la opinión, la distracción y el ruido de internet, y el fin de la aceptación automática de las autoridades tradicionales (presidente, juez, jefe, anciano, padre, sacerdote, policía, maestro), alimentan un desequilibrio de consecuencias amplias y aún poco comprendidas. ¿Qué repercusiones sociales, políticas y económicas tiene el hecho de que, en 1950, menos del 10 por ciento de los hogares de Estados Unidos estuvieran formados por una persona sola, y que en 2010 ese número hubiera aumentado a casi el 27 por ciento? Las familias también son estructuras de poder, y en ellas este también está degradándose; quienes lo poseen (en general, los padres, los hombres y los miembros de más edad) tienen hoy muchas más limitaciones. ¿Qué nos revela sobre la sociedad el hecho de que, según numerosos estudios de ciencias sociales, entre los ciudadanos de los países desarrollados se haya reducido el número de amigos de confianza y, paralelamente, hayan aumentado los sentimientos de soledad?[13]

Si existe un riesgo creciente para la democracia y las sociedades liberales en el siglo XXI, lo más probable es que proceda no de una amenaza convencional moderna (China) o premoderna (el islam radical), sino del interior de las sociedades en las que se ha instalado la alienación. Como ejemplos de ello, pensemos en el auge de los movimientos que expresan o aprovechan la indignación social, desde los nuevos partidos de extrema derecha y extrema izquierda en Europa y Rusia hasta el movimiento del Tea Party en Estados Unidos. Por un lado, cada uno de estos movimientos en expansión es una manifestación de la degradación del poder, porque deben su influencia al deterioro de las barreras que protegían a los poderosos de siempre. Por otro, la rabia incipiente que expresan se debe en gran parte a la alienación producida por la caída de los indicadores tradicionales del orden y la seguridad económica. Y el hecho de que busquen su brújula en el pasado —la nostalgia por la Unión Soviética, las lecturas dieciochescas de la Constitución de Estados Unidos con personajes vestidos de época, las arengas de Osama bin Laden sobre el restablecimiento del califato, los panegíricos de Hugo Chávez sobre Simón Bolívar— revela hasta qué punto la degradación del poder, si no nos adaptamos a ella y la orientamos hacia el bien social, puede acabar siendo contraproducente y destructiva.

11

El poder se degrada. ¿Y eso qué importa? ¿Qué podemos hacer?

La primera conclusión de este libro, y quizá la más importante, es la urgente necesidad de cambiar nuestra forma de pensar acerca del poder.

Una manera de comenzar es enfocar la conversación sobre cómo se está transformando el poder, cuáles son sus fuentes, quién lo tiene y quién lo está perdiendo y por qué. Aunque no podemos prever los múltiples cambios derivados de la degradación del poder, sí podemos adoptar una perspectiva más orientada a las nuevas ideas aquí expuestas. Esto nos ayudará a entender mejor lo que se avecina y a mitigar los eventuales riesgos.

Es interesante reparar, por ejemplo, en el impacto que tiene la degradación del poder sobre aquellos aspectos del futuro de la humanidad que son más comúnmente visualizados por investigadores, creadores de opinión y líderes políticos. En el ámbito de la política internacional, por ejemplo, un importante debate sobre el futuro se refiere a qué país dominará el siglo XXI. ¿Será Estados Unidos o China? ¿Las naciones emergentes que, además de China, incluyen a países como Brasil e India? ¿Nadie? El debate es igual de intenso con respecto al futuro del poder económico: una corriente pronostica la consolidación del poder de una élite empresarial —y sobre todo financiera— global, mientras que otra escuela destaca, con similar fervor, la hipercompetencia y los efectos perturbadores de las nuevas tecnologías y modelos de negocio que crean una gran volatilidad entre quienes poseen el poder económico. Del mismo modo, las tendencias mundiales en la religión son motivo de profunda preocupación debido a la exacerbación del fundamentalismo y la intolerancia, al tiempo que hay analistas que, por el contrario, ven la aparición de nuevos protagonistas en el mundo de la fe como un sano síntoma de una mayor implicación de la gente con su religión. Quienes defienden este punto de vista mantienen que la proliferación de religiones y el aumento de la población que participa en ellas podrían contribuir a la moderación del fanatismo, la reducción de los conflictos religiosos y el fomento de la coexistencia pacífica entre diferentes creencias.

Estos debates —y otros por el estilo— llenan los estantes de las librerías, las páginas de opinión en periódicos de todo el mundo y, por supuesto, en tono más estridente, nuestras pantallas de televisión y las redes sociales. Y ninguno de ellos está equivocado. O, mejor dicho, los defensores de cada uno cuentan con una serie de datos y pruebas para apoyar sus verosímiles y sugerentes razones.

En realidad, es impresionante el poco consenso que existe sobre la orientación de los cambios en nuestro mundo y las previsibles amenazas, por no hablar de la escasez de ideas realistas acerca de cómo hacerles frente. Pese a la avalancha de datos y opiniones que tenemos hoy a nuestro alcance, nos falta una brújula fiable, un marco claro que nos ayude a dar sentido a las transformaciones que se están produciendo en todos estos terrenos, cada vez más conectados entre sí. Cualquier hoja de ruta para el futuro fracasará si no incluye una mejor comprensión de cómo está cambiando el poder y las consecuencias que ello tiene.

Las repercusiones de la degradación del poder son muchas y muy importantes. Pero será imposible destilarlas e integrarlas en la visión del mundo y la mentalidad de quienes toman las decisiones —ya sea en los hogares, las mansiones presidenciales, los consejos de administración, las convenciones políticas, las cúpulas militares o los cónclaves religiosos— si no creamos una narrativa diferente que tenga en cuenta lo que le está sucediendo al poder.

Y el primer paso para cambiar la narrativa sobre el poder es salir del ascensor.

Hay que salir del ascensor

Mucho de lo que se dice hoy sobre el poder sigue siendo en esencia tradicional y, por tanto, a menudo es peligrosamente anticuado. La primera prueba es el predominio, todavía hoy, de la filosofía del ascensor, la obsesión por quién está en alza y quién en baja: qué país, ciudad, industria, empresa, líder político, magnate, patriarca religioso o experto está ganando poder y cuál, o quién, lo está perdiendo. La filosofía del ascensor está profundamente arraigada en el instinto de jerarquizar y proclamar un «número uno». Es el atractivo de las clasificaciones deportivas y las carreras de caballos.

Es posible, desde luego, clasificar a unos rivales por sus activos, su poder y sus logros. En el ámbito mundial, después de todo, los estados compiten entre sí, y factores como la producción económica de un país, el tamaño de su territorio o población, su red de instalaciones y recursos militares, su capacidad tecnológica y otros indicadores permiten medir y clasificarlos por orden de importancia. Pero la imagen que se obtiene con este ejercicio es efímera —una instantánea de exposición cada vez más breve—, y lo peor es que es engañosa. Cuanto más nos obsesionamos con las clasificaciones, más peligro corremos de ignorar o subestimar hasta qué punto la degradación del poder está debilitando no solo a los que están en aparente declive, sino también a los que están en ascenso.

Muchos autores e investigadores chinos miran con optimismo el auge de su país; lo mismo les pasa a los indios, los rusos y los brasileños. Los europeos están angustiados por la creciente marginación del continente en el tablero geopolítico mundial. Pero donde el discurso del ascensor tiene más peso es en Estados Unidos. Allí los analistas debaten, sin descanso, si la decadencia del país es terminal, tratable, pasajera o un engaño. Otros presentan argumentos más matizados sobre «el ascenso de los demás» y la transición hacia un mundo en el que la geopolítica es «multipolar».[1]

Otros libros que analizan los efectos diluyentes que para el poder tiene la entrada en escena de nuevos países con influencia mundial, lo hacen también sin salir del ascensor ni trascender la perspectiva que utiliza el Estado-nación como protagonista y principal unidad de análisis. Charles Kupchan, respetado teórico de las relaciones internacionales, afirma que «el orden occidental no se verá desplazado por una nueva gran potencia ni un modelo político dominante. El siglo XXI no pertenecerá a Estados Unidos, China, Asia ni a ningún otro. El mundo no será de nadie. Por primera vez en la historia, el mundo será interdependiente, pero sin un centro de gravedad ni un guardián mundial».[2] Esta es también la opinión del autor y consultor económico Ian Bremmer, que lo llama «G-cero: un orden mundial en el que ningún país ni alianza duradera de países puede hacer frente a los retos del liderazgo global».[3] Y ambos autores evocan la afirmación de Zbigniew Brzezinski de que hemos entrado «en una era posthegemónica», en el sentido de que, en los próximos años, ningún país podrá tener tanto poder en la política mundial como tenían algunas de las grandes potencias en el pasado.[4]

Es difícil no estar de acuerdo con todo esto, y en el capítulo 5 examinamos las numerosas fuerzas que conspiran contra el dominio permanente de cualquier Estado-nación. Pero seguir obsesionados con el Estado-nación —incluso cuando sostenemos que ninguno de ellos va a dominar la política mundial— puede impedirnos ver con claridad las otras fuerzas que están transformando los asuntos internacionales: la degradación del poder en la política nacional, la empresa y todo lo demás.

Saber si Estados Unidos es un país hegemónico, una potencia indispensable o un imperio en pleno ocaso, y si China o algún otro rival está preparado para ocupar su lugar, puede ser un debate que monopoliza la atención en las relaciones internacionales. Pero los términos de ese debate no están adaptados a un mundo en el que el poder está deteriorándose, en el que se están produciendo fragmentaciones sin precedentes en cada uno de esos países y en las estructuras de comercio, inversión, migración y cultura. Identificar quién sube y quién baja es menos importante que comprender lo que está sucediendo *dentro* de los países, movimientos políticos, empresas y religiones que están en el ascensor. Quién está arriba y quién está abajo va a importar cada vez menos en un mundo en el que los que llegan a la cima no permanecen mucho tiempo en ella y cada vez pueden hacer menos cosas con el poder que tienen.

Hay que hacerles la vida más difícil a los «terribles simplificadores»

Una segunda e importante conclusión de este análisis es que somos más vulnerables a las malas ideas y los malos líderes. Es decir, una vez fuera del ascensor tenemos que ser más escépticos, sobre todo ante la versión moderna de los «terribles simplificadores» de Burckhardt.

La degradación del poder crea un terreno fértil para los demagogos recién llegados que explotan los sentimientos de desilusión respecto a los poderosos, prometen cambios y se aprovechan del desconcertante ruido creado por la profusión de actores, voces y propuestas. La confusión provocada por unos cambios demasiado rápidos, que son demasiado perturbadores y socavan las viejas certidumbres y formas de hacer las cosas —efectos secundarios de las revoluciones del *más*, de la *movilidad* y de la *mentalidad*—, ofrece grandes oportunidades para líderes cargados de malas ideas. Los grandes banqueros que defendieron los instrumentos financieros tóxicos como soluciones imaginativas, los políticos norteamericanos que prometen eliminar el déficit fiscal sin elevar los impuestos y, en el otro extremo, el presidente francés, François Hollande, con su decisión de gravar con un extraordinario 75 por ciento la renta de los ricos, no son más que unos pocos ejemplos. Los evangelistas de las tecnologías de la información, los que creen que los «remedios» tecnológicos pueden solucionar por sí solos diversos problemas humanos hasta ahora inabordables, también tienden a exagerar y acaban siendo «terribles simplificadores».

A estos peligrosos demagogos nos los encontramos en todos los ámbitos tratados en estas páginas: los empresarios y teóricos que afirmaron que unas compañías de internet con activos mínimos y pocos o ningún ingreso merecían valoraciones bursátiles más altas que empresas de la «vieja economía» con flujos constantes de dinero e inmensos activos, o los estrategas que prometieron que la invasión de Irak sería más parecida a un desfile militar que a una guerra «de verdad» y que los invasores serían recibidos como libertadores, o que los costos de la guerra serían cubiertos por las ventas del petróleo iraquí. Osama bin Laden y Al-Qaeda, los talibanes y otros movimientos asesinos también se apoyan en las terribles simplificaciones que logran popularizar. Las promesas y supuestos de la «revolución bolivariana» inspirada por Hugo Chávez o, en el otro extremo, las del Tea Party estadounidense, hunden asimismo sus raíces en terribles simplificaciones inmunes a las lecciones de la experiencia e incluso a los datos y las pruebas científicas.

Por supuesto, los demagogos, charlatanes y vendedores de pociones mágicas nos son nada nuevo; la historia está repleta de ejemplos de personas que llegaron y se mantuvieron en el poder con consecuencias espantosas. Lo que sí es nuevo es un entorno en el que alcanzar el poder es mucho más fácil para los recién llegados, incluidos los que tienen ideas nocivas.

Siempre ha sido necesario permanecer atentos a la aparición de esos simplificadores para negarles la influencia que buscan. Y reforzar nuestra capacidad —individual y colectiva, intelectual y política— de detectar su presencia entre nosotros es una prioridad aún mayor en un mundo que vive cambios veloces y desconcertantes. El primer paso es asumir la realidad de la degradación del poder y, una vez más, darle cabida a ello en nuestras conversaciones. No solo en los pasillos de los palacios presidenciales, las sedes empresariales y las juntas de las universidades, sino sobre todo en nuestras charlas con los colegas del trabajo, en las conversaciones informales con amigos y en torno a la mesa en el hogar.

Esas conversaciones son el ingrediente indispensable para obtener un clima político que sea menos acogedor para los terribles simplificadores. Francis Fukuyama dice, con razón, que para erradicar la vetocracia que está paralizando el sistema, «la reforma política debe contar ante todo con el impulso de una movilización popular de base».[5] Eso, a su vez, exige centrar la conversación en cómo contener los aspectos negativos de la degradación del poder y avanzar hacia el lado positivo de la U invertida, el espacio donde el poder no está ni sofocantemente concentrado ni caóticamente disperso. Para que eso sea posible, necesitamos algo muy difícil: una mayor disposición de las sociedades democráticas a dar más poder a quienes nos gobiernan. Y eso es imposible mientras no confiemos más en ellos. Lo cual es, por supuesto, aún más difícil. Pero también indispensable.

Devolver la confianza

Aunque la degradación del poder afecta a toda la actividad humana organizada, en algunos ámbitos las consecuencias son más nocivas que en otros. Que el director de una empresa tenga menos capacidad para imponer su voluntad o para mantenerse en el cargo es menos problemático que cuando eso le sucede a un gobernante electo paralizado por la vetocracia.

Y, a escala internacional, el nivel de parálisis es todavía más siniestro. Como vimos, los problemas mundiales se multiplican mientras la capacidad de la comunidad internacional para afrontarlos está estancada. En otras palabras, la incapacidad de algunos directivos de empresa para obtener resultados es una amenaza menor que tener a líderes nacionales e internacionales inmovilizados, como Gulliver, por miles de pequeños «micropoderes» que los atan de pies y manos.

¿Cuándo fue la última vez que oímos que un gran número de países se habían puesto de acuerdo en un gran pacto internacional o un problema acuciante? Hace más de una década y, en algunos asuntos importantes, hace incluso dos o tres. La incapacidad de los países europeos —que irónicamente ya habían avanzado en la adopción de ciertas modalidades de gobierno colectivo— para actuar mancomunadamente ante una crisis económica devastadora es tan reveladora de esta parálisis como la incapacidad del mundo entero para poner remedio a las emisiones de gases de efecto invernadero que están recalentando el planeta. O como la incapacidad de detener matanzas como las que se iniciaron en Siria a partir de 2012.

La tendencia —y la emergencia— están claras: desde principios de los años noventa, la expansión de la globalización y de las revoluciones del *más*, de la *movilidad* y de la *mentalidad* ha reforzado la necesidad de una verdadera colaboración entre países.

Pero la respuesta del mundo a estas nuevas exigencias no ha estado a la altura. Ha habido negociaciones multilaterales cruciales que han fracasado, plazos que no se han cumplido, compromisos de financiación y promesas que no se han respetado y planes que se han estancado. La acción colectiva internacional no ha concretado lo que ofrecía ni, más grave aún, lo que se necesita.[6] Estos fallos no solo revelan una falta de consenso internacional que es ya casi crónica, sino que son también otra manifestación importante de la degradación del poder.

¿Y qué tiene que ver todo esto con la necesidad de restablecer la confianza?

El fracaso de los líderes políticos a la hora de colaborar eficazmente con otros países está relacionado con su debilidad en sus propias naciones. Los gobiernos con un liderazgo débil o inexistente no pueden alcanzar acuerdos internacionales, porque estos, muchas veces, exigen compromisos, pactos, concesiones e incluso sacrificios que sus ciudadanos no les dejan hacer. La conclusión no es que debamos dar cheques en blanco y poder ilimitado a quienes nos gobiernan; sabemos que un poder que no está controlado, no rinde cuentas y carece de contrapesos es peligroso e inaceptable. Pero también debemos ser conscientes de que, cuando nuestra sociedad se encuentra en el lado negativo de la U invertida, las excesivas limitaciones al poder del gobierno que reducen al mínimo su capacidad de actuar acaban por dañarnos a todos. Restablecer la confianza es esencial para poder reducir esos controles y llevarlos hasta el lado de la U en el que la sociedad sale beneficiada.

El inmenso número y la complejidad de los controles y contrapesos que restringen el poder de los gobiernos democráticos son resultado directo del deterioro de la confianza. En algunos países, ese deterioro se ha convertido en una tendencia permanente. Recordemos la observación de la presidenta de Carnegie, Jessica Matthews, a la que citaba en el capítulo 4, en el contexto de la revolución de la *mentalidad*: «[En Estados Unidos], cualquier persona menor de cuarenta años ha vivido toda su vida en un país donde la mayoría de los ciudadanos no confían en que su gobierno haga lo que ellos consideran correcto».[7]

No cabe duda de que existen muchas razones de peso para no confiar en los políticos y, en general, en quienes están en el poder: no solo por sus mentiras y su corrupción, sino también porque es frecuente que los gobiernos hagan mucho menos de lo que esperamos como votantes. Además, todos estamos mejor informados, y un mayor escrutinio mediático tiende a resaltar las fechorías, los errores y la incompetencia de los gobernantes. Como resultado, el escaso nivel de confianza en los gobiernos se ha vuelto crónico.

Eso tiene que cambiar. Necesitamos recuperar la confianza en el gobierno y en nuestros dirigentes políticos. Para ello serán necesarios cambios profundos en la organización y el funcionamiento de los partidos políticos y en sus métodos para seleccionar, vigilar, pedir cuentas y ascender —o degradar— a sus líderes. La adaptación de los partidos políticos al siglo XXI es una prioridad.

Fortalecer los partidos políticos: las enseñanzas de Occupy Wall Street y Al-Qaeda

En la mayoría de las democracias, los partidos siguen siendo las principales organizaciones políticas y todavía conservan un poder considerable. Sin embargo, pese a las apariencias, están fragmentados, debilitados y polarizados, igual que el sistema político al que pertenecen. De hecho, en la actualidad, los partidos tradicionales son en su mayoría incapaces de ejercer el poder que antes tenían. Un ejemplo significativo es la toma hostil que ha hecho el Tea Party del Partido Republicano estadounidense y las divisiones internas que esto ha provocado en lo que en otro tiempo era una de las maquinarias políticas más poderosas del mundo. Similares conflictos entre facciones pueden observarse en las formaciones políticas de todo el mundo.

Se mire como se mire, desde los años noventa, los partidos políticos han tenido una mala racha. En la mayoría de los países, los sondeos de opinión muestran que el prestigio y el valor que tienen para los votantes a quienes presumiblemente sirven están disminuyendo y, en algunos casos, se han hundido hasta extremos sin precedentes.[8]

El final de la Guerra Fría y, más en concreto, la caída del comunismo como idea e inspiración, desdibujaron las líneas ideológicas que conferían a muchos partidos su identidad particular. A medida que las plataformas electorales se volvieron indistinguibles, las personalidades de los candidatos se convirtieron en el principal factor —a menudo el único— de diferenciación. Para ganar elecciones, los partidos políticos empezaron a apoyarse cada vez menos en el poder de convocatoria de sus ideales y más en técnicas de márketing, el atractivo mediático de sus candidatos y, por supuesto, el dinero que lograban recaudar. También devino indispensable para ganar el atacar impunemente la ética del candidato rival, preferiblemente con insinuaciones —o hasta acusaciones directas— de corrupción o de estar al servicio de intereses particulares, acusaciones que son inmediatamente respondidas por la otra parte con agresiones similares, redundando así en el desprestigio de ambos candidatos. Y, como es lógico, los mismos escándalos que empañan la imagen de los líderes políticos ensucian también la de sus organizaciones.

Además, medios de comunicación más libres, así como parlamentos y jueces más activos e independientes, han garantizado que las prácticas corruptas que antes se ocultaban o se toleraban en silencio se volvieran dolorosamente visibles y claramente delictivas, lo cual degradó aún más la «imagen de marca» del partido político. Es imposible saber con exactitud si la corrupción política se ha incrementado de verdad en las últimas décadas, pero desde luego ha recibido más publicidad que nunca.

Y mientras los partidos políticos tenían dificultades, los movimientos sociales y las organizaciones no gubernamentales (ONG) florecían. Incluso organizaciones terroristas y asesinas como Al-Qaeda (que, en aspectos muy importantes, son también ONG) se globalizaron y tuvieron una próspera trayectoria en los años noventa. A medida que se debilitaban la conexión y los lazos entre los partidos políticos y sus electorados, se fortalecían los vínculos entre las ONG y sus seguidores. Y al tiempo que se hundía el prestigio de los políticos y los partidos, el reconocimiento y la influencia de las ONG crecían. En consecuencia, la confianza en las ONG aumentaba con tanta rapidez como disminuía la confianza en los partidos. Su capacidad de reclutar a activistas jóvenes y muy motivados, dispuestos a sacrificarse por la organización y su causa, denota un talento organizativo que escasea en las formaciones políticas.

Mientras las ONG se dedicaban a sus propósitos concretos y con frecuencia monotemáticos con un celo obsesivo, los partidos perseguían una multitud de objetivos distintos y a veces contradictorios, y ese celo obsesivo solo parecían aplicarlo a la captación de fondos para sus campañas.

En países donde los partidos políticos seguían prohibidos o reprimidos, las ONG se convirtieron en la única vía para el activismo social y político. En casi todos los demás países, las ONG crecieron a toda velocidad porque estaban menos manchadas por la corrupción, a menudo pertenecían a una red internacional más amplia y, en general, tenían ideales más claros, una estructura menos jerárquica y una relación más estrecha con sus miembros. Además, las ONG contaban con la ventaja de tener una misión clara. Ya fuera defender los derechos humanos, proteger el medio ambiente, aliviar la pobreza, reducir el crecimiento de la población o ayudar a los huérfanos, para los miembros era fácil recordar por qué valía la pena apoyar a estas organizaciones. Todos estos factores llevaron a nuevos grupos de activistas políticos, que en el pasado hubiesen gravitado naturalmente hacia los partidos políticos, a aproximarse a las ONG.

El crecimiento de las ONG es, en conjunto, una tendencia positiva. Lo que no lo es tanto, e incluso convendría revertir, es la erosión del prestigio público de los partidos políticos, que en muchos países —Italia, Rusia, Venezuela, entre otros— ha derivado en su práctica desaparición para ser sustituidos por maquinarias electorales ad hoc.

La clave para que los partidos vivan un renacimiento y mejoren su eficacia es que recuperen la capacidad de inspirar, estimular y movilizar a la gente —en especial a los jóvenes— que, en caso contrario, acabaría despreciando por completo la política o canalizando su energía a través de organizaciones monotemáticas o incluso grupos radicales y anárquicos que poco aportan a las soluciones prácticas que se necesitan.

Los partidos políticos, por consiguiente, deben estar dispuestos a adaptar sus estructuras y métodos al mundo del siglo XXI.

El mismo organigrama relativamente horizontal y menos jerarquizado que permite a las ONG ser más flexibles y estar más en sintonía con las necesidades y expectativas de sus miembros, podría ayudar también a los partidos a atraer nuevos militantes, volverse más ágiles, desarrollar programas más innovadores, proponer ideas más inspiradoras y, con un poco de suerte, impedir que los terribles simplificadores que medran dentro y fuera de sus estructuras lleguen a tener influencia.

Las ONG obtienen la confianza de sus seguidores porque les hacen sentir que sus acciones tienen impacto, que sus esfuerzos son indispensables, que sus líderes responden ante ellos y son transparentes, en vez de estar en manos de intereses oscuros o desconocidos. Los partidos políticos necesitan despertar estos mismos sentimientos en segmentos más amplios de la sociedad y ser capaces de reclutar a miembros más allá de su base estrecha y tradicional de activistas recalcitrantes.

Solo entonces podrán recuperar el poder que necesitan para gobernarnos bien.

Aumentar la participación política

Es más fácil decirlo que hacerlo. ¿Quién tiene tiempo? ¿Y la paciencia de asistir a todas las reuniones y actividades de grupo que implica la participación en cualquier empeño colectivo y, especialmente, la militancia en un partido político?

Estos y otros buenos motivos explican por qué la mayoría de la gente se dedica tan poco a los partidos políticos o las causas sociales, más allá de aportar una donación ocasional o asistir a una concentración muy de vez en cuando. En circunstancias normales, la participación política y el activismo social son cosa de minorías.

Sin embargo, en años recientes, nos hemos visto sorprendidos por repentinos arrebatos de interés por los asuntos públicos, la movilización de grandes masas de ciudadanos habitualmente indiferentes, incluso apáticos, y la implicación de decenas de miles de personas en actividades políticas bastante más exigentes (y, en algunos países, más peligrosas) que simplemente ir al mitin de un partido.

En Estados Unidos, por ejemplo, Barack Obama y su campaña presidencial lograron entusiasmar en 2008 a numerosos novatos en política y jóvenes que normalmente no habrían mostrado interés ni se habrían entregado a las actividades electorales de ninguno de los dos partidos. Además del origen y la raza del candidato, en la campaña de 2008 hubo innovaciones en el uso de las redes sociales para dirigir la propaganda política a votantes específicos, el uso y la captación de voluntarios, y nuevas estrategias para recaudar fondos. Los novatos de la campaña de Obama no fueron la única sorpresa que deparó el repentino aumento del activismo político en grupos normalmente apáticos. Impulsados, o más bien enfurecidos, por la crisis financiera y la percepción de injusticia en el reparto de las cargas de esa crisis, el movimiento Occupy Wall Street y sus miles de equivalentes en ciudades de todo el mundo sorprendieron a los gobiernos y a los partidos políticos, que se apresuraron a tratar de comprender su carácter y su forma de funcionar mientras buscaban maneras de aprovechar la energía política de estos movimientos espontáneos. Lo mismo ocurrió con los estallidos de protestas de los ciudadanos en Brasil, Turquía, Chile, Colombia y México en 2013.

La manifestación más sorprendente y trascendental de esta tendencia general al activismo comenzó con una revuelta en una pequeña ciudad de Túnez en diciembre de 2010. Llevó a la caída del gobierno de dicho país y, en última instancia, a una oleada contagiosa de protestas y manifestaciones en todo Oriente Próximo que se convirtió en la Primavera Árabe. Millones de ciudadanos antes pasivos —y oprimidos— se transformaron en actores políticos dispuestos a hacer supremos sacrificios, arriesgando sus vidas e incluso poniendo en peligro a sus familias. A diferencia de los movimientos «Occupy», que hasta ahora han sido incapaces de convertir la energía política en poder político, en la Primavera Árabe el despertar político sí provocó importantes cambios de poder.

En circunstancias normales, la participación política es cosa de pequeños grupos de activistas comprometidos, pero en otras situaciones, como las revoluciones, toda la sociedad se vuelca con fervor en el activismo político. Las revoluciones, sin embargo, son demasiado costosas y su resultado, demasiado incierto. Nada garantiza un desenlace positivo.

Por consiguiente, hay que intentar evitar revoluciones costosas y de resultados impredecibles y, al mismo tiempo, despertar y encauzar la energía política latente en todas las sociedades para lograr los cambios necesarios. La mejor forma de hacerlo es, por supuesto, con una democracia que funcione y con partidos políticos capaces de atraer y retener a los militantes idealistas y comprometidos que ahora canalizan sus ganas de cambiar el mundo a través de ONG con objetivos loables pero muy específicos.

Replantear los partidos, modernizar sus métodos de captación y transformar su organización y sus actividades puede reforzar su atractivo y hacer que sean más dignos de las sociedades que desean gobernar. En el mejor de los casos, podrían incluso convertirse en laboratorios más eficaces de la innovación política.

Solo cuando restablezcamos la confianza en nuestro sistema político y, por tanto, demos a nuestros dirigentes la capacidad de contener la degradación del poder y les permitamos tomar decisiones difíciles y evitar la paralización, podremos abordar los retos más acuciantes. Y para eso necesitamos partidos políticos más fuertes, más modernos y más democráticos, que estimulen y faciliten la participación.

La oleada de innovaciones políticas que se avecina

Restablecer la confianza, reinventar los partidos, encontrar nuevas vías para que los ciudadanos corrientes puedan participar de verdad en el proceso político, crear nuevos mecanismos de gobernanza real, limitar las peores consecuencias de los controles y contrapesos y, al mismo tiempo, evitar la concentración excesiva del poder y aumentar la capacidad de los países de abordar conjuntamente los problemas globales, deberían ser los objetivos políticos fundamentales de nuestra época.

Sin estas transformaciones, el progreso sostenido en la lucha contra las amenazas nacionales e internacionales que conspiran contra nuestra seguridad y nuestra prosperidad será imposible.

En esta época de constante innovación, en la que casi nada de lo que hacemos o experimentamos en nuestra vida cotidiana ha quedado intocado por las nuevas tecnologías, existe un ámbito crucial en el que, sorprendentemente, muy poco ha cambiado: la manera en que nos gobernamos. O nuestras formas de intervenir como individuos en el proceso político. Algunas ideologías han perdido apoyos y otras lo han ganado, los partidos han tenido su auge y su caída, y algunas prácticas de gobierno han mejorado gracias a reformas económicas y políticas, y también gracias a la tecnología de la información. Hoy, las campañas electorales se apoyan en métodos de persuasión más sofisticados, y, por supuesto, más gente que nunca vive gobernada por un líder al que ha elegido, y no por un dictador. Pero estos cambios, aunque bienvenidos, no son nada en comparación con las extraordinarias transformaciones en las comunicaciones, la medicina, los negocios, la filantropía, la ciencia o la guerra.

En resumen, las innovaciones disruptivas no han llegado aún a la política, el gobierno y la participación ciudadana.

Pero llegarán.

Se avecina una revolucionaria oleada de innovaciones políticas e institucionales positivas. Como ha demostrado este libro, el poder está cambiando tanto, y en tantos ámbitos, que sería sorprendente que no aparezcan nuevas formas de usar el poder para responder mejor a las necesidades y exigencias de la gente.

Por todo esto no es descabellado pronosticar que veremos transformaciones inevitables en la forma en que la humanidad se organiza para sobrevivir y progresar.

No sería la primera vez que esto sucede. En otras épocas también hubo estallidos de innovaciones radicales y positivas en el arte de gobernar. La democracia griega y el alud de cambios políticos desencadenado por la Revolución francesa no son más que dos de los ejemplos más conocidos. Y ya va siendo hora de que haya otro. Como afirmaba el historiador Henry Steele Commager a propósito del siglo XVIII:

> Inventamos prácticamente todas las instituciones políticas importantes que poseemos, y no hemos inventado ninguna más desde entonces. Inventamos el partido político, la democracia y el gobierno representativo. Inventamos el primer sistema judicial independiente de la

> historia ... Inventamos el procedimiento de revisión judicial. Inventamos la superioridad del poder civil sobre el militar. Inventamos la libertad religiosa, la libertad de expresión, la declaración de derechos constitucionales. Podríamos seguir y seguir... Todo un legado. ¿Pero qué hemos inventado después que tenga una importancia comparable?[9]

Después de la Segunda Guerra Mundial, vivimos una oleada de innovaciones políticas para evitar otro conflicto de esa magnitud. El resultado fue la creación de Naciones Unidas y toda una serie de organismos especializados, como el Banco Mundial y el Fondo Monetario Internacional, que cambiaron el mapa institucional del mundo.

Ahora está fraguándose una nueva oleada de innovaciones, incluso de mayor envergadura, que promete cambiar el mundo tanto como las revoluciones tecnológicas de los últimos dos decenios. No empezará desde arriba, no será ordenada ni rápida, resultado de cumbres o reuniones, sino caótica, dispersa e irregular. Pero es inevitable.

Empujada por los cambios en la manera de adquirir, usar y retener el poder, la humanidad debe encontrar, y encontrará, nuevas fórmulas para gobernarse.

Apéndice*

Democracia y poder político: principales tendencias durante el período de la posguerra

Cómo medir la evolución de la democracia y la dictadura

Comienzo por observar cómo ha cambiado el número de regímenes democráticos durante las cuatro últimas décadas. Para determinar qué países son democracias y cuáles no lo son, he empleado dos taxonomías muy utilizadas en la literatura especializada.

La primera clasificación de regímenes es la que aparece en el sondeo *Libertad en el mundo* de Freedom House (2008). En este estudio, los regímenes se dividen en «no libres», «parcialmente libres» y «libres». Cada país se clasifica en función de una escala que mide los derechos políticos y las libertades civiles. Las subcategorías consideradas en la escala son la libertad de los procesos electorales, el pluralismo político, el funcionamiento del gobierno, la libertad de expresión y de creencias, la libertad de asociación y organización, el estado de derecho y los derechos individuales. A los efectos de este análisis, considero a los países «libres» como democracias de pleno derecho y a los «no libres» y «parcialmente libres» como no democráticos.

* Este apéndice —elaborado por Mario Chacón, doctor en ciencias políticas, Universidad de Yale— se refiere sobre todo al capítulo 5.

La segunda fuente que he utilizado es la clasificación de regímenes de Przeworski *et al.* (2000), que se basa en una definición minimalista de democracia, similar a la propuesta por Schumpeter (1964). En esta clasificación, una «democracia» es un régimen en el que el gobierno es escogido mediante elecciones entre candidatos rivales. Por tanto, en esta clasificación, la competencia libre y limpia es el aspecto fundamental de cualquier régimen democrático (véase Dahl 1971, con un enfoque similar). Con estas dos clasificaciones, he calculado el porcentaje de todos los regímenes independientes en el mundo a los que se considera «democráticos» (en oposición a «no democráticos») en un año cualquiera.

La figura A.1 muestra la evolución de los regímenes democráticos en todo el mundo desde 1972 hasta 2000.[1]

FIGURA A.1. Porcentaje de regímenes democráticos, 1972-2008.

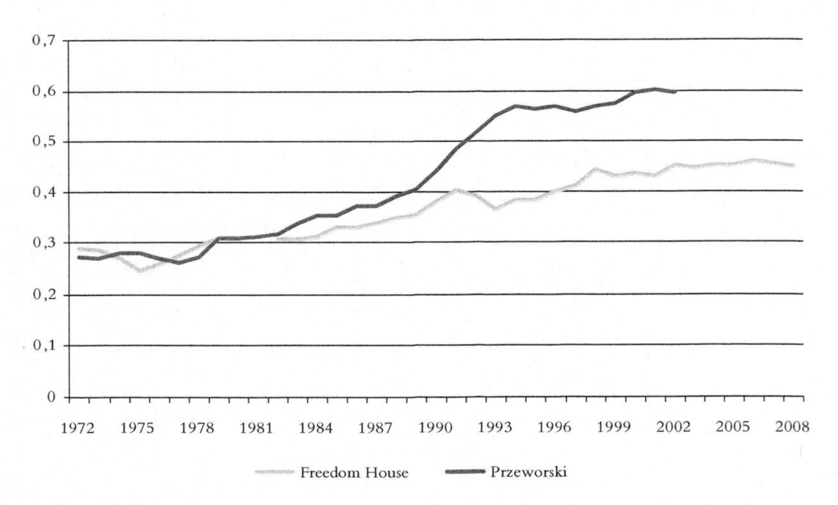

FUENTE: Freedom House Index.

Como se ve en la figura A.1, el porcentaje de democracias en el mundo ha aumentado de forma significativa en las cuatro últimas décadas. Según Freedom House, en 1972 algo más del 28 por ciento de los ciento cuarenta regímenes independientes en el mundo eran democráticos. Treinta años después, en 2002, la cifra era del 45 por ciento. Este incremento mundial del número de democracias se confirma con los datos de Przeworski. En su clasificación, entre 1972 y 2002, el porcentaje de democracias pasó del 27 por ciento al 59 por ciento. Las diferencias entre las dos mediciones son lógicas, porque los requisitos de Freedom House para considerar democrático a un país son algo más estrictos que los que emplean Przeworski y sus colegas. Sin embargo, de esta primera aproximación podemos deducir que en las tres últimas décadas ha habido una tendencia general positiva respecto al número de regímenes democráticos en el mundo.

¿Existen diferencias regionales en la evolución de los regímenes democráticos? Si los factores que causan cambios drásticos de régimen se agrupan con un criterio espacial, deberíamos ver ciertas pautas regionales en esa evolución. Dichas pautas regionales están muy relacionadas con la idea de las «oleadas de democratización» descritas inicialmente por Huntington (1991). Para estudiar esta posibilidad, en las figuras A.2 y A.3 muestro la evolución de los regímenes democráticos (como porcentaje de todos los regímenes) en América Latina, el África subsahariana, el bloque ex soviético, el norte de África y Oriente Próximo.[2]

Como se ve en estas dos figuras, muchos países latinoamericanos y ex soviéticos experimentaron una transición democrática durante el período 1975-1995. Estas transiciones ocurrieron sobre todo a finales de los setenta en el caso de América Latina y en los primeros años de la década de 1990 en el caso del bloque ex soviético (tras la caída del Muro de Berlín en 1989). En 2008, Freedom House consideraba libres (democráticos) al 54 y el 48 por ciento, respectivamente, de los países latinoamericanos y ex soviéticos. También se observa una tendencia positiva en el África subsahariana, aunque es menos pronunciada que en el caso de América Latina. Los países árabes del norte de África y Oriente Próximo son extraordinariamente estables, y menos del 10 por ciento aparecen en la clasificación como democracias durante estos años. Estas pautas se ven corroboradas por los datos de Przeworski, que tienen su representación gráfica en la figura A.3.

Estas tendencias, por supuesto, no incluyen aún las consecuencias de la Primavera Árabe para los regímenes políticos del norte de África y Oriente Próximo.

FIGURA A.2. Tendencias regionales.

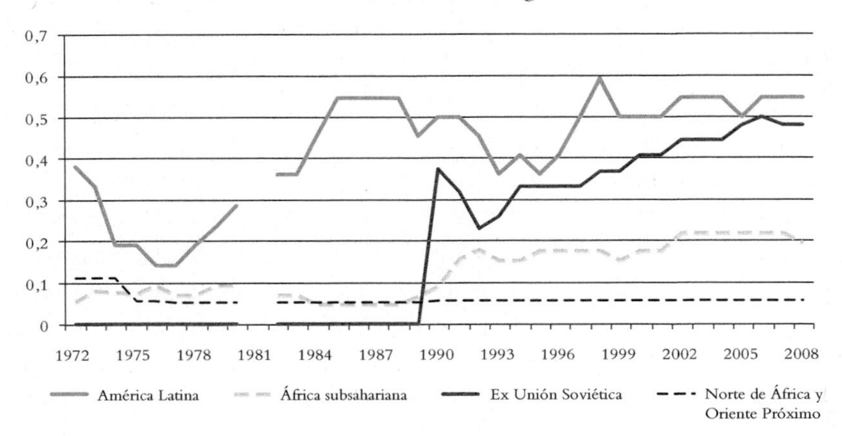

FUENTE: Freedom House, *Freedom in the World: Political Rights and Civil Liberties 1970-2008*, Freedom House, Nueva York, 2010.

Los países de la Organización para la Cooperación y el Desarrollo Económico (OCDE) no aparecen porque no experimentaron ningún cambio radical de régimen durante el período en cuestión.

FIGURA A.3. Tendencias regionales en la democracia.

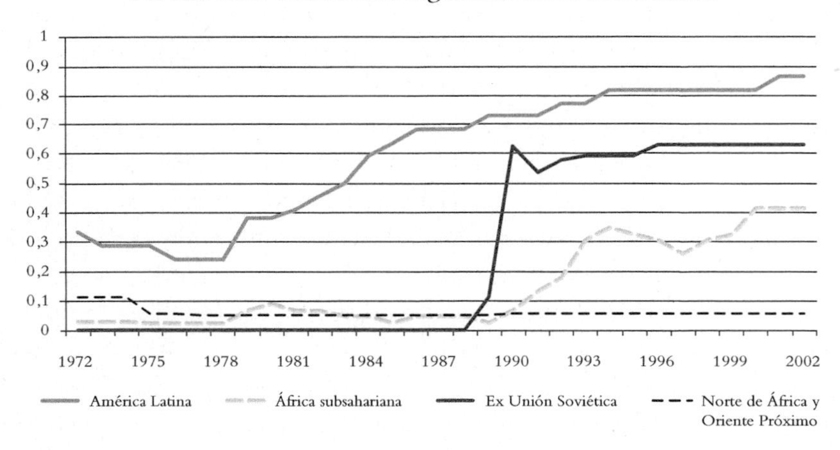

FUENTE: A. Przeworski, M. Alvarez, J. A. Cheibub y F. Limongi, *Democracy and Development: Political Institutions and Well-Being in the World, 1950-1990*, Cambridge University Press, Nueva York, 2000.

Dado que todos ellos eran democráticos al comienzo del período estudiado, su evolución se caracteriza por una democracia estable y consolidada.

PEQUEÑAS REFORMAS Y LIBERALIZACIONES

Las figuras y estadísticas presentadas hasta ahora se centran en las transformaciones políticas radicales, que hacen que un régimen se convierta en una democracia o deje de serlo. Estas cifras pueden ocultar avances menores hacia la democracia en muchos países que no experimentaron una transición plena. Las pequeñas reformas pueden generar cambios importantes en el reparto de poder y los derechos humanos. Por ejemplo, muchos regímenes no democráticos introdujeron y permitieron contiendas electorales para designar los parlamentos y los altos cargos del poder ejecutivo. Pese a que en regímenes considerados plenamente democráticos la mayoría de las elecciones no son totalmente limpias, unas pequeñas medidas liberalizadoras pueden inspirar importantes cambios en el reparto de poder. Además, muchas transiciones se producen de forma gradual, por lo que el inicio de una competencia electoral puede ser indicativo de futuras democratizaciones.

Para explorar las pequeñas reformas, he utilizado el sistema de *Polity Score* («puntuación de los sistemas de gobierno») desarrollado en el Polity Project de Marshall y Jaggers (2004). Este sistema de medición es una aproximación continua que nos permite captar pequeños cambios de régimen, acaben o no en democratización. En concreto, se trata de una escala de 20 puntos (entre –20 para los regímenes más autocráticos y 20 para los más democráticos) que mide diversas facetas de la democracia y la autocracia. Los factores de la escala incluyen la competitividad y la apertura de la selección de personas para el ejecutivo, las limitaciones al ejecutivo y la competitividad de la participación política. La figura A.4 presenta la evolución del promedio del *Polity Score* en el mundo.

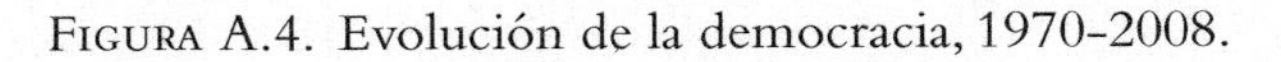

FIGURA A.4. Evolución de la democracia, 1970-2008.

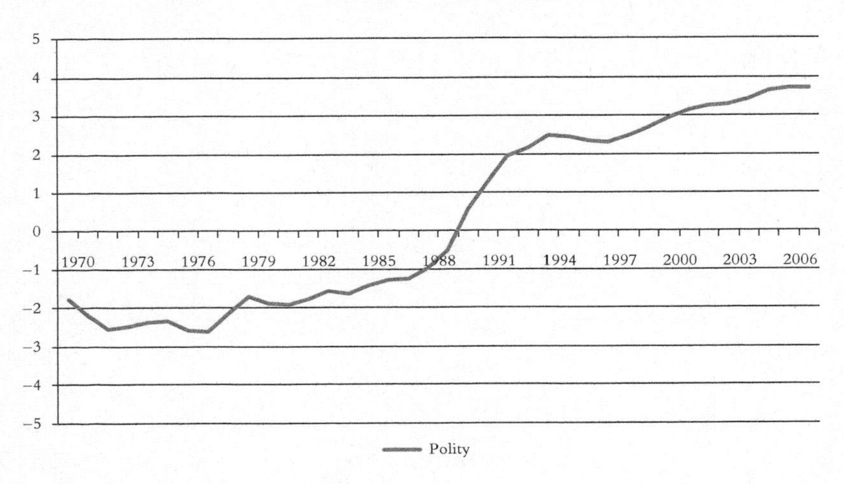

FUENTE: Monty Marshall, K. Jaggers y T. R. Gurr, Polity IV Project, «Political Regime Characteristics and Transitions, 1800-2010», 2010. http://www.systemicpeace.org/polity4.htm.

La figura A.4 es plenamente coherente con la figura A.1. En 1972, el promedio mundial era de −1,76 para ciento treinta países; en 2007, era de 3,69 para ciento cincuenta países.[3] Seguramente, un ejercicio todavía más interesante consiste en examinar las tendencias regionales utilizando la puntuación del *Polity Score*. La figura A.5 presenta ese mismo promedio mundial desglosado por regiones. (Nótese que aquí también se incluye a los países de Asia oriental y el Pacífico.) La figura A.5 es análoga a las figuras A.2 y A.3, pero en vez de reformas radicales muestra los avances medios en las puntuaciones de democracia por regiones, sin tener en cuenta si esos regímenes se han vuelto democráticos o han dejado de serlo.

Como se ve en la figura A.5, las tendencias positivas en el *Polity Score* durante las últimas cuatro décadas, que indican que los países están volviéndose más democráticos con el paso del tiempo, son globales. Esta figura indica asimismo que el ritmo de las mejoras democráticas difiere entre unas regiones y otras. Los países latinoamericanos y ex soviéticos muestran los mayores aumentos en sus puntuaciones democráticas, los países del este de Asia y el Pacífico y los del África subsahariana exhiben mejoras significativas, y los del norte de África y Oriente Próximo son los que menos mejoran. Las tres tendencias son más pronunciadas durante el período posterior a 1990 que durante los años anteriores.

FIGURA A.5. Tendencias regionales en democracia: *Polity Score*.

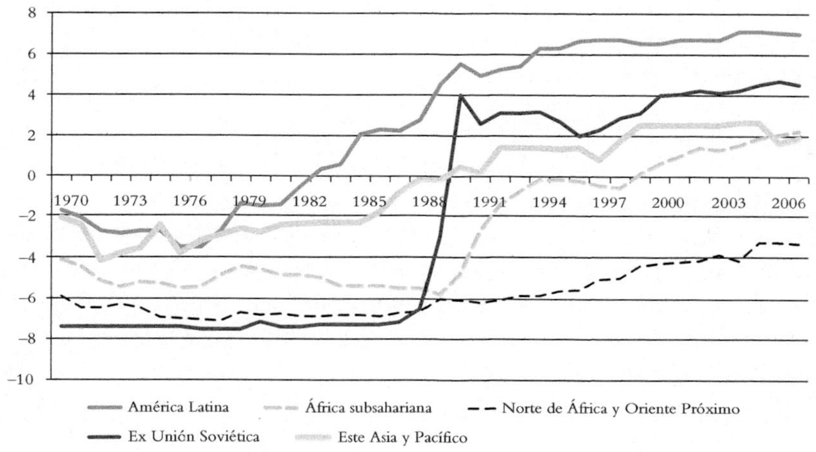

FUENTE: Monty Marshall, K. Jaggers y T. R. Gurr, Polity IV Project, «Political Regime Characteristics and Transitions, 1800-2010», 2010. http://www.systemicpeace.org/polity4.htm.

DATOS INDICATIVOS DE LA LIBERALIZACIÓN Y LA DEMOCRATIZACIÓN

Mientras que los indicadores anteriores se basan en las características cualitativas de los regímenes estudiados, en esta sección me centro en características directamente relacionadas con la liberalización política (o la democratización). En primer lugar, examino el grado de competencia política. Para muchos teóricos políticos, el grado y el tipo de competencia política son los rasgos fundamentales de cualquier régimen democrático (véase Dahl 1971). Una aproximación sencilla al grado de competencia consiste en examinar la composición de partidos de las cámaras legislativas en distintos regímenes. En regímenes de partido único como China y Cuba, el partido en el poder monopoliza todos los escaños del Parlamento y a los candidatos de la oposición no se les permite que se presenten a elecciones de ámbito nacional. El número de escaños que tienen los partidos de oposición en la Cámara puede ser un buen indicador de lo competitivo y democrático que es el proceso electoral. Además, la introducción de distintos partidos que compiten en la legislatura (y no en el ejecutivo) suele ser el primer paso para una democratización a plena escala. Por ejemplo, la transición vivida en México en el año 2000 comenzó a principios de los ochenta, cuando el partido gobernante, el Partido Revolucionario Institucional (PRI), permitió elecciones reales al Congreso y reservó cierto número de escaños para los partidos de la oposición en la cámara baja.

El siguiente dato indicativo de la competitividad que he calculado es el porcentaje de escaños parlamentarios que poseen todos los partidos minoritarios y los independientes, como en Vanhanen (2002). En los casos en que no está disponible la composición de la Cámara, he utilizado la proporción de votos obtenidos por todos los partidos pequeños, también siguiendo a Vanhanen (2002). Desde el punto de vista formal, la medida de la competitividad política (CP) se obtiene mediante la siguiente ecuación:

$$CP = (100 - \text{porcentaje de escaños del partido mayoritario}) / 100$$

En esta operación, la competencia política varía entre los casos 0, en los que el partido en el gobierno controla todos los escaños en la legislatura, hasta los valores cercanos a 1, en los que el partido dominante es muy pequeño. Así, los valores bajos (o altos) de CP están vinculados a menos (o más) competencia. Para simplificar, los países en los que no hay una cámara elegida en un año determinado reciben un 0. Como se ve, estas cifras están disponibles para todo el período de posguerra, de forma que podemos observar las tendencias a medio y largo plazo. La figura A.6 presenta el promedio mundial y la figura A.7 presenta los promedios regionales.

Como vemos en estas figuras, los años de la posguerra inmediata y todo el período de la Guerra Fría están asociados a un descenso general de la competencia política. Esta tendencia continúa hasta finales de los años setenta. Después, en los ochenta, la tendencia se invierte y vemos un aumento en el promedio mundial de nuestra variable: la competencia política. Esta tendencia positiva a partir de los años setenta es coherente con las figuras A.1 a A.4. Es evidente que la democratización tiende a fomentar la competencia entre partidos y las divisiones políticas (generadas por los grupos de oposición) en el Parlamento.

FIGURA A.6. Competencia política, promedio mundial: período de posguerra.

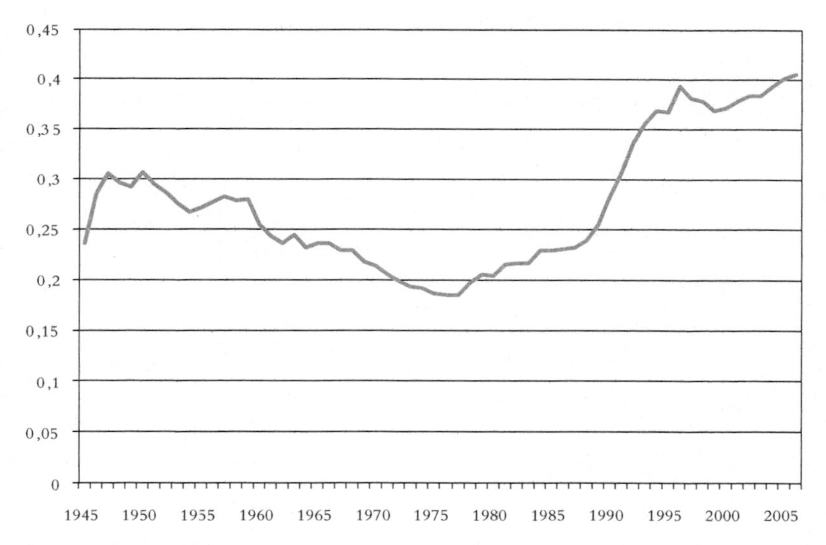

FUENTE: Tatu Vanhanen, «Measures of Democratization 1999-2000», 2002. Manuscrito inédito.

La figura A.7 nos ofrece una interpretación aún más clara del descenso general de la competencia política durante el período 1945-1975. Aquí muestro los promedios para las mismas regiones destacadas en las figuras A.2 y A.3 —América Latina, África subsahariana, norte de África y Oriente Próximo— y el promedio para los países de la OCDE.[4] Este gráfico muestra que el descenso global de la competencia política se debió a un pronunciado descenso en los países en vías de desarrollo. Aunque la competencia en la OCDE siguió siendo estable, América Latina y África experimentaron una oleada de autoritarismo en el período 1945-1975. Sin embargo, la tendencia positiva de la competencia política en estos países a partir de 1970 es coherente con las tendencias positivas de la democracia mostradas en la sección anterior.

FIGURA A.7. Competencia política, promedios regionales: período de posguerra.

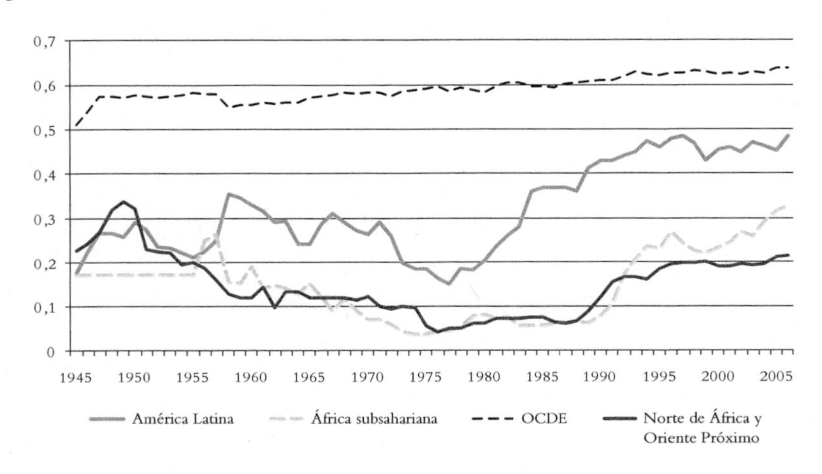

FUENTE: Monty Marshall, K. Jaggers y T. R. Gurr, Polity IV Project, «Political Regime Characteristics and Transitions, 1800-2010», 2010. http://www.systemicpeace.org/polity4.htm.

REFERENCIAS

Dahl, Robert A., *Polyarchy: Participation and Opposition*, Yale University Press, New Haven, 1971.

Freedom House, *Freedom in the World: Political Rights and Civil Liberties 2008*, Freedom House, Nueva York, 2008.

Huntington, Samuel P., *The Third Wave: Democratization in the Late Twentieth Century*, University of Oklahoma Press, Normal, 1991.

Marshall, Monty G., K. Jaggers y T. R. Gurr, «Political Regime Characteristics and Transitions, 1800-2010», *Polity IV Project*, 2010, http://www.systemicpeace.org/polity4.htm.

Przeworski, A., M. Alvarez, J.A. Cheibub y F. Limongi, *Democracy and Development: Political Institutions and Well-Being in the World, 1950-1990*, Cambridge University Press, Nueva York, 2000.

Schumpeter, Joseph, *Capitalism, Socialism, and Democracy*, Harper & Brothers, Nueva York, 1964.

Vanhanen, Tatu, «Measures of Democratization 1999-2000», manuscrito inédito, Universidad de Tampere, Finlandia, 2002.

Agradecimientos

Empecé a escribir este libro poco después del 7 de junio de 2006. Ese fue el día en el que publiqué en la revista Foreign Policy un artículo titulado «Megaplayers vs. Micropowers». El mensaje central del artículo era que la tendencia a que «los protagonistas adquieran rápidamente más poder, que estos nuevos participantes logren desafiar el poder de los megaactores tradicionales y que el poder se esté volviendo más efímero y más difícil de ejercer, se observa en todas las facetas de la vida humana. De hecho, es una de las características definitorias y aún poco conocidas de nuestra época». El artículo tuvo buena acogida y, por consiguiente, varios amigos me animaron a convertirlo en un libro. Pasar de la intención a este libro solo me llevó siete años. Sí, la verdad es que soy un escritor lento.

Pero ese no es el único motivo por el que tardé tanto. También tuve muchas distracciones. Hasta 2010 fui director de *Foreign Policy*, un trabajo muy exigente que me quitaba mucho tiempo para escribir, pero que también me dio muchas oportunidades de probar, ampliar y pulir mis ideas sobre los cambios que está experimentando el poder. La relación con los autores que escribían para la revista y las conversaciones con los brillantes colegas que me acompañaban en la redacción fueron una fuente constante de inspiración, información y retos intelectuales. Me llevaron a lugares a los que yo no habría podido llegar solo, y por eso les estoy muy agradecido.

La persona que se merece el mayor reconocimiento por ayudarme a desarrollar las ideas en este libro es Siddhartha Mitter. Su apoyo, sus sugerencias y sus aportaciones generales son imposibles de medir. El talento de Siddhartha solo es superado por su generosidad.

James Gibney, el primer jefe de redacción que contraté en *Foreign Policy* hace ya muchos años, y uno de los mejores editores que conozco, fue también fundamental porque me obligó a afinar mis ideas y a expresarlas en el lenguaje más claro posible. Soy muy afortunado por haber contado con la ayuda de estos dos extraordinarios colegas y queridos amigos.

Jessica Matthews, presidenta del Carnegie Endowment for International Peace, leyó y comentó con gran detalle varios borradores del manuscrito y fue una fuente constante de ideas, críticas y sugerencias. Su artículo de 1997 «Power Shift» sigue siendo el trascendental trabajo que nos ha influido a todos quienes escribimos sobre el poder y sus transformaciones contemporáneas. Jessica, además, me dio tiempo para acabar mi libro en Carnegie, mi hogar profesional desde comienzos de los años noventa. Tengo una enorme deuda con ella y con el Carnegie Endowment.

También doy las gracias a Phil Bennett, José Manuel Calvo, Matt Burrows, Uri Dadush, Frank Fukuyama, Paul Laudicina, Soli Ozel y Stephen Walt, quienes leyeron todo el manuscrito y me hicieron comentarios detallados que contribuyeron a que el libro fuera mucho mejor. Y a Strobe Talbott, viejo y generoso amigo que hoy es presidente de la Brookings Institution, y que no solo encontró tiempo para leer varios borradores del libro, sino que también dedicó horas a ayudarme a perfilar las consecuencias de la degradación del poder.

Debo dar las gracias a quienes, durante el largo tiempo de gestación de este libro, me transmitieron sus análisis, opinaron sobre mis ideas y, en algunos casos, leyeron y comentaron primeros borradores de varios capítulos concretos: Mort Abramowitz, Jacques Attali, Ricardo Ávila, Carlo de Benedetti, Paul Balaran, Andrew Burt, Fernando Henrique Cardoso, Tom Carver, Elkyn Chaparro, Lourdes Cue, Wesley Clark, Tom Friedman, Lou Goodman, Victor Halberstadt, Ivan Krastev, Steven Kull, Ricardo Lagos, Sebastian Mallaby, Luis Alberto Moreno, Evgeny Morozov, Dick O'Neill, Minxin Pei, Gianni Riotta, Klaus Schwab, Javier Solana, George Soros, Larry Summers, Gerver Torres, Martin Wolf, Robert Wright, Ernesto Zedillo y Bob Zoellick. Maite Rico, quien durante años ha editado mis columnas semanales en *El País*, también me ayudó en la edición de este libro. María Luisa Rodríguez Tapia tuvo la dificilísima tarea de traducir estas páginas al español. Mi inmenso agradecimiento a ellas dos.

El profesor Mario Chacón, de la Universidad de Nueva York, elaboró el apéndice, un análisis detallado de datos empíricos que muestran las manifestaciones de la degradación del poder en la política nacional en todo el mundo, y por ello quiero expresarle mi gratitud.

Durante todo el tiempo de trabajo en este libro conté con magníficos ayudantes de investigación. Quiero dar las gracias a Josh Keating, Bennett Stancil y Shimelse Ali por su ayuda para escribir un libro con la máxima solidez posible.

Quienes creen que internet y los motores de búsqueda han dejado obsoletas las bibliotecas no han tenido la experiencia de trabajar con los bibliotecarios del Carnegie Endowment. Kathleen Higgs, Christopher Scott y Keigh Hammond no solo me ayudaron a encontrar las fuentes y los datos que necesitaba sino que, muchas veces, me alertaron sobre materiales cuya existencia no conocía y que en algunos casos fueron fundamentales para hacerme cambiar de perspectiva o para ampliar la que tenía. ¡Gracias!

Tengo una especial deuda de gratitud con Melissa Betheil, que hizo un doble trabajo como mi asistente y como ayudante de investigación y logró mantener el casi imposible equilibrio entre las dos tareas con elegancia e inteligencia. Lara Ballou también me ayudó a administrar mis diversas actividades con amabilidad y eficacia. Hace un par de años, Lara se unió a Marina Spindler para gestionar el Grupo de los Cincuenta, una organización que presido y que me habría consumido mucho más tiempo si no hubiera sido por los esfuerzos de Lara y Marina. Muchas gracias a estas tres indispensables colegas.

Tengo la gran suerte de que mi agente y mis editores se cuenten entre los mejores profesionales del sector. Rafe Sagalyn, quien ha sido mi agente literario ya por muchos años, me ayudó gentil pero firmemente a definir con más precisión el libro que quería escribir y encontró al editor adecuado para la obra. Tim Bartlett, de Basic Books, quien ha editado gran parte de las principales obras recientes sobre el poder y sus mutaciones, se interesó enormemente por este proyecto y dedicó una cantidad increíble de tiempo leyendo, comentando y editando mis borradores. Miguel Aguilar y Cristóbal Pera, los editores de Random House Mondadori/Debate, son, además de buenos amigos, los responsables de la versión en español del libro. A todos ellos gracias.

También quiero reconocer y dar las gracias a Luis Alberto Moreno, Nelson Ortiz, Roberto Rimeris y Alberto Slezynger. Ellos saben por qué.

Mi mayor agradecimiento, no obstante, es para mi esposa, Susana, y nuestros hijos, Adriana, Claudia y Andrés, un grupo al cual ahora se han añadido Jonathan, Andrew y, más recientemente, Emma. Ellos me dan el amor, la fuerza y el apoyo incondicional que hacen que todo merezca la pena. Por eso este libro está dedicado a ellos.

Moisés Naím
Washington, D.C.
Marzo de 2013

Notas

1. La degradación del poder

1. Dylan Loeb McClain, «Masters of the Game and Leaders by Example», *The New York Times*, 12 de noviembre de 2011.

2. «El título de Gran Maestro se utiliza desde 1838, pero adquirió más prestigio a principios del siglo XX, cuando los torneos se calificaban a veces como tales; por ejemplo, en Ostende en 1907 y San Sebastián en 1912.» La Federación Mundial de Ajedrez (Fédération Internationale des Échecs, llamada FIDE por sus siglas en francés) introdujo el título oficial de «Gran Maestro Internacional» en 1950. El significado del término ha cambiado a lo largo de la historia del ajedrez. A principios del siglo XX, se refería a alguien que «tenía motivos para ser considerado aspirante al campeonato mundial, pero ochenta años más tarde llevan el título algunos a quienes el campeón mundial podría dar posibilidades» («World Championship», *Oxford Companion to Chess*, p. 450; Hooper y Whyld, *Oxford Companion to Chess*, p. 156).

3. Robson, *Chess Child: The Story of Ray Robson, America's Youngest Grandmaster.*

4. James Black, citado en Michael Preston, «12-Year-Old Brooklyn Chess Champ Eyes Bold Move: Becoming Youngest Grandmaster Ever», *Daily News*, 2 de junio de 2011.

5. D. T. Max, «The Prince's Gambit», *The New Yorker*, 21 de marzo de 2011, http://www.newyorker.com/reporting/2011/03/21/110321fa_fact_max.

6. Mig Greengard, citado en *ibid.*

7. Edward Tenner, «Rook Dreams», *The Atlantic*, diciembre de 2008.

8. Max, «The Prince's Gambit».

9. Ivan Arreguín-Toft, «How the Weak Win Wars: A Theory of Asymmetric Conflict», *International Security*, vol. 26, n.º 1 (2001), pp. 93-128;

Ivan Arreguín-Toft, «How a Superpower Can End Up Losing to the Little Guys», *Nieman Watchdog*, 23 de marzo de 2007, www.niemanwatchdog.org. Sobre el impacto de los IED, véase Tom Van-den Brook, «IED Attacks in Afghanistan Set Record», *USA Today*, 25 de enero de 2012.

10. Martin Wolf, «Egypt Has History on Its Side», *Financial Times*, 15 de febrero de 2011. La cifra actualizada para 2011 procede del *Global Report 2011*, de Polity IV Project, que se elaboró en la Universidad George Mason (la fuente original es de Wolf).

11. Emmanuel Saez, «Striking It Richer: The Evolution of Top Incomes in the United States (Updated with 2009 and 2010 Estimates)», 2 de marzo de 2012, http://elsa.berkeley.edu/~saez/saez-UStopincomes-2010.pdf.

12. Robert Frank, «The Wild Ride of the 1 %», *The Wall Street Journal*, 22 de octubre de 2011.

13. Las fuentes para los datos y estadísticas aquí mencionados sobre la tasa de recambio en las empresas y entre los directivos se pueden consultar en las notas del capítulo 8.

14. La página web de ArcelorMittal es www.arcelormittal.com.

15. Véase mi libro *Illicit: How Smugglers, Traffickers and Copycats Are Hijacking the Global Economy.*

16. Todd Gitlin, *Occupy Nation: The Roots, the Spirit, and the Promise of Occupy Wall Street*, HarperCollins, Nueva York, 2012.

17. Joseph Marks, «TechRoundup», *Government Executive*, noviembre de 2011, p. 43.

18. Aday *et al.*, «New Media and Conflict After the Arab Spring», p. 21.

19. Maquiavelo, *El príncipe*, cap. 3, http://www.constitution.org/mac/prince03.htm.

20. Hobbes, *Leviatán*, cap. 11, http://www.bartleby.com/34/5/11.html.

21. Nietzsche, *Así habló Zaratustra*, cap. 34, http://nietzsche.thefreelibrary.com/Thus-Spake-Zarathustra/36-1; véase también Meacham, «The Story of Power», *Newsweek*, 20 de diciembre de 2008.

22. Dahl, «The Concept of Power»; véase también Zimmerling, «The Concept of Power», cap. 1. Otra definición más académica la ofrecieron en 2005 dos destacados investigadores, Michael Barnett y Raymond Duvall: «El poder es la producción, dentro y a través de las relaciones sociales, de resultados que moldean las capacidades de los actores para determinar sus circunstancias y su destino». Basándose en esta definición, proponen una taxonomía del poder: obligatorio, institucional, estructural y productivo. Véase Barnett y Duvall, «Power in International Politics».

23. Hobbes, *Leviatán*, cap. 13, http://www.bartleby.com/34/5/13.html.

2. Comprender el poder

1. Para una discusión detallada, véase MacMillan, *Strategy Formulation: Political Concepts*, en particular el cap. 2.

2. Los otros dos canales de poder —la coacción y la recompensa— alteran verdaderamente la situación.

3. A nivel teórico, encontrar una definición exacta de las barreras a la entrada ha producido sutiles diferencias entre los economistas. Un enfoque define las barreras a la entrada como los factores que permiten a las empresas que ya están en el mercado imponer unos precios más elevados que los que generaría una competencia sin restricciones, pero sin empujar a que entren nuevos competidores. Otra teoría identifica las barreras a la entrada como cualquier coste en que incurre un nuevo competidor antes de entrar en el mercado, pero que las empresas que ya forman parte de él no sufren. En otras palabras, la diferencia es entre una *ventaja de precios protegidos* para las empresas ya en el mercado y un *coste suplementario*, por ejemplo una cuota de entrada, para los aspirantes a competidores. Otros economistas tienen definiciones aún más complejas, pero no hay nada en estos debates que nos aparte de la idea central de que las barreras a la entrada son esenciales para comprender la dinámica de un mercado y el uso del poder de mercado para maximizar los beneficios a largo plazo. (Para más análisis de este tema, véase Demsetz, «Barriers to Entry».)

4. Sobre las barreras a la entrada en política, véase Kaza, «The Economics of Political Competition».

3. Cómo el poder se hizo grande

1. LaFeber, *The Cambridge History of American Foreign Relations, Volume 2: The American Search for Opportunity, 1865-1913*, p. 186.

2. Adams, *The Education of Henry Adams: An Autobiography*, p. 500.

3. Chandler, *The Visible Hand: The Managerial Revolution in American Business*; véase también Chandler, *Scale and Scope: The Dynamics of Industrial Capitalism*.

4. Lewis *et al.*, *Personal Capitalism and Corporate Governance: British Ma-*

nufacturing in the First Half of the Twentieth Century. Véase también Micklethwait y Wooldridge, *The Company: A Short History of a Revolutionary Idea*.

5. Alan Wolfe, «The Visitor», *The New Republic*, 21 de abril de 2011.

6. Véase el artículo sobre «Max Weber» en *Concise Oxford Dictionary of Politics*, p. 558.

7. Véase el artículo sobre «Max Weber» en la *Encyclopaedia Britannica*, vol. 12, p. 546.

8. Wolfgang Mommsen, «Max Weber in America», *American Scholar*, 22 de junio de 2000.

9. Marianne Weber, *Max Weber: A Biography*, Transaction Books, Nueva York, 1988.

10. Scaff, *Max Weber in America*, pp. 41-42.

11. Mommsen, «Max Weber in America».

12. Weber, *Economy and Society: An Outline of Interpretive Sociology*.

13. Scaff, *Max Weber in America*, p. 45.

14. *Ibid.*, p. 45.

15. Weber, *Economy and Society: An Outline of Interpretive Sociology*, p. 973.

16. Weber, «Unequalled Models», en *Essays on Sociology*, p. 215.

17. Weber, «Politics as a Vocation», en *Economy and Society*, p. 223.

18. McNeill, *The Pursuit of Power*, p. 317.

19. La información en este párrafo procede de Zunz, *Philanthropy in America: A History*.

20. Coase, «The Nature of the Firm». El autor describe lo que motivó su investigación en su discurso de recepción del Premio Nobel, que está disponible en http://www.nobelprize.org/nobel_prizes/economics/laureates/1991/coase-lecture.html.

21. Una interpretación más moderna de la teoría del coste de transacción la ofrece Oliver Williamson, alumno de Coase, en su importante libro *Markets and Hierarchies: Analysis and Antitrust Implications*. Williamson recibió el Premio Nobel de Economía en 2009.

22. Sloan, *My Years with General Motors*.

23. Howe, «This Age of Conformity»; Riesman, Glazer y Denney, *The Lonely Crowd: A Study of the Changing American Character*.

24. Marx y Engels, *The Communist Manifesto*.

25. Mills, *White Collar: The American Middle Classes*.

26. Mills, *The Power Elite*.

27. El discurso de Eisenhower está disponible en internet en http://www.h-net.org/~hst306/documents/indust.html.

28. Domhoff, *Who Rules America? Challenges to Corporate and Class Dominance.*

29. Christopher Lasch, «The Revolt of the Elites: Have They Canceled Their Allegiance to America?» *Harper's*, noviembre de 1994.

30. La charla de Klein está disponible en internet en http://fora.tv/2008/10/20/Naomi_Klein_and_Joseph_Stiglitz_on_Economic_Power#fullprogram.

31. Simon Johnson, «The Quiet Coup», *The Atlantic*, mayo de 2009, http://www.theatlantic.com/magazine/archive/2009/05/the-quiet-coup/7364/. Véase también Johnson y Kwak, *13 Bankers*.

4. ¿Por qué el poder está perdiendo fuerza?

1. Entrevista con Javier Solana, Washington, D.C., mayo de 2012.

2. William Odom, «NATO's Expansion: Why the Critics Are Wrong», *National Interest*, primavera de 1995, p. 44.

3. Charles Kenny, «Best. Decade. Ever», *Foreign Policy*, septiembre-octubre de 2010, http://www.foreignpolicy.com/articles/2010/08/16/best_decade_ever.

4. Xavier Sala-i-Martin y Maxim Pinkovskiy, «African Poverty Is Falling... Much Faster Than You Think!», documento de trabajo de NBER, n.º 15.775, febrero de 2010.

5. Entrevista con Homi Kharas, Washington, D.C., febrero de 2012.

6. Los resultados de este sondeo en la OCDE y otros informes relacionados se pueden ver en www.globalworksfoundation.org/Documents/fact465.science_000.pdf.

7. Brzezinski, *Strategic Vision: America and the Crisis of Global Power.*

8. Jason DeParle, «Global Migration: A World Ever More on the Move», *The New York Times*, 26 de junio de 2010.

9. Jorge G. Castañeda y Douglas S. Massey, «Do-It-Yourself Immigration Reform», *The New York Times*, 1 de junio de 2012.

10. Las cifras sobre las remesas están tomadas de la base de datos de indicadores de desarrollo del Banco Mundial (edición de 2011).

11. Dean Yang, «Migrant Remittances», en *Journal of Economic Perspectives*, vol. 25, n.º 3 (verano de 2011), p. 130.

12. Richard Dobbs, «Megacities», *Foreign Policy*, septiembre-octubre de 2010, http://www.foreignpolicy.com/articles/2010/08/16/prime_numbers_megacities.

13. Consejo Nacional de Inteligencia, Oficina del Director de Inteligencia Nacional, «Global Trends 2030: Alternative Worlds», Washington, D.C., 2012.

14. Saxenian, *The New Argonauts: Regional Advantage in a Global Economy.*

15. Las cifras sobre la llegada de turistas proceden de la base de datos de indicadores de desarrollo del Banco Mundial (edición de 2011).

16. Banco Mundial, «World Development Report 2009: Reshaping Economic Geography» (2009).

17. Las cifras sobre intercambios exteriores son del Banco de Pagos Internacionales, Informe estadístico (2011), http://www.bis.org/publ/rpfxf10t.htm.

18. «Somali Mobile Phone Firms Thrive Despite Chaos», Reuters, 3 de noviembre de 2009.

19. Estos datos están tomados de la base de datos de indicadores de desarrollo del Banco Mundial (múltiples años) y la base de datos de indicadores de la Unión Internacional de Telecomunicaciones.

20. *Ibid.*

21. *Ibid.*

22. Datos proporcionados por Facebook, Twitter y Skype.

23. Long Distance Post, «The History of Prepaid Phone Cards», http://www.ldpost.com/telecom-articles/.

24. Ericsson (compañía de telecomunicaciones), *Traffic and Market Report*, junio de 2012.

25. Huntington, *Political Order in Changing Societies.*

26. Al-Munajjed *et al.*, «Divorce in Gulf Cooperation Council Countries: Risks and Implications», Booz and Co., 2010.

27. Consejo Nacional de Inteligencia, Oficina del Director de Inteligencia Nacional, «Global Trends 2030: Alternative Worlds», Washington D.C., 2012, p. 12.

28. Frey, *Diversity Explosion: How New Racial Demographics Are Remaking America.*

29. William Frey, «A Boomlet of Change», *The Washington Post*, 10 de junio de 2012.

30. Inglehart y Welzel, *Modernization, Cultural Change and Democracy.*

31. Pharr y Putnam, *Disaffected Democracies: What's Troubling the Trilateral Countries.* Para un análisis de este tema en relación con Estados Unidos, véase también Mann y Ornstein, *It's Even Worse Than It Looks: How the American Constitutional System Collided with the New Politics of Extremism.*

32. Mathews, «Saving America».

33. Para datos de encuestas de Gallup sobre la confianza pública en 16 instituciones entre 1936 y 2012, véase http://www.gallup.com/poll/1597/Confidence-Institutions.aspx?utm_source=email-a-friend&utm_medium=email&utm_campaign=sharing&utm_content=morelink. Para datos de encuestas de Gallup sobre los sindicatos, véase http://www.gallup.com/poll/12751/Labor-Unions.aspx?utm_source=email-a-friend&utm_medium=email&utm_campaign=sharing&utm_content=morelink. Para datos de encuestas de Gallup sobre el Congreso, véase http://www.gallup.com/poll/1600/Congress-Public.aspx?utm_source=email-a-friend&utm_medium=email&utm_campaign=sharing&utm_content=morelink. Y para datos de encuestas de Gallup sobre el gobierno, véase http://www.gallup.com/poll/27286/Government.aspx?utm_source=email-a-friend&utm_medium=email&utm_campaign=sharing&utm_content=morelink.

34. «Americans' Approval of the Supreme Court is Down in a New Poll», *The New York Times*, 8 de junio de 2012.

35. La página web de Pew Global es http://www.pewglobal.org/.

36. Norris, *Critical Citizens: Global Support for Democratic Government*.

37. European Commission, *Eurobarómetro*, http://ec.europa.eu/public_opinion/archives/eb/eb76/eb76_first_en.pdf.

38. Shelley Singh, «India Accounts for 51% of Global IT-BPO Outsourcing: Survey», *Times of India*, 28 de abril de 2012, http://timesofindia.indiatimes.com/tech/news/outsourcing/India-accounts-for-51-of-global-IT-BPO-outsourcing-Survey/articleshow/12909972.cms.

39. Nadeem, *Dead Ringers: How Outsourcing Is Changing the Way Indians Understand Themselves.*

40. Dhar, «More Indian Women Postponing Motherhood».

41. Schumpeter, «The Historical Approach to the Analysis of Business Cycles», en *Essays: On Entrepreneurs, Innovations, Business Cycles, and the Evolution of Capitalism*, p. 349.

5. ¿Por qué las victorias electorales aplastantes, las mayorías políticas y los mandatos claros son cada vez menos frecuentes?

1. Este fragmento formaba parte de un discurso pronunciado en la Universidad de Munich en 1918. Véase Weber, *Essays in Sociology*, p. 78.

2. Ronald Brownstein, «The Age of Volatility», *The National Journal*, 29 de octubre de 2011.

3. Entrevista con Minxin Pei, Washington, D.C., junio de 2012.

4. Entrevista con Lena Hjelm-Wallén, Bruselas, mayo de 2011.

5. Tiririca, citado en «Ex-clown Elected to Brazil Congress Must Prove He Can Read and Write», 11 de noviembre de 2010, http://www.abc.net.au/news/2010-10-05/brazilian-clown-elected-to-congress/2285224.

6. Beppe Severgnini, «The Chirruping Allure of Italy's Jiminy Cricket», *Financial Times*, 4 de junio de 2012.

7. Greg Sargent, «Sharron Angle Floated Possibility of Armed Insurrection», *The Washington Post*, 15 de junio de 2010, http://voices.washingtonpost.com/plum-line/2010/06/sharron_angle_floated_possibil.html.

8. Esta figura está tomada de Matt Golder, «Democratic Electoral Systems Around the World, 1946-2000», *Electoral Studies* (2004), https://files.nyu.edu/mrg217/public/es_long.pdf. En esa misma obra véanse también las figuras 5.1 y 5.2, que muestran la proliferación de estados soberanos, el declive de las dictaduras y el auge de las democracias.

9. Véase Marshall *et al.*, «Political Regime Characteristics and Transitions, 1800-2010» (2010), Polity IV Project, disponible en internet en http://www.systemicpeace.org/polity/polity4.htm.

10. Larry Diamond, «The Democratic Rollback», *Foreign Affairs*, marzo-abril de 2008; véase también Larry Diamond, «Can the Whole World Become Democratic? Democracy, Development and International Politics», tesis doctoral, University of California at Irvine, 17 de abril de 2003.

11. Golder, «Democratic Electoral Systems Around the World, 1946-2000». En 2004, Golder había identificado Brunéi y los Emiratos Árabes Unidos, que celebraron elecciones parlamentarias en 2011. La página web *Election Guide* de IFES no tiene registradas elecciones en Brunéi.

12. Dalton y Gray, «Expanding the Electoral Marketplace».

13. Golder, «Democratic Electoral Systems Around the World, 1946-2000».

14. Entrevista con Bill Sweeney, Washington, D.C., junio de 2012.

15. Esta cifra está basada en mis propios cálculos.

16. Para un análisis estadístico y más detalles, véase el apéndice a este capítulo al final del libro.

17. En elecciones anteriores, Richard Nixon, Lyndon Johnson, Franklin D. Roosevelt y Warren Harding obtuvieron la presidencia con un margen más amplio que el de Ronald Reagan en 1984.

18. Existe información actualizada en BBC News, «Belgium Swears

in New Government Headed by Elio Di Rupo», 6 de diciembre de 2011, http://www.bbc.co.uk/news/world-europe-16042750.

19. Narud y Valen, «Coalition Membership and Electoral Performance».

20. Damgaard, «Cabinet Termination».

21. Wil Longbottom, «Shiver Me Timbers! Pirate Party Wins 15 Seats in Berlin Parliamentary Elections», *Daily Mail*, 19 de septiembre de 2011, http://www.dailymail.co.uk/news/article-2039073/Pirate-Party-wins-15-seats-Berlin-parliamentary-elections.html.

22. Richard Chirgwin, «Pirate Party Takes Mayor's Chair in Swiss City: Welcome to Eichberg, Pirate Politics Capital of the World», *The Register* (Reino Unido), 23 de septiembre de 2012, http://www.theregister.co.uk/2012/09/23/pirate_wins_eichberg _election/.

23. El concepto de «selectorado» es de Bueno de Mesquita *et al.*, *The Logic of Political Survival*.

24. Kenig, «The Democratization of Party Leaders' Selection Methods: Canada in Comparative Perspective».

25. Carey y Polga-Hecimovich, «Primary Elections and Candidate Strength in Latin America».

26. Joel M. Gora, citado en Eggen, «Financing Comes Full Circle After Watergate».

27. Kane, «Super PAC Targets Incumbents of Any Stripe».

28. Blake, «Anti-Incumbent Super PAC's Funds Dry Up».

29. Véase Ansell y Gingrich, «Trends in Decentralization».

30. Stein, «Fiscal Decentralization and Government Size in Latin America».

31. Aristovnik, «Fiscal Decentralization in Eastern Europe: A Twenty-Year Perspective».

32. Stephen J. Kobrin, «Back to the Future: Neo-medievalism and the Postmodern Digital World Economy», *Journal of International Affairs*, vol. 51, n.° 2 (primavera de 1998), pp. 361-386.

33. Pilling, «India's Bumble Bee Defies Gravity».

34. Goldstein y Rotich, «Digitally Networked Technology in Kenya's 2007-2008 Post-Election Crisis».

35. Niknejad, «How to Cover a Paranoid Regime from Your Laptop».

36. Friedman, *The Lexus and the Olive Tree*, pp. 101-111.

37. Elinor Mills, «Old-Time Hacktivists: Anonymous, You've Crossed the Line», *CNet*, 30 de marzo de 2012, http://news.cnet.com/8301-27080_3-57406793-245/old-time-hacktivists-anonymous-youve-crossed-the-line.

38. Diamond y Plattner, *Liberation Technology: Social Media and the Struggle for Democracy*, p. xi.

39. Entrevista con Lena Hjelm-Wallén, Bruselas, mayo de 2011.

40. Entrevista con Ricardo Lagos, Santiago de Chile, noviembre de 2012.

6. Pentágonos contra piratas: el poder menguante de los grandes ejércitos

1. Shan Carter y Amanda Cox, «One 9/11 Tally: $3.3 Trillion», *The New York Times*, 8 de septiembre de 2011; Tim Fernholtz y Jim Tankersley, «The Cost of Bin Laden: $3 Trillion over 15 Years», *National Journal*, 6 de mayo de 2011.

2. «Soldier Killed, 3 Missing After Navy Vessel Hit Off Beirut Coast», *Haaretz*, 15 de junio de 2006.

3. One Earth Future Foundation, *The Economic Cost of Somali Piracy, 2011*, Boulder, Colorado, 2012.

4. John Arquilla, *Insurgents, Raiders and Bandits: How Masters of Irregular Warfare Have Shaped Our World*, pp. xv-xvi.

5. Citado por Winston Churchill en *The Second World War*, p. 105.

6. «United States Department of Defense Fiscal Year 2012 Budget Request», febrero de 2012, http://comptroller.defense.gov/defbudget/fy2012/FY2012_Budget_Request_Overview_Book.pdf.

7. Edward Luce, «The Mirage of Obama's Defense Cuts», *Financial Times*, 30 de enero de 2012.

8. Todas las inversiones en equipamiento militar bajo el gobierno de Reagan desaparecerán a lo largo de esta década y la siguiente. En la armada, algunos se oponen a los portaaviones; si en el debate prevalece esta postura, Estados Unidos podría tener menos de once portaaviones de aquí a diez o veinte años.

9. Human Security Report Project (HSRP), *Human Security Report 2009/2010: The Causes of Peace and The Shrinking Costs of War*, 2 de diciembre de 2010, http://www.hsrgroup.org/human-security-reports/20092010/overview.aspx.

10. *Ibid.*

11. *Ibid.*

12. El suceso descrito en el texto (basado en «Amputations Soared Among US Troops in 2011», http://news.antiwar.com/2012/02/09/am-

putations-soared-among-us-troops-in-2011/) está corroborado por este gráfico concreto del Pentágono: http://timemilitary.files.wordpress.com/2012/01/amp-chart.png. La cifra de víctimas de los IED procede del índice de la Brookings sobre Afganistán.

13. International Maritime Bureau (IMB), *Piracy & Armed Robbery News & Figures*, http://www.icc-ccs.org/piracy-reporting-centre/piracynewsafigures.

14. Damon Poeter, «Report: Massive Chamber of Commerce Hack Originated in China», *PC Magazine*, 21 de diciembre de 2011, http://www.pcmag.com/article2/0,2817,2397920,00.asp.

15. Ann Scott Tyson, «US to Raise "Irregular War" Capabilities», *The Washington Post*, 4 de diciembre de 2008; Departamento de Defensa de Estados Unidos, *Quadrennial Defense Review*, febrero de 2010, http://www.defense.gov/qdr/.

16. Thomas Mahnken, citado en Andrew Burt, «America's Waning Military Edge», *Yale Journal of International Affairs*, marzo de 2012, http://yalejournal.org/wp-content/uploads/2012/04/Op-ed-Andrew-Burt.pdf.

17. Mao Zedong, «The Relation of Guerrilla Hostilities to Regular Operations», http://www.marxists.org/reference/archive/mao/works/1937/guerrilla-warfare/ch01.htm.

18. Global Security, «Second Chechnya War—1999-2006», http://www.globalsecurity.org/military/world/war/chechnya2.htm.

19. William Lynn, citado en Burt, «America's Waning Military Edge».

20. Ivan Arreguín-Toft, «How the Weak Win Wars: A Theory of Asymmetric Conflict», *International Security*, vol. 26, n.° 1 (2001), pp. 93-128; Ivan Arreguín-Toft, «How a Superpower Can End Up Losing to the Little Guys», *Nieman Watchdog*, 23 de marzo de 2007, www.niemanwatchdog.org.

21. Marc Hecker y Thomas Rid, «Jihadistes de tous les pays, dispersez-vous!», *Politique Internationale*, n.° 123 (2009), nota 1.

22. John Arquilla, «The New Rules of Engagement», *Foreign Policy*, febrero-marzo de 2010.

23. Rod Nordland, «War's Risks Shift to Contractors», *The New York Times*, 12 de febrero de 2012.

24. Singer, *Wired for War: The Robotics Revolution and Conflict in the Twenty-First Century*, p. 18.

25. Lind *et al.*, «The Changing Face of War».

26. Amos Harel y Avi Issacharoff, «A New Kind of War», *Foreign Policy*, 20 de enero de 2010.

27. Singer, *Wired for War.*

28. Sutherland, *Modern Warfare, Intelligence and Deterrence*, p. 101.

29. Scott Wilson, «Drones Cast a Pall of Fear», *The Washington Post*, 4 de diciembre de 2011.

30. Francis Fukuyama, «The End of Mystery: Why We All Need a Drone of Our Own», *Financial Times*, 25 de febrero de 2012.

31. Christian Caryl, «America's IED Nightmare», *Foreign Policy*, 4 de diciembre de 2009; Thom Shanker, «Makeshift Bombs Spread Beyond Afghanistan, Iraq», *The New York Times*, 29 de octubre de 2009.

32. Tom Vanden Brook, «IED Attacks in Afghanistan Set Record», *USA Today*, 25 de enero de 2012, http://www.usatoday.com/news/world/story/2012-01-25/IEDs-afghanistan/52795302/1.

33. Jarret Brachman, «Al Qaeda's Armies of One», *Foreign Policy*, 22 de enero de 2010; Reuel Marc Gerecht, «The Meaning of Al Qaeda's Double Agent», *The Wall Street Journal*, 7 de enero de 2010.

34. Amos Yadlin, citado en Amir Oren, «IDF Dependence on Technology Spawns Whole New Battlefield» *Haaretz*, 3 de enero de 2010.

35. Kaplan, *The Coming Anarchy: Shattering the Dreams of the Post-Cold War.*

36. Chua, *World on Fire: How Exporting Free Market Democracy Breeds Ethnic Hatred and Global Instability.*

37. Hecker y Rid, *War 2.0 Irregular Warfare in the Information Age.*

38. Ann Scott Tyson, «New Pentagon Policy Says "Irregular Warfare" Will Get Same Attention as Traditional Combat», *The Washington Post*, 4 de diciembre de 2008.

39. Tony Capaccio, «Pentagon Bolstering Commandos After Success in Killing Bin Laden», *Bloomberg News*, 9 de febrero de 2012.

40. «The Changing Character of War», cap. 7 de Institute for National Strategic Studies, *Global Strategic Assessment 2009*, p. 148.

41. David E. Johnson *et al.*, «Preparing and Training for the Full Spectrum of Military Challenges: Insights from the Experience of China, France, the United Kingdom, India and Israel», National Defense Research Institute, 2009.

42. Entrevista con John Arquilla en «Cyber War!», *Frontline*, 24 de abril de 2003, www.pbs.org.

43. Amir Oren, «IDF Dependence on Technology Spawns Whole New Battlefield», *Haaretz*, 3 de enero de 2010.

44. John Arquilla, «The New Rules of Engagement», *Foreign Policy*, febrero-marzo de 2010.

45. Joseph S. Nye, Jr., «Is Military Power Becoming Obsolete?», *Project Syndicate*, 13 de enero de 2010.

46. «Q and A: Mexico's Drug-Related Violence», *BBC News*, 30 de marzo de 2012, http://www.bbc.co.uk/news/world-latin-america-106812 49.

47. Thomas Rid, «Cracks in the Jihad», *The Wilson Quarterly*, invierno de 2010.

48. Hecker y Rid, «Jihadistes de tous les pays, dispersez-vous!».

7. ¿De quién será el mundo? Vetos, resistencias y filtraciones, o por qué la geopolítica está sufriendo un vuelco

1. Peter Hartcher, «Tipping Point from West to Rest Just Passed» *Sidney Morning Herald*, 17 de abril de 2012.

2. Comentarios al artículo de Hartcher del 17 de abril de 2012.

3. «Secret US Embassy Cables Revealed», Al Jazeera, 29 de noviembre de 2010.

4. Entrevista con Jessica Mathews, Washington, septiembre de 2012.

5. Entrevista con Zbigniew Brzezinski, Washington, mayo de 2012.

6. Murphy, *Are We Rome? The Fall of an Empire and the Fate of America.*

7. «Bin-Laden's Death One of Top News Stories of 21th Century», *Global Language Monitor*, 6 de mayo de 2011, http://www.languagemonitor.com/top-news/bin -ladens-death-one-of-top-news-stories-of-21th-century/.

8. Robert Fogel, «123,000,000,000,000», *Foreign Policy*, enero-febrero de 2010; véase también Dadush, *Juggernaut.*

9. Joe Leahy y Stefan Wagstyl, «Brazil Becomes Sixth Biggest Economy», *Financial Times*, 7 de marzo de 2012, p. 4.

10. Kindleberger, *The World in Depression, 1929-1939*; véase también Milner, «International Political Economy: Beyond Hegemonic Stability», *Foreign Policy*, primavera de 1998.

11. William C. Wohlforth, «The Stability of a Unipolar World», *International Security*, vol. 24, n.° 1 (1999), pp. 5-41.

12. Véase Nye, *Bound to Lead: The Changing Nature of American Power*, y Nye, *Soft Power: The Means to Success in World Politics.* En 2011, Nye publicó otro libro sobre el tema titulado *The Future of Power.*

13. Patrick, «Multilateralism and Its Discontents: The Causes and Consequences of U.S. Ambivalence».

14. Departamento de Estado de Estados Unidos, *Treaties in Force: A List of Treaties and Other International Agreements of the United States in Force on January 1, 2012*.

15. Peter Liberman, «What to Read on American Primacy», *Foreign Affairs*, 12 de marzo de 2009; véase también Stephen Brooks y William Wohlforth, «Hard Times for Soft Balancing», *International Security*, vol. 30, n.º 1 (verano de 2005), pp. 72-108.

16. Ferguson, *Colossus*.

17. Robert Kagan, «The End of the End of History», *New Republic*, 23 de abril de 2008.

18. Robert A. Pape, «Soft Balancing Against the United States», *International Security*, vol. 30, n.º 1 (verano de 2005), pp. 7-45; sobre el equilibrio blando, véase también Stephen Brooks y William Wohlforth, «Hard Times for Soft Balancing».

19. Zakaria, *The Post-American World*.

20. Randall L. Schweller, «Ennui Becomes Us», *The National Interest*, enero-febrero de 2010.

21. Douglas M. Gibler, *International Military Alliances from 1648 to 2008*.

22. Sobre la ISAF, véase Anna Mulrine, «In Afghanistan, the NATO-led Force Is "Underresourced" for the Fight Against the Taliban: When It Comes to Combat, It Is a Coalition of the Willing and Not-So-Willing», *U.S. News*, 5 de junio de 2008.

23. «Spanish Court says Venezuela Helped ETA, FARC», Reuters, 1 de marzo de 2010.

24. «Small Arms Report by the UN Secretary General, 2011», http://www.iansa.org/resource/2011/04/small-arms-report-by-the-un-secretary-general-2011.

25. Para cotejar datos sobre India y Brasil, véase «Aid Architecture: An Overview of the Main Trends in Official Development Assistance Flows», Banco Mundial, mayo de 2008.

26. Homi Kharas, «Development Assistance in the 21st Century»; véase también Waltz y Ramachandran, «Brave New World: A Literature Review of Emerging Donors and the Changing Nature of Foreign Assistance».

27. Kharas, «Development Assistance in the 21st Century».

28. *Ibid*.

29. «Aid Architecture: An Overview of the Main Trends in Official Development Assistance Flows»; véase también Homi Kharas, «Trends and Issues in Development Aid».

30. Las fuentes de los datos sobre las inversiones sur-sur se pueden ver en el capítulo 8.

31. Para más información sobre el Pew Global Attitudes Project, véase http://www.pewglobal.org/.

32. Kathrin Hille, «Beijing Makes Voice Heard in US», *Financial Times*, 14 de febrero de 2012.

33. Joshua Kurlantzick, «China's Charm: Implications of Chinese Soft Power», CEIP Policy Brief No. 47, junio de 2006; Kurlantzick, «Chinese Soft Power in Southeast Asia», *The Globalist*, 7 de julio de 2007; Loro Horta, «China in Africa: Soft Power, Hard Results», *Yale Global Online*, 13 de noviembre de 2009; Joshua Eisenman y Joshua Kurlantzick, «China's Africa Strategy», *Current History*, mayo de 2006.

34. Tharoor, «India's Bollywood Power»; véase también Tharoor, «Indian Strategic Power: Soft».

35. «India Projecting Its Soft Power Globally: ICCR Chief», *Deccan Herald* (Nueva Delhi), 7 de octubre de 2011.

36. Ibsen Martinez, «Romancing the Globe», *Foreign Policy*, 10 de noviembre de 2005; sobre el ejemplo de Corea, véase Akshita Nanda, «Korean Wave Now a Tsunami», *Straits Times*, 13 de diciembre de 2009.

37. El Anholt-GfK Roper Nation Brands Index (2012), http://www.gfkamerica.com/newsroom/press_releases/single_sites/008787/index.en.html.

38. Sam Dagher, Charles Levinson y Margaret Coker, «Tiny Kingdom's Huge Role in Libya Draws Concern», *The Wall Street Journal*, 17 de octubre de 2011.

39. Georgina Adam, «Energy—and Ambition to Match», *Financial Times*, 10 de marzo de 2012.

40. Global Security Forum, «Changing Patterns in the Use of the Veto in The Security Council», junio de 2012, http://www.globalpolicy.org/images/pdfs/Tables_and_Charts/Changing_Patterns_in_the_Use_of_the_Veto_as_of_March_16_2012.pdf.

41. «Copenhagen Summit Ends in Blood, Sweat and Recrimination», *The Telegraph*, 20 de diciembre de 2009.

42. Joshua Chaffin y Pilita Clark, «Poland Vetoes EU's Emissions Plan», *Financial Times*, 10-11 de marzo de 2012.

43. Elmer Plischke, «American Ambassadors—An Obsolete Species?

Some Alternatives to Traditional Diplomatic Representation», *World Affairs*, vol. 147, n.º 1 (verano de 1984), pp. 2-23.

44. Josef Korbel, «The Decline of Diplomacy: Have Traditional Methods Proved Unworkable in the Modern Era?», *Worldview*, abril de 1962.

45. Moisés Naím, «Democracy's Dangerous Impostors», *The Washington Post*, 21 de abril de 2007; Naím, «What Is a GONGO?», *Foreign Policy*, 18 de abril de 2007.

46. Otro ejemplo es el de Transdniestria; véase «Disinformation», *The Economist*, 3 de agosto de 2006.

47. Citado por Naím, «Democracy's Dangerous Impostors».

48. Sobre ALBA, véase Joel Hirst, «The Bolivarian Alliance of the Americas», *Council on Foreign Relations*, diciembre de 2010.

49. Joe Leahy y James Lamont, «BRICS to Debate Creation of Common Bank», *Financial Times*, marzo de 2012.

50. Sobre el minilateralismo, véase Moisés Naím, «Minilateralism: The Magic Number to Get Real International Action», *Foreign Policy*, julio-agosto de 2009. Para la respuesta de Stephen Walt, véase «On Minilateralism», foreignpolicy.com, martes 23 de junio de 2009, http://walt.foreignpolicy.com/posts/2009/06/23/on_minilateralism.

8. Gigantes asediados: ¿por qué el dominio de las grandes empresas es hoy menos seguro?

1. Entrevista con Paolo Scaroni, Barcelona, junio de 2010.

2. Los datos sobre la concentración bancaria están extraídos de la base de datos financiera de *Bloomberg* (obtenidos en agosto de 2012).

3. Jeremy Kahn, «Virgin Banker», *Bloomberg Markets*, mayo de 2012.

4. James Mackintosh, «Top 10 Hedge Funds Eclipse Banks with Profits of 28bn for Clients», *Financial Times*, 2 de marzo de 2011.

5. Mark Gongloff, «Jamie Dimon Complains More, As JPMorgan Chase Losses Eclipse $30 Billion», *The Huffington Post*, 21 de mayo de 2012.

6. Bob Moon, «Kodak Files for Bankruptcy», *Marketplace* (NPR), 19 de enero de 2012, http://www.marketplace.org/topics/business/kodak-files-bankruptcy. Lilla Zuil, «AIG's Title as World's Largest Insurer Gone Forever», *Insurance Journal*, 29 de abril de 2009.

7. Carola Frydman y Raven E. Sacks, «Executive Compensation: A New View from a Long-Term Perspective, 1936-2005», documento de trabajo de FEDS, n.º 2007-35, 6 de julio de 2007.

8. Los comentarios de John Challenger los reprodujeron Gary Strauss y Laura Petrecca en «CEOs Stumble over Ethics Violations, Mismanagement», *USA Today*, 15 de mayo de 2012, y el porcentaje de directores ejecutivos despedidos antes de la edad de jubilación procede de un sondeo de Conference Board citado por David Weidner en «Why Your CEO Could Be in Trouble», *The Wall Street Journal*, 15 de septiembre de 2011.

9. Nat Stoddard, «Expect Heavy CEO Turnover Very Soon», *Forbes*, 16 de diciembre de 2009.

10. Per-Ola Karlsson y Gary L. Neilson, «CEO Succession 2011: The New CEO's First Year», informe especial de Booz and Company en *Strategy+Business*, n.° 67 (verano de 2012); véase también Booz, Allen y Hamilton, «CEO Succession 2005: The Crest of the Wave», *Strategy+Business*, n.° 43 (verano de 2005).

11. Robert Samuelson, «The Fears Under Our Prosperity», *The Washington Post*, 16 de febrero de 2006, que cita el trabajo de Diego Comin y Thomas Philippon, «The Rise in Firm-Level Volatility: Causes and Consequences», *NBER Macroeconomics Annual*, 20 (2005), pp. 167-201 (publicado por University of Chicago Press), http:// www.jstor.org/stable/3585419.

12. «The World's Biggest Companies», *Forbes*, 18 de abril de 2012, http://www.forbes.com/sites/scottdecarlo/2012/04/18/the-worlds-biggest-companies, y http://www.forbes.com/global2000/.

13. Lynn, *Cornered: The New Monopoly Capitalism and the Economics of Destruction*; Lynn y Longman, «Who Broke America's Jobs Machine?».

14. Ghemawat, *World 3.0 Global Prosperity and How to Achieve It*, p. 91.

15. Peter Wells, «Whatever Happened to Industrial Concentration?», AutomotiveWorld.com, 19 de abril de 2010; John Kay, «Survival of the Fittest, Not the Fattest», *Financial Times*, 27 de marzo de 2003; John Kay, «Where Size Is Not Everything», *Financial Times*, 3 de marzo de 1999.

16. John Lippert, Alan Ohnsman y Rose Kim, «How Hyundai Scares the Competition», *Bloomberg Markets*, abril de 2012, p. 28.

17. Ghemawat, *World 3.0 Global Prosperity and How to Achieve It*, p. 95.

18. «Brand Rehab», *The Economist*, 8 de abril de 2010; Oxford Metrica, *Reputation Review*, 2010, www.oxfordmetrica.com/.

19. Luisa Kroll, «Forbes World's Billionaires 2012», *Forbes*, 7 de marzo de 2012, http://www.forbes.com/sites/luisakroll/2012/03/07/forbes-worlds-billionaires-2012/.

20. *Ibid.*

21. Rajeshni Naidu-Ghelani, «Chinese Billionaires Lost a Third of Wealth in Past Year, Study Shows», CNBC.com, 17 de septiembre de 2012, http://www.cnbc.com/id/49057268/Chinese_Billionaires_Lost_a_Third_of_Wealth_in_Past_Year_Study_Shows.

22. Coase, «The Nature of the Firm».

23. Este es un índice muy claro, pero no capta si existen grandes diferencias de cuota de mercado dentro de esta subserie, es decir, si hay una o dos empresas que son especialmente dominantes. El índice Herfindahl-Hirschman, que recibe su nombre de los economistas Orris C. Herfindahl y Albert O. Hirschman, remedia en parte este error de medición al dar más peso a los actores más grandes. Por ejemplo, el Departamento de Justicia de Estados Unidos utiliza este índice para decidir si conviene tomar medidas antimonopolio en un campo determinado. Para más detalles sobre este tema, véase Hirschman, «The Paternity of an Index».

24. Scott L. Baier y Jeffrey H. Bergstrand, «The Growth of World Trade: Tariffs, Transport Costs, and Income Similarity», *Journal of International Economics*, vol. 53, n.º 1 (febrero de 2001), pp. 1-27.

25. Economic and Social Commission for Asia and the Pacific, *Monograph Series on Managing Globalization: Regional Shipping and Port Development Strategies (Container Traffic Forecast)*, 2011.

26. David Goldman, «Microsoft's $6 Billion Whoopsie», *CNNMoney*, 12 de julio de 2012, http://money.cnn.com/2012/07/02/technology/microsoft-aquantive/index.htm.

27. Thom y Greif, «Intangible Assets in the Valuation Process: A Small Business Acquisition Study»; Galbreath, «Twenty-First Century Management Rules: The Management of Relationships as Intangible Assets».

28. Entrevista con Lorenzo Zambrano, Monterrey, México, 2011.

29. Véanse los informes anuales de The Gap Inc. e Inditex de 2007 a 2011.

30. Datos obtenidos de la página web corporativa de Zara: http://www.inditex.com/en/who_we_are/timeline.

31. «Zara: Taking the Lead in Fast-Fashion», *Businessweek*, 4 de abril de 2006.

32. «Retail: Zara Bridges Gap to Become World's Biggest Fashion Retailer», *The Guardian*, 11 de agosto de 2008.

33. John Helyar y Mehul Srivastava, «Outsourcing: A Passage Out of India», *Bloomberg Businessweek*, 19-25 de marzo de 2012, pp. 36-37.

34. Ben Sills, Natalie Obiko Pearson y Stefan Nicola, «Power to the People», *Bloomberg Markets*, mayo de 2012, p. 51.

35. Koeppel, *Banana: The Fate of the Fruit That Changed the World*; véase también la web de la empresa (http://chiquita.com/Our-Company/The-Chiquita-Story.aspx) y el artículo sobre Chiquita Brands en la página web de Funding Universe (http://www.fundinguniverse.com/company-histories/Chiquita-Brands-International-Inc-Company-History.html).

36. Interbrand, «Brand Valuation: The Financial Value of Brands», *Brand Papers*, http://www.brandchannel.com/papers_review.asp?sp_id=357; véase también John Gapper, «Companies Feel Benefit of Intangibles», *Financial Times*, 23 de abril de 2007.

37. Interbrand, «Best Global Brands 2011», *Brand Papers*, http://www.interbrand.com/en/best-global-brands/best-global-brands-2008/best-global-brands-2011.aspx.

38. Saxenian, «Venture Capital in the "Periphery": The New Argonauts, Global Search and Local Institution Building»; Saxenian, «The Age of the Agile»; Saxenian, «The International Mobility of Entrepreneurs and Regional Upgrading in India and China».

39. John Maraganore, citado en Glen Harris, «Bio-Europe 2007: As Big Pharma Model Falters, Biotech Rides to the Rescue», *Bioworld Today*, 13 de noviembre de 2007.

40. Kerry A. Dolan, «The Drug Research War», *Forbes*, 28 de mayo de 2004; «Big Pharma Isn't Dead, But Long Live Small Pharma», *Pharmaceutical Executive Europe*, 8 de julio de 2009; Patricia M. Danzon, «Economics of the Pharmaceutical Industry», *NBER Reporter*, otoño de 2006.

41. Quinn Norton, «The Rise of Backyard Biotech», *The Atlantic*, junio de 2011.

42. Henry W. Chesbrough, «The Era of Open Innovation», *MIT Sloan Management Review*, 15 de abril de 2003.

43. Michael Stanko *et al.*, «Outsourcing Innovation», *MIT Sloan Management Review*, 30 de noviembre de 2009; James Brian Quinn, «Outsourcing Innovation: The New Engine of Growth», *MIT Sloan Management Review*, 15 de julio de 2000.

44. «Outsourcing Innovation», *Businessweek*, 21 de marzo de 2005.

45. «Outsourcing Drug Discovery Market Experiencing Continued Growth, Says New Report», *M2 Presswire*, 4 de julio de 2008.

46. Christensen, *The Innovator's Dilemma: When New Technologies Cause Great Firms to Fail*, p. xi.

47. Estos datos están tomados de «Data on Trade and Import Barriers», en www.worldbank.org.

48. Banco Mundial, «Doing Business 2011»; véase también www.doingbusiness.org.

49. Priyanka Akhouri, «Mexico's Cinepolis Targets 40 Screens in India This Year», *Financial Express* (India), 1 de enero de 2010.

50. Entrevista con Alejandro Ramírez, Cartagena, Colombia, enero de 2012.

51. Banco Mundial, «"South-South" FDI and Political Risk Insurance: Challenges and Opportunities», *MIGA Perspectives*, enero de 2008.

52. Según *UNCTAD: World Investment Report 2012:* «Los flujos a los países desarrollados aumentaron un 21 por ciento, hasta 748.000 millones de dólares. En los países en vías de desarrollo, las inversiones extranjeras directas aumentaron un 11 por ciento, hasta la cifra récord de 684.000 millones de dólares. En las economías en transición, las IED crecieron un 25 por ciento, hasta 92.000 millones de dólares. Las economías en desarrollo y en transición representaron respectivamente el 45 por ciento y el 6 por ciento de las IED globales. Las proyecciones de la UNCTAD muestran que estos países mantendrán sus elevados niveles de inversión durante los próximos tres años» (p. xi).

53. Aykut y Goldstein, «Developing Country Multinationals: South-South Investment Comes of Age»; «South-South Investment», www.unctad.org; Peter Gammeltoft, «Emerging Multinationals: Outward FDI from the BRICS Countries», *International Journal of Technology and Globalization*, vol. 4, n.º 1 (2008), pp. 5-22.

54. Entrevista con Antoine van Agtmael, Washington, D.C., mayo de 2012.

55. «Mexico's CEMEX to Take Over Rinker», Associated Press, 8 de junio de 2007.

56. Clifford Kraus, «Latin American Companies Make Big US Gains», *The New York Times*, 2 de mayo de 2007; Frank Ahrens y Simone Baribeau, «Bud's Belgian Buyout», *The Washington Post*, 15 de julio de 2008; Peter Marsh, «Mittal Fatigue», *Financial Times*, 30 de octubre de 2008.

57. Graham Bowley, «Rivals Pose Threat to New York Stock Exchange», *The New York Times*, 14 de octubre de 2009; Jacob Bunge, «BATS Exchange Overtakes Direct Edge in February US Stock Trade», *Dow Jones Newswires*, 2 de marzo de 2010.

58. «Shining a Light on Dark Pools», *The Independent*, 22 de mayo de 2010.

59. Nina Mehta, «Dark Pools Win Record Stock Volume as

NYSE Trading Slows to 1990 Levels», *Bloomberg News*, 29 de febrero de 2012.

60. Venkatachalam Shunmugam, «Financial Markets Regulation: The Tipping Point», 18 de mayo de 2010, www.voxeu.org.

61. Institutional Investor, *Hedge Fund 100* (2012).

62. *Bloomberg Markets*, febrero de 2012, p. 36.

63. Gary Weiss, «The Man Who Made Too Much», Portfolio.com, 7 de enero de 2009.

64. Mallaby, *More Money Than God*, pp. 377-378.

65. James Mackintosh, «Dalio Takes Hedge Crown from Soros», *Financial Times*, 28 de febrero de 2012.

66. *Ibid.*

9. El poder y la pugna por conquistar almas, trabajadores y mentes

1. «Latin America Evangelism Is "Stealing" Catholic Flock», *Hispanic News*, 16 de abril de 2005.

2. Diego Cevallos, «Catholic Church Losing Followers in Droves», IPS News Agency, 21 de octubre de 2004.

3. Indira Lakshmanan, «Evangelism Is Luring Latin America's Catholics», *Boston Globe*, 8 de mayo de 2005; «Hola, Luther», *The Economist*, 6 de noviembre de 2008; Carlos G. Cano, «Lutero avanza en América Latina», *El País*, 30 de julio de 2010.

4. Hanna Rosin, «Did Christianity Cause the Crash?», *The Atlantic*, diciembre de 2009.

5. Pew Forum on Religion and Public Life, «Spirit and Power: A 10-Country Survey of Pentecostals», octubre de 2006.

6. Edir Macedo, citado en Tom Phillips, «Solomon's Temple in Brazil Would Put Christ the Redeemer in the Shade», *The Guardian*, 21 de julio de 2010.

7. Alexei Barrionuevo, «Fight Nights and Reggae Pack Brazilian Churches», *The New York Times*, 15 de septiembre de 2009.

8. Richard Cimino, «Nigeria: Pentecostal Boom—Healing or Reflecting a Failing State?» *Religion Watch*, 1 de marzo de 2010.

9. Pew Forum on Religion and Public Life, «Global Christianity: A Report on the Size and Distribution of the World's Christian Population», diciembre de 2011.

10. *Ibid.*

11. Pew Forum on Religion and Public Life, «Faith on the Move: The Religious Affiliation of International Migrants», marzo de 2012.

12. Larry Rohter, «As Pope Heads to Brazil, a Rival Theology Persists», *The New York Times*, 7 de mayo de 2007.

13. Diego Cevallos, «Catholic Church Losing Followers in Droves», IPS News Agency, 21 de octubre de 2004; véase también «In Latin America, Catholics Down, Church's Credibility Up», Catholic News Service, 23 de junio de 2005.

14. «The Battle for Latin America's Soul», *Time*, 24 de junio de 2001.

15. Allen, *The Future Church*, p. 397.

16. «Pentecostals Find Fertile Ground in Latin America», BBC Radio 4 Crossing Continents, www.bbc.co.uk.

17. Indira Lakshmanan, «Evangelism Is Luring Latin America's Catholics», *Boston Globe*, 8 de mayo de 2005.

18. Sobre el auge y la posición ventajosa de los evangélicos, véase André Corten, «Explosion des pentecôtismes africains et latino-américains», *Le Monde Diplomatique*, diciembre de 2001, y Peter Berger, «Pentecostalism: Protestant Ethic or Cargo Cult?», *The American Interest*, 29 de julio de 2010.

19. Alexander Smoltczyk, «The Voice of Egypt's Muslim Brotherhood», *Spiegel*, 15 de febrero de 2011; véase también John Esposito e Ibrahim Kalin, «The 500 Most Influential Muslims in the World in 2009», Edmund A. Walsh School of Foreign Service, Universidad de Georgetown. (El jeque doctor Yusuf al-Qaradawi, director de la Unión Internacional de Estudiosos Musulmanes, es el noveno de la lista.)

20. Harold Meyerson, «When Unions Disappear», *The Washington Post*, 13 de junio de 2012.

21. Sobre los datos de las tendencias en afiliación sindical en Europa, véase Sonia McKay, «Union Membership and Density Levels in Decline», *EIROnline*, Eurofound Document ID No. EU0603029I 01-09-2006 (puede descargarse en http://www.eurofound.europa.eu/eiro/2006/03/articles/eu0603029i.htm), y J. Visser, «Union Membership Statistics in 24 Countries», *Monthly Labor Review*, vol. 129, n.º 1, enero de 2006), http://www.bls.gov/opub/mlr/2006/01/art3abs.htm.

22. Alasdair Roberts, «Can Occupy Wall Street Replace the Labor Movement?» *Bloomberg*, 1 de mayo de 2012.

23. Para más información sobre Stern, véase Harold Meyerson, «Andy Stern: A Union Maverick Clocks Out», *The Washington Post*, 14 de abril de 2010.

24. Steven Greenhouse, «Janitors' Union, Recently Organized, Strikes in Houston», *The New York Times*, 3 de noviembre de 2006.

25. Sobre el movimiento sindical en China, véase David Barboza y Keith Bradsher, «In China, Labor Movement Enabled by Technology», *The New York Times*, 16 de junio de 2010, y Edward Wong, «As China Aids Labor, Unrest Is Still Rising», *The New York Times*, 20 de junio de 2010.

26. Richard Sullivan, «Organizing Workers in the Space Between Unions», documento de la American Sociological Association, 17 de enero de 2008.

27. OCDE, «Development Aid: Total Official and Private Flows Net Disbursements at Current Prices and Exchange Rates» (Table 5), París, 4 de abril de 2012, http://www.oecd-ilibrary.org/development/development-aid-total-official-and-private-flows_20743866-table5.

28. Giving USA Foundation, *Giving USA 2011: The Annual Report on Philanthropy for the Year 2010*, www.givingusareports.org.

29. Estas cifras están tomadas de los informes anuales del Foundation Center, disponibles en internet en www.foundationcenter.org/findfunders/.

30. James M. Ferris y Hilary J. Harmssen, *California Foundations 1999-2009: Growth Amid Adversity*, The Center on Philanthropy and Public Policy, University of Southern California.

31. De nuevo, véase Foundation Center en http://foundationcenter.org/findfunders/.

32. Raj M. Desai y Homi Kharas, «Do Philanthropic Citizens Behave Like Governments? Internet-Based Platforms and the Diffusion of International Private Aid», Wolfensohn Center for Development at Brookings, documento de trabajo n.º 12, octubre de 2009.

33. Moyo, *Dead Aid*.

34. Tom Munnecke también ha opinado sobre el tema de la «microfilantropía»: véase Tom Munnecke y Heather Wood Ion, «Towards a Model of Micro-Philanthropy», 21 de mayo de 2002, www.givingspace.org.

35. Jacqueline Novogratz, citada en Richard C Morais, «The New Activist Givers», *Forbes*, 1 de junio de 2007, http://www.forbes.com/2007/06/01/philanthropy-wealth-foundation-pf-philo-in_rm_0601philanthropy_inl.html.

36. Pew Research Center, «State of the News Media 2012», 19 de marzo de 2012.

37. Bagdikian, *The New Media Monopoly*.

38. Amelia H. Arsenault y Manuel Castells, «The Structure and Dynamics of Global Multi-Media Business Networks», *International Journal of Communication*, n.º 2 (2008), pp. 707-748.

39. Bruce C. Greenwald, Jonathan A. Knee y Ava Seave, «The Moguls' New Clothes», *The Atlantic*, octubre de 2009.

40. Pew Research Center, «State of the News Media 2012», 19 de marzo de 2012.

41. Arsenault y Castells, «The Structure and Dynamics of Global Multi-Media Business Networks».

42. Michael Kinsley, «All the News That's Fit to Pay For», *The Economist: The World in 2010*, diciembre de 2010, p. 50.

43. Christine Haughney, «"Huffington Post" Introduces Its Online Magazine», *The New York Times*, 12 de junio de 2012.

44. «The Trafigura Fiasco Tears Up the Textbook», *The Guardian*, 14 de octubre de 2009; «Twitterers Thwart Effort to Gag Newspaper», *Time*, 13 de octubre de 2009.

45. Pew Research Center, «State of the News Media 2012», 19 de marzo de 2012.

10. La degradación del poder: ¿el vaso está medio lleno o medio vacío?

1. Yu Liu y Dingding Chen, «Why China Will Democratize», *The Washington Quarterly* (invierno de 2012), pp. 41-62; entrevista con el profesor Minxin Pei, Washington, D.C., 15 de junio de 2012.

2. Fareed Zakaria ofreció la mejor síntesis de este tema en su libro de 2003 *The Future of Freedom: Illiberal Democracy at Home and Abroad.*

3. Huntington, *Political Order in Changing Societies*, p. 8.

4. El título del éxito de ventas de Thomas Friedman *The World Is Flat* capta lo extendido que ha sido este cambio: cómo la difusión del poder ha alterado drásticamente el paisaje empresarial y comercial del mundo. Friedman indica también de forma elocuente las consecuencias de estos cambios (véanse en particular las pp. 371-414).

5. Documento el ascenso de un nuevo tipo de redes delictivas transnacionales y sus importantes consecuencias para el orden mundial y nuestras vidas cotidianas en *Illicit: How Smugglers, Traffickers and Copycats are Hijacking the Global Economy.* Y trato los efectos de la crisis financiera internacional en la delincuencia mundial y la creciente criminalización de los

gobiernos en «Mafia States: Organized Crime Takes Office», *Foreign Affairs*, mayo-junio de 2012.

6. Francis Fukuyama, «Oh for a Democratic Dictatorship and Not a Vetocracy», *Financial Times*, 22 de noviembre de 2011.

7. Peter Orszag, «Too Much of a Good Thing: Why We Need Less Democracy», *The New Republic*, 6 de octubre de 2011, pp. 11-12.

8. Olson, *The Logic of Collective Action: Public Goods and the Theory of Groups.*

9. Burckhardt, *The Greeks and Greek Civilization.*

10. Morozov, «The Brave New World of Slacktivism», *Foreign Policy*, 19 de mayo de 2009, http://neteffect.foreignpolicy.com/posts/2009/05/19/the_brave_new_world_of_slacktivism; véase también Morozov, *The Net Delusion: The Dark Side of Internet Freedom.*

11. Malcolm Gladwell, «Small Change: Why the Revolution Will Not Be Tweeted», *The New Yorker*, 4 de octubre de 2010, http://www.newyorker.com/reporting/2010/10/04/101004fa_fact_gladwell.

12. Émile Durkheim, *Suicide*, Free Press, Nueva York, 1951; primera edición de 1897.

13. Stephen Marche, «Is Facebook Making Us Lonely?», *The Atlantic*, mayo de 2012.

11. El poder se degrada. ¿Y eso qué importa? ¿Qué podemos hacer?

1. Varios autores influyentes alegan que, a pesar de la proliferación de otras potencias en la escena internacional, Estados Unidos seguirá siendo la predominante debido a varias características: su capacidad militar, unida a la falta de ambiciones territoriales (Robert D. Kaplan, *Monsoon*), su mezcla de poder «blando» e «inteligente» (Joseph Nye, *The Future of Power*) y su energía y evolución internas gracias al espíritu emprendedor, la inmigración y la libertad de expresión (como afirma un Robert Kaplan diferente en *The World America Made*). Por el contrario, Fareed Zakaria, autor de *The Post-American World*, mantiene que Estados Unidos ya no es la potencia suprema pese a que sigue liderando un mundo multipolar, gracias a su posición en lo alto de las clasificaciones por tener una de las economías más competitivas, el mayor número de universidades entre las mejores del mundo y otros activos extraordinarios. ¿Por qué? En parte, porque su generación actual de políticos quizá no esté a la altura de las posibilidades (véase también Fareed Zakaria, «The Rise of the Rest», *Newsweek*, 12 de mayo de 2008).

2. Kupchan, *No One's World: The West, the Rising Rest, and the Coming Global Turn.*

3. Bremmer, *Every Nation for Itself: Winners and Losers in a G-Zero World*, p. 1.

4. Brzezinski, *Strategic Vision: America and the Crisis of Global Power.*

5. Francis Fukuyama, «Oh for a Democratic Dictatorship and Not a Vetocracy», *Financial Times*, 22 de noviembre de 2011.

6. La última iniciativa multilateral respaldada por un gran número de países se produjo en el año 2000, cuando 192 naciones firmaron la Declaración del Milenio de Naciones Unidas, una ambiciosa lista de ocho objetivos que iban desde reducir a la mitad la pobreza extrema en el mundo hasta detener la propagación del sida y proporcionar educación primaria universal, todo ello antes de 2015. El último acuerdo comercial que englobó a muchos países se remonta a 1994, cuando 123 estados se reunieron para negociar la creación de la Organización Mundial de Comercio y acordaron una nueva serie de reglas para el comercio internacional. Desde entonces, todos los intentos de alcanzar un acuerdo comercial mundial han fracasado. Lo mismo ocurre con los esfuerzos multilaterales por poner fin a la proliferación nuclear: el último acuerdo internacional importante de no proliferación se firmó en 1995, cuando 185 países acordaron adoptar de forma permanente el tratado de no proliferación existente. En la década y media transcurrida desde entonces, no solo las iniciativas multilaterales han fracasado sino que India, Pakistán y Corea del Norte han dejado patente su estatus de potencias nucleares. En medio ambiente, 184 países han ratificado el Protocolo de Kioto, un acuerdo global que pretendía reducir las emisiones de gases de efecto invernadero, desde su aprobación en 1997, pero Estados Unidos, el segundo mayor contaminante después de China, no lo ha hecho, y muchos firmantes han incumplido sus objetivos. Para un análisis más profundo de estos temas, véase mi artículo «Minilateralism: The Magic Number to Get Real International Action», *Foreign Policy*, julio-agosto de 2009.

7. Mathews, «Saving America».

8. Gallup Inc., *The World Poll* (varios años); Pew Research Center, http://pewresearch.org/topics/publicopinion/, Program on International Policy Attitudes, Universidad de Maryland; Eurobarómetro, http://ec.europa.eu/public_opinion/index_en.htm; LatinoBarometro, http://www.latinobarometro.org/latino/latino barometro.jsp.

9. Henry Steele Commager, citado en Moyers, *A World of Ideas: Conversations with Thoughtful Men and Women About American Life Today and the Ideas Shaping Our Future*, p. 232.

Apéndice

1. Sitúo el punto de partida en 1972 debido a la disponibilidad de datos. El Índice de Freedom House abarca el período entre 1972 y 2008.

2. La clasificación regional es la que utiliza el Banco Mundial.

3. El Polity Project excluye a los países con menos de cien mil habitantes.

4. A efectos de este análisis, solo he incluido los países originales de la OCDE. México, Chile, Turquía, Corea del Sur, la República Checa y Polonia no están incluidos en el grupo OCDE.

Bibliografía*

Adams, Henry, *The Education of Henry Adams: An Autobiography*, Houghton Mifflin, Boston, 1918. [Hay trad. cast.: *La educación de Henry Adams*, Alba, Barcelona, 2001.]

Aday, Sean, Henry Farrell, Marc Lynch, John Sides y Deen Freelon, «New Media and Conflict After the Arab Spring», *Peaceworks*, n.° 80 (2012).

Allen, John L., Jr., *The Future Church*, Nueva York, Doubleday, 2009.

Al-Munajjed, Mona *et al.*, «Divorce in Gulf Cooperation Council Countries: Risks and Implications», *Strategy+Business*, Booz and Co., noviembre de 2010.

Ansell, Christopher, y Jane Gingrich, «Trends in Decentralization», en Bruce Cain *et al.*, eds., *Democracy Transformed? Expanding Political Opportunities in Advanced Industrial Democracies*, Oxford University Press, Nueva York, 2003.

Aristovnik, Aleksander, «Fiscal Decentralization in Eastern Europe: A Twenty-Year Perspective», documento de MRPA n.° 39.316, Biblioteca Universitaria de Munich (2012).

Arquilla, John, *Insurgents, Raiders and Bandits: How Masters of Irregular Warfare Have Shaped Our World*, Ivan R. Dee, Lanham, Maryland, 2011.

Arreguín-Toft, Ivan, «How a Superpower Can End Up Losing to the Little Guys», *Nieman Watchdog*, marzo de 2007.

—, «How the Weak Win Wars: A Theory of Asymmetric Conflict», *International Security*, vol. 26, n.° 1 (2001).

Arsenault, Amelia H., y Manuel Castells, «The Structure and Dynamics of Global Multi-Media Business Networks», *International Journal of Communication*, n.° 2 (2008).

* Las citas completas de periódicos y otros artículos no reflejadas aquí aparecen en las notas de cada capítulo.

Aykut, Dilek, y Andrea Goldstein, «Developing Country Multinationals: South-South Investment Comes of Age», en David O'Connor y Monica Kjöllerström, eds., *Industrial Development for the 21st Century*, Zed Books, Nueva York, 2008.

Bagdikian, Ben H., *The New Media Monopoly*, Beacon Press, Boston, Massachusetts, 2004. [Hay trad. cast.: *El monopolio de los medios de difusión*, FCE, México, 1986.]

Baier, Scott L., y Jeffrey H. Bergstrand, «The Growth of World Trade: Tariffs, Transport Costs, and Income Similarity», *Journal of International Economics*, vol. 53, n.º 1 (2001).

Banco Mundial, «Aid Architecture: An Overview of the Main Trends in Official Development Assistance Flows», International Development Association, Resource Mobilization, febrero de 2007.

—, «Doing Business», 2011.

—, «South-South FDI and Political Risk Insurance: Challenges and Opportunities», *MIGA Perspectives*, enero de 2008.

—, «World Development Indicators Database», 2011.

—, «World Development Report 2009: Reshaping Economic Geography» (2009).

Barnett, Michael, y Raymond Duvall, «Power in International Politics», *International Organization*, n.º 59 (invierno de 2005).

Bremmer, Ian, *Every Nation for Itself: Winners and Losers in a G-Zero World*, Portfolio Penguin, Nueva York, 2012.

Brzezinski, Zbigniew, *Strategic Vision: America and the Crisis of Global Power*, Basic Books, Nueva York, 2012.

Bueno de Mesquita, Bruce, Alastair Smith, Randolph M. Siverson y James D. Morrow, *The Logic of Political Survival*, MIT Press, Cambridge, Massachusetts, 2003.

Burckhardt, Jacob, *The Greeks and Greek Civilization*, St. Martin's Griffin, Nueva York, 1999. [Hay trad. cast.: *Historia de la cultura griega*, Iberia, Barcelona, 2006.]

Burr, Barry, «Rise in CEO Turnover», *Pensions and Investments*, 15 de octubre de 2007.

Burt, Andrew, «America's Waning Military Edge», *Yale Journal of International Affairs*, marzo de 2012.

Carey, John M., y John Polga-Hecimovich, «Primary Elections and Candidate Strength in Latin America», *The Journal of Politics*, vol. 68, n.º 3 (2006).

Chandler, Alfred P., *Scale and Scope: The Dynamics of Industrial Capitalism*, Harvard University Press, Cambridge, Massachusetts, 1990.

—, *The Visible Hand: The Managerial Revolution in American Business*, Harvard University Press, Cambridge, Massachusetts, 1977.

Chesbrough, Henry W., «The Era of Open Innovation», *MIT Sloan Management Review*, abril de 2003.

Christensen, Clayton, *The Innovator's Dilemma: When New Technologies Cause Great Firms to Fail*, Harvard Business Review Press, Cambridge, Massachusetts, 1997.

Chua, Amy, *World on Fire: How Exporting Free Market Democracy Breeds Ethnic Hatred and Global Instability*, Anchor, Nueva York, 2004. [Hay trad. cast.: *El mundo en llamas: los males de la globalización*, Ediciones B, Barcelona, 2003.]

Churchill, Winston, *The Second World War*, Mariner Books, Londres, 1948. [Hay trad. cast.: *La Segunda Guerra Mundial*, La Esfera de los Libros, Madrid, 2009.]

Coase, Ronald H., «The Nature of the Firm», *Economica*, vol. 4, n.° 16 (1937).

Comin, Diego, y Thomas Philippon, «The Rise in Firm-Level Volatility: Causes and Consequences», *NBER Macroeconomics Annual*, n.° 20 (2005).

Consejo Nacional de Inteligencia, Oficina del Director de Inteligencia Central, *Global Trends 2030: Alternative Worlds*, Washington, D.C. (2012).

Cronin, Patrick M., *Global Strategic Assessment 2009: America's Security Role in a Changing World*, publicado para el Instituto de Estudios Estratégicos por la National Defense University Press, Washington, D.C., 2009.

Dadush, Uri, *Juggernaut*, Carnegie Endowment, Washington, D.C., 2011.

Dahl, Robert A., «The Concept of Power», *Behaviorial Science*, vol. 2, n.° 3 (1957).

Dalton, Russell, y Mark Gray, «Expanding the Electoral Marketplace», en Bruce Cain *et al.*, eds., *Democracy Transformed? Expanding Political Opportunities in Advanced Industrial Democracies*, Oxford University Press, Nueva York, 2003.

Damgaard, Erik, «Cabinet Termination», en Kaare Strom, Wolfgang C. Muller y Torbjörn Bergman, eds., *Cabinets and Coalition Bargaining: The Democratic Life Cycle in Western Europe*, Oxford University Press, Nueva York, 2010.

De Lorenzo, Mauro, y Apoorva Shah, «Entrepreneurial Philanthropy in the Developing World», American Enterprise Institute (2007).

Demsetz, Harold, «Barriers to Entry», Departamento de Debate Económico de la UCLA, documento de trabajo n.° 192, enero de 1981.

Departamento de Defensa de Estados Unidos, *Fiscal Year 2012 Budget Request*, febrero de 2012.

Departamento de Estado de Estados Unidos, *Treaties in Force: A List of Treaties and Other International Agreements of the United States in Force*, 1 de enero de 2012.

Desai, Raj M., y Homi Kharas, «Do Philanthropic Citizens Behave Like Governments? Internet-Based Platforms and the Diffusion of International Private Aid», Wolfensohn Center for Development Working Papers, Washington, D.C., octubre de 2009.

Dhar, Sujoy, «More Indian Women Postponing Motherhood», InterPress Service, mayo de 2012.

Diamond, Larry, «Can the Whole World Become Democratic? Democracy, Development and International Politics», Center for the Study of Democracy, UC Irvine, abril de 2003.

Diamond, Larry, y Marc F. Plattner, *Liberation Technology: Social Media and the Struggle for Democracy*, Johns Hopkins University Press, Baltimore, 2012.

Domhoff, G. William, *Who Rules America? Challenges to Corporate and Class Dominance*, McGraw-Hill, Nueva York, 2009. [Hay trad. cast.: *¿Quién gobierna Estados Unidos?*, Siglo XXI, México, 1969.]

Economic and Social Commission for Asia and the Pacific, *Monograph Series on Managing Globalization: Regional Shipping and Port Development Strategies (Container Traffic Forecast)*, 2011.

Eisenman, Joshua, y Joshua Kurlantzick, «China's Africa Strategy», *Current History*, mayo de 2006.

Ferguson, Niall, *Colossus*, Penguin Books, Nueva York, 2004. [Hay trad. cast.: *Coloso*, Debate, Barcelona, 2005.]

Ferris, James M., y Hilary J. Harmssen, «California Foundations: 1999-2009—Growth Amid Adversity», The Center on Philanthropy and Public Policy, University of Southern California, 2012.

Freedom House, *Freedom in the World: Political Rights and Civil Liberties 1970-2008*, Freedom House, Nueva York, 2010.

Frey, William H., *Diversity Explosion: How New Racial Demographics Are Remaking America*, Brookings Institution Press, Washington, D.C., 2013.

Friedman, Thomas, *The Lexus and the Olive Tree*, Anchor Books, Nueva York, 2000.

—, *The World Is Flat: A Brief History of the Twenty-First Century*, Farrar, Straus & Giroux, Nueva York, 2005. [Hay trad. cast.: *La Tierra es plana: breve historia del mundo globalizado del siglo XXI*, Martínez Roca, Madrid, 2006.]

Frydman, Carola, y Raven E. Sacks, «Executive Compensation: A New

View from a Long-Term Perspective, 1936-2005», documento de trabajo de FEDS, n.º 2007-35, julio de 2007.

Galbreath, Jeremy, «Twenty-First Century Management Rules: The Management of Relationships as Intangible Assets», *Management Decision*, vol. 40, n.º 2 (2002).

Gammeltoft, Peter, «Emerging Multinationals: Outward FDI from the BRICS Countries», *International Journal of Technology and Globalization*, vol. 4, n.º 1 (2008).

Ghemawat, Pankaj, *World 3.0 Global Prosperity and How to Achieve It*, Harvard Business Review Press, Boston, Massachusetts, 2011. [Hay trad. cast.: *Mundo 3.0: la prosperidad global y las vías para alcanzarla*, Deusto, Barcelona, 2011.]

Gibler, Douglas M., *International Military Alliances from 1648 to 2008*, Congressional Quarterly Press, Washington, D.C., 2010.

Gitlin, Todd, *Occupy Nation: The Roots, the Spirit, and the Promise of Occupy Wall Street*, HarperCollins, Nueva York, 2012.

Golder, Matt, «Democratic Electoral Systems Around the World», *Electoral Studies* (2004).

Goldstein, Joshua, y Juliana Rotich, «Digitally Networked Technology in Kenya's 2007-2008 Post-Election Crisis», Berkman Center Research Publication, septiembre de 2008.

«Growth in United Nations Membership, 1945-Present», http://www.un.org/en/members/growth.shtml.

Habbel, Rolf, Paul Kocourek y Chuck Lucier, «CEO Succession 2005: The Crest of the Wave», *Strategy+Business*, Booz and Co., mayo de 2006.

Hecker, Marc, y Thomas Rid, «Jihadistes de tous les pays, dispersez-vous!», *Politique Internationale*, n.º 123 (2009).

—, *War 2.0. Irregular Warfare in the Information Age*, Praeger Security International, Nueva York, 1999.

Hirschman, Albert O., «The Paternity of an Index», *American Economic Review*, vol. 54, n.º 5 (1964).

Hobbes, Thomas, *Leviathan*, Penguin, Londres, 1988. [Hay trad. cast.: *Leviatán*, Alianza, Madrid, 1999.]

Hooper, David, y Kenneth Whyld, *Oxford Companion to Chess*, Oxford University Press, Nueva York y Oxford, 1992.

Horta, Loro, «China in Africa: Soft Power, Hard Results», Yale Global Online, 13 de noviembre de 2009.

Howe, Irving, «This Age of Conformity», *Partisan Review*, vol. 21, n.º 1 (1954).

Huntington, Samuel, *Political Order in Changing Societies*, Yale University Press, New Haven, 1968. [Hay trad. cast.: *El orden político en las sociedades en cambio*, Paidós, Buenos Aires, 1990.]

Inglehart, Ronald, y Christian Welzel, *Modernization, Cultural Change and Democracy*, Cambridge University Press, Nueva York y Cambridge, 2005.

Interbrand, «Best Global Brands 2011», *Brand Papers*, 2011.

—, «Brand Valuation: The Financial Value of Brands», *Brand Papers*, 2011.

Jarvis, Michael, y Jeremy M. Goldberg, «Business and Philanthropy: The Blurring of Boundaries», *Business and Development*, Discussion Paper No. 9 (2008).

Johnson, David E., *et al.*, «Preparing and Training for the Full Spectrum of Military Challenges: Insights from the Experience of China, France, the United Kingdom, India and Israel», National Defense Research Institute (2009).

Johnson, Simon, y James Kwak, *13 Bankers: The Wall Street Takeover and the Next Financial Meltdown*, Pantheon, Nueva York, 2010.

Kaplan, Robert, *The World America Made*, Knopf, Nueva York, 2012.

Kaplan, Robert D., *Monsoon: The Indian Ocean and the Future of American Power*, Random House, Nueva York, 2011.

—, *The Coming Anarchy: Shattering the Dreams of the Post-Cold War*, Vintage, Nueva York, 2001. [Hay trad. cast.: *La anarquía que viene: la destrucción de los sueños de la posguerra fría*, Ediciones B, Barcelona, 2000.]

Kaplan, Steven N., y Bernadette A. Minton, «How Has CEO Turnover Changed? Increasingly Performance Sensitive Boards and Increasingly Uneasy CEOs», documento de trabajo de NBER n.° 12.465, agosto de 2006.

Karlsson, Per-Ola, y Gary L. Neilson, «CEO Succession 2011: The New CEO's First Year», *Strategy+Business*, Booz and Co., verano de 2012.

Kaza, Greg, «The Economics of Political Competition», *NRO Financial*, 17 de diciembre de 2004.

Kenig, Ofer, «The Democratization of Party Leaders' Selection Methods: Canada in Comparative Perspective», ponencia de la Canadian Political Science Association, mayo de 2009.

Kharas, Homi, «Development Assistance in the 21st Century», contribución al VIII Foro de Salamanca», «La lucha contra el hambre y la pobreza», 2-4 de julio de 2009.

—, «Trends and Issues in Development Aid», Brookings Institution, Washington, D.C., noviembre de 2007.

Kindleberger, Charles P., *The World in Depression, 1929-1939*, University of California Press, Berkeley, 1973. [Hay trad. cast.: *La crisis económica: 1929-1939*, Capitán Swing, Madrid, 2009.]

Koeppel, Dan, *Banana: The Fate of the Fruit That Changed the World*, Plume Publishing, Nueva York, 2008.

Korbel, Josef, «The Decline of Democracy», *Worldview*, abril de 1962.

Kupchan, Charles A., *No One's World: The West, the Rising Rest, and the Coming Global Turn*, Oxford University Press, Nueva York, 2012.

Kurlantzick, Joshua, «China's Charm: Implications of Chinese Soft Power», Carnegie Endowment for International Peace Policy Brief 47, junio de 2006.

—, «Chinese Soft Power in Southeast Asia», *The Globalist*, julio de 2007.

LaFeber, Walter, *The Cambridge History of American Foreign Relations, Vol. 2: The American Search for Opportunity, 1865-1913*, Cambridge University Press, Cambridge, Massachusetts, 1995.

Larkin, Philip, «Annus Mirabilis», *Collected Poems*, Farrar, Straus & Giroux, Nueva York, 1988.

Leebaert, Derek, *The Fifty-Year Wound: The True Price of America's Cold War Victory*, Little, Brown and Company, Boston, 2002.

Lewis, Myrddin John, Roger Lloyd-Jones, Josephine Maltby y Mark Matthews, *Personal Capitalism and Corporate Governance: British Manufacturing in the First Half of the Twentieth Century*, Ashgate Farnham, Surrey, Reino Unido, 2011.

Lind, William S., Keith Nightengale, John F. Schmitt, Joseph W. Sutton y Gary I. Wilson, «The Changing Face of War: Into the Fourth Generation», *Marine Corps Gazette* (1989).

Lynn, Barry, *Cornered: The New Monopoly Capitalism and the Economics of Destruction*, Wiley, Nueva York, 2010.

—, y Phillip Longman, «Who Broke America's Jobs Machine?», *Washington Monthly*, marzo-abril de 2010.

Machiavelli, Niccolo, *The Prince*, Bantam Books, Nueva York, 1984. [Hay trad. cast.: *El Príncipe*, Ariel, Barcelona, 2013.]

MacMillan, Ian, *Strategy Formulation: Political Concepts*, West Publishing, St. Paul, Minesotta, 1978.

Mallaby, Sebastian, *More Money Than God*, Penguin, Nueva York, 2010.

Mann, Thomas, y Norman Ornstein, *It's Even Worse Than It Looks: How The American Constitutional System Collided with the New Politics of Extremism*, Basic Books, Nueva York, 2012.

Marshall, Monty G., Keith Jaggers y Ted Robert Gurr, «Political Regime

Characteristics and Transitions, 1800-2010» (2010), Polity IV Project, http://www.systemicpeace.org/polity/polity4.htm.

Marx, Karl, y Friedrich Engels, *The Communist Manifesto*, Verso, Nueva York, reimpr. de 1998. [Hay trad. cast.: *Manifiesto comunista*, Alianza, Madrid, 2011.]

Mathews, Jessica, «Saving America», Conferencia sobre liderazgo ciudadano en la Fundación Thomas Jefferson, Universidad de Virginia, 13 de abril de 2012.

McLean, Iain, y Alistair McMillan, *The Concise Oxford Dictionary of Politics*, Oxford University Press, Oxford, 2009.

McNeill, William H., *The Pursuit of Power*, University of Chicago Press, Chicago, 1982. [Hay trad. cast.: *La búsqueda del poder*, Siglo XXI, Madrid, 1989.]

Micklethwait, John, y Adrian Wooldridge, *The Company: A Short History of a Revolutionary Idea*, Random House, Nueva York, 2003.

Mills, C. Wright, *The Power Elite*, Oxford University Press, Oxford y New York, 2000. [Hay trad. cast.: *La élite del poder*, FCE, México, 1993.]

—, *White Collar: The American Middle Classes*, Oxford University Press, Nueva York, 2002. [Hay trad. cast.: *White Collar. Las clases medias en Norteamérica*, Aguilar, Madrid, 1973.]

Mommsen, Wolfgang, «Max Weber in America», *American Scholar*, 22 de junio de 2000.

Morozov, Evgeny, *The Net Delusion: The Dark Side of Internet Freedom*, PublicAffairs, Nueva York, 2011. [Hay trad. cast.: *El desengaño de internet: los mitos de la libertad en la red*, Destino, Barcelona, 2012.]

Moyers, Bill, *A World of Ideas: Conversations with Thoughtful Men and Women About American Life Today and the Ideas Shaping Our Future*, Doubleday, Nueva York, 1989.

Moyo, Dambisa, *Dead Aid: Why Aid Is Not Working and How There Is a Better Way for Africa*, Farrar, Straus & Giroux, Nueva York, 2009.

Murphy, Cullen, *Are We Rome? The Fall of an Empire and the Fate of America*, Mariner Books, Boston, 2007.

Nadeem, Shehzad, *Dead Ringers: How Outsourcing Is Changing the Way Indians Understand Themselves*, Princeton University Press, Princeton, 2011.

Naím, Moisés, *Illicit: How Smugglers, Traffickers and Copycats Are Hijacking the Global Economy*, Doubleday, Nueva York, 2005. [Hay trad. cast.: *Ilícito*, Debate, Barcelona, 2006.]

Narud, Hanne Marthe, y Henry Valen, «Coalition Membership and Electoral Performance», en Kaare Strom, Wolfgang C. Muller y Torbjörn

Bergman, eds., *Cabinets and Coalition Bargaining: The Democratic Life Cycle in Western Europe*, Oxford University Press, Nueva York, 2010.

Nietzsche, Friedrich, *Thus Spoke Zaratustra*, Dover Publications, Mineola, 1999. [Hay trad. cast.: *Así habló Zaratustra*, Planeta, Barcelona, 2001.]

Norris, Pippa, ed., *Critical Citizens: Global Support for Democratic Government*, Oxford University Press, Oxford, 1999.

Nye, Joseph S., Jr., *Bound To Lead: The Changing Nature of American Power*, Basic Books, Nueva York, 1991. [Hay trad. cast.: *La naturaleza cambiante del poder norteamericano*, Grupo Editor Lationamericano, Buenos Aires, 1991.]

—, *The Future of Power*, PublicAffairs, Nueva York, 2011.

—, *Soft Power: The Means to Success in World Politics*, PublicAffairs, Nueva York, 2005.

Olson, Mancur, *The Logic of Collective Action: Public Goods and the Theory of Groups*, Harvard University Press, Cambridge, Massachusetts, 1971. [Hay trad. cast.: *La lógica de la acción colectiva: bienes públicos y la teoría de grupos*, Limusa, México, 1992.]

Pape, Robert A., «Soft Balancing Against the United States», *International Security*, vol. 30, n.º 1 (2005).

Patrick, Stewart, «Multilateralism and Its Discontents: The Causes and Consequences of U.S. Ambivalence», en Stewart Patrick y Shepard Forman, eds., *Multilateralism and U.S. Foreign Policy*, Lynne Reiner, Boulder, Colorado, 2001.

Pew Research Center, «State of the News Media 2012», 19 de marzo de 2012.

Pharr, Susan, y Robert Putnam, *Disaffected Democracies: What's Troubling the Trilateral Countries*, Princeton University Press, Princeton, 2000.

Quinn, James Brian, «Outsourcing Innovation: The New Engine of Growth», *MIT Sloan Management Review*, 15 de julio de 2000.

Reynolds, Glenn, *An Army of Davids: How Markets and Technology Empower Ordinary People to Beat Big Media, Big Government, and Other Goliaths*, Thomas Nelson, Nueva York, 2006.

Rid, Thomas, «Cracks in the Jihad», *The Wilson Quarterly*, invierno de 2010.

Riesman, David, Nathan Glazer y Reuel Denney, *The Lonely Crowd: A Study of the Changing American Character*, Yale University Press, New Haven, 1950.

Robson, Gary, *Chess Child: The Story of Ray Robson, America's Youngest Grandmaster*, Nipa Hut Press, Seminole, Florida, 2010.

Runyon, Damon, *On Broadway*, Picador, Nueva York, 1975. [Hay trad. cast.: *Incidente en Broadway y otras historias*, Versal, Barcelona, 1992.]

Saez, Emmanuel, «Striking It Richer: The Evolution of Top Incomes in the United States», University of California Press, Berkeley, marzo de 2012.

Sala i Martín, Xavier, y Maxim Pinkovskiy, «African Poverty Is Falling... Much Faster Than You Think!», documento de trabajo de NBER n.º 15.775, febrero de 2010.

Saxenian, AnnaLee, «The Age of the Agile», en S. Passow y M. Runnbeck, eds., *What's Next? Strategic Views on Foreign Direct Investment*, ISA y UNCTAD, Jönköping, Suecia, 2005.

—, *The New Argonauts: Regional Advantage in a Global Economy*, Harvard University Press, Cambridge, Massachusetts, 2006.

—, «The International Mobility of Entrepreneurs and Regional Upgrading in India and China», en Andrés Solimano, ed., *The International Mobility of Talent: Types, Causes, and Development Impact*, Oxford University Press, Oxford, 2008.

—, «Venture Capital in the "Periphery": The New Argonauts, Global Search and Local Institution Building», *Economic Geography*, vol. 84, n.º 4 (2008).

Scaff, Lawrence A., *Max Weber in America*, Princeton University Press, Princeton, 2011.

Schumpeter, J. A., *Essays: On Entrepreneurs, Innovations, Business Cycles, and the Evolution of Capitalism*, Transaction Books, New Brunswick y Londres, 1949.

Secretario General de Naciones Unidas, *Small Arms Report*, 2011.

Shirky, Clay, *Here Comes Everybody: The Power of Organizing Without Organization*, Penguin Books, Nueva York, 2009.

Singer, P. W., *Wired for War: The Robotics Revolution and Conflict in the Twenty-First Century*, Penguin, Londres y Nueva York, 2011.

Sloan, Alfred, *My Years with General Motors*, Doubleday, Nueva York, 1963.

Stanko, Michael, *et al.*, «Outsourcing Innovation», *MIT Sloan Management Review*, 30 de noviembre de 2009.

Stein, Ernesto, «Fiscal Decentralization and Government Size in Latin America», *Inter-American Development Bank*, enero de 1998.

Sullivan, Richard, «Organizing Workers in the Space Between Unions», American Sociological Association, 17 de enero de 2008.

Sutherland, Benjamin, ed., *Modern Warfare, Intelligence and Deterrence*, Profile Books, Londres, 2011.

Tharoor, Sashi, «Indian Strategic Power: "Soft"», *Global Brief*, 13 de mayo de 2009.

—, «India's Bollywood Power», *Project Syndicate*, 16 de enero de 2008.

Thom, Randall, y Toni Greif, «Intangible Assets in the Valuation Process: A Small Business Acquisition Study», *Journal of Academy of Business and Economics*, 1 de abril de 2008.

UNCTAD (Conferencia de Naciones Unidas sobre Comercio y Desarrollo), *World Investment Report 2012*.

Waltz, Julie, y Vijaya Ramachandran, «Brave New World: A Literature Review of Emerging Donors and the Changing Nature of Foreign Assistance», *Center for Global Development*, documento de trabajo n.º 273, noviembre de 2011.

Weber, Marianne, *Max Weber: A Biography*, Transaction Books, Nueva York, 1988. [Hay trad. cast.: *Max Weber: una biografía*, Edicions Alfons el Magnànim, Valencia, 1995.]

—, *Essays in Sociology*, 5ª ed., Routledge, Oxon, Reino Unido, 1970.

—, *Economy and Society: An Outline of Interpretive Sociology*, University of California Press, Berkeley, 1978.

Weber, Max, *The Vocation Lectures: Science as a Vocation, Politics as a Vocation*, Hackett Publishing Company, Indianapolis, 2004.

Williamson, Oliver, *Markets and Hierarchies: Analysis and Antitrust Implications*, The Free Press, Nueva York, 1975.

Wohlforth, William C., «The Stability of a Unipolar World», *International Security*, vol. 24, n.º 1 (1999).

«World Championship» Oxford Companion to Chess, Oxford University Press, Nueva York y Oxford, 1992.

Yang, Dean, «Migrant Remittances», *Journal of Economic Perspectives*, vol. 25, n.º 3 (verano de 2011).

Zakaria, Fareed, *The Future of Freedom: Illiberal Democracy at Home and Abroad*, W.W. Norton, Nueva York, 2003. [Hay trad. cast.: *El futuro de la libertad: las democracias «liberales» en el mundo*, Taurus, Madrid, 2003.]

—, *The Post-American World: Release 2.0*, W. W. Norton, Nueva York, 2012. [Hay trad. cast.: *El mundo después de USA*, Espasa-Calpe, Madrid, 2009.]

Zedong, Mao, «The Relation of Guerrilla Hostilities to Regular Operations», *On Guerrilla Warfare*, First Illinois Paperback, Champaign, 2000.

Zimmerling, Ruth, *Influence and Power: Variations on a Messy Theme*, Springer Verlag, Nueva York, 2005.

Zuil, Lilla, «AIG's Title as World's Largest Insurer Gone Forever», *Insurance Journal*, 29 de abril de 2009.

Zunz, Olivier, *Philanthropy in America: A History*, Princeton University Press, Princeton, 2012.

Índice alfabético